陈晓萍 —— 著

跨文化管理
（第4版）

LEADING

ACROSS

CULTURES

4th Edition

清華大学出版社
北 京

内容简介

本书是关于跨文化管理全面的、可读性极强的前沿论述。本书用生动翔实的案例、引人入胜的练习和角色模拟，以及典型有趣的影视作品来讲述跨文化管理这个严肃的话题；通过系统地介绍跨文化管理的相关知识，帮助读者学习跨文化管理中的有效策略和技巧，使其更加游刃有余地应对各种可能出现的跨文化管理难题，在世界经济的舞台上发挥积极的作用。本书可用作MBA、EMBA教材，高等院校相关专业研究生、本科生教材，以及企业相关培训的参考书。

本书提供了配套的教学课件、课程大纲、拓展资料及案例等，读者可通过扫描前言中的二维码免费下载。

图书在版编目(CIP)数据

跨文化管理 / 陈晓萍著. — 4版. —北京：清华大学出版社，2022.9 (2024.10重印)
ISBN 978-7-302-61608-5

Ⅰ.①跨…　　Ⅱ.①陈…　　Ⅲ.①企业文化—跨文化管理—丛刊　　Ⅳ.①F272-05

中国版本图书馆CIP数据核字(2022)第146810号

责任编辑：高　岫
封面设计：马筱琨
版式设计：思创景点
责任校对：马遥遥
责任印制：杨　艳

出版发行：清华大学出版社
　　　　　网　　　址：https://www.tup.com.cn，https://www.wqxuetang.com
　　　　　地　　　址：北京清华大学学研大厦 A 座　　　　　邮　　　编：100084
　　　　　社　总　机：010-83470000　　　　　　　　　　邮　　　购：010-62786544
　　　　　投稿与读者服务：010-62776969，c-service@tup.tsinghua.edu.cn
　　　　　质　量　反　馈：010-62772015，zhiliang@tup.tsinghua.edu.cn
印　装　者：三河市科茂嘉荣印务有限公司
经　　　销：全国新华书店
开　　　本：185mm×260mm　　　印　　　张：18　　　　字　　　数：405 千字
版　　　次：2005 年第 1 版　2022 年 9 月第 4 版　　　印　　　次：2024 年 10 月第 4 次印刷
定　　　价：79.00 元

产品编号：083550-01

第4版前言

"这是一个最好的时代，也是一个最糟的时代；这是一个智慧的时代，也是一个愚蠢的时代。这个时代充满信仰，又充满怀疑。这是一个光明的时代，也是一个黑暗的时代。这个时代充满春天的希望，却也充满严冬的绝望……"

狄更斯在150年前书写的文字在今天读起来竟如此贴切。当今世界是有史以来最好的，因为互联网和物联网的发展，我们几乎只要动动指尖或给 Siri 一个口令，就可以得到自己想要的所有东西，包括食物、衣服、工具、音乐、信息。我们可以看见机器人在商店门口和我们打招呼，无人驾驶智能汽车已然问世，带我们到处旅行。我们可以和远隔重洋的亲人或同事随时视频交谈、分享资讯，而且这是免费的。我们甚至拥有几辈子也用不完的物质财富。但是，世界也处在一个最坏的时代：森林大火、冰川融化、种族纠纷、难民不绝、新冠肺炎疫情肆虐。在这个年代，世界和平、人类大同的终极目标究竟如何实现？

孟德斯鸠曾说过："商业的自然作用就是导致和平，彼此从事贸易的两国会变得相互依赖：如果一国从买进中获利，另一国则从卖出中获利；所有联盟都是相互需要的。"这也是为什么托马斯·弗里德曼在《世界是平的》一书中讲道，要化敌为友，最好的办法就是把他们放到同一条全球供应链上去。只有当国家与国家在经济上互相依赖、实行自由贸易的时候，人类和平的日子才会到来。

从实际数据看，全球的国际直接投资(FDI)流出总量在过去十年中最高的年份是 2015 年，达到 17 297 亿美元，2020 年这个数字变成了 8 520 亿美元，是自 2005 年以来最低的。但是，2020 年中国接受 FDI 的数量却达到 1 572 亿美元，居全球最高。从中国的 FDI 流出总量来看，自 2005 年以来逐年提高，到 2016 年达到顶峰，为 1 960 亿美元。在疫情之下，2020 年中国的 FDI 流出总量更是逆流而上，中国首次成为全球 FDI 流出最高的国家，达到 1 537 亿美元。

这些数据表明，虽然"去全球化"的声音此起彼伏，但事实上经济全球化的趋势不可阻挡。2021 年，新冠肺炎疫情造成全球供应链断裂，对各国经济造成严重的影响，这恰恰说明各国经济互相依赖的性质并不会在短时期内发生改变。

也正是在这个意义上，我认为跨文化管理仍然是摆在中国企业家、管理者及投资者面前的重要课题。我希望本书不仅能为读者提供有用的理论框架去思考和解释现象，也能够帮助大家找到切实可行的方法和工具去解决实际问题。

我更希望通过我们的共同努力和实践，让全世界的人都能成为全球供应链上的一环，从而向人类和平的目标多迈进一步。

为了达到这个目标，在第 4 版的写作中，我更新了很多内容，增加了很多案例，特别表现在以下方面：

第一，在第 2 章《跨文化管理理论和实践》中，加入了罗伯特·豪斯教授牵头的 GLOBE 项目的研究成果。

第二，将《跨文化沟通》的内容前置，放在第 3 章，把沟通语境这个概念进行更详尽的阐述和分析，并介绍沟通风格在不同文化中可能引起的职场后果，将最前沿的研究结果呈现给读者。

第三，把《用跨文化理论解读影视作品》的内容放到了第 4 章，并且新增加了一些对精彩电影的分析，展现了更多文化的特征，如纪录片《美国工厂》、迪士尼动画片《寻梦环游记》、伊朗动画影片《波斯波利斯》等。

第四，在第 6 章《打造优秀的跨文化团队》中，增加了有关团队多样性的理论和最新研究成果，特别是团队多样性对于团队创新的重要作用。

第五，在第 7 章《人力资源管理的全球化》中，增加了案例：开市客的全球化模式——有机生长，来探讨企业成功七大法宝的跨文化效应。

第六，在第 8 章《全球化经理人是如何炼成的》中，增加了三个案例：米其林在美国，爱伦·摩尔在中东的巴林岛，以及科纳 (KONE) 电梯公司的全球化管理人才培养项目，来展现外派到不同文化的经理人所遇到的挑战，以及他们各自的应对方法。

第七，在第 9 章《全球化经理人的职业旅程》中，讨论了全球公司领袖所需要的共同特质，并增加了关于微软现任 CEO 萨提亚·纳德拉的案例。

另外，本书提供了丰富的教学资源，包括配套教学课件、课程大纲、拓展资料及案例等，读者可扫描右侧二维码获取。

教学资源

陈晓萍
美国西雅图

第3版前言

这本《跨文化管理》从第一次出版到现在，已经过去 10 年时间。在过去的 10 年里，中国的经济再次实现了飞跃式的发展，其 GDP 已经达到全球第二（很快就超过全球第一的美国），中国企业在世界 500 强企业中所占的比例逐年提高，在全球最有创新力的企业排行榜上所占的名额逐年提升，而且其投资或兼并外国企业的速度越来越快，手笔也越来越大。据中华人民共和国商务部、中华人民共和国国家统计局、中华人民共和国国家外汇管理局 2014 年的报告，截至 2013 年年底，中国有 1.53 万家境内投资者在国（境）外设立 2.54 万家对外直接投资企业，分布在全球 184 个国家和地区 。随着中资企业在海外投资额的逐年增加，其拥有的全资子公司或合资公司越来越多，向海外子公司或合资公司派遣经理的数量不断增加，跨文化管理的问题变得越来越突出。

上述背景，成为我更新这本书的动力。虽然此书在没有任何宣传的情况下数十次重印，长期作为多所大学"跨文化管理"课程的教材，而且大部分的研究成果仍具有强烈的现实意义，但是在本书第 2 版出版之后的 6 年里，不仅走出国门的中国企业数量越来越多，速度越来越快，而且管理学者的研究成果也有了更多的积累。这些跨文化知识不仅能帮助从事跨文化管理的个体成为文化浪尖上的成功舞者，更能帮助中国企业在全球市场上获得独特的竞争优势。

鸣谢

我首先要感谢读者对本书的厚爱，以及教授"跨文化管理"课程的老师和学生给我的积极反馈和鼓励。我也要感谢清华大学出版社编辑对我的督促和耐心。

我在此还要感谢我的家人，特别是我的先生励扬和我的两个女儿励伊茜、励伊珊对我的支持与配合。他们是促使我孜孜不倦写作的重要原因，也是我永远的灵感之源。

陈晓萍

美国西雅图

第 2 版前言

一转眼，距离本书的第一次出版已经过去将近 4 年的时间。这 4 年来，我收到来自全球各地的读者的反馈，特别是一些读者因为看了这本书后，来信说要转行专门从事跨文化领域的研究和学习，这让我非常感动。出版社编辑也告诉我，这本书在没有任何宣传的情况下多次重印，看来越来越多的人已经意识到，如今即使你从不踏出国门，也难免与来自其他国家的企业或个人进行合作和竞争。

这种趋势使得国家和国家之间的界限日趋模糊。在我看来，人类未来的竞争将会从以前的强调国家与国家之间的竞争变成强调企业与企业之间的竞争，因为企业的国家属性已经越来越淡薄，而企业的全球性和个性则越来越鲜明。

一个公司 (企业) 要具有竞争力，在世界市场 (包括本国市场和外国市场) 上取胜，所需要具备的一个关键能力就是整合与协作。经仔细观察，在世界经济舞台上长袖善舞的企业，多半靠的不是其核心科技、雄厚资产，而是一种突破国界、善于与各种公司协作的能力和具备这种协作能力的人才储备。

在全球供应链越伸越长的当今市场，具有跨文化知识和技能成为个体独特的竞争优势。希望本书能够帮助你掌握这些知识和技能，使你成为文化浪尖上的成功舞者，在帮助你所工作的公司 (企业、组织) 在全球市场上获得竞争力的过程中起到不可替代的作用。

由于第 1 版的很多读者来信说，非常喜欢"用跨文化理论解读外国影片"一章，因此第 2 版在有趣和有用方面加大了篇幅。现在这一章的题目是"用跨文化理论解读中外影片"，不仅增加了几部外国影片，而且增加了对中国影视的解读。

另外，第 2 版还加入了最新的跨文化理论和实践。书中比较显著的改变还有如下几个：

- 每一章增加一个大纲目录，并在每一章的末尾加上了思考题。
- 增加了近几年出现的最前沿的跨文化理论，比如在第 2 章中增加了施瓦茨 (Schwartz) 的十大价值导向理论，在第 4 章中增加了沟通和社会交往方式 (CSIS) 理论，在第 6 章中增加了文化智商 (CQ) 和双重文化认同 (BII) 等新概念的最新研究成果。
- 去掉了一些对基本概念的讲解，而直接讲述与基本概念相关的跨文化概念。比如"打造优秀的跨文化团队"一章，在第 1 版中我首先介绍了团队的属性、发展阶段等基本概念，然后才开始讨论跨文化团队的特殊性质；在第 2 版中，我不再赘述这些基本概念，而直奔最中心的内容，直接讨论跨文化团队的特点和打造过程中可能会出现的问题和对策。这样做能使本书的主题更集中与鲜明，内容更精简，篇幅也大大缩短。

鸣谢

本书的修订写作首先受到读者反馈的影响，同时也是清华大学出版社编辑督促的结果。我对他们的支持和鼓励表示感谢。

我在此还要感谢我的家人，特别是我的先生励扬和我的两个女儿励伊茜、励伊珊对我的理解与配合。他们是促使我孜孜不倦写作的重要原因，他们是我的灵感之源。

陈晓萍

美国西雅图

第1版前言

这是一个小小世界

"这是一个小小世界" (It's a small world.)，是迪士尼乐园里的一个大景点。我第一次去那里，是在 15 年前。那时，我坐着无人驾驶的小船，缓缓地驶进"小小世界"的石洞门，便看见了世界大同的景象。穿着各国服装的儿童站在小河的两岸,载歌载舞,歌声重复唱着:

这是一个充满欢笑的世界	It's a world of laughter
也是一个充满泪水的世界	and a world of tears
这是一个充满希望的世界	It's a world of hopes
也是一个充满恐惧的世界	and a world of fears
我们都应意识到	There is so much we all share
人类共享如此之多	It's time that we are aware
这是一个小小世界	It's a small world after all
世界上只有一个月亮	There is just one moon
和一个金色的太阳	and one golden sun
灿烂的微笑对所有的人	And a smile means
都是友好的表达	friendship to everyone
即使山峦分界地区	Though the mountains divide
海洋浩瀚无垠	and the oceans are wide
这依然是一个小小世界	It's a small world after all

不知怎么，我听着童声，心里就很感动，有如看到理想就在眼前，很美好，但又有不知究竟何年何月能实现的复杂体验。

今天再去"小小世界"，不知是由于自己阅历的加深还是因为看了多遍，昔日的感动不再有，倒觉得"小小世界"在很大程度上已成为现实。在这短短的 15 年中，经济全球化和信息高速公路已经大大推动了各民族之间的沟通、交流和了解，日益加速增容的飞机已经显著缩短了世界各大城市之间的物理距离，使得去国外旅行就像在国内省际来往一样便捷。再看我们今天使用的物品和工具，穿戴的衣服和首饰，甚至吃的蔬菜和水果、喝的咖啡和可乐，无不来自世界各地。美国设计、中国组装的计算机，日本设计、加拿大组装的汽车，意大利设计、中国缝制的时装手袋，瑞典设计、中国制造的家居用品，德国研制、中国生产的家电产品，已成为人们日常生活中不可或缺的东西。对于从小生活在这样的世界中的人来说，他们不会去想可乐、麦当劳和飘柔是美国的产品，雀巢咖啡是瑞士的牌子，奥迪是德国车，家乐福是法国人开的超市。国产和进口之间已经失去了明显的界限，这两个词也越来越失去它们的使用价值。在他们眼里，麦当劳与邻里的豆浆油条店无异，可乐也和绿茶罐装饮料相似。所有这些产品和服务都已成为日常生活的一部分，一切产品都是人类智慧的结晶。

的确，在经济领域里，行业与行业之间、公司与公司之间的区分正在慢慢超过国家与国家之间的区分，从而促使国家、民族在文化层面的妥协和融合。高度融合的物品是表象，背后隐藏的其实是渐渐融合的理念和文化，而理念和文化的融合才能促进创造大同的物品、大同的人文和大同的世界。

本书成因

我想起来写这本书，是因为受到很多事件和人的影响。我 15 年前来美国的时候，中国的经济和管理还处在十分尴尬的境地。合资企业刚刚兴起，民营企业刚刚起步，国有企业则岌岌可危。市场经济尚未出现，消费者市场、资本市场均不成熟，资本主义仍是意识形态的大忌。跨文化管理离中国企业似乎是很遥远的事情。然而近 20 年来，中国经济持续稳步的发展完全改变了中国在世界经济版图中的位置。在此过程中，各种类型的企业相继诞生，并迅速成长和壮大，各类职业管理人员应运而生，与外国企业和商人的接触和交往越来越多，越来越广泛、频繁；出现的问题、冲突和矛盾也越来越普遍，有的时候甚至越来越尖锐。更令人瞩目的是，在越来越多的外国企业和商品进入中国的同时，越来越多的中国企业开始走向世界。如 TCL 购买法国的 Thomson 彩电公司，海尔、华为开拓海外产品市场。另外，越来越多的中国公司或与外国公司携手合作共创新品市场，或为外国公司做供应商、代销商、产品制造商，或充当咨询服务机构为外国公司在中国顺利运作牵线搭桥、出谋划策。这时，跨文化管理学就成为一门不可缺失的学问。

从个人的角度来看，由于我在中国生活过 25 年，受到中国文化的充分熏陶和浸染，对中国文化有着切身的体验。到了美国，我才发现很多自己原来认同的东西受到了挑战，产生了很多因为价值取向的不同而带来的困惑。在美国生活的 15 年中，我一直觉得自己的许多感悟会对别人有所启示，可以成为他人在国外生活和工作的前车之鉴，不仅对个体与个体之间鸿沟的愈合，也对公司与公司之间、国家与国家之间文化鸿沟的愈合产生积极的作用。

我在美国读博士时，系里有一位教授（蔡安迪斯）正好研究文化差异理论，我去上他的课，发现在阅读该课程的论文时特别能产生共鸣，于是就产生对跨文化研究的兴趣，从此踏上了"不归路"。6 年前，我开始在美国教授"跨文化管理学"的课程，受到美国 MBA 学生的深切喜爱。在教学的过程中，我深深体会到跨文化理论对理解来自不同国家个体行为的重要作用，同时感觉到自己的桥梁作用。去年夏天，我有机会给中国的 MBA 学生上同样的课程，发现他们对了解外国文化并在了解外国文化的同时更深刻地理解中国文化的迫切需求。与此同时，我发现跨文化管理学教材相对缺乏，中文版的教材尤其如此。为了填补这个空缺，我便开始酝酿本书的写作。

本书内容

本书以文化为着眼点，用经过反复检验的跨文化理论去探索个体和群体层次的文化差异，解释我们在平日工作和生活中观察到的各种文化现象和文化冲突，并预测来自不同文化的个体之间、人群之间和组织之间可能出现的文化障碍，从而将貌似杂乱无章的文化差异用简洁深刻的理论来梳理和阐述。本书的主要目的是通过系统地介绍有关跨文化管理学的知识，帮助大家学习跨文化管理中的有效策略和技巧，更加游刃有余地应对各种可能出现的跨文化管理难题，从而成为未来的全球化经理人，在世界经济的舞台上发挥积极的作用。

本书主要由三个部分组成。第 1 部分论述文化与管理的关系（第 1 章），跨文化管理理论和实践的关系（第 2 章），用跨文化理论来分析外国影片（第 3 章），跨文化沟通中隐含的误解和和解决方法（第 4 章），以及跨文化谈判中的陷阱和策略（第 5 章）。这一部分是全书的奠基和理论基础。

如果说第 1 部分强调的是不同文化中个体的不同，第 2 部分注重的则是如何使不同文化中的不同个体求同存异，共同为了一个目标而努力工作。这一部分题为"文化的融合"，主要讲述跨文化团队的先天优势和缺陷，以及如何打造优秀的跨文化团队（第 6 章）。与此同时，讨论人力资源管理中的跨文化挑战和优秀的跨国公司如何超越文化差异而取得骄人业绩的做法和经验（第 7 章）。

在第 3 部分，我将重心转移到培养全球化经理人上，从何为全球化经理人开始讨论领导的一般概念，全球化经理人与普通经理人的差异（第 8 章），然后讨论全球化经理人培养的两大视角：全球化经理人如何培养自己和全球公司应该怎样培养胜任的全球化经理人（第 9 章）。

本书用生动活泼的实例和案例、引人入胜的练习和角色模拟，以及典型有趣的外国影片来讲述跨文化管理这个严肃话题，使读者在跨文化的旅程中，不会有枯燥劳累之感，而更多的是精神的愉悦和知识的丰富。

鸣谢

本书在写作过程中得到许多人的支持和配合。在此，我首先要感谢我先生励扬对我的不断鼓励和全力支持。他在工作之余承担了许多家务，使我得以在紧迫的交稿期限内完成书稿的写作。我还要感谢我的女儿励伊茜和励伊珊给我的理解和配合，允许我周末离开她们去办公室写作。她们是我的灵感来源。

我还要感谢我的同事对完善这门课程给予我的帮助，如新泽西州立大学的陈昭全教授、陈雅如教授，以及原在哥伦比亚大学任教的 Christina Ahmadjian 教授。同时，我在美国和中国的 MBA 和 EMBA 学生们在学习这门课程的过程中给我的反馈和建议，也对改进我的教案起到重要的作用。最后，我要感谢清华大学出版社的工作人员，尤其是本书的编辑，是她的不懈努力和倾力支持才使本书能以最快的速度出版。

与此同时，我要郑重声明本书中所有的错误都与他们无关，由我个人全权负责。因为本书是第 1 版，书的内容和风格可能会有不尽如人意之处，希望读者能够及时给予我反馈和建议，以便使我不断修改提高，使本书达到尽可能完美的境地。

陈晓萍

美国西雅图

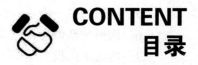

CONTENT
目录

第1部分 文化与管理

第 2 部分 文化的融合

第 3 部分 培养全球化经理人

第1部分
文化与管理

第1章

全球化、国家文化与企业管理

　　虽然在过去几年中，以英国脱欧和中美贸易战为标志的贸易保护主义大为抬头，让人产生一种全球化逆转的印象，并且这种印象被全世界FDI流进流出总值的急剧下降所印证，也从实际货品的贸易量的减少可见一斑，但是在信息经济已经到来的今天，纯粹用实体物品的贸易量来判断全球化的方式已经过时了。全球化其实有许许多多的渠道。就说现在大量普及的手机，不管是苹果的还是华为的，在手机平台上全球的信息基本都可得到。这些信息包括新闻、数据、电影、歌曲、书籍、公司、个体。我们知道脸书的用户量已经超过25亿，微信的用户量也达到了12.5亿，影视网站Netflix(网飞)已经有2.1亿注册用户。2021年由韩国拍摄的《鱿鱼游戏》在Netflix上首映就获得了超过2亿的观众。随着经济载体的变化，如果我们转换一下视角，用跨国信息流动量的变化作为指标的话，就会惊奇地发现，在过去十几年中，每秒钟数据跨国流动量以兆兆位计(terabits)，呈指数级增长，从2005年的接近于零到2017年的近1 400兆兆/秒。以上数据充分说明全球化程度非但没有削弱，而是大大加强了。

　　再从跨国服务贸易(cross-border trade in services)的量来看，自2010年到2019年也持续增长(40%)，这些服务包括银行业务和音乐流媒体服务等。而跨国版税和许可费的增长量更大，达到60%。差不多打开任何一个电子产品的后壳，就会发现每个部件的发明专利持有者、设计师、制造商可能都来自不同的国家和地区。不管是小米的手机、长虹的彩电，还是红旗牌轿车；不管是电视台用的摄影机、发射台，还是C-919客机，其中都有某些技术和元素来自中国以外的国家。在某种意义上，除了品牌本身的文化/国家属性之外，其余的内容要分清国界变得越来越难。

　　此外，当今的公司，不管是中国的还是外国的，都变得越来越国际化。就从公司总产值中来自海外的部分来看，有一个指数叫标准普尔500指数外汇收入指数(S&P 500 Foreign Revenue Exposure Index)，这个指数从2010年的不足150增加到了2022年1月的将近660，可见企业全球化程度的提高。

　　另一个全球化越来越明显的领域是产品创新。从专利申请的数目来看，虽然在2000年还是美国占了32%，中国只占5%，但在2020年，尽管新冠肺炎疫情导致全球GDP下降3.5%，世界产权合作组织体系的国际专利申请量仍增长了4%，达到27.59万件，数量创历史新高。同时，国际专利申请的长期趋势显示，创新活动日趋全球化，其中亚洲占所有申请量的53.7%，而10年前这一比例仅为35.7%。其中，中国和美国的申请量均实现年度增长：中国的申请量达68 720件，同比增长16.1%，继续位居最大用户位置；紧随其后的是美国，申请量达59 230件，同比增长3%。从创新最名列前茅的公司来看，哪一家不是撬动了全球人才的资源来实现的？美国的公司自不必说，因为美国本来就是移民国家，是一个文化大熔炉。中国公司中走在创新前沿的，何尝不是在全球范围内网罗人才的呢？不管是阿里巴巴还是华为，还是小米，都有跨文化的研发团队。而像瑞典的宜家家居公司，专门提出了"民主设计"的理念，把来自全世界40多个国家的1000多名设计师聚在瑞典的一个小镇里，共同设计适合全球居民使用的家具、灯具等，才使它得以在全球50多个市场开花结果。

因此，虽然从某些角度观察全球化似乎有停滞甚至逆转的倾向，但从新的经济指标衡量的话，全球化在当今世界已成为无可争辩的事实。此外，中国经济在世界经济中扮演的角色越来越重要，已经成为影响全球经济的一条巨龙。

《世界是平的》一书的作者托马斯·弗里德曼(Thomas Friedman) 曾经指出，是 10 项重大事件的协同作用促成了全球经济一体化。这10项事件包括：①柏林墙的倒塌和Windows的兴起；②互联网的诞生；③标准工作程序软件的出现；④图文上传下载的实现；⑤在全球范围内外包的兴起；⑥代工的盛行；⑦全球物流供应链的形成；⑧产品服务内包的萌芽；⑨网上信息搜索的开启；⑩无线、数字化、个人化、虚拟化工具仪器的出现。因为这些事件的发生，国家与国家之间在经济事务中的壁垒不断被消除。中国加入世界贸易组织，中国提出"一带一路"倡议，并且成立亚洲基础设施投资银行；印度向全世界开放市场及欧盟的形成等都是典型的例子。全球经济的一体化和全球信息可以共享的技术，以及全球产品和服务供应链的形成，使全人类的命运因此息息相关，也因此改变文化的内容本身。

在经济一体化的世界里，物质发明的传播速度越来越快，因此文化和观念的演变也越来越普及。要竞争生存，要取胜成功，必须对整个世界范围内各国的政治、经济、法律和文化环境有充分的了解和认识。跨文化管理学科的出现是时代发展的产物，全球化经济迫使来自不同文化的个体和群体在一起工作和学习，让产品被有不同文化习俗的人群所接受和使用。对许多跨国公司的管理人员来说，跨文化管理已成为他们日常事务的一部分，他们与来自不同文化的人共事，通常的情况是老板、直接主管或同事都来自不同的国家。比如在微软工作的员工，面对的就是这样的情形，可能一个7人团队就代表了5个国家。因此，管理人员不仅要学习某一种特定的文化，而且要学会如何同时应对5种文化分别对员工自身工作态度和行为的影响，以及对他们之间的交往互动的影响。

此外，跨国公司在国外都有长期的业务，管理人员即使不被外派常驻某国，也会经常出差，与国外的同事或客户打交道。如何在短暂的旅行中有效地解决业务上的问题就成为严峻的挑战。不管你去哪个国家，从表面上看，公司职员和商人的穿着打扮，有时甚至使用的语言(常常是英语)都会有很多相似之处，以致使你忽略文化的因素，而做出"别人都与你相似"的假设，但在碰到关于重要问题的交流和谈判时，又确实感到思维方式的不同及举止反应的差异。这时，如若你没有掌握良好的跨文化知识，就会感到难以应付。

1.1 — 文化是什么

文化之于社会就如记忆之于个体。在过去的生活中给人带来益处的东西沉淀下来，变成语言、文字，变成音乐、艺术，变成工具、建筑，变成服装的款式，变成饮食起居的方式等，影响后来者的思维、态度和行动。"文化"这个概念的提出几乎就像文化本身一样悠久，文化的定义也因此众说纷纭。在本章里，将介绍几个用得最普遍的定义，然后提出作者在本书中对文化的理解和定义。

关于文化的广义定义来自荷兰学者赫斯科维茨(Herskovits)1955年出版的《文化人类学》一书。他认为，文化等于一切由人类创造出来的环境。这个定义意味着，除了自然原生态之外，所有由人添加上去的东西都可称之为文化。由人类创造的环境包括两大类别：一类是客观文化(objective culture)，即环境中的硬件部分；另一类是主观文化(subjective culture)，即环境中的软件。硬件是指那些看得见、摸得着的物品，如房屋建筑、交通道路、电视电脑和各种机器工具等。软件则是指那些触摸不到但似乎又无处不在的东西，如信念、理想、价值观和社会规范等。它们就像空气、阳光一样无时无刻不对人产生影响。

可能是这个定义过于广泛全面的缘故，它没有被后来的多数学者所采用。被广泛采用的是他的"主观文化"部分。比如，另一位荷兰学者霍夫斯泰德(Hofstede，1980，1991)将文化定义为"被一个群体的人共享的价值观念系统"(shared value system)，就是一个典型的例子。霍夫斯泰德将文化比喻成人的"心理程序"(mental programs)，并指出文化会像程序一样影响人们关注什么、如何行动，以及如何判断人和事物。也有学者把文化定义为人为创造的、被他人认可的观念，它给人们提供聚合、思考自身和面对外部世界的有意义的环境，并由上一代传递给下一代。比如文化心理学家蔡安迪斯(Triandis，1994)认为，文化是那些"无须言说的对事物的假设，已经被人们认同并内化的标准运作程序和行事方式"。在这个定义中，文化的含义除了内隐的价值观念之外，还包括外显的行为方式。同样强调行为方式的还有荷兰学者强皮纳斯(Trompenaars，1993，1998)。他在《文化踏浪》一书中，提出文化是某一群体解决问题和舒缓困境所采用的途径和方法，而非仅仅是一套价值观念系统。

有趣的是，文化人类学家爱德华·霍尔(Hall，1975) 干脆把外显行为集中到人的沟通方式上。他提出"文化即沟通、沟通即文化"的理念。他认为，一个人的沟通行为其实已经反映了一个人被文化特征潜移默化影响的方方面面。比如，不同社会中的个体对沟通语境的依赖程度足以反映出该社会文化价值导向的不同。

综上所述，文化从广义上可以被定义为"由人类创造的，经过历史检验后沉淀下来的物质和精神财富"。具体而言，它应该具有以下几个特点。

(1) 文化是一个群体共享的东西。

(2) 这些东西可以是客观显性的，也可以是主观隐性的。

(3) 客观显性的文化和主观隐性的文化同时对生活在该群体中的人产生各方面的影响。

(4) 文化代代相传，有相当强的有机性。它虽然会随着时代改变，但其改变的速度极其缓慢。

1.2——关于文化的两个常用比喻

在讨论文化这个概念时，常常用两个比喻来使文化的抽象定义形象化。一个比喻是将文化比作洋葱，有层次之分。另一个比喻是把文化比作冰山，具备显性和隐性双重特征。下面对这两个比喻进行详细的解说。

1. 文化洋葱的比喻：文化层次论

如图1-1所示，"文化洋葱说"将文化分为三层，分别是：表层、中间层、核心层。

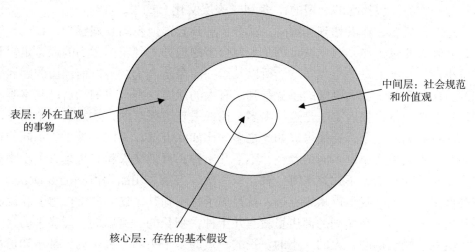

图 1-1　文化洋葱说

中间层：社会规范和价值观

表层：外在直观的事物

核心层：存在的基本假设

1) 表层文化

"洋葱"的表层——表层文化是我们平时能观察到(即看得见、摸得着、闻得到、听得见)的东西，对应于赫斯科维茨文化定义中的客观显性部分。

我们去一个新的地方首先触及的是那个地方的表层文化。比如你去日本看见他们的服装与我们不同，他们的音乐恬静悠远，听起来似异域之声。他们吃生鱼，喝清酒，晚上下班不马上回家，而是与同事去酒吧。然后，你又看见他们的寺庙建筑也与我们的不同，外形更方、棱角更鲜明。日本有的建筑物与我国的建筑物外观相似，但里面的装修和布置却不一样。他们进门一律脱鞋，席地盘腿而坐；吃饭的桌子、睡觉的床铺(榻榻米)也与我们的很不相同。于是，你知道自己处于另一种文化氛围。

再比如你去印度，会发现那里的建筑物很少有方顶的，而以圆形为主。你在街头可以看到人们的服装和其他装饰的色彩都很艳丽、浓烈。同时，你也会发现这里交通状况混乱，一条马路上汽车、自行车、三轮车、驴车、行人一起跑，看不清交通线。到了餐馆，你又发现他们的饮食中有很多咖喱椰奶，香辣扑鼻，而且很多人不用筷子、勺子或叉子吃饭，而用手抓饭吃。于是，你清楚地意识到，自己是在一种陌生的文化中。

如果你去新加坡，可能会立刻感受到这个国家城市的井然有序、干净整洁、建筑现代、文明礼貌。城市中绿树成荫、鸟语花香。当然你也会注意到这里的人口多元，虽然华人居多，但印度人、马来人也很多。这里的餐馆食品更是丰富，尤其是有很多的大食肆，来自世界各地的各种美味都可以品尝到。

这些由表层文化表现出来的文化特征常常给人以强烈的直接冲击，让人感受到文化的存在和力量。

表层文化通过外在物品表现。外在物品除了上面描述的那些东西之外，另一个非常显著的就是该文化中人们使用的语言。语言不可视、不可触，却可以听到，亦是一个客观存在。语言是文化的一个重要产物，其余的(如音乐、艺术品、电影、绘画，甚至商店市场里出售的各种物品，包括吃的和用的)，都属于表层文化。

20世纪80年代末，作者初到美国时，就有一种到异国他乡的强烈感受。自己自幼在杭州长大，后来去北京工作，两个城市都是人口众多的地方。到美国读书的地方是伊利诺伊州的香槟小镇，基本上是一个大学城。所以其第一印象是人少，与以前经历的熙熙攘攘形成鲜明的对比。第二个令人不安的感觉是到了有人的地方，别人讲的话自己基本听不懂，因为他们的英语说得太快。第三是选择太多，比如去超市买东西，才发现一个店可以如此之大，物品可以如此之全，选择可以如此之多。比如冰淇淋，不同的牌子、不同的口味、不同的包装、不同的大小、不同的颜色，不下几十种；再说洗衣粉，也是大大小小琳琅满目，弄得自己不知所措，不知该买哪一种。有一次，去家居用品超市(Home Depot)，发现里面有许许多多的工具我不仅从未见过，就是见了也不知其用途，非常惶惑。就说我平时最熟悉的厨具——刀，在美国的商店里就有几十种，细长的、宽扁的、刀锋平的、刀口带齿的、木柄的、塑制柄的、大的、小的、长的、短的、平头的、尖头的，都不知道那么多不同的刀是干什么用的，因为在中国的厨房里，一般就只用一把刀，即那种宽宽的、长方形的刀，用它切蔬菜瓜果，切肉切鱼，斩鸡斩鸭，反正要用刀的地方，它都上。在美国生活了一段时间以后，自己才知道每一种刀都有其专门的用途，切肉的刀和切菜的刀不一样，切面包的刀和切瓜果的刀不一样，切面包圈(bagel)的刀与切鱼的刀不相同。

再说读博，第一次去办公室与导师(James Davis)见面，以为他会告诉我应该修什么课，做什么题目的论文，或者告诉我是否应该每天去办公室，等等，没想到结果都不是。他只给了一张下学期可选的课程清单，然后告知可以选任何想修的课，只要按时把研究生院规定的课程修完，其他的课程自行安排。面对如此之多的选择，自己简直不知所措，只能把清单拿回去仔细研究。这些表层文化的不同对自己造成的直接冲击就是：美国是一个个人可以有很多选择的社会，而在这个社会中生活，需要自己尝试和进行决策的事情太多了。

之所以产生这样的感想，与自己成长的环境密切相关。在作者出国之前的20世纪80年代的中国社会，商品虽然已经不短缺，但大都很单一。冰淇淋一般就只有两种口味(香草的和巧克力的)，洗衣粉也只有一两个牌子，刀口带齿的刀几乎没有见过。在中国的大学读书时，每学期所学的课程都是学校规定好的，选修课的量很少，基本不用自己动太多的脑筋。假如自己出生在美国、日本或欧洲的发达国家，可能就不会如此惶惑，而觉得选择太多或生活太复杂了。因此，从这个意义上讲，往往产生的有关其他国家表层文化的感想和观点，其实更多反映的是我们自己的观点而非那个文化的实质。

关于这一点，自己在中东地区旅行的时候体会更深，2016年年初，第一次去阿拉伯国家旅行，就受到相当大的冲击。在美国，虽然人口多元化程度很高，但是由于近年来恐怖主义的威胁，新闻媒体连篇累牍地报道，在一般大众的心目中，那些身穿白袍、头戴/缠白布的男子多少都沾上了一点恐怖主义分子的气味，看见他们总是心存疑惑、避而远之。此外，对于来自伊斯兰国家的妇女，她们一袭黑袍的形象，也让许多人感觉压抑、不敢接近，并认为那只是由于阿拉伯妇女大多信仰伊斯兰教，受到伊斯兰教规的束缚，没有自由，为她们感到不幸和悲哀。可是，在迪拜，在阿布达比，甚至在埃及的开罗，如此装束的男女比比皆是，人们都很自在、很自然，表情祥和快乐，相见的时候非常友好，有时还要求和我合影(可能是很少有亚洲人在此旅行的缘故)。而之后的一顿文化晚餐，才彻底颠覆了自己原先对阿拉伯人着装的认知。

和我们聚餐交流的代表名叫Yasef(亚瑟夫)，是迪拜本地人。他个子高高的，五官端正，皮肤白皙，黑色头发，上唇留着胡须，全身白袍加头饰，标准的阿拉伯人装扮。他曾在美国北卡大学留学四年，英语流利，熟知美国当代流行文化。他毕业之后经商若干年，最后决定成立文化咨询公司，搭建跨文化理解的桥梁。我们一行人按阿拉伯人的晚餐方式席地而坐，他一进来，就问我们他看上去是否像一个典型的恐怖主义分子，我们笑而不答。他就从自己的头饰开始，娓娓道来这副装束在阿拉伯沙漠中的实用功能，为什么流行开来又流传下来，一直演化到今天的历史，听起来具有相当的说服力。然后他话锋一转，问我们为什么阿拉伯女性的装束是黑色，而且头部的佩饰比男性的更多且复杂？看我们沉默不语，他直接就把我们心里想的话说出来了：那就是伊斯兰文化对妇女的压迫和歧视的结果。接着，他从包里拿出一套女装，让我们一行中的一位女教授自愿去体验一下穿这套衣服的感觉。这位女教授身材高挑，眉目清秀。她试着换上黑色的面纱和长袍，并在Yasef的提问下，向我们描述自己的感觉。她发现，长袍和面纱头饰质地都很轻盈，而且长袍宽大通风，在热带穿黑色长袍反而比紧身短袖短裤凉快，头巾和面纱能遮挡烈日，防晒还防尘。

下面这个小测验可以帮助你判断自己对外国表层文化的了解程度。

文化习俗小测验

1. 在日本，喝汤时发出很大的吮吸的声音会被认为是(　　)。
　　A. 粗鲁而讨厌的　　　　　　　　　　　B. 你喜欢这种汤的表现
　　C. 在家里不要紧，在公共场合则不妥　　D. 只有外国人才这么做
2. 在日本，自动售货机里出售(　　)以外的其他饮料。
　　A. 啤酒　　　　　　　　　　　　　　　B. 加糖精的保健饮料
　　C. 加糖的咖啡　　　　　　　　　　　　D. 美国公司生产的软饮料
3. 在拉丁美洲，管理者(　　)。
　　A. 一般会雇用自己家族的成员

B. 认为雇用自己家族的成员是不合适的

　　C. 强调雇用少数特殊群体员工的重要性

　　D. 通常雇用比实际工作所需更多的员工

4. 在拉丁美洲，人们(　　)。

　　A. 认为交谈时和对方进行眼神交流是不礼貌的

　　B. 总是等到对方说完才开始说话

　　C. 身体接触次数比相似情况下北美商人多

　　D. 避免身体接触，因为这被认为是对个人隐私的侵犯

5. 在印度，进食时恰当的举止是(　　)。

　　A. 用右手取食物，用左手吃　　　　　　　　B. 用左手取食物，用右手吃

　　C. 取食物和吃都只用左手　　　　　　　　　D. 取食物和吃都只用右手

6. 美国的管理者对下属的绩效评估是以其下属的工作表现为基础的。而在伊朗，管理者对下属进行绩效评估的基础是(　　)。

　　A. 宗教　　　　　　B. 资历　　　　　　　C. 友情　　　　　　　D. 能力

7. 在一些南美洲国家，怎样出席社交约会才是正常、可接受的？(　　)

　　A. 提前10~15分钟　　　　　　　　　　　　B. 迟到10~15分钟

　　C. 迟到15分钟到一个小时　　　　　　　　　D. 迟到一两个小时

8. 在法国，朋友间互相交谈时(　　)。

　　A. 通常距离对方三英尺站立　　　　　　　　B. 典型做法是喊话

　　C. 比美国人站得距离近　　　　　　　　　　D. 总是有第三方在场

9. 在德国，具有感召力的领导(　　)。

　　A. 不是人们心目中最想要的领导

　　B. 是最受尊敬的和人们努力寻找的领导

　　C. 经常被邀请到文化机构董事会工作

　　D. 会被邀参与政治活动

10. 在墨西哥工作的美国企业管理者发现，通过给墨西哥工人加薪，他们会(　　)。

　　A. 增加工人愿意工作的时间长度　　　　　　B. 诱使更多工人加夜班

　　C. 减少工人同意工作的时间长度　　　　　　D. 降低生产效率

11. 在印度，当一名出租车司机左右摇头时，他的意思可能是(　　)。

　　A. 他觉得你出的价钱太高了　　　　　　　　B. 他不想去你要去的地点

　　C. 他会带你去你要去的地方　　　　　　　　D. 他不懂你在问什么

12. 在英国，手背朝向对方，食指和中指做成V字形是(　　)。

　　A. 表示和平的手势　　　　　　　　　　　　B. 表示胜利的手势

　　C. 表示某样东西你要两份　　　　　　　　　D. 粗鄙的手势

文化习俗小测验答案

1-B　2-A　3-A　4-C　5-D　6-C　7-D　8-C　9-A　10-C　11-C　12-D

2) 中间层文化

其实，任何表层文化都是一个社会更深层理念的折射，都是社会价值取向或"主观文化"的外在体现。中间层文化是指一个社会的行为规范和价值观。在这里，可把社会规范和价值观先做概念上的区分。

社会规范是指一个群体中的多数人在某一情形下应该做什么、不应该做什么，或者在某一情形下做什么合适或者不合适的约定俗成。

比如，中国社会的一般规范是在家里不应与父母顶嘴；在课堂上应该认真听老师讲课；客人来访应该请坐倒茶，而不是怒目相视；出门访客则应穿戴整齐，手提礼物。

每个国家都有一些自己独特的社会规范。

比如与陌生人见面时如何行礼，美国人热情握手；日本人拱手作揖；印度人双手合十，放之鼻端，身体微微前倾；意大利人则拥抱亲吻，彼此间有很多的身体接触。

再比如吃饭，美国人用刀叉，将自己要吃的食物(通常是牛肉、土豆泥、生菜)全部放在一个盘子里，左右开弓；日本人用筷子吃汤面、夹寿司都很方便；中国人把菜肴放在桌子中间，大家共享；印度人则将浓汤与米饭拌在一起，用手直接抓了吃，或用手抓着面饼，蘸着浓汤吃。

再比如美国人做事很讲究专业，打网球一定去标准的网球场，穿着网球衣裤、网球鞋；我在中国的时候想打羽毛球没有专门场地，就随便找一块空地，没有划边界线，也没有架在中间的球网，而且身穿便服，有时甚至脚蹬皮鞋，照样乐在其中。现在我在美国住久了，就再也不敢如此随便。

事实上，生活方式或社会规范都是受文化理念支撑的，美国人的专门/专业性反映的是他们的思维习惯，那就是每件事都应该精确，一种场合一种样子，一种工具解决一种问题，一把钥匙开一把锁。像前面提到的厨具就是一个例子。一类有共性的食品应该用同一种刀来切割，而切不同的食品就应该用不同的刀。而中国人用一把刀解决切所有食品的问题反映的则是模糊思维和大而化之的特点，即一刀可以多用，不必专刀专用，甚至连创造专刀的必要都没有。这也是美国人的厨房里有那么多器具的原因。

这种思维方式还反映在生活和工作的很多领域。如大家熟悉的菜谱，中餐菜谱，一般的表述为"酱油少许，味精少许"，而不是具体的斤两。美国的食谱，则几盎司水，几盎司盐，几个"桌勺"调料，几个"茶勺"胡椒粉都写得比较详细。对做菜程序的描述也是如此，西餐的食谱精确明白，容易把握，而中餐食谱则很多地方要靠烹调者的经验和悟性方能实现。

在工作和管理上，大部分的美国公司对每个工作岗位都有详尽的职位描述，不管是设备维修，还是大楼清扫；不管是软件编程，还是项目管理，对岗位上的职责任务，不同任务的权重，可能遇到的特殊情况，该岗位与其他岗位之间的关系等都有详细的说明。这样的职务(岗位)分析方法和理念与美国的文化价值观一脉相承。对于如此精确的职务分析管理从未接受过精细化管理的人可能会不习惯，不适应。在向西方学习管理方式的时候，管理者一定要理性思考，一味地模仿可能欲速则不达。

再比如前面文化习俗小测验的题目中，第10题是关于美国的企业管理者在墨西哥工作的经验的。人们发现，给墨西哥工人加薪，反而会减少工人愿意工作的时间长度，这与美国的工人大不相同。这种表层文化的差异事实上反映的是价值观念的不同。美国人追求物质，对金钱的需求强烈，所以，越给钱越愿意加班，即"生活就是工作(live to work)"(当然年轻一代Z世代已有所不同)。墨西哥人则珍视与家人、朋友在一起的时间，钱够花了正好把业余的时间留给家人、朋友，因此拒绝加班，即"工作是为了生活(work to live)"。这种现象反映出来的两种人生观、价值观真是南辕北辙。

与社会规范所指的行为合适性不同，价值观是指一个群体对什么是"好"、什么是"坏"的共同认识。一个社会的价值观决定这个社会对"好和坏"的定义，与该社会群体共有的理想密切相关。比如撒谎是坏事，助人为乐是好事；贪污受贿是坏的，而见义勇为是好的。社会规范之所以不同于价值观，主要在于大多数人认为合适做的事情不一定就是好事，而少数人坚持做的、看似不合适的行为也未必就是坏事。

比如撒谎这个行为，在某些场景下，大多数人可能认为撒谎是合适的。比如在公司全体员工大会上，老板宣布了企业的新愿景和目标，然后点名让你发表意见。你虽然心里并不十分认同，而且在前几次私底下的会议上还提出了批评意见，但在当时那个场合，也许合适的回答就是"听起来很不错"，你的回答显然与内心真实所想有差距，因此可以说是一个谎言，但在多数人看来此情此景下这个谎言是可以被接受的，是合适的。

在美国、日本、中国，"生活就是工作"可能是大家都接受的理念，因此加班加点被看成是好的行为，是受到社会和大家赞赏的行为。相反，"工作为了生活"是墨西哥人认同的价值观，钱和工作不是生活中最重要的东西，如果为了工作而牺牲与家人、朋友共度时光，那就可能为大家所不齿。

平心而论，"工作""生活"如何区分、如何定义，"工作""生活"如何达到平衡状态，都是永远没有答案的问题，但文化理念的不同，就会导致该文化中的人有千百种不同的行为表现。因此，只有了解中层文化，才能较深、较好地解释一个民族的特殊行为，并对其可能出现的反应方式进行预测。

如前所述，价值观和社会规范是两个不同的概念，其引申的含义就是这两种中层文化可能一致，也可能不一致。在一致的情况下，比如大家都认同撒谎是坏事，而且说真话即使损害面子大家也都赞赏的话，那么很容易预测在这个文化中生活的人基本上以讲真话为荣，而且基本讲真话。在不一致的情况下，要做预测就比较难。比如大家都认为撒谎是坏事，但当有人把血淋淋的事实说出来会被别人认为不合适、遭到他人的谴责的时候，一个人到底会不会说真话就难以判断了。跨文化研究表明，一个社会的文化特征(比如是偏向个体主义还是集体主义)，就会对个体行为产生重要的影响。在个体主义文化中，比如美国、加拿大、澳大利亚，个体的价值观可以在很大程度上预测个体行为；相反，在集体主义文化中，比如中国、韩国、印度，社会规范在很大程度上可以预测个体行为。显然，个体意志在个体主义文化中决定人的行为，但是在集体主义文化中，则是集体意志决定人的行为。

3) 核心文化

核心文化是一个社会共同的关于人为什么存在的假设，它触及该社会中人们内心深处最根深蒂固、不容置疑的东西。比如人与生俱来的权利，人存在的价值，个人与他人的关系，等等。美国的核心文化中最重要的内涵是人人平等，是个体的独立和自由。这些理念对于在美国社会生活的人是不需要多加思考的，因为那是他们所有生活所依据的基本原则，是不可动摇的社会存在的基础。相反，在其他社会，比如印度，人生来不平等是根深蒂固的观念，通过其长期存在的种姓等级制度(the caste system)表现出来。

如果一个理念涉及一个社会的核心文化，生活在该文化中的人反而往往很少关注，因为那是他们视为理所当然的东西。但是实际情况是，在一个社会中被认为是理所当然、不言而喻的理念，却很难被生活在另一个社会中的人所完全理解。因此，当来自另一个社会的个体问"为什么"的时候，你会发现你用三言两语竟无法解释。你必须从头说起，从该社会的历史发展过程、突出的历史人物和历史事件开始，讲到整个文化理念体系的提出、挣扎，到最后形成的经过，从而回答为什么该理念会成为这个社会存在的基石。当一个价值理念问题需要追溯几代以上的历史方能解释清楚的时候，恰恰就说明该理念触及了一个社会的核心文化。

文化的洋葱比喻将文化分为三层，而这三层之间又有着不可分割的联系：核心层文化驱动影响中间层文化，中间层文化又驱动影响表层文化。我们平时能观察到的通常都是表层文化，理解中间层与核心层文化才是本书的目的。

2. 社会文化与公司文化

与社会文化相似，公司文化也对员工的言行举止有重要的影响。借用洋葱的比喻，我们同样可以用层次论来看公司文化。

比如，在同一家公司的人都穿一样的工作服，在同一时间上班，都讲公司的"专门语言"，有每周例会、生日庆典，这些是公司的表层文化。在这种表象的背后体现的则是公司提倡的价值观。如穿工作服，反映的可能是集体认同感；在同一时间上班、每周例会，提倡的是纪律性；公司有自己的"专门语言"，如海尔的"日清日高""用人要疑，疑人要用"，华为的"基本法"，表现的是公司的管理哲学；生日庆典反映的则是公司员工犹如家人的"大家庭"思想。而公司的核心文化是驱动这一切的根本，支撑这些核心文化的是与该公司所在的社会文化相统一的价值理念。

公司文化是社会文化的衍生物，公司文化又影响着社会文化。要创造一种最适合于公司发展的文化，仅了解公司的长期发展战略和愿景是不够的，还必须深刻了解本地的社会文化。

企业的管理实践中应当如何处理与社会文化环境的关系是被管理学者热议的课题。提倡"匹配说"的学者认为，中国企业的管理必须适应中国的特殊文化环境，不能照搬西方的管理实践，否则会水土不服；而提倡"公司文化至上说"的学者则认为，在公司管理上，不需要过多考虑社会文化环境，而应该确定什么样的文化核心价值对企业的成长和发展最有利，不管它"姓中"还是"姓西"，都没有关系。

作为一家跨国投资公司，复星公司提倡的是"包容并蓄、阴阳共存"的太极文化，因为"阴的存在是阳存在的理由，所以永远也不要去试图消灭矛盾，消灭对手。重要的是学会在跟它共存的过程中，寻找自己的利益"。在这样的文化理念之下产生的结果，就公司的内部管理而言，是性格迥异、专长不同的人在一起愉快地工作，而就对外的投资策略来说，则不仅包括中国国内各种类型、行业、所有制的企业，也包括国外的不同企业。"汇聚成长力量、用中国动力嫁接全球资源"成为复星的核心文化(陈晓萍，2013)，也成为公司不断壮大的基石。

再来说华为公司的文化塑造。在20世纪90年代，任正非全盘引进了IBM的全套管理体系，而且完全不走样地照搬过来实施。经过若干年的实践，他慢慢修正了其中不适合公司实情的部分，演变成自己的管理实践。

当然，文化的形成是一个漫长的过程，公司早期的取舍和做法就像种子一样决定了未来长出的枝干是歪是正、结出的果实是苦是甜、树的生命是短是长。要使公司基业长青，必须有健康的文化基因，这个基因可以来自中国的文化土壤，也可以来自与非中国的文化土壤的结合或融合。

3. 文化冰山的比喻

相对于文化洋葱的比喻，文化冰山的比喻要简单一些。

如图1-2所示，"文化冰山说"认为文化由两部分组成：显性部分，即浮在水上的可视部分；隐性部分，即藏在水下的不可视部分。从图1-2中可以看出，水下隐藏的冰山比浮出水面的要大得多，反映出我们平时观察到的文化表象只是冰山一角，真正造成表象形状不同的部分其实都藏在水下。

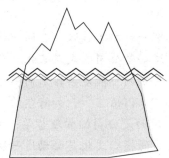

图 1-2　文化冰山说

如果把冰山比喻和洋葱比喻进行比较，可以看出冰山暴露在水面之上的部分也就是洋葱的表层，而冰山的水下部分则既包括洋葱的中间层，也包括其核心层。本书除了描述冰山之上的内容，还会在后面几章将大量的篇幅集中在冰山藏在水下的部分，即影响各民族文化表面差异的隐含信念、价值观和社会规范。

1.3 文化的正态分布：文化的个体差异性和松紧度

在讨论文化差异的时候，我们常常会笼统地说美国的文化如何，印度的文化如何，日本的文化又如何。如此的表述当然是不精确的，而且有将某国文化特征定型，建立刻板印象(stereotype)之嫌。众所周知，同一国家的人，其个体之间的价值观可能千差万别，根本无法用一种定型加以描述。因此，文化这个概念又常常用正态分布来表达，以体现同一个总体人口样本中个体之间的差异。图1-3表现的就是两个民族在某一文化价值取向上的差异。

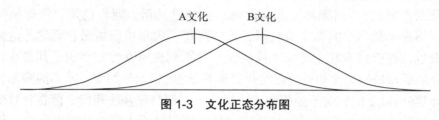

图 1-3 文化正态分布图

1. 文化价值取向的个体差异

从图1-3可以看出，A文化与B文化在某个价值取向上表现不同。假定该价值取向是个体主义与集体主义，横轴的左端代表个体主义，而右端代表集体主义，那么该图的意思是：就总体样本来说，生活在A文化中的人比生活在B文化中的人更追求个体主义的价值观，而生活在B文化中的人比生活在A文化中的人更追求集体主义价值观。如果把A文化说成美国文化，把B文化说成中国文化，那么这张图就表示，总体而言，美国文化比中国文化更强调个体主义，而中国文化较之美国文化更具有集体主义的特征。

与此同时，该图还可以表示同在美国社会(A文化)中，不同的个体之间在该价值取向上存在差异。显然，靠近正态曲线左端的美国人确实非常强调个体主义，可是靠近曲线右端的人却并不如此，他们中有的人甚至比中国文化中的一部分人更信奉集体主义，甚至超过中国人的平均水平。同样，中国社会中的大多数人崇尚集体主义(如曲线右端的样本群体)，但曲线左端的少数人却比普通美国人更信奉个体主义。因此，我们在谈论文化差异时，谈论的是国家或民族样本总的平均值的差异，而非在同一文化中的每个个体水平的差异。这一点一定要牢记在心，否则就犯了"以全概偏"的错误。

2. 文化的松紧度

用正态分布曲线表现文化的另一个用处，就是可以用曲线的陡峭和扁平程度(数据的集中程度，即标准差)来表现一种文化理念被一个社会所共同认可和接受的程度。曲线越扁平，表明集体认同程度越低；曲线越陡峭，集体认同程度越高。这个含义可以用蔡安迪斯(1994)提出的文化松紧度(tight-loose)这个概念来表达。"紧"文化的表现就是曲线陡峭，主要有两个特征：一是同一种价值观被大多数人拥有和共享；二是整个社会对观点或行为分歧者的容忍程度很低，一旦发现有偏离，会及时给予惩罚纠偏。

2018年马里兰大学的心理学教授米歇尔·盖尔芬(Michele Gelfand)(她曾师从蔡安迪斯)发表了关于文化松紧度的专著，书名为《规则制定者 规则破坏者》。该书详尽描述了松紧文化的特征差异、影响成因，以及全世界33个国家的文化松紧度的排序。结果发现，文化最宽松的十一个国家是乌克兰、匈牙利、以色列、荷兰、巴西、西班牙、新西兰、澳大利亚、美国、希腊、委内瑞拉，而文化严紧度高的国家有巴基斯坦、马来西亚、印度、新加坡、韩国、挪威、土耳其、中国、日本等。

与此同时,她也用数据表明,就是在总体文化宽松的美国社会,每个州的松紧度其实也不同。全美50个州的总体排序结果表明,东西两岸宽松,南部严紧,中西部不松不紧。其中文化最宽松的5个州是加利福尼亚州、俄勒冈州、华盛顿州、内华达州、缅因州,而文化最严紧的5个州则是密西西比州、亚拉巴马州、阿肯色州、俄克拉何马州、田纳西州。不松不紧居中的有艾奥瓦州、爱达荷州、内布拉斯加州、明尼苏达州、佛罗里达州。最近,在美国有几个重大法律提案,关系到反对女性堕胎的,都是从文化严紧的州开始并最后通过的。比如亚拉巴马州提出怀孕8周以上的妇女一律不能堕胎,密西西比州提出怀孕6周以上的妇女不能堕胎的法律,虽然都与联邦法相悖,但在各自的州里却通过了。这样的法律在加利福尼亚州和华盛顿州的居民看来简直是匪夷所思,绝对不可能通过。文化松紧度这个视角一下就把这种现象解释清楚了。

盖尔芬接着提出,美国各州的松紧度似乎决定了其"个性特征"。比如,文化更严紧的州具有认真谨慎的性格、待人友好、彼此关心,更有种族歧视现象;但宽松文化的州(如加利福尼亚州、华盛顿州、纽约州)则更富有创新(专利申请数量)和宽容(异族通婚人数)的性格特征。

一个国家、一个州的文化松紧度究竟是怎么形成的呢?蔡安迪斯(1994)认为主要有三个因素。

(1) 社会的稳定性,尤其是意识形态领域的稳定性。伊斯兰国家宗教意识强烈,并且长期以来比较稳定,因此许多国家的文化严紧度就很高。

(2) 社会人口组成的同质性。同质性越高,文化严紧度越高;同质性越低,文化宽松度越高。因此,像日本这样人口同质性很高的国家就比美国这样文化大熔炉国家的文化严紧度要高很多。

(3) 社会人口的疏密程度。人口越集中的国家,文化严紧度可能越高;反之,则低。比如新加坡的人口密度远远高于澳大利亚,因此新加坡的条条框框(比如不能吃口香糖)就远比澳大利亚要多,文化也更严紧。

盖尔芬在她的书中列出了更多的数据和事例来说明文化松紧度的形成原因,补充了蔡安迪斯的分析。她提出了三个D,即灾难(disaster)、疾病(disease)、人口多元化(diversity)。

(1) 灾难(如战争、领土受到威胁、自然灾害带来的资源严重短缺等)会促使一个社会制定更多的规则来保证安全有序,使大众可以生存。

(2) 疾病(主要指的是传染病,如鼠疫、黄热、流感、疟疾等)对生存的挑战迫使人们建立起规则来维护秩序,监控人的行为,以防止疾病的传染,保证种族可以生存延续下去。

(3) 人口多元化所起的作用与灾难和疾病相反,它可以使文化更宽松。

有一个与多元化密切相关的因素是人的可移动性或者叫作搬迁的自由。搬迁越自由的国家,文化越宽松,比如荷兰。另一个是经济开放和外族通商的程度,与他国贸易越多越频繁的国家,越容易接触到的不同理念和生活方式,观点多元化也就更可能发生,文化也就变得越宽松。

3. 文化松紧度的作用

综上所述，可以发现其实文化的松紧本身并无好坏之分，各自的功能和特点不同，达到的目的也不同。下面简单总结一下严紧文化和宽松文化的优缺点。

1) 严紧文化

严紧文化的优点是比较明显的，那就是社会更有秩序，个体的行为更加谨慎小心，个体的自我控制能力较强。严紧文化的缺点则是人的行为趋于保守、心态封闭，整个社会的文化惯性强大。

2) 宽松文化

宽松文化的优点有三个：第一是容忍度高，第二是创造力旺盛，第三是与时俱进、适应性强。

宽松文化的缺点也有三个：一是社会比较无序，有时甚至混乱；二是人与人之间的协调性较差，大家不太关注别人；三是个体比较即兴冲动，随性而行，可能容易造成事故。过去两年美国在抗疫情过程中所表现出来的混乱就是明证。

在这个意义上，如何在企业文化中平衡松紧度，取得企业追求的目标，就是值得管理者深思的问题了。

1.4 文化与管理的关系

在讨论文化的定义时我已谈到民族文化对公司文化和管理实践的影响。这一节将详细地讨论文化对管理每一个层面的影响。

1. 文化与企业经营战略的关系

企业经营战略与文化的关系表现在多个方面。如果我们将企业经营战略按照其所占领的市场来划分，那么一个企业可以有以下几种战略：局限于地区内经营战略，跨地区经营战略，跨国经营或全球经营战略。当然，影响企业战略的因素很多，如企业的发展阶段、企业所处的行业或者世界经济的环境。企业在采用不同经营战略的时候对文化因素的考虑并不相同。表1-1呈现的是根据爱德乐和加达(Adler，Ghada，1990)的研究总结出来的第二次世界大战以来美国跨国公司的进化过程。

表 1-1　第二次世界大战以来美国跨国公司的进化过程

项目	地区内经营	跨地区经营	跨国经营	全球经营
主要导向竞争战略	产品 / 服务	市场	价格 / 费用	全球战略
国外业务	不重要	较重要	很重要	完全主导
产品 / 服务	新颖独特	较标准化	完全标准化	大量的区域特制
发展	强调产品工程	强调过程工程	不强调工程	强调产品和过程工程
技术	保密	分享	广泛分享	立刻大规模分享
研发 / 销售	高	较低	很低	很高

(续表)

项目	地区内经营	跨地区经营	跨国经营	全球经营
竞争对手	极少	很少	很多	极少或极多
市场	小，地区内	大，跨地区	更大，跨国	最大，全球
生产地点	地区内	地区内和主要的外国市场	跨国，费用最低的国家	全球，费用最低的国家
出口	无	渐增，有潜力	大而分层	进口，出口，转口
组织结构	功能部门集权化	功能部门和对外联络部分权化	跨国生意线集权化	全球联盟协调分权化

从表1-1可以看出，对采用地区内经营与跨地区经营战略的公司来说，文化这个因素不重要，因为公司关注的就是本地区的客户，只要对当地文化了解透彻，就能够保证顺利经营。即使这些公司偶尔也出口产品，但一般就是原样出口，不对产品做改进以适应使用者的文化口味。所以，地区内公司的管理哲学基本上是我行我素，没有必要考虑调整自己以容纳外国文化的特点。

但是，当公司发展到跨地区的时候，就会产生去国外生产或开拓市场的需求，这时，对其他文化的关注和敏感，对于有效贯彻、执行公司战略就会有重要的影响，公司需要调整管理方式和风格去适应国外市场，就会从原来"只有一种正确方法"的心态转变成"有多种正确方法"的心态，而尝试不同的管理理念。同时，从产品和服务的角度来看，跨地区公司不会一味地强求国外用户去适应他们的产品，而愿意对产品进行修正去适应国外用户的口味。此时，了解国外用户的文化价值观和他们的审美观点就变得非常必要，文化对企业经营的作用逐渐突显。

到了跨国经营的阶段，文化对企业经营的重要性反而降低了。主要原因是那时(20世纪80年代)多个跨国公司把竞争的焦点放在价格上。大量的跨国公司都生产很多没有特色的产品，着重关注价格和费用，而把对文化的敏感所带来的优势降到最低。与地区内经营时强调的"只有一种正确方法"不同，在这个阶段的企业强调的是"只有一种费用最低的方法"，企业的竞争优势完全为价格所主导。

20世纪90年代开始，企业发展的第4个阶段到来了，那就是全球公司的出现。全球经营的战略重新使公司关注文化因素。全球公司与跨国公司最大的不同之处就是全球公司在企业经营的各个方面都要考虑当地文化的特色，不仅不忽视，而且要融合这种特色来设计产品，推销产品，管理员工，并进行客户服务。

比如，尼桑汽车公司结合美国人的口味来设计SUV型汽车；诺基亚专门设计在中国市场推销的手机技术和款式；可口可乐公司为了在日本销售，完全改变自己原来在美国的营销手段；吉列公司接受新加坡人对黄道吉日的看法，而改变原来的开张庆典日期。同时，跨国经营阶段的"总部心态"被"客户为中心"的经营理念所取代，星巴克甚至从语言上改变了称呼，它们不把在西雅图的公司总部称为总部，而称为"客户服务中心"，与此同时，成立了另外两个"客服中心"(一个在阿姆斯特丹，一个在中国香港)，进而把西雅图公司总部的地位降到与其他客服中心同样的位置。既然是为客户服务，就要充分了解客户的需求，而要了解客户，就必须了解客户所生活的文化环境。因此，尊重当地文化、融合当地文化变成全球公司经营战略的一个重要组成部分，文化对企业经营管理的影响渗透到各个层面。

案例

麦当劳总裁拉尔夫·阿尔瓦雷茨(Ralph Alvarez)说："最初开始向国际市场进军时，我们其实只是照搬我们在美国的做法，而且多年来效果很好。"他回忆起公司一度甚至还照章办事，居然向西班牙和意大利等国出口瓷砖，而这些国家自己的瓷砖早已享誉全球。公司的海外高层管理人员那些年一直是从美国派去的。如果有什么新发明，那肯定是在奥克布鲁克的一所仓库里完成的，此处如今仍是麦当劳的主要研发中心。

后来，像许多全球业务进退维谷的公司一样，麦当劳发现自己的老一套做法根本不能适应新的挑战。包括法国和英国在内的一些主要海外市场上，它的品牌地位摇摇欲坠，形象每况愈下。它在美国的境况也差强人意。于是，麦当劳改变了经营思路。一个新的箴言产生了——"大框架内的充分自由"，即给予在各地区和各国的分部比以前大得多的决策权。"我们把经营模式选择权下放。""如今你会发现，除了在美国，各地业务的管理人员没有几个是美国人，而我们则通过这种放权模式受益良多。"阿尔瓦雷茨说。

麦当劳并不是唯一一家努力调整的公司。在《财富》杂志评选出来的美国 500 强企业中，主要增长率和盈利能力均来自海外的公司数量越来越多。埃克森美孚(Exxon Mobil)、英特尔(Intel)、可口可乐(Coca-Cola)、IBM、宝洁(Procter & Gamble)、卡特彼勒(Caterpillar)、福特(Ford)、辉瑞(Pfizer)等，这些家喻户晓的美国品牌的海外收入都大大超过了总收入的一半。事实上，随着美国经济疲软、美元汇率大幅度下降、世界各地的新兴市场纷纷开放，这些公司对海外业务的依赖很可能有增无减。"海外销售确实有增长的压力，这意味着大家的确把注意力都放在如何去海外发展和扩张业务上。"伦敦埃森哲咨询公司(Accenture)的全球战略师马克·斯佩尔曼(Mark Spelman)说。

然而，麦当劳这些年发现，经营一家成功的全球企业，需要在公司行为方面进行一些重大改革。这就是管理咨询顾问喜欢的说法——"全球—本地化"，它要求在"保持全球一致的品牌管理"和"满足几十个市场的不同消费者口味"之间保持一种平衡。这意味着放权和无为而治。同时，它还要求有一些明确的规定，定义清楚自由的界限在哪里。在麦当劳，各国的管理人员都有自己的广告公司，但不允许篡改公司的标识。消费品公司早就了解使产品合乎当地人口味的重要性。比如，谷歌(Google)和雅虎(Yahoo)如果不把自己的服务翻译成当地语言并且向具体国家提供具体内容，它们就根本无法在海外站住脚。

最难办的是建立一种能够随时随地鼓励创新的文化、企业结构和工作环境。此外，管理人员还要彼此交流有关世界各地最新变化和最佳实践的信息。这正是浓汁大汉堡成功的秘诀：它虽然不是在公司总部发明的，但消息在全公司传开后，各地市场纷纷按照自身情况加以采用。"这是一项非常复杂的工作。"贝恩咨询公司(Bain & Co.)新加坡分公司主管蒂尔·威斯特灵(Till Vestring)说。麦当劳靠的是各地管理人员之间的正式交流及经常性的非正式沟通。该公司澳大利亚分部总裁彼得·布什(Peter Bush)说，麦当劳的做法与拒绝外来点子的所谓"不是我们发明的"综合征完全相反，管理人员都毫不脸红地盗用最好的点子。

随着互联网经济的发展，越来越多的公司出生的时候就具备全球化的基因(born global)，因为互联网没有国界。比如像阿里巴巴最早期的B2B业务，目的就是连接国内外的商用客户。再比如SHEIN(希音)这家服装饰品公司，在短短几年内，在美国成为青少年下载最多的App，超过亚马逊，同时通过网络把产品销售到全球几十个国家和地区。这些公司从一开始就需要对他们要进入的市场进行深入的了解，包括文化习俗、口味风格、生活理念、价值导向等。比如SHEIN在美国销售的服装款式、设计、颜色与在沙特阿拉伯销售的完全不同，但在两个市场都经营良好，靠的就是通过App及时搜集数据，并通过了解当地文化的人对数据进行准确解读，从而得到受众的欢迎。

2. 文化对组织架构设置的影响

文化对企业架构设置的影响可以从几个方面来加以说明。如果我们比较美国的企业和中国或者韩国的企业，可以发现美国的企业架构比中国或韩国的企业要扁平一些，层级更少。组织扁平化的概念最早由西方国家而不是东方国家提出，就可以看出文化的影响。相对来说，西方国家强调平等的理念比东方国家要强一些。当我们比较美国的传统企业如波音公司和北欧一些国家的企业时，又发现北欧国家的企业内部的层级更少，更扁平。如果从文化的角度去看，北欧文化的平等观念是深入人心的，人们从内心深处感到人与人之间的平等。比如在世界上最幸福的国家——丹麦，很多人选择工作的标准不是工资的高低，或者"地位"的高低("地位"这个概念在丹麦很淡薄)，而是工作本身的性质及工作时间的长短。比如有人选择开垃圾车的工作，因为这项工作每天只需5个小时，而且都在清晨完成，余下的时间全部属于自己，更重要的是，即使是开垃圾车，他也受到人们的尊敬，别人对待他的态度与对待国王无异。

另一个方面是企业的决策程序，是以自上而下为主，还是以由下而上为主。在这方面，是与企业的层级架构相对应的，亚洲国家的企业决策通常是自上而下的，一般都是上面做好决策之后往下传达贯彻，很少有听取下面意见之后再做决策的习惯；而西方社会更多的是由下至上的决策，有时即使不是完全从"下"开始，一般也会给下面的员工反馈的机会，以便修正原先的决策。

西方管理现在越来越趋向于组织的扁平化和决策的民主化。在美国公司，越来越多的团队以自我管理小组、项目小组、跨功能团队等方式来取代原来的层级架构，反映出西方文化追求平等的管理理念。最彻底打破层级、把自由和责任贯彻到管理制度中的公司大概非网飞(Netflix)莫属了(Hastings，Meyer，2020)。

传统HR一直提倡的各种管理制度，包括目标管理、群体决策、KPI、绩效工资、涨薪幅度、工资等级制度、休假制度、出差费用管控、开支管控、决策批准程序、管理者给合同签字等，在Netflix公司被全部废除。

民主管理在美国之所以能形成潮流，是与其社会文化价值系统紧密相连的，符合其文化追求的发展方向。

而这样的管理模式引入亚洲国家，却几乎都变成摆设或形式。比如，韩国最大的国家银行，前几年做机构调整，要把原来比较森严的组织架构改革成项目小组式，但却不验证这样的架构对银行是否最合适，结果弄得管理人员和员工都有些不知所措。当然也存在例外，比如字节跳动就模仿了Netflix的做法，因为管理层(如前CEO张一鸣)确实认同其做法背后的理念，所以总体效果良好。

3. 文化对企业制度建立和执行的影响

西方文化强调理性的思维习惯和公平的意识，表现在企业运作上则是企业制度的建立和完善。首先，制度是理性思维的产物，是对企业内部流程，对员工工作动机，对企业所处的经济大环境进行全面分析的结果，而不是个别人拍脑袋的产物。其次，因为有了制度，才有了客观、可依赖的标准，才可能对每位员工一视同仁，才能实现真正的公平。

目前，中国的企业已经开始关注这个问题，做得比较成功的企业如海尔、华为、万科等，都建立了健全的制度和企业文化。现在，海尔和华为都还算是在第一代创业者的掌管之下，还很难预测在他们离任后现行的制度能否持续下去。但是，万科(从王石到郁亮)已经实现了第二代掌门人接班，从目前发展来看，企业的核心文化被保持下来了。一个企业要做成"百年老店"，要成为世界500强公司，必须有深入人心的文化和与其相匹配的人力资源管理制度。

4. 文化对领导和员工行为的影响

文化因素对企业管理者与员工的影响可以从许多方面表现出来。站在管理者的角度来看，什么样的管理风格占主导，如何理解管理者的角色和责任的定义和内涵，如何看待管理者与被管理者的关系都会因文化的不同而不同。从员工的角度来看，如何看待自己的企业，喜欢管理者采用什么样的风格，对管理者的角色和责任的理解，自己与管理者之间应保持什么样的关系都受到员工自己身处的文化环境影响。法国管理学者劳伦特(Laurent，1983)曾经在西欧的9个国家、亚洲的3个国家和美国对企业管理者和员工进行调查，通过调查他们对工作中6个问题的看法，发现不同国家的人回答同样的问题，答案却不相同。

其中一个问题是这样的：

"企业建立金字塔形的组织结构的主要原因是让每个人都清楚自己的位置，并知道谁对谁具有权威性。你同意吗？"

他的研究发现，美国管理者大多数都不同意这种说法，只有17%的人同意。相反，他们认为，建立金字塔组织结构的主要原因是能够对工作任务有序组织以加快问题解决的速度。同时，他们认为，要加快解决问题的速度，组织结构应该扁平化，上司和下属应该是同事，平等地讨论问题，而且坚信一定可以做到扁平化。

大多数来自等级导向文化的管理者，如南欧人、亚洲人、拉丁美洲人和中东人则非常同意这种说法。其中有42%的意大利人、43%的法国人、50%的日本人、70%的中国人和83%的印度尼西亚人表示赞同这种说法。印度尼西亚人甚至不相信一个企业可以离开金字塔结构而存在，更不用说取得成功了。

另一个表现是关注的焦点：工作任务还是人员关系。

美国人最关心的是工作，一般都是确定了工作目标和程序以后再考虑安置人员；而印度尼西亚人恰恰相反，先看谁有可能去参与某个工作，谁会担任某项目的领导，再确定工作目标和程序。

另一个问题是这样的：

"为了工作效率，有必要经常越级处理事情。你同意吗？"

对这个问题的回答同样显示出很大的文化差异。以下是同意这种说法的人在该国所占的比例，瑞典为74%、美国为68%、英国为65%、印度尼西亚为49%、意大利为44%，中国为41%，西班牙为26%。显然，瑞典文化、美国文化和英国文化都以工作任务为导向，只要能更有效地完成工作，越级当然不是问题；但在强调等级和人际关系的西班牙、意大利等文化中，越级就是对直接上级的不尊重，就会破坏与直接上级的关系。而且，意大利人会把需要经常越级看作组织设计的问题，而重新设置组织架构。

还有一个问题是关于管理者的角色：

"管理者应该有足够的知识和技能回答下属提出的与工作有关的任何问题。你同意吗？"

调查结果发现，多数美国人(28%)认为管理者的角色应该是帮助员工解决问题，寻找解决问题的途径和方法，而不是直接提供答案，而且提供答案会降低员工的主动性和创造性，不利于提高他们的工作效率。相反，多数法国人(53%)认为管理者就应该是专家，应该为员工答疑解惑，如果不能，就没有资格当管理者。这种倾向在日本(78%)、西班牙(77%)和印度尼西亚(73%)更强烈。

当两个来自不同文化的管理者和员工在一起工作时，就会出现不理解甚至冲突，从而无法有效地完成任务。

试想一位来自美国的管理者告诉一位来自法国的员工说："我不知道答案，你可以去问一下市场部的西蒙，他也许知道。"这个法国员工肯定会认为他的领导不称职。同样，当一个美国员工从法国管理者那里听到详尽的答案时，他可能会认为这个法国领导太自以为是。他会想："为什么这个法国领导不说市场部的西蒙会有更好的答案呢？"误解很可能由此产生。

综上所述，文化与管理理念和方式似乎有着不可分割的联系。要经营好中国的企业，必须对中国的文化有深刻透彻的理解；而要经营好全球企业，就必须对不同国家的文化都有较正确的理解，以避免运作过程中可能出现的误解，"事倍功半"不说，还可能破坏彼此间的信任。

本章我们讨论了文化的基本含义及其可能对企业的经营管理带来的影响。当我们把世界看成一体、看成一个巨大市场的时候，各国文化的特色和影响就突显出来，清清楚楚地摆在我们面前。是对文化差异忽略不计，从自己所谓的通用逻辑出发行事；还是正视文化差异，把它看成客观存在，虚心学习，并适当融合不同文化的特色去运作，可能会成为一个企业是否能真正走向世界的关键所在。

1. 为什么跨文化管理的知识对提高企业和个体的竞争力都有很大的作用？
2. 用文化层次论来解析公司的文化是否可行？民族文化与公司文化之间的关系如何？
3. 文化价值观对企业内个体行为的影响是如何表现的？

本章参考文献

[1] Adler N J, Ghadar F. International strategy from the perspective of people and culture: The North American context. In A.M. Rugman(ed.), Research in Global Strategic Management Intercultural Business Research for the Twenty-First Century: Canada's New Research Agenda. Greenwich, CT: JAI Press, 1990, 1:179-205.

[2] Gelfand M J. Rule Makers, Rule Breakers: How Tight and Loose Cultures Wire Our World. 2018. New York: Scribner.

[3] Hall E. Beyond culture. New York: Anchor Books, 1977.

[4] Hastings, R., Meyer, E. No Rules Rules: Netflix and the Culture of Reinvention. 2020. New York: Penguin Press.

[5] Herskovits M J. Cultural Anthropology. New York: Knopf, 1955.

[6] Hofstede G. Culture's Consequences. Beverly Hills, CA: Sage, 1980.

[7] Hofstede G. Cultures and Organizations. London: McGraw-Hill, 1991.

[8] Laurent A. The cultural diversity of western conceptions of management. International Studies of Management and Organization, 1983, 13: 75-96.

[9] Triandis H C. Culture and Social Behavior. New York: McGraw-Hill, 1994.

[10] Trompenaars F, Hampden-Turner C. Riding the Waves of Culture. New York: McGraw-Hill, 1997.

[11] 陈晓萍. 团队合作、包容汇聚——复星集团副董事长、CEO梁信军访谈[J]. 中国管理新视野，2013，2(3)：30-44

第 2 章

跨文化管理理论和实践

文化差异包罗万象，乍看来，对此有一个较好的把握，实属不易。多亏了那些对文化问题入迷的学者，他们多年的研究成果，让我们能够从一团乱麻中理清头绪，在纷繁错杂的现象中找到观察问题的关键视角，而充分理解文化差异究竟是如何表现的，又应该从哪些角度入手去分析。本章将要介绍的跨文化理论就是对多年来在这个领域研究结果的一个概要总结。

如何区分文化是了解文化差异的基础。本章用第1章里对文化这个概念的定义作为基础，从两个视角来区分文化。第一个就是通过不同群体中的人们所共享的价值观念系统的不同来区分文化；第二个则是通过不同群体中的人们在面对相同的问题时所采取的不同解决方法、反应方式或行为模式来对文化加以区分。

本章将介绍迄今为止在跨文化研究领域最有影响力的5个理论。著名心理学家科特·卢温曾经说过，"世界上没有东西比一个好的理论更实用了。"正是基于这种精神，以下介绍这些理论，对于帮助我们理解、解释和预测特定群体的文化行为有着重要的指导作用。这 5 个理论分别是：克拉克洪和斯乔贝克的六大价值取向理论(1961)，霍夫斯泰德的文化维度理论(1980，1991)，蔡安迪斯的个体主义—集体主义理论(1995)，强皮纳斯的文化架构理论(1993，1998)，以及施瓦茨的十大价值/需求导向理论(Schwartz，2013)。除此之外，本章还介绍了由沃顿商学院罗伯特·豪斯领头进行的GLOBE研究项目及最新成果(House，et al.，2004，2014)，作为对上述理论的某种验证。在本章的结尾，对这些理论之间的异同做了比较分析，便于读者看清文化研究者的基本思路。

2.1 — 克拉克洪和斯乔贝克的六大价值取向理论

较早提出跨文化理论的是两位美国人类学家——克拉克洪与斯乔贝克(Kluckhohn，Strodtbeck，1961)。克拉克洪曾经是哈佛大学的教授。她在太平洋战争时曾参与美国战争情报处(Office of War Information)组建的一个约30人的专家团队，研究不同民族的文化价值、民心和士气。该研究团队通过对日本民族的心理和价值观进行分析，向美国政府提出不要打击和废除日本天皇的建议，并依此建议修改要求日本无条件投降的宣言。第二次世界大战后不久，哈佛大学加强了对文化价值研究的支持力度，并与洛克菲勒基金会一起资助克拉克洪等人，在美国的得克萨斯州有5个不同的文化和种族的社区共存的方圆40英里的土地上开展了一项大规模的研究。六大价值取向理论就是其研究成果之一，发表在1961年出版的《价值取向的变奏》一书中。他们认为，人类共同面对六大问题，而不同文化中的人群对这六大问题的观念、价值取向和解决方法都不尽相同。正是这种差异性体现出这些群体的文化特征，从而可以描绘出各个文化群体的文化轮廓图，而将不同的文化区分开来。他们提出的这六大问题如下所述：

① 对人性的看法；

② 人们对自身与外部自然环境关系的看法；

③ 人们对自身与他人之间关系的看法；

④ 人的活动导向；

⑤ 人的空间观念；

⑥ 人的时间观念。

克拉克洪与斯乔贝克从自己的研究出发，指出在不同民族和国家生活的人在这六大问题上有着不同的观念和看法，而在这六大问题上的不同观念则显著地影响了他们生活和工作的态度和行为。

(1) 不同文化中的人对人性的看法有很大的差异。

比如，美国文化对人性的看法比较复杂，不是单纯地认为人生来善良或生性险恶，而是认为人性可善可恶，是善恶混合体。美国文化同时认为，人性的善恶有可能在出生后发生变化。基督教的原罪说反映的是人性恶的理念；通过忏悔和行善可以洗脱罪孽、升上天堂，反映的则是人性可变的信念。相反，中国的"人之初，性本善"表现的是对人性的乐观态度，而"三岁看老"则包含着人性难变的假设。

(2) 在人们对自身与外部自然环境关系的看法上，不同文化之间有很大的差异。

有的中国人讲求"风水"，选厂址、造房子、建工厂，都得先看"风水"才能决定。另外，房子的朝向、形状等都要与周围的自然环境保持和谐，这样才能人丁兴旺，生意兴隆。而美国人几乎不考虑建筑与风水的关系，强调的是人通过改变自然环境去实现自己的创作意图，达到自己的目标。因此，人主导环境是美国文化的特色，而人与环境和睦相处是中国文化的特点。这样的价值取向影响人们的思维方式和对事件的看法。

(3) 不同文化中的人对自己与他人之间关系的看法不相同。

中国人习惯把个体看作群体的一员。而美国文化恰恰相反，认为人应该是独立的个体，每个人都应与众不同，都应有自己的独特之处，并且强调人具有独立性，而证明独立性的重要体现就是成年之后离开父母生活，自己打天下。

(4) 人的活动取向是指一种文化中的个体是否倾向于不断行动，还是可以静止不动(所谓的佛性)，在这一点上不同文化中的人的看法不尽相同。

比如，美国社会是一个相当强调行动的社会，人必须不断地做事，不断地处在行动之中才有意义，才会创造价值。有的公司(比如雪弗莱石油)在广告上就以此作为共享价值观提出来："美国人都是行动者(Americans are Doers.)"，而行动就需要能源，能源来自雪弗莱。"更有甚者，不仅要动，而且要动得快。美国有一本管理杂志的名字叫作《快速公司》(Fast Company)，反映的就是这种价值观。而美国人创造的快餐食品、速递公司，也都是行动导向文化的产物。虽然美国的这种行动文化越来越成为商业社会的重要特点，但在许多亚洲国家，静态取向、安然耐心则被视为美德之一。在中国的道家哲学中，提倡的是"以静制动""以不变应万变"，强调无为而治。当美国人发现问题的时候，总是倾向于立即找出解决方法，然后实施；而东方人有时会选择静观，待时间和外界环境趋于成熟，再抓住时机去解决问题，这是"顺势而为"。

(5) 人在关于空间的理念上表现出来的文化差异非常显著。

比如，日本人倾向于把空间看作公共的东西，没有太多隐私可言；而美国人、德国人却倾向于把空间看作个人的私密之处，他人不能轻易走近。在德国，办公室的门都是紧紧关着，居民区的房屋更是大门紧闭，窗户严实，连窗帘都一丝不苟地拉下。相反，日本人的工作空间是公共的，他们设计的办公室很宽敞，办公桌之间并无隔板，每一个人都能看见另一个人在做什么。曾经有一个案例讲的就是日本公司在美国遇到的问题，公司的办公室设计方案遭到美国员工的强烈反对，甚至引起法律纠纷。

(6) 身处不同文化中的个体对时间的看法表现出文化差异。

对时间的看法主要涉及两个层面。一是关于时间的导向，即一个民族和国家是注重过去、现在，还是未来。二是针对时间的利用，即时间是线性的，应在一个时间段里做一件事，按计划和时间表行事；还是时间是非线性的，在同一时间段里可以做多件事，不应该绝对按照时间表行事，应该灵活机动。

这种在时间导向上存在差异性的一个表现反映在做事的计划性上。

在商业运作和管理中，美国人讲究计划性。如果你去看任何一位美国经理人的日历本或者手机上的电子日历，上面通常都已写下未来几个月的安排：商务会议、谈判、出差计划、休假日期及与他人的午餐约会、晚餐约会等。远程的商业活动更是提前半年或一年就开始做安排了。这种习惯让着眼于过去和现在的文化中的人很难适应——你怎么可能知道你在半年后的某一天几时几分会有空呢？我怎么可能现在就与你定下半年后的一次约会呢？匪夷所思。这种由于时间导向不同引起的挫折感，在跨文化商业交往中经常出现。

此外，是否把时间看成是线性的也是区分文化的重要方面。

比如美国人、德国人倾向于把时间看成是线性的，一段时间内做一件事，做完一件事后再做另一件事，一次约会结束之后紧跟下一次约会，每一次约会在事先规定的时间内完成。比如看医生一定要提前预约。如果预约的时候说明胃不舒服，可是到那天去看病时，突然觉得嗓子也不舒服，要医生帮看一下嗓子，美国医生就会要另外再约时间看嗓子，因为下一位病人在等他，他得按时间表做事。

相反，意大利人、中东人等其他一些国家的人则把时间看成是非线性的，一段时间内可以做多件事，不必按部就班、有板有眼地按时间表行动，而应随机应变，根据当时的情况及时调整时间安排，不让自己成为时间表的奴隶。因此，在谈生意的过程中，如果突然有老朋友自远方来访，他们会让谈判停一会儿，先去招待老友，或干脆让朋友坐在谈判的房间里。他们认为，有朋自远方来当然要热情接待，哪有为了公务而怠慢老友的道理，而且朋友也不是外人，让他/她了解自己的工作没有什么不妥。然而，这种随机应变却会让美国人目瞪口呆，觉得对方太不专业，难以信任。

综上所述，克拉克洪和斯乔贝克的六大价值取向理论如表2-1所示。

表 2-1　克拉克洪和斯乔贝克的六大价值取向理论

六大价值取向	美国文化	他国文化
对人性的看法	性本善和性本恶的混合体 有变化的可能	善或恶 很难改变
人与外部环境的关系	人是自然的主人	和谐并受制于自然
人与其他人的关系 （等级观念）	个体主义	集体主义（重视等级）
人的空间观念	个人、隐秘	公共
行动取向	重视做事或行动	重视存在本身
人的时间观念	未来／现在 按时间表做事	过去／现在 不完全按时间表做事

用克拉克洪与斯乔贝克提出的六大价值取向理论来区分文化，能够帮助我们理解许多平时观察到的文化差异现象，并对某些"异常"行为进行合理的解释。该理论没有探索更深层次的原因，比如"为什么不同国家和民族在这六大价值取向上会如此不同？"在本书中，作者不对价值取向背后的成因进行探讨，并且不对文化价值取向进行"好"与"坏"的价值判断，在此将文化看成是中性的，没有好与坏、先进与落后之分，只讨论文化的特点(不谈优点和缺点)，以及这些特点如何影响人的工作和生活的各个层面，如何影响企业和组织的运作和发展。

2.2 霍夫斯泰德的文化维度理论

由荷兰管理学者霍夫斯泰德(Hofstede，1980，1991)提出的文化维度理论是跨文化理论中至今最具影响力的一个理论。该理论是实际调查研究的产物，起初并无理论构架。早在20世纪70年代，IBM这家当时为数不多的全球公司之一，曾经对分布在40多个国家和地区的11.6万名IBM员工(大部分为工程师)进行了文化价值观调查，得到了大量的数据。那时，霍夫斯泰德正在IBM工作，有机会得到对数据进行分析的机会。霍夫斯泰德的逻辑是，在IBM工作的工程师大都有相似的教育背景和智力水平，个性特征也会比较相似。因此，他们对同一问题做出不同的回答很可能反映出其成长的文化环境对价值取向所产生的影响。

比如，如果一种文化中的大多数人对"我总是比我们重要"这个句子非常赞同，而另一种文化中的大多数人极不赞同，这就反映出两种文化在"个体重要还是集体重要"这个价值取向上的差异。

通过对各国IBM员工针对大量问题的答案进行统计学上的因素分析，霍夫斯泰德发现有4个因素可以帮助我们区分民族文化对员工的工作价值观和工作态度的影响。在对调查结果进行梳理、总结和提炼之后，他在1980年首次出版了《文化的后果》一书，发表了该研究的成果。这4个因素后来被称为4个跨文化维度(cross-cultural dimension)。

(1) 个体主义与集体主义(individualism-collectivism)：更看重个体利益，还是更看重集体利益。

(2) 权力距离(power distance)：人们对社会或组织中权力分配不平等的接受程度。

(3) 不确定性回避(uncertainty avoidance)：对事物不确定性的容忍程度。

(4) 事业成功与生活质量(career success vs. quality of life)：追求物质竞争，还是强调人际和谐。

《文化的后果》出版后，立刻引起学者和实践者的极大关注。从此，文化成为一个重要因素纳入管理者必须考虑的范围，而管理学者则开始进行更为严谨的质性研究和量化研究来进一步检验文化的后果。在20世纪80年代后期，霍夫斯泰德又重复了10年前的研究，但这次研究的范围包括更多的国家和地区，总数超过60。这次的研究不仅再次证实了这4个跨文化维度的存在，同时还发现了一个新的维度，即长期导向与短期导向(long term vs. short-term orientation)：关注现在，还是关注未来。霍夫斯泰德把该研究的结果发表在他1991年出版的《文化与组织》一书中。

以下详细介绍霍夫斯泰德的文化维度理论的内容，并对每一个维度做详细的说明。

1. 个体主义与集体主义

霍夫斯泰德将个体主义(请注意：不是个人主义)与集体主义定义为"人们关心群体成员和群体目标(集体主义)或者自己和个人目标的程度(个体主义)"。

如果用一个具体的例子来说明个体主义文化与集体主义文化的差别，那么工作午餐恐怕再合适不过了。

在美国，如果想和同事共进午餐，一般会事先预约一下，打电话或发电子邮件，然后定下来午餐的时间。假定有三四个同事下周二都有空，我们约好在某个同事的办公室集合，很快地讨论一下想去的餐馆，如商量好去一家印度餐馆，大家就一起出发了。到了餐馆，领班会把我们带到一个餐桌前，我们坐下后，她/他会给我们每个人一份菜单。于是我们阅读菜单，然后选一个自己喜欢的食物，如印式三明治、咖喱羊肉或其他。几分钟后，服务员会走过来，逐个询问我们决定要点的食物，记录下来，收回菜单。于是我们开始聊天。

又过了几分钟，服务生会把我们点的食物端上来，准确地将每个人点的食物放在那个人的面前。于是我们开始吃饭，边吃边继续我们的聊天。吃得聊得差不多的时候，就示意服务生拿来账单，大家各付各的账，然后离席回各自的办公室，继续上班。在整个过程中，除了聊天时要考虑他人的感受和反应外，只要照顾自己的口味和感受即可，与他人无关。

再看看典型的中国午餐。一般来说，很多时候不事先预约，去敲一下同事办公室的门，问有没有时间共进午餐，如果有，则同去。假定正好有三四个同事都有时间，于是便一起出发，多数时候会去中餐馆，但需要选择吃什么地方菜，川菜还是湘菜，粤菜还是沪菜。假设大家决定试一试新开张的川菜馆。进餐馆的时候，门口有几位服务生站着欢迎，然后领班出来，带我们入座。坐下后，他/她会给我们两份菜单，让我们合着看，而不是一人一份。我们轮流或凑在一起看菜的品种，然后决定点什么。但因为上菜的时候菜会放在桌子中间，大家一起吃，所以点菜的时候就要想到别人的口味，以免到时候某人没菜可吃。议论了一会儿以后大家都同意要5个菜，告诉服务生，我们便开始聊天。几分钟后，一个菜上来，大家开始一起吃，过一会儿，另一个菜上来，大家又开始上筷，边吃边聊，直到菜上齐，吃得差不多了为止。

这时，服务员送来了账单。谁付账呢？如果一开始召集吃饭的人没有明说是他／她请客，那么，这时每个人都可能掏出自己的钱包抢着付账，服务生则随机抽取一个以结束"争端"。在这个午餐过程中，差不多每一步都不是个体独立的行为，选菜也好，付账也好，每做一件事，都得把别人的喜好、利益考虑进去，而不能仅凭自己的喜好行事。这与美国人的用餐过程十分不同。

这个例子说明，个体主义文化强调个人目标、个人独立，而集体主义文化提倡人与人之间的相互依赖和不可分割的联系。

2. 权力距离

权力距离是指一个社会中的人对权力分配不平等这一事实的接受程度。

记得刚到美国时，作者称导师为"戴维斯教授"，与在中国时对导师的称呼相似。可是不久，就发现自己周围的美国同学都对导师直呼其名，"吉姆""山姆""哈里"随口叫。这样过了三四个月后，发现自己似乎慢慢习惯了听导师的名字，于是终于有勇气直呼其名了。导师一点儿也没有惊讶的样子，好像理所当然似的。

与自己师从同一位导师Sam Komorita的另一位博士生来自韩国。Komorita在韩国名气很大，他的著作都被译成韩文，所以来美国之前，他就十分崇拜导师。第一次去办公室见Komorita，他鞠了一个接近90度的躬，以表敬意，结果把导师吓了一跟头，后来我们常常把此事当笑话讲。

作者对韩国的权力距离之大也有实际的体会。韩国的公司一般层级森严，上下级之间关系明确，下级应该服从上级，而不能挑战上级。

在我们MBA班上曾经有几个来自韩国同一家大公司的学生，他们在公司中的职位不同，有一个显然比其他人的资历要深。在安排小组案例分析时，有一个组里正好有三名韩国学生，包括那个资历深的，另有一名美国学生和一名德国学生。有一天，那个美国学生跑到办公室，说他简直不能理解他们一位组员的所作所为，他说那个资历深的韩国学生从来不做事，小组案例分析时他们分了工，每人负责一部分，但他却命令另两名韩国学生替他做他应做的部分，而那两名学生竟然乖乖地接受了。这些韩国学生竟会把上下级关系从公司移到美国的大学，似乎失去了来美国学习的本来意义。

权力距离大小在组织结构中会有较明显的表现。权力距离大的文化中的组织一般层级鲜明，金字塔比较陡峭，如日本、韩国或者中国的企业；而权力距离小的文化中的组织结构一般比较扁平，如美国、北欧国家的公司。另外，决策方式也不同，权力距离大的国家倾向于参与决策方式，有时即使高喊民主，也是形式上的。权力距离小的国家则倾向于自下而上的决策方式，善于吸纳底层的意见，而作为底层的员工也敢于说出自己的所思所想。当然，权力距离的大小都是相对的。虽然我们知道美国的权力距离小于中国、韩国或日本，但与许多北欧国家相比，它的权力距离却是大的。这一点从公司的董事会的开会方式和座位安排上就能看出来。一般来说，去旁听美国公司的董事会会议，比如波音公司，走进会议室看一看每个人所坐的位置，听一听讲话人的口气，你就大致能猜出谁是掌握权力的人或者主要的决策人。但如果你去北欧国家的公司旁听董事会，比如瑞典的宜家家居，董事会成员似乎随意乱坐，发言时也七嘴八舌，有话就说，很难看出谁是权威人物。低调、平等是北欧文化的底蕴，大家从心里认同。

3. 不确定性规避

不确定性规避是指人们忍受模糊(低不确定性规避)或者感到模糊和不确定性的威胁(高不确定性规避)的程度。低不确定性规避文化中的人们敢于冒险，对未来充满信心；而高不确定性规避文化中的人则相反。在这个维度上，霍夫斯泰德混淆了几个方面的内容，以导致其研究结果模棱两可，有多种解释。

从冒险的角度看，美国文化当然得分高。美国可能是世界上最盛产创业者(entrepreneur)的国家，而创业者无疑是敢冒风险的人。从对未来充满信心的程度看，美国也是名列前茅，因为美国人大都很少存钱(总的平均存款率可能是全世界倒数第一)，许多人不仅没有存款，而且借钱消费，贷款买房买车，逍遥地度假，以致在2008年10月开始发生次贷危机(当然，原因是多方面的，不止这一个)，从而慢慢演化成全球的金融危机。然而，中国文化和其他亚洲文化中的人在这两方面显然不同，首先创业者人数远远低于美国，其次存款率则很高。虽然中国近几年，尤其是年轻一代(如Z世代)，在这两方面有很大改变，更向美国靠拢，但平均而言，还是有较大差异。

从另一个角度看，中国等亚洲国家的人们通常对模糊的指导语没有怨言，比如老师对学生作业的要求，不必对答案的长短、书写的格式、上交的时间进行详细的交代；管理人员对下属的要求也只说个大概，不需要一五一十地详细交代，下属会自己去"悟"。同时，他们对暂时不能得知的结果也能很好地忍受不知，比如刚考完试，并不急着想知道自己的分数，而愿意放一放再说；对人生中未知的部分也能放手交给命运安排。所以，他们的不确定性回避程度较低。相反，美国人总是要求老师或管理者给出精确的要求描述或职责描述，尤其是时间期限这一条，绝不能含糊。另外，他们总是希望在最短的时间内得到反馈，比如发出一个邮件，就希望在一两分钟内得到回复，如果对方耽搁一天不予回复，他们就会着急，并觉得对方"合作性"不强。同时，他们追求对人生的控制，不信命运，只信自己。如此说来，他们的不确定性回避又比中国人要高。

在商业合同上的表现也反映出不确定性回避的程度。美国公司的商业合同大都内容详细、细节清楚，任何细小的方面都不能被遗漏，所以一般一份商业合同总有几百页，厚厚一摞。而日本公司的商业合同一般都比较粗略，只包括最主要的内容和意向，很多细节留待以后再加以商榷和填补，因此页数不多。我们暂且不讨论造成这种现象的社会、文化、经济、法律原因，单从表面来看，显然日本人对不确定性回避程度要低，而美国人要高。

对不确定性规避的实证性研究很少。在此介绍一个与冒险有关的跨文化研究，是芝加哥大学的奚恺元教授和哥伦比亚大学的韦伯教授合作的研究(Hsee & Weber，1999)。他们同时问美国学生和中国学生，哪个文化中的人更敢于冒险？结果美国学生说美国人更敢冒险，中国学生也说美国人更敢冒险。然后，他们给这些学生一些隐含风险的情境，让他们进行选择：肯定性选择或概率性选择。做概率性选择即意味着敢冒风险。在这些隐含风险的情境中，有的与钱有关(称作经济情景)，比如投资；有的则与人际关系有关(称作社交情景)，比如做某件事可能会得罪朋友。结果他们发现，中国学生与美国学生敢冒风险的程度总体而言无显著差异，但不同之处在于敢冒险的领域不同。相对而言，在经济情景中，中国学生比美国学生更敢冒险；而在社交情景中美国学生比中国学生更敢冒险，体现出强烈的文化差异。这个研究结果说明，在讨论不确定性规避这个概念时，必须区分具体的领域及其他的边界条件，而不能像霍夫斯泰德这样一概而论。

4. 事业成功与生活质量

这个跨文化维度是指人们强调自信、竞争、物质主义(事业成功导向)，还是强调人际和谐和他人利益(生活质量导向)的程度。第1章中提到的墨西哥工人不愿加班的例子表明，墨西哥文化更注重的是生活，而美国文化更注重的是事业成功。有意思的是，霍夫斯泰德一开始对这个维度的标签是"男性气质—女性气质"(masculinity-femininity)，可是由于这样的标签"政治不正确"，因此他后来就将之改名为事业成功与生活质量。在这个维度上，中国和其他亚洲国家在追求事业成功上的得分都不比美国低，虽然人际关系和谐也是这些文化的重要特征之一。通过日常的观察有时会给我们这样的印象，即中国人和其他亚洲国家的人为了事业成功愿意付出更多，而且家人、朋友都可以接受。

在这一点上，亚洲国家有很多的相似之处。比如很多日本公司的员工下班之后不回家，而与同事一起去酒吧饮酒，作为上班的延伸，因为这个时间的交流对自己未来的升迁和发展有不可低估的作用，牺牲与家人在一起的时间可以被理解。另外，如果在上班时间家里突然发生了意外，比如孩子生病、妻子分娩，很多人依然会坚守岗位，因为这样的行为是会受到赞赏的。作者在印第安纳大学任教时还观察到一个十分有趣的现象，是与韩国文化有关的。印第安纳大学的音乐学院在美国首屈一指，著名的小提琴家乔舒华·贝尔(Joshua Bell)现在就在该学院任教，而且该学院的学童项目(Children's Program)亦十分有名，很多孩子从小就在这里学习，长大成为音乐家。该学院里有很多来自韩国的孩子，每次都只由母亲陪同来上课，交谈后才知道她们是孩子的"陪读"，其丈夫仍在韩国工作，并不与他们同住。后来一个居住在纽约的朋友告诉我，他在朱丽亚音乐学院也有同样的发现。这些韩国母亲觉得自己的孩子有音乐天赋，为了孩子的成功，不惜忍受与丈夫分居，而承担起对孩子的全部责任。如果不是事业成功理念的支撑，她们恐怕很难坚持。

在后来与更多加班加点的高管学生或MBA学生交往的过程中，作者发现一个更有意思的现象，那就是大部分人认为现在这么辛苦工作，为的是未来有更好的生活质量。在他们看来，事业成功与生活质量不是完全对立的，两者是密切相关的：要有好的生活质量，事业成功是重要的基石；如果没有事业的成功，又何谈生活质量？因此，道家的阴阳哲学及整合、整体的观念似乎大大影响了东方文化中的人的理念，他们可以把事业成功和生活质量联系起来看，是短期与长期之间的联系，是不矛盾的。

相反，这样的生活方式对不强调事业成功文化中的人简直是不可想象的事，近乎天方夜谭。如果为了挣钱或事业而错过看着孩子成长的过程，错过自己对孩子的言传身教，错过自己对家庭琐事的参与，那么就算成为百万富翁、千万富翁，事业成功了又有什么意义呢？许多欧洲国家的公司对员工的福利待遇，包括对妇女生育的奖励、休假政策等都体现了对生活质量的重视。法国人到8月差不多全去度假，瑞士的妇女生育后可以享受长达两年的产假，体现的就是生活质量比事业成功更重要的价值理念。

事实上，就像美国这样强调事业成功、强调物质主义的国家近些年也开始在这一导向上发生了巨大变化。人们越来越重视家庭和个人的生活质量，一个典型的表现就是下班后一般都会回家，而不加班或与同事外出社交。周末的时候大家都不工作，起码公司的同事不会在周末打电话和你讨论工作上的事，这已成为不成文的规矩，否则会被认为是在扰乱别人的私人生活，极不礼貌。此外，越来越多的公司开始给员工提供各种对提高家庭和个人生活质量有帮助的服务，如健身房、按摩师、幼儿园、小睡室，提供免费饮料和办公文具的公司更是不计其数。微软公司给生育妇女的产假长达5个月，而且男士也可以享受两个星期的带薪产假。亚马逊也宣布了同样的政策。而Netflix这家提供网络电影的公司最近宣布，员工可以自行选择在任何时候休假，而且休假的长度可以自己决定。最近，全美著名的运动器材商店REI宣布在感恩节的黑色星期五关闭所有商店，让员工休假一天。要知道这一天是全美商店一年中的"最大销售日"，许多商店从凌晨4点就开门营业了。而自新冠肺炎疫情以来，主动辞职的人已经超过200万，造成在美国非常少见的"用工荒"，很多是因为公司不允许"居家办工(work from home)"，不能同时照顾家庭所致。

5. 长期导向与短期导向

长期导向与短期导向这个跨文化维度是霍夫斯泰德在 20 世纪 80 年代末至 90 年代初的第二次调研中发现的。这个维度起初的标签是"孔夫子主义"(Confucian dynamism)，强调的是社会对传统的重视程度，以及人们做事兢兢业业、勤勤恳恳、吃苦耐劳、勤俭节约的品德。在他那次研究的前后几年，亚洲经济发展极快，尤其是"亚洲四小龙"的腾飞，更是令世人瞩目。霍夫斯泰德认为经济起飞是一个文化现象，而这4个亚洲的国家和地区(韩国、新加坡，以及中国的香港地区和台湾地区)有一个共同的特点，那就是对传统文化的重视，持发展的眼光，凡事都想到未来，而非只想当前，做一锤子买卖。这种长期导向与国家经济发展速度之间的相关系数达0.7之高，也就是说，在他所调查的20多个国家或地区中，长期导向这一条解释了经济发展将近50%的变异量。

中国人的思维和行动的长期导向往往是我们大家都无意识的，因为已经习以为常。

比如，第一次与对方公司的代表见面，商谈一桩短期的生意，我们也会花很多时间介绍公司的历史、发展方向、各类产品线及人事组织结构等；然后，让对方公司介绍自己的情况，全部完毕之后，才进入具体的项目谈判。如果是外商来中国谈判，一般都不会在第一次会议上就详谈生意细节，总是先要带对方参观一下工厂或公司，宴请对方或请对方游山玩水，参与休闲社交活动，到最后一两天才比较严肃地正式进入主题谈生意。为什么要这么做呢？因为我们首先想让对方了解自己，并且是做多方面的深度了解。与此同时，在这过程中，我们也可以了解对方公司派来的那个人的底细，那个公司的底细，那个人的人品是否可靠，是否值得信任。为什么要了解这些呢？因为我们潜意识里会想与该公司或该代表进行长期合作，而不是做完这桩眼前的生意就结束了。美国商人常常对此不解。因为他们是短期导向的文化，有把所有生意都看成一锤子买卖的倾向，所以，觉得介入那些与生意没有直接关系的活动纯粹是浪费时间，有时甚至认为是中国人玩的花样，让他们上当，使他们在所剩无几的时间里必须被迫做出决策，进而做出让步。

图2-1表示的就是长期导向和短期导向文化中人们行动的切入点的不同。中间的星点表示目前要谈的生意。图2-1(a)表示的是长期导向的人的行动轨迹，他们习惯从边缘切入，了解清楚全部情况之后，再进入中星点，谈"正事"。图2-1(b)表示的是短期导向的人的行动轨迹，他们习惯从中星点"正事"开始谈起，如果成功，再拓展关系，了解其他方面的情况。

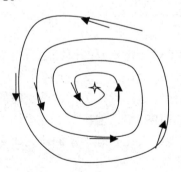 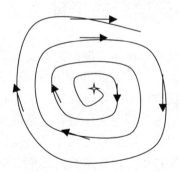

(a) 长期导向的人的行动轨迹　　　　　　(b) 短期导向的人的行动轨迹

图 2-1　长期导向与短期导向的人的行动轨迹

前文提过，霍夫斯泰德的文化维度理论提出之后，在管理学界引起了很大的反响，同时掀起了文化研究的热潮。霍夫斯泰德用实证方法研究文化的一个最大好处就是可以用量化的方式来表达文化差异，而不只是定性分析。每个国家在每一维度上都有一个得分，表2-2是一个具体的例子。

表 2-2　中国、日本、印度、美国在 5 个文化维度上的量化

文化维度	国家			
	中国	日本	印度	美国
个体主义	21	46	48	91
权力距离	63	54	77	40
不确定性规避	49	92	40	46
事业成功	51	95	56	62
长期导向	118	80	61	29

下面对表2-2中的分数做一个说明。霍夫斯泰德第一次研究用的是100点量表，因此最高得分为100分，这在个体主义、权力距离、不确定性规避和事业成功4个维度上都有体现。长期导向是在第二次研究中得到的结果，而当时在这个维度上用的是120点量表，因此最高分是120分。

从表2-2中可以看出，中国在个体主义维度上的得分(21)远远低于美国(91)，而日本(46)和印度(48)居中。但在权力距离上，中国(63)和日本(54)的得分显著高于美国(40)，而印度(77)又高于中国和日本。在不确定性规避上，中国、印度、美国无显著差异，而日本则显著高于其他国家(但如前文所述，这个分数相当不准确)。这样的关系同样表现在事业成功导向上，日本人对事业成功的重视程度最高。在长期导向上，中国的得分最高，日本其次，美国的得分最低。如果还想知道世界上其他国家在这5个维度上的差异，可以去细读霍夫斯泰德的《文化与组织》一书。

2.3　蔡安迪斯的个体主义—集体主义理论

个体主义—集体主义理论是蔡安迪斯经过近四十年对文化差异的研究之后提出来的。蔡安迪斯出生于希腊，早年移民美国，从事心理学研究工作，以关于个体主义—集体主义的跨文化研究闻名，可以称其为文化心理学大师。他曾是作者在美国读博士时的导师之一，对作者后来从事跨文化研究有着极其重要的影响。1995年，他出版了《个体主义与集体主义》一书，总结了自己几十年来及他的弟子和其他跨文化心理学家的研究成果。不幸的是，他在2019年6月1日过世，终年92岁。

前文介绍霍夫斯泰德文化维度理论的时候曾提到个体主义—集体主义这一维度，很显然，霍夫斯泰德认为个体主义和集体主义是同一维度上的两极，一种文化如果在个体主义上得分高，就意味着在集体主义上得分低，反之亦然。

霍夫斯泰德在国家层面讨论文化，而作为心理学家，蔡安迪斯则从个体层面来看这个概念。他认为，个体主义—集体主义既不是一个维度的概念，也不是两个维度的概念，而是一个文化综合征(cultural syndrome)，包括许多方面的属性/特征。蔡安迪斯将这个概念下降到个体层面，用它来描述个体的文化导向，而非国家或民族的文化导向。那么，个体主义—集体主义这个文化综合体到底包括哪些方面的内容呢？

蔡安迪斯提出5个定义个体主义—集体主义的重要特征和属性：

(1) 自我的定义；

(2) 个人利益和群体利益的相对重要性；

(3) 个体行为的主导决定因素；

(4) 完成任务和人际关系对个体的相对重要性；

(5) 个体对自己人和外人的区分程度。

1. 自我的定义

个体主义者和集体主义者在对自我这个概念上的理解和定义大相径庭。一般来说，个体主义者将自我看成独立的个体，可以脱离他人而存在，而且作为独特的个体，应该与众不同。别人对自己的看法常常用来验证自己对自我的定义，而不直接影响或进入自我概念的范畴，如图2-2(a)所示。相反，集体主义者则把自我看作群体中的一员，与他人有相互依存的关系，不能脱离他人而存在。个人应该属于某一个群体，如果找不到"组织"，会有很强的失落感，一下子不知道自己是谁。别人对自己的看法至关重要，常常会影响自己对自我的评价，如图2-2(b)所示。

人作为社会动物，总是生活在他人之中，被他人所包围，图2-2中的他人1、他人2等表示的就是这个意思。但事实虽然如此，每个人心中对他人的感知却可以非常不同。

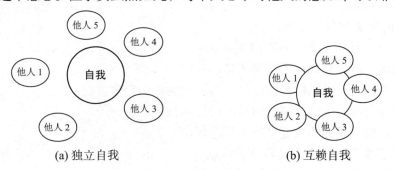

(a) 独立自我　　　　　　　　　　　　(b) 互赖自我

图 2-2　个体对自我的定义

图2-2(a)表现的是独立自我的概念。具有独立自我概念的个体，将他人作为参照物，不与自身发生直接的联系。图2-2(b)表现的是互赖自我的概念，自我与他人紧密相连，不可分割，你中有我，我中有你(Markus & Kitayama，1991)。

有一个小练习可以帮助我们鉴别一个人对自我的定义。这个练习很简单，就是用最短的时间完成20个句子，每个句子都以"我是"开头。

① 我是＿＿＿＿＿＿＿＿＿＿＿＿＿＿＿＿＿＿＿＿＿＿＿＿＿。

② 我是＿＿＿＿＿＿＿＿＿＿＿＿＿＿＿＿＿＿＿＿＿＿＿＿＿。

③ 我是＿＿＿＿＿＿＿＿＿＿＿＿＿＿＿＿＿＿＿＿＿＿＿＿＿。

④ 我是＿＿＿＿＿＿＿＿＿＿＿＿＿＿＿＿＿＿＿＿＿＿＿＿＿。

⑤ 我是＿＿＿＿＿＿＿＿＿＿＿＿＿＿＿＿＿＿＿＿＿＿＿＿＿。

⑥ 我是＿＿＿＿＿＿＿＿＿＿＿＿＿＿＿＿＿＿＿＿＿＿＿＿＿。

⑦ 我是＿＿＿＿＿＿＿＿＿＿＿＿＿＿＿＿＿＿＿＿＿＿＿＿＿。

⑧ 我是＿＿＿＿＿＿＿＿＿＿＿＿＿＿＿＿＿＿＿＿＿＿＿＿＿。

⑨ 我是＿＿＿＿＿＿＿＿＿＿＿＿＿＿＿＿＿＿＿＿＿＿＿＿＿。

⑩ 我是＿＿＿＿＿＿＿＿＿＿＿＿＿＿＿＿＿＿＿＿＿＿＿＿＿。

⑪ 我是＿＿＿＿＿＿＿＿＿＿＿＿＿＿＿＿＿＿＿＿＿＿＿＿＿。

⑫ 我是＿＿＿＿＿＿＿＿＿＿＿＿＿＿＿＿＿＿＿＿＿＿＿＿＿。

⑬ 我是＿＿＿＿＿＿＿＿＿＿＿＿＿＿＿＿＿＿＿＿＿＿＿＿＿。

⑭ 我是＿＿＿＿＿＿＿＿＿＿＿＿＿＿＿＿＿＿＿＿＿＿＿＿＿。

⑮ 我是＿＿＿＿＿＿＿＿＿＿＿＿＿＿＿＿＿＿＿＿＿＿＿＿＿。

⑯ 我是＿＿＿＿＿＿＿＿＿＿＿＿＿＿＿＿＿＿＿＿＿＿＿＿＿。

⑰ 我是＿＿＿＿＿＿＿＿＿＿＿＿＿＿＿＿＿＿＿＿＿＿＿＿＿。

⑱ 我是＿＿＿＿＿＿＿＿＿＿＿＿＿＿＿＿＿＿＿＿＿＿＿＿＿。

⑲ 我是＿＿＿＿＿＿＿＿＿＿＿＿＿＿＿＿＿＿＿＿＿＿＿＿＿。

⑳ 我是＿＿＿＿＿＿＿＿＿＿＿＿＿＿＿＿＿＿＿＿＿＿＿＿＿。

一般来说，人们能在10分钟左右写完20个关于自己的句子，但也有的人写到10个以后就写不下去了。事实上，完成这个练习所需时间的长短就有文化差异：美国人需要的时间比中国人需要的时间短。

通过自我的跨文化研究发现：

(1) 个体主义文化中的个人具有以下特点：

① 对自我的了解比对他人的了解要多；

② 认为朋友与自己的相似程度比自己与朋友的相似程度要高；

③ 有许多与自我有关的回忆并能写出较好的自传；

④ 让环境适应自我而非改变自我去适应环境。

(2) 集体主义文化中的个人具有以下特点：

① 对他人的了解比对自我的了解要多；

② 认为自己与朋友的相似程度比朋友与自己的相似程度要高；

③ 具有把自己描述成集体一员的倾向；

④ 只有很少与自我相关的记忆并且不能写出准确的自传；

⑤ 倾向于改变自我去适应环境而非让环境适应自我。

这些特点在这个练习的答案中有所体现。从内容上看，我们可以把答案分为两类，如表2-3所示。

表 2-3　两类答案

第一类答案	第二类答案
我是一名大学生/研究生	我是独立的人
我是一名管理人员	我是友好的人
我是一位父亲/母亲	我是充满智慧的人

（续表）

第一类答案	第二类答案
我是一位丈夫/妻子	我是乐于助人的人
我是美国人/中国人	我是大方的人
我是一名勤劳的员工	我是喜欢忙个不停的人
我是基督徒/信佛的人	

这两类答案显然表现出对自我定义的不同。第一类答案反映出个人在定义自我时是从自身与他人的关系的角度去思考的，自我是一个大群体中的一员。我们通常把这类答案称为"社会性答案"。第二类答案在定义自我时只说自身的特点，不提自我与他人的联系。跨文化研究表明，如果一个人在20个答案中只有15%以下的"社会性答案"，那么，这个人的独立自我概念就比较突出，个体主义倾向就比较强；如果一个人的"社会性答案"占35%以上，那么，这个人的互赖自我概念就比较显著，集体主义倾向就比较强。根据这个小测验，"社会性答案"在15%～30%的人则无法归类。

自我概念不同的人在方方面面的行为表现和对事物的反应都有所不同。其中一个方面是对自己行为的负责态度。许多研究结果都显示，在西方国家，个体主义者居多，最典型的是美国人、加拿大人和澳大利亚人。而在东方国家中则集体主义者居多，典型国家如中国、日本和印度。具有独立自我概念(independent self construal)的人强调个人对自己的行为负责，对自己行为的结果负责，而不归咎于外在原因，不找借口。

已故英国著名管理学者查尔斯·韩迪(Charles Handy)曾讲过一个他自己的故事。有一天他去看心理医生，预定一个小时，一个小时的费用很高，大概要500英镑。因为那天交通比平常拥挤，所以他晚到了半个小时。疗程开始后半个小时，医生就告诉他时间到了，就此结束。他说不是才半个小时吗？我付的是一个小时的费用。医生说你迟到是你的问题，不是我的问题，我一直在办公室等你，你应该为自己的迟到负责，说得韩迪先生哑口无言。从此，他再也不敢迟到。

因为自我负责、自我依靠是西方社会最基本的价值观之一，用这样的理由说明情况，别人一般没有辩驳的余地。作者在美国教学的经验也是如此。如果学生没有在规定的时间内完成作业，我只能责怪他们没有好好安排自己的时间，而不能为此不给他们减分，他们都没有怨言。大多数学生不会强调任何借口，因为他们知道行不通。另外，他们愿意通过自己的努力去达到目标，而不愿意依靠别人的帮助，有时会很令人费解。

比如，我们系有一位年长的同事，从小在挪威长大，后来到美国读了博士以后就留在美国做教授，现已年过八旬。他的太太因为不适应美国的生活，早就搬回了挪威生活，所以，他每年夏天暑假时都会回挪威探亲。我们的暑假比较长，有三个月。我发现在假期中间他总是会回西雅图几天，然后再回挪威。我问他回来几天干什么，不仅路费贵，而且人很辛苦。他说回来是为了付账单，因为每个月都有一大堆账单要付，信用卡欠款、水电费、电话费、无线上网费、宽带电视频道费等，不准时付费要罚款。我问他为什么不让邻居帮忙或者让儿子帮忙(他的儿子在加州居住)，也省得飞来飞去这么辛苦。他说他不愿意麻烦别人，情愿麻烦自己。但愿老先生现在已经学会通过网络付费，就不用再飞来飞去了。

相反，具有互赖自我概念(interdependent self construal)的个体则有把自己的行为归咎于不受自己控制的因素的倾向。因为他人与自己有着千丝万缕的联系，自己的行为当然不能完全由自己控制，而是或多或少受到别人和别的事件的影响。同时，对他们来说，依靠别人的帮助解决自己的问题是完全在情理之中的事。通过自己的朋友、家人或关系办成事情甚至还会感到骄傲。父母为孩子处理生活中的大事，如考大学、找对象、办婚礼、带孩子，都顺理成章，做父母的觉得尽心，做子女的感到欣慰。

自我概念另一方面的表现是对自己是否应该与众不同所持的态度。具有独立自我的人希望自己与众不同，越有个性特点，越值得骄傲。别人看他们的异样眼光对他们来说是鼓励，是肯定，令他们兴奋。相反，如果有人说："你就和普通人一样，没有什么特别的"，那对他们简直是天大的侮辱。在美国社会，从小对孩子说的话就是每个人都是特别的(Everyone is special.)，不要为自己与他人不同的地方感到羞耻，而应该利用这个特点做出与众不同的事，取得成功，让别人刮目相看。

迪士尼的许多动画片表现的就是这个主题，如《小飞象》(Dumbo)中的邓波生来有两只巨大的耳朵，被别的大象取笑，它克服了自卑的心理让大耳朵成为飞翔的翅膀，并成为马戏团的明星；《美女和怪兽》(Beauty and Beast)中的贝尔与别的女孩不同，不爱身强力壮的美男子盖世顿，而是沉迷书籍，最后爱上貌丑心善的怪兽王子，喜结良缘。

相反，具有互赖自我概念的个体则希望自己能融入群体，被大家接受，而非格格不入，孤芳自赏。在集体主义社会中，能在群体中如鱼得水的人会感觉良好。而对这些人，如果有人对他们说"你这个人怎么这么特别，与我们太不一样了"，那么他们就会感觉如同到了世界末日。若被赶出团队，开除出去，更会令他们无地自容，甚至完全失去对自己的信心。这些人自我中的很大一部分是由他人进行定义的，当别人对他们否定的时候，自我就变得消极；相反则积极。对他们来说，他人的存在是自我存在的土壤，当自己不再属于某一个群体的时候，就像植物没有了土壤一样难以生存。

此外，对于具有互赖自我概念的人来说，自我的价值是在与他人的比较中产生的，当失去比较群体的时候，自我的意义似乎一下消失了，好像没有了衡量的尺度。

互赖自我的概念后来又有进一步的发展。研究者认为，实际上存在两种互赖自我：一种是关系自我(relational self)，以自我与其他个体之间的联系来定义自己；另一种是集体自我(collective self)，以自我所属的群体特征来定义自己(Cross，Bacon，Morris，2000；Sedikides Brewer，2001)。关系自我较强的个体，特别看重与自己关系密切的朋友，把自己融入这种关系，朋友的成功在某种意义上是自己的成功，朋友的失败也会让自己感到气馁。而集体自我较强的人，把集体的成败看成自己的成败，有极强的集体荣耻感。研究表明，虽然日本人和中国人的互赖自我都比较强，但中国人更具有较强的关系自我，而日本人更具有较强的集体自我(Chen，Brewer，2007；Chen，Chen，Meindl，1998)。

2. 个人利益和群体利益的相对重要性

对个体主义文化中的人来说，个人利益当然比群体利益重要。在法律允许的范围内追求个人利益不仅合理，而且应该被提倡。亚当·斯密的名著《看不见的手》表达的就是这个意思：每个人在追求个人利益最大化的同时，能够实现群体利益的最大化。而市场就是一只无形的巨手，将个人利益与群体利益的关系自动理顺。这当然为追求个人利益提供了理论依据，使追求个人利益者理直气壮。追求个人利益最大化成为西方经济学的最重要的基本假设。

把个人利益看作合理的个体，当个人利益与集体利益发生冲突的时候，首先考虑的是如何保全正当的个人利益，然后才是集体利益。一个极端的考验是，战争中的士兵若落入敌人手中，是顾及自己的生命乖乖地缴械投降，还是为了国家血战到底、宁死不屈或者宁愿自戕也不当俘虏。战俘在美国被投之以中性的眼光，有时也会被称为英雄，比如过世不久的前美国议员麦肯，而在集体主义国家，战俘是被社会看不起的，有时甚至被家人认为是羞辱门庭。

在集体主义文化中长大的人从小所受的教育正好相反，认为个人利益是自私的表现，不仅不能提倡，还应加紧防范。要"大公无私"，要"毫不利己，专门利人"。当个人利益与集体利益发生冲突的时候，应该毫不犹豫地牺牲个人利益，而不是牺牲集体利益。

心理学家庞麦克(Michael Bond)教授曾在1983年发表的一篇论文中介绍了他自己的研究成果。他发现中国香港的学生在面临这种冲突的时候，只要认同群体，就愿意自己吃亏去保全集体的利益。这里强调的就是"没有国哪有家，没有家哪有我"，即先有国家，再有小家，再有个体，顺序不能颠倒。

集体利益与个体利益相冲突的情形在日常工作与生活中经常出现，而反应的方式和处理应对的方法在不同的文化中有不同的表现。假如，今天帮你照看小孩的人突然有事不能来，而你又需要去公司参加一个招聘会，你是不去开招聘会，还是把孩子放在一个临时管理处，仍旧去开会？因为我在集体主义文化中长大，所以从来都是不假思索地想尽办法解决突然出现的问题而准时出席会议。

有一次，我们系开全体教师会议，我们平时不经常开会，一年也就两三次，而开会总是有重要的问题要讨论。没想到来参加会议的人数只有一半，我很吃惊，就去问系主任，他说好几个人请假了，因为这个星期正好是中小学放春假(这位系主任没有孩子，所以不知道此事)，孩子放学在家，他们就留在家陪孩子。我心里想，我的孩子也放春假，我怎么就没有想到这可以成为不来开会的理由？同时又想，这难道也算合适的理由？怎么也得找个更"冠冕堂皇"的理由吧！

这些文化差异被更严谨的研究所证实。比如，美国学者厄雷(Earley，1989，1993，1994)的一系列实验都显示，当让集体主义者共同对某一项工作负责时，他们的工作表现比让他们对个体负责要好。相反，个体主义者的工作表现在采用个体负责制时最好。同时，厄雷发现以群体方式做培训能大大地影响集体主义者的自我效能(self-efficacy)感，因为他们的注意力集中在群体层面的线索。而个体主义者的自我效能感则更多地受到以个体为单位的培训影响，因为他们的注意力集中在个体层面。这些研究结果表明，对集体主义者来说，群体培训的效果更好，而个体培训对个体主义导向的人效果更佳。

日本学者松井等人(Matsui，et al.，1987)也发现类似的现象，那就是在日本给予集体目标的工作团队比只给个体目标的工作团队表现得更出色。但在美国的研究发现，给一个工作团队集体目标常常会导致团队成员出现"社会懈怠"(social loafing)或"搭便车"(free-riding)的行为。美国学者科克曼(Kirkman，1996)还发现，个体主义观念越强的人对团队这个概念的抵触情绪越强。这是因为在团队里工作会降低个体的自主性，与"独立自我"的概念相矛盾。

3. 个体行为的主导决定因素

一个人的行为是由什么因素决定的？美国社会心理学家阿耶兹和菲什拜因(Ajzen & Fishbein，1980)在对个体的态度研究多年之后，提出了著名的理性行动理论(theory of reasoned action)。该理论指出，影响个体行为的因素不外乎两类：一类是个体自己对该行为的态度和兴趣；另一类是个体感知到的别人对该行为的看法。当这两类因素指向相同的时候，一个人很容易决定去不去做某件事。比如，一个小孩很喜欢画画，而大人也赞赏他画画的行为，那么这个小孩就会经常画画。一个女孩不喜欢踢足球，她的父母也反对她踢足球，那么她肯定不会去踢足球。从这个意义上来说，当这两个因素彼此和谐统一时，人的行为很容易被预测，不管这个人生活在个体主义社会还是集体主义社会。可是，当这两个因素互相排斥时，究竟哪个因素会占主导地位来决定人的行为就表现出文化差异。

一系列的跨文化研究结果表明，在个体主义文化中，个体行为的动因主要来自自身对该行为的态度和兴趣，而在集体主义社会中，个体行为的动因主要来自自身对社会规范的认知。

人都会遇到，都要面对，但思考这个问题的角度和最后的解决方法却常常因文化的不同而异。

4. 完成任务和人际关系对个体的相对重要性

往往个体主义者把完成任务看得很神圣、很重要。同时，与他人的关系并不直接影响个体对自身的评价，因为个人只能通过自己的行为举止，而非通过与他人的关系证明自己，就像《圣经》中所言"上帝只帮助那些自己拯救自己的人"。相对于完成工作任务而言，人际关系便不那么重要。对于集体主义者来说，一切正好相反。对于他们，任务是可以用来帮助个体与他人建立关系的工具，而不是终极目的。他们的自我概念，包括自尊和自我价值，都与那些与他们有密切关系的人对他们的评价密切相关，因此，与他人保持良好的关系就变得至关重要，在某种意义上变成个人存在的目的。

在心理学、管理学和市场学领域的一系列实证研究都支持了以上观点。比如，早年师从蔡安迪斯、后来回中国香港教学的梁觉教授与庞麦克教授(Leung & Bond，1984)发现，与美国的学生相比，中国香港的学生倾向于用"平均原则"(即群体成员平均分配群体所得)而非用"公平原则"(即用多劳多得的准则分配群体所得)作为群体的分配制度，因为他们认为"平均原则"更有利于维持群体内部的和谐关系。他们做了两个实验室实验，经仔细分析实验数据后发现了更有趣的现象，即在中国香港的学生群体中，事实上那些多做贡献的成员和少做贡献的成员对分配原则有着不同的偏好。那些做贡献多的成员，倾向于用"平均原则"；而那些做贡献少的成员，反而愿意使用"公平原则"。由此可见，为了使群体成员彼此和谐，多贡献者情愿自己吃点亏，而少贡献者则不愿意占便宜。这样的结果在个体主义样本中就没有出现过。

此外，在商业谈判中研究者发现，集体主义者总是喜欢在正式谈判之前与谈判对方建立个人联系，闲聊一些与谈判无关的话题；而个体主义者总是喜欢直奔主题，对建立关系不感兴趣(Pye，1992)。集体主义者认为建立关系在先，建立了关系，生意谈判自然成功；而个体主义者则认为只有先谈成生意，才有可能在未来建立关系。对许多中国人来说，有时即使生意谈不成，关系本身的建立也被看成是一种成功；有时即使生意谈成了，但在此过程中破坏了关系，也会认为不值得。

5. 个体对自己人和外人的区分程度

我们讨论个体主义、集体主义概念时，必须结合另一个重要概念一起讨论，那就是"内群体"与"外群体"。内群体是指与个体有密切关系的群体，如家人、工作中的团队，甚至是同乡、同胞，俗称"自己人"。外群体则是指与自己毫无关系的人的总和，如其他公司的人、外国人或陌生人，俗称"外人"。当然，内外群体的边界是有弹性的，可以随时间、地点、场合而变。

一般而言，个体主义者不强调内外之分，常常对所有人一视同仁，少分亲疏厚薄。相反，集体主义者对内外群体进行清晰的区分，并提倡"内外有别"，内则亲、外则疏，不可同日而语。当集体主义者与"自己人"共事时，他们慷慨大方，乐于合作，情愿自己吃亏也不愿他人难受。在与内群体成员谈生意时，多从合作的角度出发而不是从竞争的角度出发。

比如，在格拉姆等人的(Graham，Mintu，Rogers，1994)一项横跨8个国家的研究中，他们就发现在与"自己人"谈判时，集体主义者的谈判风格具有合作与愿意考虑对方需求的特征。日本学者Ohbuchi和Takahashi(1994)发现日本人喜欢用躲避或其他间接的方式处理工作中的实际冲突，而美国人则喜欢直接、正面的方式。也有研究发现(Kirkbride，Tang，Westwood，1991)，中国员工偏向选择躲避冲突的方式，而英国员工偏向选择正面应对和解决问题的方式处理工作中的冲突。

类似的差异还表现在其他行为领域。比如，对从众行为的研究发现，在面对陌生人群体的时候，日本学生比美国学生的从众比例要低，而反从众比例更高(Freger，1970)。与内群体成员交往时，一个群体的内聚力越高，从众趋势就越强(Matsuda，1985)。研究还发现，日本人从众父母与从众外国人的比例为15∶1，远远高于美国人，后者比例为4∶1。同时，我和同事对内群体偏向性的行为研究发现，与美国学生相比，中国学生即使在内群体表现不佳的时候，依然表现出很强的偏向性，以维护自己所属的群体。而美国人在自己所属的群体表现比个人表现要差的时候，对内群体的偏向性几乎消失(Chen，Brockner，Katz，1998；Chen，Brockner & Chen，2002)。

此外，集体主义者在对待个人隐私上也表现出内外有别。越是亲近的人，越不应该有隐私，因为对他们来说，人类关系的理想状态是我为人人，人人为我，你中有我，我中有你；你我不分，我你合一；我想你所想，你急我所急。因此，内群体成员之间不应该有隐私存在。集体主义者认为自己有责任关心内群体成员的事宜，分享彼此的快乐和痛苦，甚至有为他们作决定的权利。

在这一点上，个体主义者正好相反，他们认为没必要通过关注他人的需求，或为他人做好事来完善自我形象。如果他们帮助别人，那是因为他们喜欢这么做，他们认为这样做正确，或者这样做使他们自我感觉良好。与此同时，他们也将别人看成是具有独立自我的个体，需要独立的空间，而不欢迎他人入侵。因此，他们尊重别人的隐私，甚至对很亲近的人亦如此。家人之间互相道谢是被从小教育的良好行为，而且在为兄妹提供帮助时也会考虑会不会让对方感受到压力或失去尊严。

在对待陌生人的态度上，个体主义者与集体主义者更是大相径庭。因为外群体成员的看法对集体主义者的互赖自我定义没有重要意义，所以他们在对待与己无关的群体或个人时可以相当冷漠、不合作，有时甚至无情。"各人自扫门前雪，莫管他人瓦上霜"表达的就是这个意思，这里的他人当然指的是与己无关之人。菲尔德曼(Feldman，1968)曾在美国、法国和希腊三个国家研究人们对"同胞"和"老外"的助人行为，发现美国人和法国人对待这两类人没有太大区别，在对他们的帮助行为上也没有显著差异，但希腊人则更愿意帮助"同胞"而非"老外"。那个年代，希腊社会还具备更多的集体主义特征。后来在美国和印度同时做的实验中发现，印度人比美国人更不愿意帮助陌生人，即使在帮忙的代价很小时亦如此。在日本人身上也发现相似的行为模式。此外，与个体主义者相比，集体主义者在与外群体谈判时，常常从没有什么商讨余地的地方开始，而个体主义者则倾向于先看一看有无利益共同之处，与他们跟内群体的人的谈判无异。同时，与外群体打交道时，集体主义者不认为自己应该身临其境为对方着想，而个体主义者却认为这样做是一种美德(蔡安迪斯，1994)。而法国作家维克多·雨果(Victor Hugo)在《悲惨世界》中描述的主人翁冉阿让在偷了神父的银器被抓后，神父不仅没有惩罚他，而且把银器送给他的举动，使冉阿让良心发现，从此走上拯救别人(芳汀及其女儿珂赛特)的道路，这是人道主义、个体主义对内外群体态度的极端体现。

蔡安迪斯的个体主义—集体主义理论将两者的主要特征的各个层面阐述得十分仔细和深入，大大地深化和填补了霍夫斯泰德理论中这一维度的不足，对解释东西方文化差异起到巨大的作用，是跨文化研究中做得最严谨、系统的一个领域，可谓贡献卓著。

6. 横向—纵向个体主义与集体主义

但是，个体主义—集体主义理论依然不能解释另外一些现象，比如同为个体主义文化，美国与澳大利亚并不相同：美国人强调竞争，澳大利亚人更喜欢悠闲自如。再比如同为集体主义文化，中国与以色列的"科布兹"也很不同：中国人爱与别人比较，希望"我们更强"，而科布兹人更喜欢群体之间平等友好。针对这一点，蔡安迪斯在后来的论著中又提出了"横向—纵向个体主义"(horizontal-vertical individualism)和"横向—纵向集体主义"(horizontal-vertical collectivism)的概念。横向个体主义指的是该文化中的个体追求个人利益的最大化，但他们并不在乎自己是否比别人得到更多，并不追求自己高于别人；而纵向个体主义者不仅追求个人利益最大化，而且要求自己超过他人。横向集体主义是指该文化中的个体追求内群体利益的最大化，但并不关心自己的群体是否高过其他群体；而纵向集体主义者既关心内群体利益的最大化，也追求自己的群体比别的群体更优越。

横向—纵向个体主义与集体主义理论被提出之后，受到理论界的关注。我和李纾

(Chen & Li，2005)根据这个理论框架，在中国和澳大利亚测验了大学生群体的个体文化导向，发现了与以前的跨文化研究不同的结果。首先，我们发现虽然中国学生在横向个体主义上的得分显著低于澳大利亚学生，但他们在纵向个体主义上的得分显著高于澳大利亚学生。也就是说，澳大利亚学生更倾向于追求个人利益，但不太有"攀比"心态；中国学生有相当强的竞争意识，总希望自己能够更加强大。其次，我们发现在集体主义维度上，不管是横向还是纵向，两国的学生在得分上没有显著的差别。通过进一步的分析表明，那些在纵向个体主义上得分越高的学生，做利己选择的可能性越大；而那些在横向个体主义上得分越高的学生恰恰相反，他们做利己选择的可能性越小。

这个研究不仅支持了区分横向与纵向个体主义—集体主义的必要性，而且显示出横向和纵向概念对个体行为的不同预测效果，使我们对个体主义与集体主义的理解又加深了一步。

下面这个小测验可以帮助你判断你的横向—纵向个人主义与集体主义的倾向性。

文化习俗小测验

1. 你和你的朋友或同事决定去一家餐馆共进晚餐。你认为用哪种方式来处理账单最理想？（　　）

　A. 不管谁点了什么，大家平分账单

　B. 按每个人挣钱多少的比例来付账

　C. 由群体的"头头"来付或由他决定怎么付

　D. 按每个人点的菜的价钱来付

2. 你要给你的办公室选购一件工艺品，什么是最重要的决定因素？（　　）

　A. 这是一项值得的投资　　　　　　B. 你的同事喜欢

　C. 你自己喜欢　　　　　　　　　　D. 你的上司喜欢

3. 假设你必须用一个词来形容自己，你会用哪一个？（　　）

　A. 与众不同　　　　　　　　　　　B. 竞争力强

　C. 合作性强　　　　　　　　　　　D. 有责任心

4. 幸福来自（　　）。

　A. 你在社区中的地位　　　　　　　B. 能与许多好朋友互相联系

　C. 保有个人隐私　　　　　　　　　D. 在竞争中取胜

5. 你想计划一次旅行，但这次旅行可能会给你的许多同事带来不便。在决定是否安排旅行之前，你会和谁讨论？（　　）

　A. 不跟别人讨论

　B. 与我的父母讨论

　C. 与我的配偶或密友讨论

　D. 与旅游专家讨论，然后决定我到底是否想去该地

6. 你对下面哪一类书最感兴趣?（   ）

  A. 如何交友   B. 如何在生意中成功

  C. 如何用低消费的方式享受生活 D. 如何确定你做了分内的事

7. 假设所有其他因素（如工作绩效）都相同，在决定雇员的晋升中以下什么因素最重要?（   ）

  A. 该雇员对公司忠诚   B. 该雇员听从管理部门的指示

  C. 该雇员能为自己打算   D. 该雇员对公司做出过重大贡献

8. 在为一次重要的社交活动买服装时，下面哪个原因会让你对所买的衣服满意?（   ）

  A. 你自己喜欢这件衣服   B. 你的父母喜欢这件衣服

  C. 你的朋友喜欢这件衣服   D. 这件衣服很漂亮，令人注视

9. 你认为在一个理想社会中，国家预算应该这样决定以致（   ）。

  A. 全社会的人都有适当的收入来满足基本需要

  B. 对国家做出卓越贡献的人会得到奖励

  C. 社会极度稳定，有法有则

  D. 每个人都有与众不同及超越自我的感觉

10. 当别人让我谈谈自己的时候，（   ）。

  A. 我会谈及我的祖先和他们的传统

  B. 我会谈及我的朋友和我们喜欢做的事情

  C. 我会谈及我个人的成就

  D. 我会谈及我与众不同的地方

11. 假设你的未婚妻/夫与你的父母相处得不好，你会怎么办?（   ）

  A. 什么也不做

  B. 告诉我的未婚妻/夫我需要父母的经济资助，他/她应该学会怎样去应付他们

  C. 告诉我的未婚妻/夫去努力使自己融入这个家庭

  D. 提醒我的未婚妻/夫父母和家庭对我的重要性，他/她应该服从他们的意愿

12. 若干个5人小组参加一项科学竞赛，你所属的小组获胜并得到10 000元奖金。实际上，你和另外一个人做了95%的工作。你觉得应该怎样分配这笔奖金?（   ）

  A. 不管谁干了多少，大家平分

  B. 我和另外那个人得95%的钱，其余的让别人分

  C. 组长决定怎么分

  D. 分配这笔钱时要使我获得最大的个人满足感

13. 请想象你要为公司所举办的筹款活动选择乐队，什么是最重要的考虑因素?（   ）

  A. 我实在喜欢这个乐队

  B. 我的朋友认为这个乐队不错

  C. 我公司的行政部门认为这个乐队不错

  D. 该乐队的感召力

14. 假如你在工作之余进修，需要为下学期再多选一门课，你会怎样选？（　　）

　　A. 选一门能帮助我超越别人的课程

　　B. 选一门我的父母让我选修的课程

　　C. 选一门我的朋友打算选修的课程

　　D. 选一门我认为最有趣的课程

15. 你和一群朋友在一家意大利薄饼餐馆，你如何决定你要点哪种薄饼？（　　）

　　A. 让群体的"头头"给大家点　　　　　　B. 点我自己喜欢的薄饼

　　C. 点一种多数人都喜欢的薄饼　　　　　D. 点一种店里最贵的薄饼

16. 你会选哪个人做工会领袖？（　　）

　　A. 那个我的朋友都投票的

　　B. 那个我最喜欢的

　　C. 那个跟我有私交的

　　D. 一个对我很重要的组织的成员，该组织会因为他的入选而提高声望

2.4 强皮纳斯的文化架构理论

由荷兰管理学者强皮纳斯(Trompenaars，1993，1998)提出的文化架构理论虽然没有特别严谨的实证研究为依托，却也对跨文化管理工作做出了不少贡献。他于1993年出版的《文化踏浪》一书，引起轰动；后来与他的搭档汉普顿·特纳多次改写，在2020年又再版此书。

模仿霍夫斯泰德，强皮纳斯用文化维度来表达他的理论，认为国家与民族的文化差异主要体现在7个维度上：

(1) 普遍性原则—特殊性原则(universalism-particularism)；

(2) 个体主义—集体主义(individualism-communitarirism)；

(3) 中性文化—情绪文化(neutral-emotional)；

(4) 特定关系—弥散关系(specific relationship-diffused relationship)；

(5) 注重个人成就—注重社会等级(individual achievement-social class)；

(6) 长期—短期导向(long-term-short-term orientation)；

(7) 人与自然的关系(people and the nature)。

因为在前文中我们已经讨论过这7个维度中的3个维度，即个体主义—集体主义、长期—短期导向、人与自然的关系，所以在此只集中讨论其余4个维度的内容。

1. 普遍性原则—特殊性原则

普遍性原则与特殊性原则这个概念最早不是由强皮纳斯创造的，而是由社会学家帕森

斯(1951)提出的。普遍性原则强调用法律和规章指导行为，而且这些指导原则不应因人而异。"法律面前人人平等"就是代表普遍性原则的响亮口号。此外，普遍性原则认为对所有事务都应采取客观的态度，而且真理只有一个，不存在多个真理；特殊性原则强调"具体问题具体分析"，不用同一杆秤、同一尺度去解决不同情况下的问题，而应因人而异，因地而异。另外，特殊性原则认为一切都是相对的，世间没有绝对真理，也不存在唯一正确的方法，而是有多条路可走，殊途同归。

在企业管理方面，普遍性原则与特殊性原则的社会表现也有显著差异。在普遍性原则主导的社会中，管理强调建立制度和系统，同时制度和系统应该是能为大多数人服务并满足大多数人要求的。制度一旦建立，人人都须遵守，对所有人都一视同仁，没有人可以凌驾于制度之上。美国是强调普遍性原则的国家，几乎所有的企业都有详细的规章制度和各种内部管理系统。当个案发生时，马上就会想到如果今后类似的情况出现应该怎样应对，怎样的解决方案才有普遍的意义，怎么处理才是对所有人都公平的，等等。这成为管理者的一种思维方式。这一点在作者担任学院和美国管理学会行政职务的时候曾深有体会。

记得有一年学术圈子里一位很有名望的教授突然辞世，大家感到震惊和悲痛，觉得学会必须做些什么以表哀思。可是怎样做呢？有的人提议在开年会的时候让全体会员默哀一分钟；有的人提议在学会网站上专门辟出一块专栏，让大家投递纪念文章；有的人提议让熟悉教授的人，比如，教授过去的同事或学生在年度大会上演讲，等等。正在大家积极思考如何对这位学者表达哀思的时候，有一位学会成员突然说："学会以前不曾碰到这样的情况，如果我们这次这样处理，以后是否每位会员突然去世都这样处理？还是只对知名学者这样对待？那么，如何定义知名学者？又如何定义突然去世？"他这么一说，大家便沉默了一阵子，然后开始理性地讨论究竟如何处理是最妥当的，而且不会给未来处理类似的事件造成麻烦，同时又要考虑让大家在感情上都能接受。提出这个问题的人是需要勇气的，因为大家在悲伤之中，而你提出如此理性的问题，似乎有"冷血"之嫌。但如果不这样冷静地思考，考虑到普遍的情况，就会为未来留下隐患。

还有一次是学会主席提出有一位与他个人有私交的教授向他提出希望学会资助其举办一个小型学术会议，他让大家讨论一下以便回复。因为是学会主席的私交，不少人就说赞成资助，况且学会有不少余钱。但很快就有人提出反对意见，理由是不能因为朋友离你近，提出了要求就支持，说不定有许多其他成员有相似的要求，但只是因为不认识学会中的人，无法听见他们的声音，而永远得不到资助，这样做对那些人不公平。如果大家认为学会有责任也有资源支持小型学术会议，那么，就应该建立一套完整的制度和程序把这件事做起来。先是让所有的会员知道学会有一笔钱留作此用，所有的人都可以申请；然后定出审批标准和程序，如申请截止日期、申请资金上限、学术会议种类、主题、参加人员、营利与否等，再统一审批。大家立刻接受了这个建议，马上行动将所有的程序细节一一搞定。这种从特殊个案出发建立普遍行事程序的思维方式很有借鉴意义。

相反，以特殊性原则为指导的管理特点则是"灵活"。企业都有一套管理制度，企业中的管理人员也好，员工也好，都应遵守规章制度，但为了企业正常运作企业的高级管理者会保留对例外事项的决策权，以应付特殊性的例外管理工作。

当坚持普遍性原则的个体和坚持特殊性原则的个体相遇时，如何彼此妥协把事情做成，就变成一件极具挑战性的工作。

举一个例子，假如你受雇于一家美国公司，最近在帮助公司与一家日本公司谈一桩举足轻重的生意，几个回合下来，几近大功告成，就差签合同最后一道程序。然而下午你从老板那儿拿到正式合同，一看，才意识到大事不好，不是文字有错误，而是合同上下几百页，厚厚一大摞，明天日本人看了肯定生气，因为日本公司的合同通常要薄很多，只包括最主要的内容，不像美国公司的合同，事无巨细，一条一条都写得清清楚楚，仔仔细细。怎么办呢？是对美国老板解释日本人的特点，而让公司把合同简化一下再拿去签呢？还是向日本公司解释美国公司的做事方式而取得日本人的理解呢？

这个斡旋于两个公司之间的人到底是怎样处理这件事的呢？他先去问了自己的美国老板能否缩减合同，老板说不行，这是公司的规定，对全世界的公司都一视同仁，不能因国而异。无奈，他就去向日本人解释，说合同厚不是对他们不信任的表现，而是为了满足美国国家法律上的要求，等等。日本人听完后，什么也没说，只问了一个问题，然后就签了合同。

什么问题呢？请看下面：

"请问合同签下后，你会一直负责这个项目吗？"

他点头说："是。"

就这么简单！通过几轮的洽谈，已基本了解了这家美国公司，以及与其进行商谈的负责人，因为信任，日本公司可以遵从特殊性原则，签署合同。

由此可见，普遍性原则的产物显然是"机械""死板"、不善于随机应变；而特殊性原则就比较灵活，根据具体的情形调整自己的标准和行为，从特殊性出发去处理问题。

普遍性原则强的思维之下很容易产生我们现在非常提倡的"敬业"精神。所谓敬业，就是对自己所从事的职业忠实、专业，不因人而异。

比如，敬业的医生就应该对所有的病人都态度友善，耐心询问病情，认真倾听病人的陈述和问题，然后做出诊断，开出合适的药方；而不是对熟人态度友好，用药讲究，对陌生人就不耐烦，草草了事，随便开药。

再比如教师就应该对所有的学生用同样的标准衡量，批改作业和考卷，然后给出分数；而不是对与其有交往的学生，指导过的学生特别宽松，而对没有交往的学生，或对其他教授指导的学生就特别严格。

在企业管理中，敬业的管理人员应该对所有下属都一视同仁，不分亲疏，用同样的招聘指标、考绩指标去评价所有的人。与此同时，采用普遍性原则管理员工，会使员工感到公平。企业的员工常常觉得老板不公平，恐怕与深层文化中强调关系的"特殊性原则"不无关系。

2. 中性文化—情绪文化

情绪外露的程度是帮助我们区分文化差异的又一个重要方面。情绪表露含蓄微弱的文化被称为中性文化，而情绪表露鲜明夸张的文化被称为情绪文化。最典型的中性文化国家为日本、中国和其他亚洲国家；最典型的情绪文化国家为意大利、西班牙和其他南美洲国家；美国处在两极之间。在中性文化里，人与人之间很少有身体的接触，人与人之间的沟通和交流也比较微妙，因为情绪表露很少，需要用心领会。相反，在情绪文化里，人与人之间身体的接触比较公开自然，沟通交流时表情丰富，用词夸张，充满肢体语言。

日本的中性文化表现在很多方面，如人与人之间感觉舒服的空间距离比较远，在一米以上，一般见面鞠躬，没有任何身体接触；讲话时表情中性，喜怒不形于色，让从情绪文化中来的人不知所措。最有趣的是电影《恭贺》(Gung Ho)中的一个情景。美国人亨特从美国飞往日本，请日本的一家汽车公司去他所居住的城市开工厂，因为原先的美国汽车厂倒闭关门至今空置，全城的人差不多都失业了。亨特很幽默，尽量想逗日本人笑，然后说服他们去开厂。没想到他一个人说了十几分钟，放了十几张幻灯片，底下坐着的日本管理人员没有一点儿反应，既不笑，也不生气，而是面无表情，直直地看着他。他以为他们听不懂英文，就小心地问了一句："你们说英文吗？"一位年长者立刻回答："我们都会说英语，你接着说。"亨特很尴尬，只能又说了几句，但看日本人还是没反应，他就只能草草收场了。返美的路上，亨特一直很沮丧，觉得自己完全失败了。回到家里，他马上开始看报纸上的招工广告，准备给自己找份工作。没想到，一个星期后，日本人来了，还宣布开厂，并说他们之所以做出此决定主要是因为亨特的精彩演说。可以想象，亨特有多么震惊，当然更别提有多高兴了！

与日本人相比，美国人就比较情绪化；但与希腊人相比，美国人就显得不情绪化了。在电影《我的盛大希腊婚礼》(My Big Fat Greek Wedding)中，可以明显看到这种反差。一位成长于非常传统的希腊家庭的女孩爱上了一位美国男子，当她把男子带到家里去见父母时，那名男子看到的不仅是他的父母，而是她的"全家"，包括所有远近亲戚，而且大家都争先恐后地冲上来与他拥抱，七嘴八舌，亲热无比。当男子把她带去见父母时，情形就完全不同了。儿子与其父母很生分的样子，彼此彬彬有礼，见面时除了握手，基本没有其他的身体接触。他的父母见了女孩就问姓名，又因为她的姓比较奇怪，进而猜测她来自哪个国家，当然猜得牛头不对马嘴，显示出美国人对外国的无知。吃饭时大家也沉默寡言，整个气氛都是冷清而尴尬的。

在身体接触上，不同文化之间相差很大。图2-3表现的是日本人与美国人的身体可接触部分对比。从图2-3中可以看出，日本人之间身体的可接触部分很少，朋友之间双手可以有76%～100%的接触面积，其他可接触的部位就是肩部、双臂和头顶。与母亲可接触的部位有肩、小臂和双手，接触最多的是指尖；与父亲可接触的部位更少，只有双手和指尖。相反，美国人允许身体接触的范围就要广得多，异性之间几乎可以接触身体的全部，同性之间及与母亲的接触，除了性敏感地带，几乎全都可以接触。最有局限的是与父亲的身体接触，一般只限于肩部、双臂、双手、头顶和上额，但相比日本人，这已是很多的接触部位了。

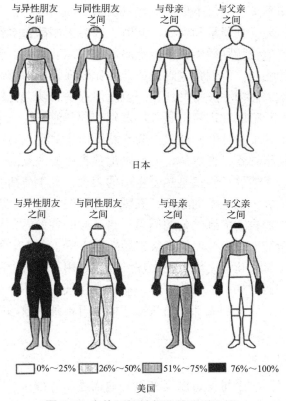

图 2-3　身体可接触部分的美日比较

　　作者曾经有一个MBA学生来自巴西，她分享了自己刚到美国时的经历。有一天，她班上的几个美国同学邀请她去一家餐馆吃饭，可带自己的好友，有的男生就带了女朋友去。她见到同学的女朋友后，就主动上去与她拥抱(巴西的朋友见面仪式)，结果把这位女朋友吓了一大跳，连连后退，弄得她十分不好意思。在美国，陌生人之间最多握手，而朋友才拥抱。她原本是第一次与人家见面，就拥抱，当然让别人感到惊讶。所以，她后来就渐渐改变了自己的习惯。有趣的是，放寒假回到巴西后，她一时半会儿还没能扭转自己新习得的行为，结果她的巴西朋友们就说她怎么变得这么冷漠了，让她哭笑不得。

　　法国文化也是情绪文化之一，朋友之间说话时站得很近，手势很多，而且表情丰富，见面时拥抱，如果是异性，可能会亲吻一下。作者的另外一位来自韩国的男学生讲到他刚来美国的经历时，曾经分享了一件很让他为难的事。这件事发生在他的二外英语班(ESL)上。因为是英语班，所以学生来自世界各地，其中有一名女生来自法国。在彼此介绍时，那位女生竟上来拥吻他，而且吻他的嘴唇！他差点没晕过去，因为这完全在他的想象力之外！他忘记当时自己是怎样应对的，但很明显地感到其他几名来自韩国的女生对他翻了白眼，好像他做了什么见不得人的事。中性文化与情绪文化碰撞的确会给人造成很大的冲击和误解。

　　在中性文化中，人们一般会避免情绪激昂的行为，情绪外露的人常被看作不稳重、不成熟、缺乏自我控制能力，有时甚至被看作不可靠。这样的人要当领导一般没什么希望。

相反，老成持重、含而不露、喜怒不形于色才是值得敬佩的境界。在这样的文化中，城府深的人显得有涵养，容易受到器重和赏识。同时，因为大家都含蓄，不轻易流露感情，所以人们对别人的表情变化就特别敏感，一点点脸部肌肉运动就会引起注意，一个小小的手势就会打破整个会议的气氛。人们察言观色的能力比较强，压抑情绪的能力也比较强，有许多人是表面静如止水，而内心波涛汹涌，一旦发泄起来，就会比较强烈。比如，日本人在工作场所的表现和在酒吧的表现简直是天壤之别，用"疯狂"二字来描述他们在酒吧的行为都不为过，如果不是平时过度压抑，一般不需要如此发泄。

在情绪文化中，情绪外露是自然的，而且是加强自己的观点的一个重要手段。不表露感情被看成是冷血的、无趣的。激情是热爱生活的表现，是生命活力的展示。意大利人把激情看作生命的最高境界，对艺术的激情，表现在他们的绘画、歌剧、时装设计之中；对食物的激情，表现在他们自家酿制的葡萄酒里，自己做的各种面食如空心粉、比萨饼里；对爱的激情，对人的激情，表现在他们日常生活的语言里、举止中和充满夸张的表情里。

关于中性文化—情绪文化这个维度，强皮纳斯曾经用下面这个问题来看不同国家在这个维度上的差别。他问："如果你情绪不好，有点儿生气，会不会在上班时流露出来？"结果发现大多数法国人、意大利人都说会流露，而只有不到半数的中国人说会流露，日本人说会的比例更小。

3. 特定关系—弥散关系

特定关系—弥散关系这个维度可以用来很好地描述和解释在不同文化中生活的个体在人际交往方式上的差别。这个维度的提出源自著名社会心理学家科特·卢温(Kurt Lewin)的圆圈拓扑理论。卢温出生并成长于德国，后来到美国留学、工作并定居。他发现美国人的人际交往方式与德国人的很不一样，于是开始对此进行研究，并在1934年出版了《拓扑心理学的原理》一书。他提出了两类交往方式，一类被称为U类交往方式(即特定关系类型)，另一类被称为G类交往方式(即弥散关系类型)，如图2-4所示。

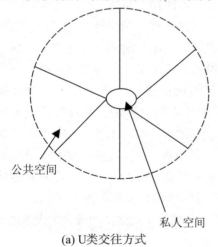

公共空间

私人空间

(a) U类交往方式

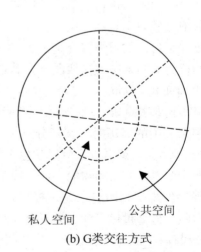

私人空间

公共空间

(b) G类交往方式

图2-4　两类交往方式

图2-4(a)表现的是U类交往方式，即美国人的一般人际交往模式。中间的实线小圆圈代表个体的私人空间，很小而且封闭。外周的虚线大圆圈与小圆圈之间的空间代表个体的公共生活空间，即允许普通他人进入的地方。从图2-4(a)中可以看出，美国人的公共空间很大，他们对人友善，愿意帮助陌生人，在路上行走见到陌生人也会微笑、致意，说"Hi"。经过一些交往后，他们会带你去他们的家里做客，如果你需要喝饮料，他们可能会让你自己去冰箱拿。如果你下班需要搭车回家，他们会主动提出帮助，让你坐他们的汽车送你到家门口。对他们来说，房子的客厅、厨房、书房等都是公共空间，冰箱也是，汽车也是，可以对只有点头之交的人开放。

同时，一个人的公共生活空间可以分为很多领域，比如工作场所、高尔夫俱乐部、专业学会、行业协会等。用实线隔开代表这些不同公共领域之间的严格界限。一个典型的特殊领域是人的工作领域，他们与这个领域中有关的人交往，如上级、同事、属下，展现自己在该领域中的面貌和特点；另一个特殊领域可能是他们参加的一个俱乐部，比如摇滚乐队、高尔夫球队，在这个领域中，个体用相似或者不同的方式与队友交往，表现自己另一方面的特长和风格。但有意思的是，一般大家都不会把自己在某一特定领域交往的人带入其他领域，所以，参加社区活动的人一般不会是自己工作中的同事，摇滚乐队的成员也不认识自己社区活动中的朋友，或了解自己在工作场所中的表现。因此，U类交往方式把人与人之间的界限划分得清清楚楚，特定领域，特定人群，不加混淆。

图2-4(b)表现的是G类交往方式，也是德国人的一般交往模式。此图的特点是：

① 大圆圈是实线，表明即使是公共生活空间，一般人也不能轻易进入；

② 公共空间要狭窄很多，许多在U类文化中被看作公共空间的地方(如书房、冰箱或汽车)，在这里被视为私人空间；

③ 私人生活空间相对要大，不封闭，说明已经进入公共空间的人要进入该个体的私人空间相对比较容易；

④ 公共生活空间的不同领域之间用虚线相隔，表明彼此的界限不是绝对分明，而是互相渗透。

在此类文化中，人们一般不会对陌生人微笑，只有对熟识的人才会做出友好的表示，只有对更熟识的人才会邀请他们到家里做客。但如果你被邀请做客，你就很可能被介绍给他的其他朋友，被带入此人的社交圈，从而慢慢被引进他的私人空间，一旦进入私人生活空间，你们彼此就会分享一些比较隐私的想法和话题，谈自己工作或生活中的感受，对他人的看法，等等。

如果我们用房屋建筑来做一个比喻，美国的房子大都有一个院子，但院子没有围墙，完全敞开，似乎随便什么陌生人都可以轻易进入。房子里面通常有很多不同的房间，如客厅、餐厅、厨房、书房、娱乐室、洗衣房、盥洗室、卧室等。客厅、餐厅、厨房和书房通常被看作公共空间，随进随出，但所有的卧室都带锁，一般未经许可不能进入，因为那是私人空间。表面上看来随意可进的房子，里面却有很大一部分是不能进入的。

再看中国比较老式的庭院，院外都有一堵高高的围墙，门口则有人把守(门房)，别人要进入院子不容易。但是一旦进了院子，却发现里面没有什么警戒，很容易进入不同的房间。由此联想到其他的建筑，也有类似特征。比如中国的高校，四周都有围墙，只有几个大门开着，门口还站着警卫检查证件，但走过这一关，要进入不同的大楼就相对容易了。许多公司也是如此。作者刚到美国的时候发现，美国的校园完全是开放式的，既没有校门，也没有围墙，更没有警卫，任何陌生人都可以出入，甚是惊讶；后来发现其实学校内的每一栋楼都有很严格的保安措施，并不是你进了校区就可以随便进入教学楼或实验室。再如微软这样的公司，其办公楼与当地的居民住宅之间无围墙相隔，公司本身也没有用高高的围墙圈起来，看过去，一座座的散楼矮矮地分布在绿草树影之间，再普通平常不过了；但要进入每一幢楼，都需要有加密的卡才行，非内部工作人员谁也别想进去。所以，看似随意的背后事实上却有严格的管理支撑。

来自这两种不同文化的人在各自的文化中生活时，彼此间享有共同对人际交往的假设，有默契，所以如鱼得水，知道何时该进，何时该止，何时该出。但是，当两个人中有一个来自特定关系文化，另一个来自弥散关系文化时，矛盾和冲突就可能发生，当然更多的可能是不解和挫折感。这两类人交往时有一个危险区，如图2-5所示。

两类交往圆圈相交的部分(阴影)就是危险区。为什么呢？当来自G类文化的人被邀请到美国人家里做客时，可能觉得自己已经被他们看作"自己人"，已经进入他们的私人空间(虽然这对美国人来说还是公共空间)，所以会更期待了解对方，或者说会期待听到对方的心声，与自己交流比较亲密的想法，展露真正的自我。但对美国人来说，这样的交往距离触及他们真正的自我部分还相距甚远，所以，完全不会倾吐自己的隐秘思想，或者把自己内心深处的东西暴露出来。其实，他们只和生命中一两个极其密切的人分享这些东西。因此，来自G类文化的人就会感到挫折，会觉得自己怎么努力也走不进对方的内心；或者感到美国人际交往的肤浅，永远只停留于表面，而不触及更深层的交流。

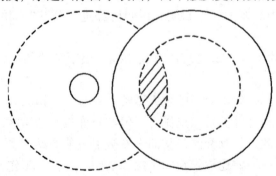

图 2-5 人际交往的危险区

反过来说，美国人同样会感到挫折，却是由于相反的原因。比如，一名美国人收到来自G类文化的人的邀请去他家做客，他答应了。去了之后，主人带他参观整座房子，每一个房间，甚至卧室和洗手间。他略感不适，但没有太在意，以为卧室和洗手间也在公共空间之列。殊不知，请他做客对来自G类文化的人已经是将他看作圈内人，所以，愿意分享个人生活的其他层面。共进晚餐后，开始聊天，他开始讲述自己的过去，自己与其他朋友的关系或者自己的隐私故事。这时那位美国人就会觉得很不舒服，内心会问，为什么他要对我说这些？我对他个人的隐私根本不感兴趣，这实在太过分了。听着听着就会起身想走，逃脱这个尴尬场面。

相反，弥散关系文化中的人倾向于把所有的生活领域都联系起来，所有的事物之间也都有千丝万缕的联系，因此，对他们来说，不将具体发生的事情个人化是不可能的(Everything is personal.)。生活在弥散关系文化的人有一个重要的特征，那就是特别顾及面子，而任何芝麻绿豆的负面小事，只要与己有关，就觉得会破坏自己的面子。所以，在这样的文化中，管理人员应特别关注维护他人的面子，尽量在批评他人的时候讲清楚不是针对个人，而是针对不良业绩本身，否则不但达不到效果，还伤害了他的自尊。

但要划清同事和朋友之间的界限，还是有一定难度的。看下面的实例。

作者的朋友是西雅图一家生物科技公司的技术部门经理，手下有二十几个年轻技术人员。其中一位小伙子C工作出色，做事主动，性格温和，深受大家的喜爱。这位朋友也相当欣赏C，将他看作部门的得力干将。C告诉朋友自己有了心上人M，很幸福，但是美中不足的是M不在本地工作，而两地分居的状况不是他愿意看到的。正好在这个时候，公司因为业务的发展，需要壮大技术部门的力量，给了两个招聘的名额：一个是有生物学背景的资深电脑编程师，另一个是初级水平的生物软件设计员。因为M现在的工作与电脑软件编程有关，但是与生物技术风马牛不相及，所以专业不对口。按照惯例，招聘工作由一个三人组成的临时委员会承担，首先根据候选人的简历进行筛选，并做出前来公司面试的人选决定，面试过程全员参与，完毕后，由整个部门投票决定录用的人选。为了保证招聘过程的公正性，担任部门经理的朋友决定自己不直接插手，充分尊重大家的意见。

没想到招聘委员会的成员却陷入困境。M申请的是资深电脑编程师的职位。三位成员都希望C能继续留在公司工作，但同时又觉得M的任职资格还不够，与其他的申请者相比，有一定的差距。然而，如果不给M一个面试的机会，似乎又会伤害C的面子和感情。讨论来讨论去，最后感情占了上风。他们决定邀请4位候选人前来面试，M是其中的一位。他们的考虑是，有面试机会不等于最后就录用，而且其他三个人实力相当强，如果面试下来M被自然淘汰，那么他们就能既照顾到C的感情，又能找到最理想的人选。这样委员会就把难题留给部门的全体同仁去解决了。C得知M是面试者之一，当然很高兴，但也很紧张。他反复强调大家不要因为他才邀请M，M应该是凭自己的实力和资历获得面试机会的。

面试就这样开始了，4个人的简历虽然不同，但面试表现倒是旗鼓相当。按照全面评价的方法，其他三个人应该比M更优秀。但有意思的是，当一个人获得面试资格后，面试的表现常常就会变成重要的评价标准，简历上的材料反而退居次位。这样一来，似乎M与其他候选人的距离就缩小了。当然，这种面试偏差也并非每个人都不可避免，因此最后整个部门的讨论和投票就变得非常关键。为了避嫌，C决定不出席会议，放弃自己的一票。

那天的部门讨论会开了很长时间，而且有趣的是，在讨论过程中，大家似乎都只是在从各个角度比较候选人的优劣，没有一个人提及M与C的关系，仿佛这不是一个重要的因素。可是奇怪的是，大家又能感到好像每个人心里都藏着这个因素，总而言之，是一种说不清道不明的情形，直到投票结果出来，大家才傻眼了。

M的得票数居然与候选人中最优秀的那位一样多！很显然，部门的一部分同事因为对

C的好感而使自己的评价发生了偏差，爱屋及乌，对M的资历不足视而不见。怎么办呢？没有投M一票的同事中有一个人实在忍不住了，把他们的简历重新拿出来，就每一项指标进行比较，然后说，"招来的人是要做事的，不是来开派对的。我不觉得M能够胜任这项工作，除非我们放低要求。虽然M是C的未婚妻，但是我们评价M应该与此无关，职业要求和私人感情是两码事，希望大家分清界线。"全体沉默了两分钟后，朋友以部门经理的身份要求大家重新投票定夺。最后M以两票之差落选。

C听说之后，很难过。朋友找他聊天，他坦率地承认自己的失望，觉得他的同事没有把他当朋友。朋友希望他能够看到友谊与招聘之间的非必然联系。C不置可否。几天之后，他提出了辞职。

朋友讲述这件事的时候表情复杂，也时有困惑的神情出现。究竟如何划清同事和朋友之间的界限看来是一个很大的难题。排除感情的理性思考和选择是否一定给公司和部门带来最大的利益？但如果在做决策时掺杂感情因素是否又违反了程序公正(尤其是人际交往中的公正)的原则？

其实，不存在利益冲突的时候，同事和朋友之间关系的相互渗透和重叠常常不会表现出问题；但是，一旦存在利益的冲突，两者之间渗透越多，重叠越大，就越容易增加做出公正决策的难度。人是有感情的动物，不管身处什么文化，这一条都成立。

特定关系—弥散关系这个维度不仅能解释人际交往的特征，还是思维方式的表现。

比如美国人不但划分人际交往的特定领域，对所有事务的思维也有特定的倾向。前文曾举过工具的例子，在美国对待一个问题有一个特定的工具，细分且专业，比如，厨房里用的各种厨具，各种刀，就是一个典型的例子。其他的工具也是五花八门，基本的准则是，只要你能想到用工具的地方，这个工具在美国就一定存在；更别提很多你根本没有想过的工具，早就被别人想到并发明出来了。再说女性使用的化妆品，口红一般都有几十种颜色，粉底霜、粉饼、指甲油也是如此，因为不同的颜色可以满足不同肤色、不同发色、不同眼睛颜色的顾客的需求；不同的产品可以满足不同群体的特殊需求。特定、精确成为美国人的思维习惯，并渗透到他们生活的各个角落，但有时也会妨碍融会贯通能力的发展。有一个笑话是说美国航空航天局的科学家。大家都知道圆珠笔在墙上写字的时候常常不出墨，因为重力向下，当圆珠笔与地面平行时，墨就出不来。在宇宙飞船上，地球引力减小，人都会飘起来，圆珠笔就更写不出来字了。于是，宇航局专门拨款200万美元研制在宇宙飞船上能够使用的圆珠笔，花了一年时间，终于研制出来了。有趣的是，当别人问苏联的宇航员他们如何解决圆珠笔的问题时，他们说，根本就不用圆珠笔，而用铅笔写字！

中国人思维的弥散性几乎渗透到生活的各个角落。前文提过的"一刀多用"是个典型的例子。思维弥散虽然缺乏精确性，但同时能产生特别强的触类旁通能力和突破条条框框的创造力。创造力的表现之一就是针对一个东西想象其多功能用途，比如一块砖，特定思维的人只会想砖是建筑材料，是盖房子用的；而弥散思维的人就会把它当作垫高的东西，或与敌人战斗时的武器，或写字的垫板，或画画的画布，或挡雨的雨具，甚至把砖磨成粉当颜料。在这种文化中，有一些基本的工具就够了，因为一种工具可做多种用途，不需要一个问题用一种工具解决，所以即使没有那么多的专门工具，中国人照样把许多问题圆满妥善地解决，靠的就是由弥散思维衍生的创造力。

对这些思维特点的了解在管理中有重要的指导意义。在特定关系导向的文化中，人们认为管理是帮助企业实现目标的重要过程，是一种技术。因此，首先，要为员工制定明确的目标。其次，目标实现了就应该有报酬，所以要制定清晰的报酬与目标之间的换算关系。再次，对所有的工作都应有清晰的、精确的和详尽的指令，倘若含糊，员工会不知所措。然后，管理一定是对事不对人，清楚地将对个人的评价和对业绩的评价彼此分离。最后，工作中人与人之间的关系比较简单，只专注工作，个人的性格特征应该不影响工作中的合作。

在弥散关系导向的文化中，人们倾向于认为管理是一门艺术，需要在实践过程中不断修正和改善，没有一成不变的管理合同。此外，人与人之间在工作中有联系，在工作之外也应继续保持联系。在判断人的时候，不会只凭工作表现，而会对这个人各方面的特点、性格、处理人际关系的能力进行综合评价，很难完全将工作业绩与其他东西分离开来对待。同时，在下达工作指令时，不必太精确和周到，有些管理人员还特意给出不明确和模糊的指令，给员工留出空间去尝试和操作，让员工锻炼自己的解读判断能力。太过细节和烦琐的指令会被看作约束人的主观能动性。

强皮纳斯曾用一道题来测试文化的特定—弥散导向。这道题是：

"如果你的老板叫你在周末帮他粉刷他家的外墙，你内心不愿意去，你会怎样做？"

他认为，如果你说你去，就表明你把自己在工作中的老板看作生活中的老板，上班时听他的话，下了班还是如此，即你把老板—下属的关系从工作场所延伸到工作之外，因此你具有弥散关系导向。而那些说"不"的人则更可能具有特定关系导向，将老板—下属关系局限于工作之中。对于这个问题，你会怎样回答呢？

4. 注重个人成就—注重社会等级

注重个人成就的文化是指在这种文化中，一个人的社会地位和他人对该人的评价是以其最近取得的成就和业绩为基础的。注重社会等级的文化则意味着一个人的社会地位和他人的评价是由该人的出生、血缘关系、性别或年龄决定的，或者是由该人的人际关系和教育背景决定的。这个维度的定义总体上比较混乱，但有一点是清楚的，一个人的社会地位是否应该完全由他的个人成就决定，是区分不同国家在这个维度上看法异同的关键所在。我们知道，在有些国家，出生于皇家贵族的人生来就具有一定的社会地位，不管该人的个人能力如何，是否为国家和社会做过什么贡献。而在有些国家即使你是总统的子女，也不意味你自然就能赢得人们的尊敬，具有一定的社会地位。

注重个人成就的文化造就追求个人成就的个体，而且是越不靠别人、不通过其他途径，只通过个人努力取得成就，越值得敬佩。"自我缔造"(self-made)是一个让人骄傲的字眼。美国是一个典型的注重个人成就的社会。在这个社会中，出身"名门"的人有时会故意隐瞒自己的家庭背景，去求学，去工作，以便证明自己的工作成就来自个人的努力，而与其他背景没有任何关系。相反，在注重社会等级的文化中，人们会千方百计地寻找一切可能的关系或背景为自己提高社会价值，证明自己的重要性。这里，人关注的不是自身的努力和成就，而是能够衬托自己的其他因素。

在商业行为方面的一个显著表现可以从名片上的内容看出来。在美国公司工作的员工或管理人员，其名片上的内容都很简单，一般就是一个名字，然后是目前工作的性质(如软件工程师、教授)或头衔(如总经理)，其他就是公司地址、联系方式等。但在中国人的名片上印的东西就要广泛得多，从学位(如博士、硕士)到过去有过的行政头衔(如某学会会长)，从与目前职位没有直接关系的职务(如某机构会员)到现任的职务(如公司首席执行官)，全部都有。为什么？因为在中国，你的学位、头衔、职务都对他人衡量你的社会价值有重要的作用。在日本，名片上的内容甚至会决定你对这个人应有的尊敬程度，包括应该鞠躬的深度。

在管理上，个人成就导向的文化尊重那些有知识和技能的管理人员，不管该管理人员是年轻还是年老，是男性还是女性，是科班出身还是没有上过大学，是出身"名门"还是"平民"。此外，按业绩付酬是大家都能接受的原则，而不是按资历、工龄或其他因素。因为尊重成就，而不是权威，所以员工敢于对管理人员的错误决策提出疑问，从而为取得成就铺平道路。但在社会等级导向的文化中，情况就不同了。除非上级对决策提出疑问，员工一般都不敢发话。他们尊敬那些资历深的管理人员，而不只是有知识和技能的人员。"嘴上没毛，办事不牢""头发长，见识短"就表现出年龄、性别在决定人们对一个人尊重程度中的作用。

强皮纳斯的文化架构理论填补了前面几种理论中没有触及的文化层面，对我们全面地了解文化内涵和差异很有帮助和启发。遗憾的是他的研究方法不甚严谨，因此得到的数据只有参考价值。表2-3是4个国家在其他维度上的得分。要注意，这里的分数不是平均值，而是百分数，即有百分之多少的人在某一维度上同意具有某种倾向的答案。

表2-3　4个国家在其他维度上的得分

文化维度	国家			
	中国	印度	美国	法国
普遍主义	44	47	93	73
中性情绪	55	50	43	30
特定关系	32	66	80	88
成就导向	80	57	87	83

2.5——施瓦茨的十大价值/需要导向理论

施瓦茨(Shalom Schwartz)是以色列耶路撒冷希伯来大学的教授，多年来一直从事跨文化的教学和研究。最早见到施瓦茨先生是在伊利诺伊大学，20世纪90年代初，那时作者正在修蔡安迪斯的博士课程，蔡安迪斯邀请他来给我们做个讲座，讲述他正在构建的理论。施瓦茨认为前人的文化研究存在一些缺陷，比如霍夫斯泰德的文化维度理论完全是基于数据提出的，而这些数据并不是在有理论指导的基础上收集的，因此有可能遗漏了一些相当重要的价值观维度。而蔡安迪斯的研究主要关注个体主义—集体主义这一个价值取向，研究虽然深入，但不全面。因此，他认为有必要从人类行事动机的各方面来全面思考对人类行为最有指导意义的价值观念，然后检验这些价值导向在不同文化中的主导程度来说明各文化之间的差异。

经过多年的思考和观察，施瓦茨在1992年提出了他的十大价值/需要导向理论，并认为这些价值导向放之四海而皆准(Schwartz，1992)。一言既出，作为一名严谨的专业学者，就需要用数据证明自己的判断不是空口无凭。于是，在随后的十多年里，施瓦茨孜孜不倦地在全世界做调研，搜集数据，终于发表了一系列论文向大家展现了十大价值/需要导向理论的价值和实践意义(Schwartz，1994，1996，1999；Schwartz，Boehnke，2004；Schwartz，Melech，Lehmann，Burgess，2001)。

十大价值/需要导向理论的具体内容如下所述。

(1) 权力(power)：社会地位和尊严，控制他人，控制资源(权威、社会权利、财富、公共形象)。

(2) 成就(achievement)：按照社会标准通过自己的能力取得个人成功(雄心、成功、才干、影响力)。

(3) 享乐主义(hedonism)：自我享乐和感官满足(快乐、享受生活、自我沉醉)。

(4) 刺激(stimulating)：激动、新奇、有挑战性(敢想敢干、有变化的生活、令人激动的生活)。

(5) 自主导向(autonomy)：独立思考和行动——选择、创造、探索(创造力、自由、独立、自己选择目标、好奇)。

(6) 普遍主义(universalism)：理解、欣赏、容忍并保护所有人和环境的利益(平等、社会正义、智慧、胸襟宽阔、保护环境、与自然融为一体、美丽世界)。

(7) 仁慈(benevolence)：对于亲近的人愿意保护和增强他们的利益(助人为乐、诚实、谅解、忠诚、负责)。

(8) 传统(tradition)：尊重、接受并承诺传统文化或宗教提倡的习俗和说教(奉献、尊重传统、谦逊、中和)。

(9) 遵从(compliance)：自我控制那些与社会规范和期望不符的或者会使别人不安或受到伤害的行为、倾向和冲动(自我约束、礼貌、敬老、顺从)。

(10) 安全(security)：社会、人际关系和自我的安全、和谐与稳定(家庭安全、国家安全、社会秩序、整洁、报答别人的帮助)。

施瓦茨认为，这10种价值导向可以进一步从以下两个维度来看。

一是开放(open)—保守(conservative)的维度。开放包括刺激和自主导向；保守包括安全、传统和遵从。

二是自我强化(self enhancement)—自我超越(self transcendence)的维度。自我强化包括成就、权力和享乐主义；自我超越包括普遍主义和仁慈。

因此，可以有4种类型的价值导向，如图2-6所示。

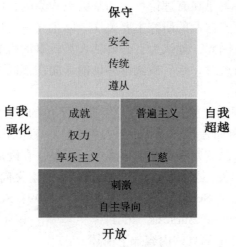

图 2-6　4 种价值导向

施瓦茨与同事开发了测量这10种价值导向的工具，即由57个条目组成的施瓦茨价值观量表(schwartz values survey，简称SVS)，用此工具在60多个国家选取样本进行测试，并发现了支持数据：这10种价值导向概念彼此不同，而且邻近的两种价值导向之间有互相渗透的现象，如图2-7所示。

图 2-7　10 种价值导向

比如，自主导向与刺激之间存在正向关系，而刺激与享乐主义之间存在正向关系，也就是说，追求自主导向的人更可能具有寻求刺激的价值导向，同时倾向寻求刺激的个体可能持有享乐主义的倾向。施瓦茨十几年来的研究结论是：虽然某一价值观对个体的重要性有本质的不同，但是这些价值导向却是由一个共同的结构组成的，这个结构中包含了动机的对立和统一，对在不同文化中生活的、有知识的成人都适用。更重要的是，价值导向在研究中表现出对个体的态度、性格特征、行为方式等一致的、有意义的、有预测性的结果。比如，他发现具有普遍主义、仁慈和遵从价值导向的个体在人际分配中具有合作性，而有权力、成就和享乐主义价值导向的个体在人际分配中具有竞争性。在选举行为上，他发现具有自主导向、刺激、享乐主义和成就取向的个体更积极地参加选举，而那些具有传统和遵从导向的个体则表现得消极(Schwartz，1999)。在此基础上，他认为由几个价值导向构成的相对稳定的取向(如自我超越，普遍主义+仁慈+遵从)比单一价值导向(如普遍主义)，更能准确解释和预测人的行为(Schwartz，2013)。

施瓦茨的研究近年来得到了学界的普遍认可，使用他的价值取向量表进行测量、关于理论和预测行为的研究成果逐步积累起来。比如，2010年在《行政科学季刊》(ASQ)上发表的一篇有关变革型领导的论文(Fu，Tsui，Liu，Li，2010)就使用了该理论和测量。该论文的作者是富萍萍、徐淑英、刘俊、李兰，都是华人。他们在中国企业访谈了很多CEO，来了解其变革型领导行为在多大程度上会影响中层管理者对公司的承诺及其离职倾向。作者认为，CEO的变革领导行为的作用会受到CEO自身的价值取向的影响。假如CEO具有自我强化的价值观，他对公司美好愿景的描述对中层管理者的作用就会打折扣；相反，假如CEO具有自我超越的价值观，那么他对公司美好愿景的期望对中层管理者的积极作用会加强。研究者通过对27名CEO的当面访谈，以及对288名中层管理者和116名高层管理人员的电话访谈，发现了这一价值观的重要作用。该研究对这些参加者进行了为期两年的追踪问卷调研，研究结果基本都支持了研究者的假设。具体而言，当变革型领导的价值观与社会期望不一致时，对下属有不同的影响。领导者的内在价值观是可以通过行为和语言来识别的。有的领导者说得很好听，做得也好看，但是其目的究竟是为强化自我还是超越自我，时间久了就可以被大家看出来。更有意思的是，超越自我价值观的正面效应会随时间的推移而消失；但强化自我价值观的负面效应并不随时间的推移而减弱。

2.6　GLOBE 研究项目

已故美国宾州大学沃顿商学院的资深教授罗伯特·豪斯(Robert House)从1991年开始主持了一个名为GLOBE(global leadership and organizational behavior effectiveness)，全球领导力和组织行为效力的研究项目，一直持续到今天，变成一个多阶段、多方法、多样本的长期研究项目，至今已经调研了60多个国家的950家企业。这个项目在理论上主要继承了霍夫斯泰德的框架，在实践意义上具有更广泛的应用价值，主要表现在几个方面。

首先，该研究的目的主要是建立文化价值导向与领导力之间的关系，而不是霍夫斯泰德关注的由员工价值导向推导出来的国家文化特点。

其次，该研究邀请来自全球100多个国家的学者参与，每个学者都在自己国家的企业采集样本，代表性强。而当年霍夫斯泰德只在IBM一家企业里调研来自不同文化的员工。

第三，该研究项目随着时间的推移与时俱进，不断持续，可以从纵向数据中看见文化价值观的自然演变，而霍夫斯泰德只在两个时间点做了大规模的调研，无法系统地观察文化的演变。

GLOBE项目主要的研究阶段有三个：

第一阶段主要定义国家层面的企业文化特征，总结出9个方面：绩效导向、未来导向、自信独断、权力距离、人文导向、组织集体主义、内群体集体主义、不确定性规避、性别平权。

第二个阶段主要调查了不同文化中的企业对领导力特征的期待和描述，总结出了公认的六大全球领导力类型。

(1) 魅力/基于价值观的领导力：有远见、激发力、自我牺牲精神、正直、敢做决策、绩效导向。

(2) 团队导向的领导力：激励合作、整合团队、外交能力、心肠好、精于行政管理。

(3) 参与型领导力：民主协商。

(4) 人文导向的领导力：谦逊、有同情心、大方。

(5) 自主型领导力：强调自立、自主、个体主义。

(6) 自我保护型领导力：自我为中心、对地位在意、好引发冲突、顾及面子、特别讲求按程序做事。

第三个阶段的研究主要关注公司首席执行官(CEO)和高管团队(TMT)，研究在多大程度上各国成功的CEO其领导风格与国家社会文化特征相符合。结果发现，领导风格与其国家文化导向和期待越符合的CEO，其公司越成功。

经过将近三十年的研究积累，GLOBE项目成果卓著，除了研究参与者在各类学术期刊上发表的超过300篇研究论文之外，还有三本著作：2004年出版的《文化、领导力、和组织：GLOBE对62个社会的研究》，2007年出版的《文化和领导力：GLOBE对25个社会文化的深度研究》，以及2014年出版的《跨文化战略领导力：GLOBE对24个社会文化中CEO领导行为有效性的研究》。由于这些研究成果在GLOBE的研究网站上有详细的资料，在此不再赘述，请读者参见：https://globeproject.com/。

本章小结

这一章是理论章节，介绍了几个最著名的跨文化理论，包括克拉克洪与斯乔贝克的六大价值取向理论、霍夫斯泰德的文化维度理论、蔡安迪斯的个体主义—集体主义理论、强皮纳斯的文化架构理论、施瓦茨的十大价值需求导向理论，以及至今尚在进行中的GLOBE研究项目。这些理论之间有很多共性，在这里总结如下三点。

(1) 把文化概念浓缩为文化价值观。所有这些理论基本上都把价值观等同于文化，并用各种文化的不同价值观来区分文化之间的差异。这样做虽然抓住了文化的本质特征，却不能反映出文化内涵的深刻性和复杂性。

(2) 在对重要的文化价值观的取舍上，这些理论也有很强的相似性，即所谓"英雄所见略同"。比如个体主义—集体主义这个价值取向就出现在几乎每一个理论之中；再比如普遍主义—特殊主义这个价值取向也出现在不止一个理论中。

(3) 这几个理论因为对文化概念的定义相似，因此互相补充、互相支持，一个理论解释不充分时可以借助另一个理论来进一步明确，从而帮助我们加深对这种现象的多方面理解。

然而，这些理论虽然能帮助我们理解文化之间的差异，解释这些差异背后的逻辑和理性，但它们仍然属于对文化的总体知觉和定型，并不能让我们对每个个体做出准确无误的判断。当然也许没有一种人文社会理论能达到这样的境界。我们可以把这些理论当成工具，随身携带，当有需要的时候，就拿出来帮助我们理解使我们困惑的来自其他文化的人的行为。在这些理论的基础上发展出来的对其他文化的定性认识比凭个人感觉或直觉总结出来的要更准确，毕竟它们已经被一些实验论证。所以，这些理论应该有相当强的指导实践的意义。

如何使用这些理论来加强我们对文化现象的认识是一个值得探讨的话题。用这些理论作为基础，当你接触一种异邦文化的时候，先了解一下在我们讨论过的文化维度上这个国家或民族的得分，它相对于你所居住的国家的得分高低，在哪些维度上差异最大，在哪些维度上差别最小，以便有个大致的概念。然后，当你真正开始与这个国家的人交往的时候，不要先入为主，而是把你所掌握的知识当成需要检验的假设，从此开始你的文化探险。

在很多时候，你会发现你所掌握的关于文化的一般知识受到挑战。

比如，你要与一位日本人见面谈生意，你印象中的日本人彬彬有礼，温文尔雅，身着西装，打着领带，头发一丝不乱，表情谦逊，不苟言笑。你还知道，他们很讲集体主义，权力距离很大，见了上司个个点头哈腰。个体的个性不甚鲜明，基本只有群体特征。你办公室的敲门声响了起来，你打开门，正是你的日本客人。可是，他穿着T恤、牛仔裤，一进门就和你握手而不是鞠躬，你让他入座，他坐下不久就把腿翘了起来，把你准备好的见面程序全部打乱。你甚至怀疑他到底是不是日本人。在这种情况下，是理论错了，还是这位日本人与普通日本人相差太远？如果用正态分布曲线来描述，这个日本人是否在三个标准差之外？

这时，理论就受到了挑战。你如果把通过理论预测的行为作为假设，这个回合的观察就告诉你假设没有被证实，但并不意味着假设就一定错了，你得继续从第二位、第三位日本人身上去检验，看结果是否一致。有一种可能是理论过时了，日本人这些年受美国文化的影响，已经大大地改变了个体的行为方式，也就是说你观察到的那位日本人的行为事实上代表了普通日本人，因为整个日本文化发生了变化。另一种可能是这位日本人的表现完全是他的个体特征，与其他人和整个日本文化都没有关系，他本来就是一个特别的人。当然还有一种可能是因为他知道你是美国人，他也了解美国文化，所以一反常态，在你面前表现出你所习惯的行为。而他与日本人打交道时，又完全是另外一副面孔。所以要检验理论是否正确，需要多次反复验证，需要排除所有可能的解释后才能比较肯定。

思考题

1. 本章介绍的5个跨文化理论中哪一个对你最有启发性？为什么？

2. 霍夫斯泰德理论中的个体主义—集体主义维度与蔡安迪斯的个体主义—集体主义理论最大的不同是什么？

3. 除了这5个理论中提到的文化价值观之外，你觉得有没有其他的价值取向或者社会规范可以帮助我们解释不同社会中人们的不同思维和行事方式？

4. 你觉得这些跨文化理论最大的局限性是什么？为什么？你有没有好的解决方法？请详细说明。

本章参考文献

[1] Brewer M B, Chen Y-R. Where(who) are collectives in collectivism? Toward conceptual clarification of individualism and collectivism. Psychological Review, 2007, 114(1): 133-151.

[2] Chen C C, Chen X P, Meindl J R. How can cooperation be fostered? The cultural effects of individualism-collectivism. Academy of Management Review, 1998, 23(2): 285-304.

[3] Chen Y R, Brockner J, Chen X P. Individual-collective primacy and ingroup favoritism: Enhancement and protection effects.Journal of Experimental and Social Psychology, 2002, 38(5): 482-491.

[4] Chen Y R, Brockner J, Katz T. Towards an explanation of cultural differences in ingroup favoritism: The role of individual vs. collective primacy. Journal of Personality and Social Psychology, 1998, 75(6): 1490-1502.

[5] Cross S E, Bacon P L, Morris M L. The relational-interdependent self-construal and relationships. Journal of Personality and Social Psychology, 2000, 78(4): 791-808.

[6] Earley P C. Social loafing and collectivism: A comparison of the United States and the People's Republic of China. Administrative Science Quarterly, 1989, 34: 565-581.

[7] Earley P C. East meets west meets mideast: Further explorations of collectivistic and individualist work groups. Academy of Management Journal, 1993, 36: 319-348.

[8] Earley P C. The individual and collective self: An assessment of self efficacy and training across cultures. Administrative Science Quarterly, 1994, 39: 89-117.

[9] Fishbein M, Ajzen I. Belief, attitude, intention and behavior: An introduction to theory and research. Reading, MA: Addison-Wesley, 1975.

[10] Fu P P, Tsui A S, Liu J, Li L. Pursuit of whose happiness? Executive leaders' transformational behaviors and personal values. Administrative Science Quarterly, 2010, 55: 222–254.

[11] Hofstede G. Culture's consequences. Beverly Hills, CA: Sage, 1980.

[12] Hofstede G.Cultures and organizations. London: McGraw-Hill, 1991.

[13] House, R.J., Hanges, P.J., Javidan, M., Dorfman, P.W., & Gupta, V. Culture, Leadership, and Organizations. Sage, 2004.

[14] House, R. J., Javidan, M., Dorfman, P. W., Hanges, P. J., & Sully de Luque. Strategic Leadership across Cultures. Sage, 2014.

[15] Hsee C K, Weber E U.Cross-national differences in risk preference and laypredictions. Journal of Behavioral Decision Making, 1999, 12: 165-179.

[16] Kirkman B. The impact of national culture on employee resistance to teams: A comparative analysis of globalized self-managing work team effectiveness between the United States, Finland, and the Philippines. Doctoral Dissertation, University of North Carolina at Chapel Hill, 1996.

[17] Kluckhohn F, Strodtbeck F.Variations in value orientations. Evanston, IL: Row, Peterson, 1961.

[18] L'Armand K, Pepitone A. Helping to reward another person: A cross-cultural analysis. Journal of Personality and Social Psychology, 1975, 31: 189-198.

[19] Leung K, Bond M H. The impact of cultural collectivism on reward allocation. Journal of Personality and Social Psychology, 1984, 47: 793-804.

[20] Markus H R, Kitayama S. Culture and the self: Implications for cognition, emotion, and motivation. Psychological Review, 1991, 98: 224-253.

[21] Matsui T, Kakuyama T, Onglatco M U. Effects of goals and feedback on performance in groups. Journal of Applied Psychology, 1987, 72: 407-415.

[22] Ohbuchi K, Takahashi Y. Cultural styles of conflict management in Japanese and Americans: Passivity, covertness, and effectiveness of strategies. Journal of Applied Psychology, 1994, 24: 1345-1366.

[23] Osland J S, Bird A. Beyond sophisticated stereotypes:Cultural sensemaking in context. Academy of Management Executive, 2000, 14: 65-79.

[24] Pye L. Chinese negotiating style. New York: Quorum Books, 1992.

[25] Schwartz S H. Universals in the content and structure of values: Theoretical advances and empirical tests in 20 countries. Advances in Experimental Social Psychology, M. Zanna. San Diego: Academic Press, 1992.

[26] Schwartz S H. Beyond individualism/collectivism: New dimensions of values. Individualism and Collectivism: Theory Application and Methods. U Kim, H C Triandis, C Kagitcibasi, S C Choi and G Yoon. Newbury Park, CA: Sage, 1994.

[27] Schwartz S H. Values priorities and behavior. In the Psychology of Values: The Ontario Symposium, 2013.

[28] Schwartz S H, Boehnke K. Evaluating the structure of human values with confirmatory factor analysis. Journal of Research in Personality, 2004, 38: 230-255.

[29] Sedikides C, Brewer M B. Individual self, relational self, collective self. Psychology Press, 2001.

[30] Triandis H C. Culture and social behavior. New York: McGraw- Hill, 1994.

[31] Triandis H C. Individualism and collectivism. Boulder, CO: Westview Press, 1995.

[32] Triandis H C, Chen X P, Chan K-S. Scenarios for the measurement of collectivism and individualism. Journal of Cross-Cultural Psychology, 1998, 29(2): 275-289.

[33] Trompenaars F, Hampden-Turner C. Riding the Waves of Culture. New York:McGraw-Hill, 2020.

第3章

跨文化沟通

　　通过前面两章的描述，我们发现，虽然文化的定义包括物理环境和人文环境两个部分，但是多数跨文化管理理论都只用了人文的价值取向来代表一个群体(民族、国家、组织、公司)的文化。因为停留在价值观层面的东西难以被直接观察，所以实证研究的难度较大。但是所有与价值取向有关的方面，其实到最后都会通过具体可观察的行为表现出来。那么，哪种行为最能够充分表现一个人在多个文化维度上的价值取向呢？

　　美国人类文化学家爱德华·霍尔先生于20世纪50年代在美国国务院工作，对外籍人员做跨文化沟通的培训，积累了很多有趣的观察和体验。他写了4本书记录自己的观察和思考，包括《无声的语言》《隐藏的维度》《超越文化》《生命之舞：时间的韵律》(Edward Hall，1959，1966，1976，1983)。到最后，他精辟地总结道，其实"文化即沟通，沟通即文化"(culture is communication and communication is culture)。也就是说，在他的眼里，沟通行为本身中就充满渗透了文化的要素。

　　现在让我们来看看职场中的沟通。比如，上台做演讲，分享你的年度工作报告，或者讲你的研究论文，或者是你有一个好项目，想寻找投资人，做开业审批报告。在演讲的开始，什么样的开场白会效果比较好呢？

　　因文化而异。

　　在美国，大家公认的最有效、最能引起大家注意和好感的开场白就是先讲一个笑话或故事，这个笑话最好与演讲内容有直接联系。把气氛搞得轻松活泼之后，再进入正题，听讲互动的效果就会很好。幽默感在美国文化中的重要性可见一斑。

　　但是，假如用这样的方式去德国做演讲或工作报告效果会怎样呢？可能不怎么样，因为德国的听众会认为你不严肃、不认真，居然以开玩笑的方式来讲述不能有丝毫差错的科学问题，很不可取。那么，他们喜欢怎样的开头呢？直接进入主题，呈现数字、图表等客观地基于研究之上的硬性材料，表情严肃、没有废话在德国人眼里才是有效的演讲方式。

　　在中国，最常见的开场白是"很荣幸今天有这个机会来与大家交流。但是，我其实并不是专家，在座的各位才是。所以我在这里只是抛砖引玉，还希望大家多多指教"。或是"感谢各位光临，你们的到场是我的荣幸"。这两种开场白都能显示自己的谦逊，赢得听众的好感。

　　而在日本，人们喜欢在开讲之前说"道歉"，为准备不周道歉，为招待不好道歉，为天气道歉等。道歉是另一种表达谦虚的方式，也是尊重客人或听众的表现，深受日本人的喜爱。

从上述例子可以看出，要在不同的文化背景下做有效的沟通，必须要对当地文化有较深刻的理解。人们常说"笑话出了国就不再可笑"自有其深刻的道理。

本章将介绍跨文化沟通研究中最重要的一个理论和一个扩展，即沟通的语境理论，最早由爱德华·豪尔先生提出，之后被阿黛尔、芭肯、陈晓萍、刘东(2016)拓展。本章描述口头和书面语言，以及肢体语言在跨文化沟通中的差异，并探讨由于这些差异引起的问题、陷阱、挑战和解决方法。同时，本章会介绍一个测量个体沟通风格的工具，对于了解自己和别人的沟通风格，以及团队建设有很重要的帮助。此外，本章也将分享目前沟通研究领域的新进展，尤其是对"种草"和"默契"这两个概念的理论构建和实践意义的讨论。

3.1 跨文化沟通的定义

1. 什么是跨文化沟通

沟通是一个人与人交换信息的过程。这些信息可以是观点、意见，也可以是情绪、情感。这些信息可以通过口头语言、书面语言、肢体语言和沟通语境来传达。但这些信息能否得到有效交换，要看沟通双方享有共同知识背景的程度。跨文化沟通指的是具有不同文化背景的人之间进行的信息交流。

2. 跨文化沟通中不可避免的误解

我们知道，沟通是管理过程中的重要一环，作为一个管理者，往往会花大量的时间(至少70%)在与各种各样的人(上级、下级、其他部门的经理、供应商、客户)沟通上面。这对国内企业还是跨国企业都一样。其实，即便在同一文化背景之下，沟通也常常会遇到障碍。中国的俗语"牛头不对马嘴""鸡同鸭讲"说的就是这种情况。英文中也有"男人来自火星，女人来自金星"(Men are Mars，Women are Venus) 的说法。美国著名幽默作家大卫·贝雷(David Barry，1998) 曾经在一篇题为《女人开车，男人换挡》(*She's Driving the Relationship, He's Lost in Transmission*) 的散文中这样开头：

"与大部分女人相信的相反，与男人建立长期、稳定、亲密又彼此愉悦的关系是很容易的一件事。当然这里的男人必须是一条狗。如果是人类中的男人，就极度困难了。因为男人实在无法捉摸女人所指的感情关系的意义。"

想象一下如果这两个男女之间再有文化背景的差异，那么要达到有效沟通就难上加难了。因为来自不同文化背景的人之间共享(或重叠) 的价值理念有限，就更容易发生误解。图 3-1 演示了沟通的一般过程，表现的是你我之间的沟通。

在这个模型中，可以看见整个沟通过程中涉及的几个要素：

- 沟通者和被沟通者；
- 沟通的渠道；
- 沟通者的编码；

- 被沟通者的解码；
- 信息传递、接收。

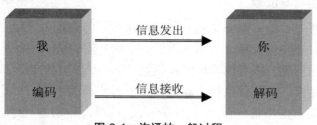

图 3-1　沟通的一般过程

假如我(沟通者)是你的上司，要向你(被沟通者)传递你最近工作表现异常的信息。要让沟通有效，我首先得经过一个编码的过程，去思考用什么样的词汇、表情、数据、例证来让你认识到问题所在。然后，我会思考采用什么样的沟通渠道(面对面、电话、微信、电子邮件、QQ，还是其他社交媒体、写备忘录或托人转告)传达这个信息才能使你最准确地理解我的意思。我想好之后就对你发出信息，你接收到这个信息后就会试图破译接收到的信息，这个过程就是被沟通者的解码。

在此沟通过程中，我编码的时候会受到我个人文化背景的影响。假如我是中国人，我在向你传递该信息的时候会比较谨慎，因为是负面信息，我不想让你觉得难堪，所以我会选择比较含蓄的措辞让你自己去体会。我也可能觉得当面向你指出的方式太强烈，所以选择用微信。如果你也是中国人，你在解码时所参照的文化背景与我的就很相似，你就会理解我的良苦用心：我措辞婉转是为了保全你的面子，用微信是为了避免面对面沟通时你可能出现的窘迫，这样大家都保全了面子，同时也达到我让你知道你工作表现异常的目的。但如果你是美国人，可能反应就完全不同了。美国人比较直截了当，如果措辞婉转，他可能根本不理解我在说什么；如果用微信或电子邮件，他可能认为事情不严重，所以完全不把我发出的信息当回事，依然如故。而我则会认为他态度傲慢，不接受批评并影响日后对他的评价。这样误解就不可避免地产生了。

一个人的文化背景会影响他对事物的基本假设，而对事物的基本假设也会影响我们的感知、态度、情绪的表达方式，最终影响我们的行为。从这个意义上说，没有任何两个个体会在完全相同的背景下长大，这里的背景不仅包括文化背景，也包括个体的性别、年龄、家庭背景，个人在家中的排行，所受教育的学校、老师，日常所处的工作、学习环境，同事、同学的特质和组成等。所以，沟通双方要达到编码、解码过程的完全一致几乎是不可能的，这也是完全心领神会的沟通境界如此难以达到的原因之一。文化背景的差异增加了沟通的难度，因为在种种变量之外，又加入了文化这个关键变量。

3.2　沟通的跨文化差异

语言沟通中的跨文化差异有多种表现，除了沟通范式和语音语调的差异之外，一个特别重要的不同就是沟通的语境。在这一部分，我们会讨论高语境与低语境沟通的表象、功能，语境的主要组成元素，以及沟通风格的测量工具和作用。

1. 沟通范式：插嘴与沉默

在口头语言沟通中，最鲜明的文化差异表现在对话的合理范式上：是一个接一个有条不紊地讲话，还是大家彼此打断、七嘴八舌？是一问一答，你说完一句我说下一句，还是你说完我想一想再往下说，或者你没说完我就插话？什么样的对话范式在某一文化中被视为平常合理？不同民族、文化背景的人在这一点上有明显的不同。如果我们粗略地把全世界的人划分成三大类：盎格鲁—萨克森(欧美)人、拉美人和东方(亚洲)人。这三类人在对话范式上的不同如图 3-2 所示。其中，A、B 是指对话中的两个人。

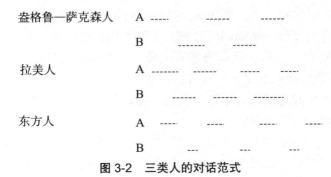

图 3-2 三类人的对话范式

对大部分欧美人来说，A 先说话，说完后 B 接上开始说，说完停下时 A 再接着说，一来一往，有问有答，顺序清楚，是良好的对话方式。如果一个人在别人还没说完话就插进来，会被视为不礼貌。

但对拉美人，这样的对话范式却未必被视为有效。他们认为比较好的对话方式是在 A 开始说话但尚未说完时，B 就插嘴，打断对方并自己接着往下说。然后在 B 还未说完时，A 插话进来继续说。打断对方被看成对对方的谈话感兴趣，而且自己也有很多感受要分享。如果不插嘴，则说明话题无趣。

再看看东方人。A 先开始说话，B 在接 A 的话之前的两段线有一段小小的非重合区间，这段空白表示沉默。也就是说，在回答或接另一个人的话题之前，应该有一个小小的停顿。这个停顿可能只有几秒钟的时间，显示你在思索对方的话，思考之后再回答。因此，沉默是对对方的尊重，同时也能表现自己的深思熟虑。

当 A、B 两人处在相同的文化背景下时，即为"同类"时，彼此在对话范式上会有共识，所以不容易发生误解；但当这两个人不属于"同类"时，问题就发生了。请看下面玛莎与珍妮特之间的这段对话。

玛莎：谈判进行得怎样？

珍妮特：不是很好，我们位于下风。

玛莎：出什么事了？

珍妮特：唉，我提出我方的起价，山本先生什么也没说。

玛莎：什么也没说？

珍妮特：他就坐在那里，看上去很严肃的样子。所以，我就把价格放低了。

玛莎：后来呢？

珍妮特：他还是没说话，但是有点惊讶的样子。所以我就把我方的价格降到了底线，再等他的反应。我已经不能再降了。

玛莎：他怎么说？

珍妮特：他沉默了一会儿，就答应了。

玛莎：我们最后还是成交了，你应该开心才是。

珍妮特：我也是这样想的。但后来我得知山本先生认为我们的起价就太优惠了。

在这段对话中，山本先生是日本人，珍妮特是美国人。很明显，美国人与日本人对"沉默"的理解非常不同。美国人害怕沉默，遇到沉默，一般会把它理解为对方不满意、不高兴，而不是对方在深思熟虑。所以当山本先生沉默不语时，珍妮特就担心他嫌价格太高而不肯答应成交。因为想做成生意，珍妮特就主动降价。美国人对沉默的不可忍受恐怕是世界之最，平时不管是上课、开会，还是一起出去午餐，总是说个不停，所有的时间都用言词填满。如果偶尔出现大家都不作声的场面，很快就会有人"冲"进来填补这个空白，因为沉默会让大家产生尴尬的感觉。在这里，山本先生无意间用沉默获得了有利于自己的交易，显然是意外的收获，但又令人拍案叫绝。

此外，一个人的沉默在不同文化中的褒贬意义也不同。比如，在中国心直口快会给人以急躁、不牢靠的印象，而在美国则被视为反应快、思维敏捷；在中国沉默寡言让人觉得稳重、有城府、能成大器，在美国却很可能被看成迟钝甚至愚木。再比如，在美国的课堂上，老师经常提问，而且学生成绩中的很大一部分来自上课发言的次数和质量，这就难倒了来美国留学的亚洲学生。首先，他们的母语不是英语，发言得经过翻译的过程；其次，他们习惯在提出问题与举手回答之间有时间进行停顿思考。所以经常发生的情况就是在他们停顿时，拥有拉美文化背景或欧美文化背景的同学就已经开始发言，而等他们想好要说时，已经太晚，错过了讨论的话题。另外，美国的老师鼓励个人思考，而不是照本宣科，所以要求学生上课也要提问，而亚洲学生习惯上课听讲记笔记，提问也成了挑战。亚洲学生不提问有几个原因：一是尊敬老师，潜意识中认为质疑老师是对老师的不敬；二是怕自己提的问题太简单，会遭到同学和老师的嘲笑（"这个人怎么这么笨，连这么简单的问题都搞不清楚"）；三是怕提问题浪费其他同学的时间（"可能只有我一个人不懂，不如下课再问老师"）。如此顾虑重重，当然提不出问题了。

在很多中外合资企业或外资企业中有这样的现象：首先是在外企工作的中国员工总感觉抢不到说话的机会，常常是自己的话还没出口，老外已经先把说话的机会抢走了。因为说话是在上司（通常也是老外）面前表现自己的最重要手段之一，所以失去说话的机会就意味着在上司心目中得分会低，评价会差，以后加薪晋升的可能性就会降低。从公司发展的角度来看，如果始终听不到拥有不同文化背景的员工的声音，也对公司无益，因为作为跨国公司，要在各地都顺利运作的话，必须充分利用本地人才的智慧。

一位在外企工作的上海MBA学生告诉作者，为了能让自己的声音在会议上被总部听到，他曾与东南亚地区的管理人员联合起来进行训练，用英语进行模拟电话会议，发现很困难。后来又改用汉语试验，发现情况相似，可见不是语言的问题，而是沟通风格的问题。因为整个东南亚地区的人都有类似的沟通方式，所以他们后来建议总部改变会议方式，不让大家自由发言(因为自由发言就永远轮不到他们)，而是采用点名的方式轮流发言，并且给每个人都安排了说话的机会，这样就使每个人的声音和建议都能被大家听到。这时，大家才突然发现，那些平时在自由发言的会议上沉默寡言的人提出来的建议却常常是极有深度和创意的。

2. 沟通的语境：高语境与低语境

沟通的语境这个概念是由美国社会学家爱德华·豪尔(Edward Hall) 在 1976年出版的《超越文化》一书中首先提出来的。他提出语境的概念与他个人在日本生活的经历密不可分，因为美国和日本这两个民族在语言沟通上的差异实在太显著，让他产生了很多感触和思考。**语境是指两个人在进行有效沟通之前所需要了解和共享的背景知识，所需要具备的共同点。在沟通时依靠这些共享的背景知识来传递信息，而不只依靠语言，沟通的语境就比较高；反之，语境较低。**具体而言，高语境沟通指的是在沟通中，将大部分的信息传递通过物理环境或者内化在个体身上的理念来实现，而很少用所传递的编码清晰的讯息(即语言文字) 来实现；低语境沟通正好相反，把大量的信息传递通过编码清晰的外在语言来实现。高语境沟通的典型例子是一对一起长大的双胞胎之间的沟通，他们只要用极少量的语言和动作就能交流大量的信息和情感；而低语境沟通最典型的例子就是两个在法庭上相见的律师，需要用清晰的语言描述案件的每一个细节，否则对方或陪审团成员就不能理解。

就沟通语境而言，国家和国家之间的差别确实很大，而且在管理上也体现得比较鲜明。比如在工作中上级对下级的指导，是细致精确还是笼统概括就与沟通语境密切相关。这种差异不仅表现在现实社会中人与人之间沟通的特点上，也表现在不同社会对不同语境的追求上。在现实层面，我们可以看到，处于德国、瑞士、美国文化中的人都喜欢用编码清晰的语言文字来明确地描述事物，陈述细致，不容做第二种猜想，这属于低语境沟通。而在日本、中国等文化中，人们喜欢假设大家已经分享很多背景知识，隐讳地说明问题，这属于高语境沟通。比如，在报纸或商业杂志上刊登的文章，美国的记者在写报道或评论时，无论这个事件被其他电视节目或报纸介绍过多少遍，他们都会在自己的文章中将事情的来龙去脉讲清楚之后再开始评论，这种写作方式是基于读者对该事件的背景知识一无所知的假设之上的，是低语境沟通。作者曾经在国内参加过一次这样的活动。因为自己对所参访的那个企业不是太熟悉，所以一心想通过那个著名企业家的介绍对他的企业有更深的了解。没想到演讲时他几乎一句都没提自己的企业背景、个人背景及治理企业的实际操作，却发表了一大堆自己对运作企业的看法、自己的人生哲学。他显然假设人人都已读过有关他的企业和他个人的传记，对他的企业已经非常熟悉才这样来组织演讲。这就是高语境沟通。

此外，在中国，人们追求沟通的最高境界通常是"意会"，而不是"言传"；相反，美国人追求的是尽可能用语言表达一切。意会就是高语境，爱人之间、朋友之间不用语言表达爱情或友情，用了语言好像就显得浅薄。而能说会道用语言表达一切就是低语境，如爱人之间常把"甜心蜜糖""我爱你"挂在嘴边，朋友之间也经常彼此称赞。日本心理学家Iwao(1993)曾这样描述日本人的沟通："日本人心中有一种心照不宣的信念，那就是，把深刻的情感体验用语言表达出来会损坏其价值，不用言词而达到的默契比通过讨论解释而达到的彼此相知更为珍贵。"他进而以此来解释日本人婚姻中出现的问题，多数是因为丈夫很少对太太说"我爱你"。如果一个日本女子有勇气去问丈夫是否爱她，丈夫会感到极度窘迫甚至恼怒，他会说："难道我还需要这样说出来才能表示吗？"

　　来自不同语境文化中的人对日常事务的关注行为也不同。高语境文化中的人虽然关注言词本身，但同时关注该人说话的语气、表情，当时在场其他人的表情，所处的物理环境，以及座位的安排等隐性的话语环境，以准确读出讲话人的真实思想和意图。因为许多真实的想法其实是隐藏在这些细节中的，而不在语言之中。在高语境文化中，人们需要揣摩字里行间的意思，琢磨话外音。关注这些隐性细节往往要消耗很多的心理能量，所以生活在高语境文化中的人们常常感到疲倦。相反，低语境文化中的人一般只关注明确编码的文字语言信息，因为基本上所有的意思都在那里说明白了，所以不必花太多的脑筋去揣测别人言词背后的意思，从这个意义上来说，他们的生活感觉也相对轻松一些。

　　因为语言文字容易修改加工，而隐性语境难以改变，所以相对来说，低语境文化比较直白，倾向于变通灵活，在低语境文化中生活比较简单，也相对容易适应；高语境文化则丰富而微妙，有极多的内涵，不易被外人深刻理解，比较难变通，因此外来人不论生活多久，都难以产生融入的感觉。

　　关于沟通语境的研究，近年来有一些比较显著的进展。其中，特别值得一提的是文迪·阿黛尔(Wendi Adair：A)、南希·白肯(Nancy Buchan：B)、陈晓萍(Xiao-Ping Chen：C)、刘东(Dong Liu: D)这个研究团队(简称 ABCD 团队)。他们认为，沟通本身是一个丰富又复杂的过程，包含人与人在社会交往中需要经历和注意的各个方面，而这些方面其实就是语境的内涵。因此，**语境是一个多维度的概念**。

　　具体而言，沟通语境至少包括 4 个方面的内容。

　　(1) 沟通方式和内容，即是直接 / 明确还是间接 / 含蓄，简称信息语境。

　　(2) 在沟通过程中对人际关系的依赖和关注程度，简称关系语境。

　　(3) 在沟通中对时间的依赖和关注程度，简称时间语境。

　　(4) 空间因素在沟通中被依赖和关注的程度，简称空间语境。

　　下面我们对这 4 种语境的元素进行详细说明并介绍具体的测量方法。

1) 信息语境：直白与含蓄

　　语言和说话方式的直白与含蓄是沟通语境中的第一个要素。直白沟通者，他们所说的就是要表达的意思，"是"就是是，"否"就是否，没有其他的解释。但是含蓄沟通者常常把真实的意思隐藏在语言背后，有时候甚至要通过没有说的部分去传达真实意图。

　　美国人说话直截了当，开门见山；中国人则喜欢委婉含蓄，犹抱琵琶半遮面。比如，同样是拒绝别人的要求，如果不喜欢，美国人通常会直接说"不"，中国人通常会说"让我考虑考虑"。美国人若不了解中国人的说话方式，会以为那个人是真的去考虑了，过两天说不定又会回来问："考虑得怎么样了？"

　　在谈生意的时候也常常见到这样的风格差别。中国人谈具体的生意之前总要把自己公司的背景、公司的组织结构和人员组成等情况详细地介绍清楚，一两个小时后也许才谈及真正要谈的生意；美国人很可能会直奔主题，所以常常会产生误解，比如下面这番对话(Storti，1993)。

李女士：这就是我们公司创建者的部分远见。

霍特先生：我知道了，贵公司有一段悠久、有趣的历史。如果你不介意的话，我们或许该谈谈我们应怎样合作。

李女士：你没有要补充的吗？

霍特先生：关于我们？没有了。你是知道的，我们是个年轻的公司，和贵公司不一样。

李女士：好，那么我们可以谈谈业务上的事情了。有了你的承诺，我们就从描绘我们公司的组织结构开始吧，然后说说这样的组织结构是怎样影响我们公司的行事原则的。最后，你也说说你们的公司。

霍特先生：我知道了，然后我们谈谈具体条款？

李女士：条款？

霍特先生：你知道的，就是一些基本事项。

李女士：我们不是正在谈基本事项吗？

显然，李女士与霍特先生对所谓"基本事项"的理解很不相同：一个认为公司的基本背景就是基本事宜，而另一个认为具体的生意条目才是基本事宜。误解由此产生。

再以写拒稿信为例，美国人写的拒稿信你一般看到第 3 个词就能看见"I'm sorry to inform you…(我很遗憾地通知你……)"；而中国人的拒稿信则会非常委婉。据说有个英国投稿人收到了来自北京一家经济类刊物的一封退稿信：

"We have read your manuscript with boundless delight. If we were to publish your paper it would be impossible for us to publish any work of a lower standard. And as it is unthinkable that in the next thousand years we shall see its equal, we are, to our regret, compelled to return your divine composition, and beg you a thousand times, to overlook our short sight and timidity."

中文翻译为：

"我们满怀喜悦地阅读了您的作品。如果我们发表您的作品，就将无法再发表其他水平更低的作品。以后我们要发表与您文章同等水平的作品几乎是不可思议的事，所以我们非常遗憾，不得不将您夺目的大作退还于您，并请您千万次地饶恕我们的短视和懦弱。"

这位英国作者云里雾里地看了半天也不知道自己的文章究竟是太好了还是太糟了。

谈到说话的婉转，日本人可能比中国人有过之而无不及。大家都知道日本人从不愿意直接说"不"，所以要表达"不"的意思就要借助各种有创意的手法。记得美国的幽默作家大卫·贝雷(David Barry，1993)的妻子贝丝曾经在日本遇到这样一件事。她要买从东京去大阪的飞机票，以下是她与旅行社服务人员的电话通话。

贝丝：请帮我订一张从东京去大阪的机票。

服务员：嗯，您要买飞机票？

贝丝：对。

服务员：从东京起飞？

贝丝：对。

服务员：到大阪？

贝丝：对。

服务员：啊，好的。

贝丝：可以买票吗？

服务员：嗯，其实从东京坐火车去大阪挺不错的，您是不是要买一张火车票？

贝丝：不，我就要买飞机票。

服务员：哦，就要飞机票。

贝丝：对，就要飞机票。

服务员：从东京起飞？

……

这样来来去去好几个回合，贝丝才搞清楚原来飞机票早已售罄，而服务员又不好意思直接告诉她，才拐弯抹角地试图用其他手段来帮助她到达目的地，真算是到了婉转的极致境界。

同是来自英语国家的人，英国人就远不如美国人直接。英国人用词比较谦虚含蓄，喜欢让自己的观点藏而不露，以便使争论不那么白热化，但同时又习惯在其语调中表示自己是正义的化身。他们会恰到好处地含糊其辞，以显示自己的礼貌涵养，避免尴尬的冲突；有时也会为了拖延时间而适当地胡扯几句。这可能是因为英国人可能爱动脑子，也可能是胆小羞怯，也可能是因为他们爱操纵别人。

说话含蓄的人同时喜欢猜测别人话里行间的意思，有时也很搞笑。美国人说话直白，喜欢赞赏别人，所以到中国人家里做客，总会说这个工艺品漂亮，那张画好看。有的中国人以为称赞的言外之意是他/她想要，便会在晚会散席的时候将那件物品当礼物送给他/她，常常弄得别人瞠目结舌，不知所措。

现在随着对外交流的增多，中国人也慢慢开始调整自己的说话风格以期达到与国外友人有效沟通的效果，同时，美国人和其他国外人士也在做同样的努力。

曾经听到一个故事，说的是美国一个商业代表团去中国访问，他们事先对中国文化进行了学习，所以知道在第一次见面时一般不能立即与对方谈生意。而中国这方也学习了美国文化，知道美国人喜欢一见面就进入正题。在第一次晚宴上，中方代表团团长一上来就与美方代表说："你们打算给我们什么价钱？"让美方代表大吃一惊，完全没有准备，直到后来了解到中方是为了适应他们的风格这样做时才松了一口气。

美国心理学家霍特格雷夫(Holtgraves，1997)曾对说话的直白和含蓄做过一系列研究，并编制了测量工具以准确测定一个人的说话风格。下面的题目就是从该量表中抽取的，你可以回答一下，测一测自己说话的直接或婉转程度。

强烈不同意 1——2——3——4——5强烈同意

① 很多时候我都愿意委婉地表达自己。　　　　　　　　　　　　1 2 3 4 5

② 我说话时常常话里有话。　　　　　　　　　　　　　　　　　1 2 3 4 5

③ 我通常不花时间去分析别人讲的话。　　　　　　　　　　　　1 2 3 4 5

④ 别人很多时候都无法确定我话里的真正含义。　　　　　　　　1 2 3 4 5

⑤ 我说的话常常可以用不同的方法去理解。　　　　　　　　　　1 2 3 4 5

⑥ 我对别人话里的含义一般不深究。　　　　　　　　　　　　　1 2 3 4 5

⑦ 我讲的话里面总是比表面上呈现的意义要复杂。　　　　　　　1 2 3 4 5

⑧ 别人必须花些时间才能琢磨出我话里的真实含义。　　　　　　1 2 3 4 5

⑨ 我通过别人说的话搞清他们的动机。　　　　　　　　　　　　1 2 3 4 5

⑩ 我说的大部分话都明确易懂，没必要寻找深意。　　　　　　　1 2 3 4 5

⑪ 我会考虑别人话里的各种意思再决定他们想说的真正含义。　　1 2 3 4 5

⑫ 要了解他人的真实意思，必须深度分析他们所说的话。　　　　1 2 3 4 5

⑬ 我经常透过别人语言的表面去了解他们的真实想法。　　　　　1 2 3 4 5

⑭ 为了理解别人的话，我经常去分析他们为什么说，而不是他们说了什么。

　　　　　　　　　　　　　　　　　　　　　　　　　　　　1 2 3 4 5

⑮ 没有必要透过我说的话的表层意思来理解我的真实意图。　　　1 2 3 4 5

⑯ 在我观察或参与的很多聊天中，我发现最重要的意思常常是隐藏在表面之下的。

　　　　　　　　　　　　　　　　　　　　　　　　　　　　1 2 3 4 5

⑰ 我想通过琢磨一个说话者的深层意思使自己成为一个有效的沟通者。

　　　　　　　　　　　　　　　　　　　　　　　　　　　　1 2 3 4 5

⑱ 我讲话的意思常常一目了然。　　　　　　　　　　　　　　　1 2 3 4 5

⑲ 我常觉得别人的话里有潜台词。　　　　　　　　　　　　　　1 2 3 4 5

　　从这些题目可以看出，该量表所测的直白与含蓄程度主要包括两个方面：一方面是一个人在多大程度上会主动寻找别人言词背后的间接含义；另一方面则是一个人在多大程度上喜欢拐弯抹角地说话。如果你在这两方面得分都高，那么你的含蓄程度就非常高，别人要听懂你说话的真实含义就相当困难。

　　在编制量表的基础上，霍特格雷夫还研究了个体的说话风格与个性特征之间的关系。他发现，说话婉转的人自我监控能力更强，在公共场合的自我意识能力更强，更愿意动脑筋，更不过度自信，但在西方文化中，这样的人并不受大家称赞。当他把该量表同时给美国学生和韩国学生测量时，发现韩国学生在婉转程度上的得分显著高于美国学生。

　　我们做了一个研究，发现美国人对于"直白沟通者"有着在潜意识中不假思索的偏爱，而对"含蓄沟通者"持有偏见(Mariam & Chen，2022)。我们先让美国大学生描述在遇到"直白沟通者"的时候，他们会联想到什么样的形容词；同时也让他们写出在遇到"含蓄沟通者"的时候，会联想到什么形容词。结果，大家对两种沟通者都洋洋洒洒地写出了许多形容词。我们接着对每一个形容词进行"正面""反面""中性"的归类，发现对于直白沟通者，其正面形容词的比例远远超过反面形容词的比例，大多为"诚实、自信、能力强"等。而对于含蓄沟通者，其反面形容词的比例大大超过正面形容词，大多为"难搞、不自信、能力弱、有猫腻"等。这样的判断无论那个沟通者是上司、同事、还是陌生人，都非常相似。我们接着做了一个无意识联想实验，发现在想到"直白沟通者"时，大家对于正面形容词的反应时要远远快于负面形容词，而在想到"含蓄沟通者"时，大家对于负面形容词的反应时要大大短于正面形容词。这说明，在美国，人们对于直白沟通者的偏爱和对含蓄沟通者的偏见是相当隐性无意识的。

更有意思的是，我们之后让美国在职员工参与实验，让他们评判什么样的沟通者更具有领导潜力，是他们心目中可以当企业领导的人，而且如果让他们选择的话，会选谁当领导。结果发现，大部分人都认为那个"直白沟通者"是具有领导潜力的人，而且他们更愿意选这个人担任领导职务。而那个"含蓄沟通者"则被认为不具备领导潜力，他们不会选择这样的人当领导。当问及为什么的时候，他们的回答是：直白沟通者诚实可信、能力强；而含蓄沟通者诚实程度和能力则比较可疑。而正是这种对沟通风格的感知和推论，决定了他们选择直白沟通者而不是含蓄沟通者来担任领导职务。

但事实上，一个人的沟通风格与一个人的品质和能力根本不存在一一对应的关系。一个直白沟通者也可能是个骗子，天天撒谎；而一个含蓄沟通者很可能谦逊诚实且能力超群(比如印度的圣雄甘地)。因此，我们又做了两个实验，那就是，在描述了某人的沟通风格后，我们向实验参与者直接提供关于此人的诚实和能力信息。我们用一个具体的实例来描绘诚实或者不诚实、能力强或者能力弱。这样一来，就把沟通风格和品质能力分离开来，用以检验以这样的方式是否能够削弱对直白沟通者的偏爱及对含蓄沟通者的偏见。结果发现，当有关"诚实""能力"这样的重要信息被披露出来的时候，确实能够削弱偏爱和偏见，但是只有在沟通者"不诚实""能力低"的情况下，由沟通风格引起的效应才能真正消除。

ABCD 研究团队也开发了一个测量沟通风格的量表(Adair，Buchan，Chen & Liu，2016) 相对简要一些，只包括下面这 4 道题目：

① 即使别人不直说，我也能知道他们的意思(I catch on to what others mean even when they do not say it directly.)；

② 即使没有得到对方清晰的答复，我也能理解他们的意图(Even if I do not receive a clear response from others, I can understand what they intended.)；

③ 当别人想和我说什么但又不方便说的时候，我能看得出来(I can tell when someone has something to tell me but is apprehensive about discussing it.)；

④ 在和别人聊天时，我能较好地了解别人体验到的情感(During conversation, I am very good at knowing the feelings other people are experiencing.)。

他们在研究中把一个人的自我定义也考虑进去，以考察其与沟通语境的关系，结果发现，互赖自我概念越强的个体，其沟通的含蓄程度越高；而独立自我概念与沟通的含蓄程度无关。

2) 沟通中的人际关系语境

在沟通过程中是否关注自己与对话者之间的关系，并以此关系作为沟通语境来传达含义，在不同的文化中也有不同的表现。这是沟通语境中的第二个要素。跨文化沟通学者谷迪康斯特(Gudykunst，1983)曾经发现在高语境的文化中，人们一般会花较多时间了解陌生人的底细，以确定在与之沟通时应该使用的合适的态度、方法、用词和动作语言。如果不知对方是"谁"，那就很难把握沟通的方式。双方一旦建立了关系，他们就不再询问这些问题，也不会再对此人有所怀疑。而在低语境文化中，很少有人会先去搞清陌生人的底细之后再与之沟通，因为对他们来说，不管对方是谁，沟通的内容和方法应该不受太大影响。

豪尔曾经这样描述："一般而言，外国人之间的友谊的形成比美国人要慢得多，但是更深厚、持续时间更长。朋友之间包含彼此对对方的责任，互相提供类似'社会保险'一般的含义。这样的友谊在美国是很少见的。"

沟通者之间的人际关系也会影响其对于面子的意识，因为有的沟通纯粹是为面子服务的，基本上不包含太多的信息量，如说奉承话或者彼此吹捧就是如此。亭图美(Ting-Toomey，1999)在她的研究中发现，在低语境文化中的沟通对于面子的意识通常与维护自己的面子有关；而在高语境文化中，沟通的双方不仅考虑维护自己的面子，也同时顾及对方的面子。

个体的集体主义导向与上述研究的结果紧密相关。生活在集体主义文化中的人通常对社会/群体规范比较关注，因此在沟通的过程中就会注重双方的身份和关系，从而尽量做出"得体"的行为，内外有别。相反，生活在个体主义文化中的人以关注自己为主，不会对沟通的情景及沟通对象的身份和关系多加关注(Gudykunst & Lee，2002)。

此外，权力距离也与关系语境有联系。生活在高权力距离文化中的人对个人在社会中的"地位"非常敏感，如果沟通的对方是自己的上司，那么在沟通中的语气、肢体语言都会做出相应的调整，表现出谦恭的姿态。相反，如果沟通的对方是自己的下属，其神态、语调、用词都会大不相同，从而表现出自己的权威。吉布森(Gibson，1998)的研究发现，在权力距离高的文化中，人们在相对正式的场合(比如开会)更倾向于选择一本正经而不是轻松随意的沟通方式。

ABCD 研究团队就如何测量人们在多大程度上关注人际关系这个沟通语境也开发了一个简单的量表：

① 我在和别人沟通时常常使用"可能""大概"这样的字眼[I qualify(e.g., use "maybe" "perhaps") my language when I communicate.]；

② 当我和职位比我高的人沟通时，我常常比较正式(When addressing someone of a higher rank than me, I tend to be formal.)；

③ 为了维护人际和谐，我会避免直抒胸臆(I will avoid telling the truth if it protects the social harmony.)；

④ 在沟通时我会尽一切努力保全面子(I do everything to avoid losing face in communication.)；

⑤ 在沟通时我尽量不让别人丢面子(I avoid making others lose face in communication.)；

⑥ 我的沟通方式随着沟通场合的不同而异，比如在工作场合和社交场合我的沟通风格就不一样(My communication style is very different depending on whether I am interacting with colleagues at work or in a social setting.)。

ABCD队通过研究还发现，具有互赖自我概念的个体更倾向于关注人际关系的语境，在该量表上得分也更高。相反，独立自我概念与关注人际关系语境之间的关系则不显著。

3) 沟通中的时间语境

关于时间这个概念的文化差异，经典的研究结果是时间的二极论：一极是多元论(polychronic)，另一极是单元论(monochronic)。在持时间多元论的文化中，人们对时间持有相当灵活的态度，对别人没有预约的来访、临时安排的会议等习以为常。有时他们也通过时间来表达自己的好恶和情绪，比如让某个自己不喜欢的人或者某个地位低的人久等，或者因与某个好友聊得余兴未尽，进而取消／延迟其他约会(并非一定是对其他约会不尊重)，或者提前完成某个项目以表现自己对该项目及该项目负责人的重视等。很多阿拉伯国家、非洲国家、亚洲国家和地中海沿岸国家都持有时间多元论(Hall & Hall，1987)。

相反，在持时间单元论的文化中，人们认为时间是固定的、可测量的，就像墙上的时钟一样。因此，人们倾向于按照时间的顺序来安排工作或加工信息。他们每天都有一个清晰的作息时间表、完成任务的进度表，然后按部就班地工作。如果中间有人打扰或出现临时突发事件，打乱了原先的计划，他们会感觉相当不愉快。美国、德国和瑞士就是典型的具有这种文化特征的国家。

对时间在沟通中的角色的不同认知常常是造成文化冲突的来源。在时间单元论的文化中，如果事先约好在下午一点钟见面，结果对方迟到了40分钟才姗姗而来，你会十分气愤，并觉得受到伤害，因为你把这个迟到看作对你的不尊重。在时间多元论的文化中，迟到并不一定意味着不尊重，但是假如你事先不了解这个差异，你也一定会很生气。相反，习惯于灵活安排时间的人一旦遇到做事一板一眼完全参照时间表的人，也会产生很强的挫折感，因为在执行计划的过程中总会有意外事件发生，怎么可能完全按照时间表的进度来工作呢？

通过时间语境来传达含义也是一种高语境沟通的表现。提前到达、准时到达、还是迟到，在不同文化中都隐含着一定的含义，虽然含义本身可能不同。针对这一问题，ABCD团队开发了一个简单的量表，用于测量一个人的时间语境的高低：

① 如果约定与对方早上9点开会，那么我们一定会在9点整开始会议(If a meeting with a counterpart is scheduled to start at 9am, we start the meeting at exactly 9 am.)；

② 如果说好开会一小时，那么我肯定会在到一小时的时候结束会议(If a meeting is scheduled to last for one hour, I conclude conversations at the hour.)；

③ 和对方约定好的任务时间进度表，我会严格遵守(I pay attention to schedules agreed upon by my counterparts.)；

④ 和别人一起工作时，我会特别注意完成任务的最后期限(I pay attention to deadlines when working with others.)；

⑤ 在和别人对话时，对方一问我，我就会立刻表达我的意见(In conversation, I express my ideas as soon as the other party asks for a response.)。

在这些题目上得分越高，表示时间语境越低，因为时间只蕴含时间本身的含义。相反，时间语境高的人更会在时间上做文章来表达含义。研究也发现，具有互赖自我概念的人在时间语境上得分较高。

4) 沟通中的空间语境

空间在沟通中最明显的表现就是沟通双方之间保持的物理距离。一个人可以通过明确地表示自己的"领地"(比如把自己的衣服放在某一座位上) 来表达自己的权利；也可以通过保持自己所占领的"不可见"的个人空间(比如顶层最大的海景办公室) 来彰显自己的地位(Hall & Hall，1990)。此外，文化人类学中对社交过程中的触摸行为的研究也与空间这个概念有关。豪尔曾经这样描述空间对于美国商人在沟通中的意义：

"在中东和拉美地区，美国商人会感到与时间隔绝，但也会感到空间上的极度拥挤。别人离他 / 她太近，把手放在他 / 她身上，他 / 她总是被人群包围。在北欧和德国，他们会感觉更自在，但同时也会觉得那里的人更冷淡一些。其实这些感觉皆来自对空间距离的感知。"

与物理距离相比，其他的空间指标更加隐晦一些。很少有人意识到其实对空间的感知不仅是由物理距离(通过视觉感知) 决定的，也来自其他感官的知觉，包括语音语调、眼神交流、身体接触、面部表情等方面。

人们常说，沟通的大部分含义不在语言之中，而在语言之外体现。研究表明，近 70% 的意思是通过言语之外的沟通传达的。比如听觉，通过声音来判断空间距离；或者嗅觉，通过气味的浓烈程度来判断空间距离；或者触觉，通过肌肉的运动反应来判断空间距离。因此，广义的空间概念中应该包括沉默、插嘴、面部表情和肢体语言。而如何使用和解读空间语言却因文化的不同而有所差异。比如，在低语境文化中的个体常常对沉默很不习惯，他们会千方百计填补对话中的空白，就像前面案例中(珍妮特与山本先生)描述的那样。在高语境文化中，沉默本身不是空白，而是传达意义的一种手段。市场营销学教授格拉姆(Graham，1985)通过研究发现日本人在商业谈判中使用沉默的次数要大大多于美国人和巴西人，而巴西人在注视面部表情、打断别人的话和触摸的次数上则要大大超过美国人和日本人。

(1) 语音语调。我们粗略地将全世界的人分成三大类：欧美人、拉美人和东方人。他们在说话的语音语调上有很鲜明的区别。关于这一区别，强皮纳斯和汉普顿特纳(1998)曾经在他们的书中用图3-3表示。

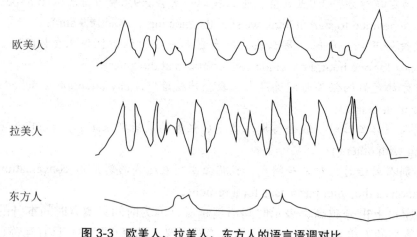

图 3-3 欧美人、拉美人、东方人的语言语调对比

从图 3-3 可看出，欧美人说话抑扬顿挫，有起有伏，跌宕有致；拉美人说话语调频率很高，而且保持亢奋状态，情绪激昂；东方人谈话语调平缓单一，很少有起伏，不紧不慢。这种现象通常可以从这些国家的领导人做演讲、报告时表现出来。来自东方国家的领导人做报告时一般表情中性，语调平稳，常常看着稿子念；拉美国家的领导人包括意大利人讲话的语调变化多端，易激起听众的兴趣，有点像演戏；欧美国家的领导人则介于两者之间。语音语调的平和或夸张，当然与一个文化的价值理念联系在一起。东方往往求静，讲求含蓄深沉，追求"不以物喜不以己悲"，讲话不露声色就是这种境界的表现；而拉美文化往往注重个人情感，情感丰富能表现出人性的多面和对生活的热爱，通常讲话的人眉飞色舞、语调夸张。

(2) 目光接触。眼神交流是沟通中一个非常重要的组成部分。在美国和其他欧美国家，没有眼光接触的沟通几乎是不可能的事。与对方讲话时，或听对方讲话时，一定要看着对方，否则会被视为对话题没兴趣，或心里有鬼不敢正视，或性格过于羞怯，总之是负面的评价。即便是在地位不相等的两个人之间对话时也是如此。但在东方文化中，目光接触并不是一定要有的，当两个地位不等的人对话时，地位低的那个一般都不看对方，因为直视反而会被认为不尊敬。在这一点上，不少在美国生活的中国人有过教训，尤其是在工作面试时，因为他们常常不看对方，或不会一直看着对方。面试官完全想不到这是对方对他们尊敬的表现，反倒觉得他们有所隐藏，或者没说真话，总之，达不到有效沟通的效果。

(3) 空间距离。在对话时，人与人之间保持多远距离，不同文化之间也有很大的差别。距离最近的要数拉美人和阿拉伯人，最远的是日本人，而欧美人处于两者之间。对美国人来说，最合适的对话距离是三英尺左右，一臂之长，否则就太近或太远；阿拉伯人则不同，他们彼此的对话距离要近得多；而日本人却要超过一米，否则就会感觉不自在。试想如果一个阿拉伯人与一个日本人在一次商务会议上认识并开始谈生意，阿拉伯人愿意站得很近交谈，日本人就会觉得不舒服，往后退，这时，阿拉伯人就会觉得太远无法讲话，又靠近，然后日本人再后退等。如此反复，半个小时下来，他们可能已经从房间的一头边走边谈到了另一头。

对空间距离的舒适感觉与对话时使用的语言也有关系。美国心理学家萨斯曼和罗森非 (Sussman & Rosenfeld) 在 1982 年做过一个实验，他们邀请了 32 名日本籍学生、31 名委内瑞拉籍学生和 39 名美国学生，让他们在同性同籍之间进行两场5 分钟的对话。一场用母语对话，另一场用英语对话。结果发现在用母语对话时，日本人之间的距离最远，委内瑞拉人的距离最近，美国人居中；但在用英语对话时，来自三个国家的学生在对话时所保持的距离没有显著差异，都与美国人差不多。

(4) 手势、触摸、身体导向。在交谈过程中，使用手势的多少、是否触摸对方及身体面向对方的多少都因文化而异。地中海以南的国家，如土耳其人或者西班牙人，其彼此之间的触摸程度就远比处于北欧文化或亚洲文化中的人高得多。很多亚洲人或印第安土著人家庭成员之间的触摸都很少，更遑论陌生人之间了。意大利人在与你交谈时喜欢不停地拍拍你、碰碰你，表示亲热和友好，若你不习惯的话，就会觉得紧张。大部分美国人不喜欢触摸，除非是熟人或友人。

手势的含义在不同的文化中有时会有不同的含义。阿吉尔(Argyle，1988) 曾在《肢体的沟通》一书中对各种文化中都用的肢体沟通、手势沟通有详细的描述。比如，美国人常用的大拇指和食指组成一个圆的手势，在法国南部就是"不好"的意思，在日本是"给我一点钱"的意思，而在巴西就变成"让我们做爱"的意思。再比如，摇头在大部分国家都表示"不"的意思，但在保加利亚和印度南部则表示"是"的意思。拉美人握手时触摸比较柔软，而北美人握手就强劲有力，因此，通过握手，北美人可能会认为拉美人太软弱，而拉美人可能会觉得北美人攻击性太强。

交谈时身体的方向也是沟通中的一个重要线索。两人面对面平行站立时，两人之间没有角度。两人可以完全面对面站着，也可以并排站着。1970 年，美国心理学家华生(Watson，1970) 发表了《近距行为》一书，介绍了自己在科罗拉多大学对 110 名男性外国大学生进行研究的结果。他让这些学生带一名与自己讲同一母语的人来实验室，先填写一份问卷，然后自由地与他的同伴用母语交谈。实验者透过单向玻璃观察并记录以下几项内容：身体导向、空间距离、触摸程度、目光接触及音量，表 3-1 总结了他在空间语境(肢体语言)在沟通中的文化差异方面的研究结果。

表 3-1　空间语境（肢体语言）在沟通中的文化差异

实验对象	身体导向	空间距离	触摸程度	目光接触	音量
阿拉伯人	2.57	3.53	6.59	1.25	3.96
拉美人	2.47	4.96	6.74	1.41	4.14
南欧人	2.19	4.42	6.88	1.49	4.57
美国人	3.00	7.66	7.00	2.86	4.43
亚洲人	3.25	5.20	6.97	2.06	4.79
印巴人	3.59	3.94	6.99	2.05	4.39
北欧人	3.51	5.92	7.00	2.17	4.32

身体导向：面对面的程度，完全面对面＝1，完全不面对面＝5，介于两者之间用 2、3、4 表示。
空间距离：两人之间的距离，距离极近＝1，距离极远＝8。
触摸程度：拉着手不断触碰＝1，没有触摸＝7。
目光接触：直视对方＝1，不看对方＝4。
音量：很响＝1，很轻＝6，研究者的正常语音＝4。

从表 3-1 中的数据可以看出，相对美国人而言，阿拉伯人、拉美人、南欧人之间交谈时更愿意面向对方，距离站得更近，触碰对方更频繁，保持目光接触，而且音量更大；而亚洲人、印巴人和北欧人之间交谈时更倾向于不面朝对方，彼此之间的空间距离更大，不愿意触碰对方，少有目光接触，而且轻声细语。

针对这一问题，ABCD 团队也开发了测量空间语境的量表：

① 和别人讲话时，我喜欢靠得比较近，可以碰到他们(When talking with someone, I like to be close enough to them so that I could easily touch them.);

② 和别人沟通时，我手势不断(I tend to constantly gesture when I communicate with others.);

③ 我会用比较夸张的语言来强调一个观点(I verbally exaggerate to emphasize a point.);

④ 我会通过调整面部表情来表达一个观点(I adjust my facial expression to make a point.);

⑤ 我讲话的时候比较抑扬顿挫(I vary my tone of voice when I communicate.);

⑥ 我会通过调整语速来强调我要表达的含义(I adjust my rate of speech to emphasize my message.)。

ABCD 团队通过研究也发现，具有互赖自我概念的个体在空间语境上得分较高。

上述 4 个语境要素与自我概念之间的联系如图3-4所示。

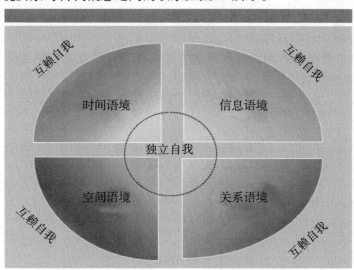

图 3-4 沟通语境要素与自我概念之间的联系

互赖自我概念越强的个体，越倾向于依赖或者关注沟通的语境(包括信息语境、关系语境、时间语境、空间语境) 来表达或理解含义。而独立自我概念较强的个体，则倾向于低语境沟通，也就是说在表达和理解含义的时候只关注通过语言(口头语言或书面语言) 表达出来的意思，而不去琢磨其他语境线索可能提供的含义。

更有意思的是，ABCD 研究团队还发现，一个人的沟通语境的高低与此人的文化智商(cultural intelligence，简称CQ) 之间存在一定的关系。文化智商指的是一个人在跨文化情境中可以有效解决问题的能力，包括 4 个方面的内容：元认知(meta-cognitive)、认知(cognitive)、动机(motivational)、行动(behavioral)(Ang，Van Dyne，et al.，2007)。我们认为，习惯于高语境沟通的人平时会更关注沟通时的物理环境和人文因素所传达的含义，因此不管是在认知层面、动机层面还是行动层面都更可能关注与之相沟通的那个个体的文化背景、生活工作习俗、肢体语言的使用等，并相应地调整自己的沟通方式去适应对方，以便更准确地理解对方要表达的含义，并与对方建立比较和谐的人际关系。相反，低语境沟通者相信语言文字本身就足以表达含义，因此不会对语言之外的因素多加关注，也就没有必要对沟通的对方进行太多的了解，更不必就此调整自己的沟通行为。如此而言，就可以推论出沟通语境越高的人，文化智商可能越高。我们搜集到的数据表明，即使在美国，个体之间也存在相当大的沟通语境差异，虽然有不少低语境沟通者，但高语境沟通者也不乏其人。而在那些高语境沟通者中，确实是语境越高(比如4个语境因素都很强)的个体，文化智商越高。

此外，沟通语境也会影响人的思维方式。Indrei Ratiu 发现，高语境文化多产生直觉型思考者，而低语境文化多产生分析型思考者。这两类思考者的不同主要表现在以下三个方面。

① 直觉型思考者依靠直觉做判断和决策，不讲求理性；而分析型思考者依靠过去学过的知识做判断，追求理性。

② 直觉型思考者表达含蓄，以语境为导向，讲求顿悟；而分析型思考者表达直白，以计划／理论为导向，讲求推理。

③ 直觉型思考者注意整体，喜欢通盘考虑；而分析型思考者更关注局部细节，注重探讨具体变量之间的因果关系。

O'Hara-Deveraux和Johansen(1994)根据他们的研究，对不同民族的文化语境进行了排列，如图3-5所示。

图 3-5　不同民族的文化语境

由此可见，日本、中国文化处于高语境一端，而美国、北欧文化处于低语境一端。在越来越多的中国企业走向欧美、走向世界的过程中，在语言沟通方面遇到的挑战不可低估。

3.3 沟通的冲突和化解

1. 网飞 (Netflix) 全球化的故事

网飞公司在过去5年中惊人的全球化发展令世界瞩目。公司推出的新剧如《鱿鱼游戏》(韩国)、《抢银行》(西班牙)、《给我的代理打电话》(法国)、《艾米莉在巴黎》(美国)等创意纷飞，受到全世界人民的喜爱，订户人数已经超过1亿1千万。而该公司的全球化是在2012年才起步的，先在日本、荷兰、巴西尝试、试错、纠错，总结出一套经验后，一举进军全世界130个国家，复制成功。目前，该公司来自美国之外的营业额已占大半。

若想了解网飞这家公司极其独特的公司文化和价值理念，可以翻阅下《无规则取胜》这本书。作者在2021年曾写过一篇书评《管理的最高境界：自由和责任》，摘要如下，以提供适当的故事背景：

想象一下你自己刚刚被该公司录用，还没有谈妥工资。你现在居住于一个二线城市，生活消费较低，如果全家搬到公司所在地，目前的工资肯定不能维持原来的生活水平。你心里有点嘀咕，不知提出要求两倍的工资是否合适。然后，你的手机响了，正是该公司的人事部经理。他说，经过全面的市场调查，了解到具备你这个技能的员工最高的工资数额(你一听真的是你目前工资的两倍)。但公司的哲学理念是，因为你是该领域的高才(top talent)，所以要付给你比市场最高价更高的工资来吸引你加入，因此你的年薪将比目前两倍的工资多30%！你会不会接受？

当然接受啊！但你转念一想，给你这么高的薪水，是不是公司要求大家996，或7/24，今后连个休息日也没有了？于是你询问公司的休假制度。对方说，公司没有休假制度，你愿意休多少天假、在什么时候休假都由你自己决定，但不休假是万万不行的。你想，怎么还有这种好事，那是不是工资里面有很大一部分是浮动绩效工资，必须做出多少业绩水平才能拿到？一问，答案居然是完全没有浮动的成分，不管绩效如何，一分钱都不会少。你还是觉得蹊跷，就问每年你的KPI指标是什么，年度考核在什么时候，平时工作是否事事都要请示领导，和外面的客户吃饭喝酒是否有金额限制，等等。结果一圈问下来，答案都是"NO"。你终于松了一口气，开心地接受了录取通知(offer)。但心里却更好奇了："咦，这家公司到底是怎么运作的啊？"

这本书就是来帮你解开这个谜底的。本书的作者有两位，一位是网飞公司(Netflix)的创始人兼CEO里德·海斯廷斯(Reed Hastings)，另一位是法国商学院(INSEAD)的资深讲师艾琳·马耶(Erin Meyer)。他们采用穿插叙述、夹叙夹议的方式，生动具体地描述了公司"不管"文化的起因、原理、方法，以及演变的过程。他们把这个"不管"文化命名为"自由和责任"的文化。全书分以下四大部分。

- 第一部分：企及自由和责任文化的开头几步，即先增加人才密度，再鼓励直率沟通，然后废除管控(从休假政策、差旅费限制开始)。
- 第二部分：企及自由和责任文化的后面几步，即高薪付高才，开卷管理，废除较多管控(下放决策权到第一线)。

- 第三部分：强化自由和责任文化的技巧，即人才测试剂，建立反馈圈，废除所有管控。
- 第四部分：让自由和责任的公司文化走出美国、走向世界。

增加人才密度

能够吸引顶级人才的条件除了高薪之外，还有很多方面，比如公司的发展前景、文化氛围、同事和领导的品质和专业水平、发挥个人潜能的空间、职业发展的空间等。海斯廷认为，其实最重要的是其他同事的水平，如果大家都是行业高手，就凭这一点，高手就愿意加入，因为这样才有机会与其他高手过招，学习他们的思路和技能。高手云集就是人才密度高的象征，这一点对于一个创意公司来说至关重要。

及时地直率沟通

其目的是提高工作透明度和工作效率，避免背后议论，形成"秘密"文化。同时，及时地反馈沟通可以尽快消除误解、纠正错误，帮助自己和他人进步。公司鼓励无论等级、性别、长幼，所有人都坦诚相待，把心中所想大胆地说出来。这可以是对于项目的新鲜想法、怪异念头，也可以是直接指出别人工作中的问题，或者表达对老板工作方式的不满。这样的尝试一开始出了不少问题，尤其是用词过激或者情绪愤懑时，同事间伤了感情，起到适得其反的效果。为此，公司专门对如何直率沟通才能取得良好效果进行了实验和提升，总结出了4A方针：Aim to assist，意在帮助；Actionable，表示可以付诸行动；Appreciate，表示赞赏；Accept or decline，表示接受或拒绝。也就是说，在指出错误、批评某人的时候，如果遵照这4个原则的话，一定能得到期望的效果。如果直率沟通发生了问题，每个人都从这4个方面找原因，做出改变，直到完全深入人心、熟能生巧为止。

废除管控

废除管控是一件需要特别小心的事，必须先在非关键领域尝试，然后慢慢延伸到其他领域。网飞是从废除休假制度开始的。当然一开始公司也是仿照大部分公司的做法，比如年休假6个星期，不用作废。人力资源管理部门追踪每个人的休假情况，提醒员工别忘记休假，但也不能超过休假天数。这样管理成本比较高，也并不从实质上改变休假状况。海斯廷认为，休假，尤其是旅行可以调整个体的视角和心态，对于创新来说是必需的。天天待在办公室里的人容易目光呆滞，失去工作热情和新鲜感，极不利于创意的产生。因此，他决定废除休假制度，变成无限期休假。他自己带头，一有机会就出去旅行，然后和全公司员工分享旅行照片。他也让各部门的负责人做同样的事，大肆宣传休假旅行。但在此过程中，也产生了问题。比如财务部的人员都决定一月初休假，而那个月正是财务报告审计的时候，结果无人干活，急煞主管。为了防止类似的现象发生，公司对主管进行了培训，教他们如何给出一些基本的参数，以便员工休假不会影响工作的顺利完成。几年下来，一切顺利，大大节约了管理成本，员工的幸福感也有效提升。而且统计发现，即使如此，总体而言员工的年休假时间也在6周左右，与以前没有显著差异。

差旅费无限制的实施问题更复杂，因为无限制，开始时有不少人利用公款满足私欲的，比如近距离出差也坐公务舱，和客户喝酒点最贵的，有时甚至用公款请私人朋友吃饭。公司用两个原则加以指导如何花钱：一是以公司利益为重。比如长途国际旅行，如果第二天就要和客户谈生意，坐公务舱就是合理选择。二是如果钱数超出寻常范围，领导向你询问，你必须能说出充分的理由。公司给员工报销所有账单，不需要提供任何证明。不过，事后也有两个方法来发现作弊的人。一个是主管每个月会收到一次来自财务部的报销细节，注明每个员工的费用的详细资料。如果主管发现出格的费用，会让员工加以说明。如果员工不能提供充足的理由，那就会得到警告。还有一个方法是主管完全不检查，但如果财务部年终抽检的时候发现异常开支，该员工就得立刻走人(没有警告这一阶段)。这样实践下来，发现没有差旅费制度实际的费用并没有增加太多，但管理成本降低，而且员工开心，更把自己当作公司的主人了。

解除了这些管控之后，下放决策权才有了基础。在网飞，负责项目的一线员工可以直接签单，多大的单子都行(几百万、几千万)，而且只有一个签单人，不允许上级领导联合签单。签单权的下放让员工直接感到身上的责任，因此做决策更加慎重，必须反复倾听意见、建议，反复思考利弊之后才会做出，更进一步激发了主人翁意识。此外，对于公司的开卷管理，也就是与员工分享公司的详细财务信息，这一条在上市前做比较容易。但在上市之后，在把这些敏感信息上交到华尔街之前与员工分享，风险就比较大。海斯廷在反复思考后，决定继续这个做法，但是事先提醒大家要绝对保密，一旦发现有人泄露信息，立刻开除，因为这对公司的股价影响巨大。一个公司对员工有如此之高的信任程度，实属罕见。可喜的是，网飞的员工也都经受住了考验，至今未有泄密者。

当然，本书的作者反复强调这种"不管"文化只适用于强调创意的公司，而非那些必须把安全放在第一位的公司(如飞机或汽车制造、医院等)。随着AI和智能机器的进步，未来的大部分不需要创意的工作都将被机器所取代，一个公司的价值最集中的体现可能就在创意上了。而要让员工创意不断，管理者必须放权，给予大家最大程度的自由、信任和责任。"

在本书中特别强调的是网飞的"直率沟通"文化在全球化过程中所遇到的挑战和他们的应对方法。非常有意思的是，虽然一开始大家担心"自由""无规则"这一条在个体主义导向较弱的文化中实施起来会有困难，但出乎意料的是，下放权力、给员工自主权的实践在所有文化中都受到了大家的喜欢(可见关键在上级肯不肯放权，而不在下级愿不愿意拥有自主权)。但是直率沟通这一点在日本和新加坡实施时，确实遇到了很大的障碍，尤其是要下属给领导直接提出意见，在日本公司里以前闻所未闻，大家都不习惯。怎么办呢？

由于直率沟通是网飞公司的核心文化理念，他们决定要绕过文化障碍来实现它。公司首先对公司沟通风格的特征做了总结，然后对不同国家的沟通和文化特征做了分析，接着在这些特征上进行一一比较，发现差异最显著的地方，寻找解决方案。这些特征主要从几个方面加以描述：沟通语境是高语境，还是低语境；直接给负面反馈，还是婉转给负面反馈；直接表达不同意见，还是避免冲突；做事按线性时间，还是按灵活时间；信任是基于任务，还是基于关系；决策风格自上而下，还是协商共识；领导风格是权利平等，还是层级制。其分析结果表明，网飞的公司文化与日本的民族文化在每个特征上都显著不同。回到解决直率沟通的问题，后来公司根据日本的另一个文化特色攻克了这个难关(所谓"以子之矛攻子之盾")，那就是日本人特别听领导的话、特别仪式化。公司就从高管层要求这么做，而且把给领导提意见这个实践正规化，不像在美国那样让大家随意发言，而是正式放进开会议程，并且给大家足够的时间按照4 A方针(Aim to assist，Actionable，Appreciate，Accept or decline)去做准备。这样尝试下来，他们发现日本员工有板有眼地按照指导语做事，做得特别到位。在开会的时候，敢于对领导提出意见，而且大都十分中肯，被领导接受并付诸行动。

有趣的是，直率沟通在荷兰的遭遇却十分不同。荷兰人的沟通习惯就是直白，比美国人更甚。没想到的是，荷兰人的直白竟然冒犯了在美国工作的同事，被认为太不友好。书中讲了一个小故事，说一位刚刚移居到荷兰的美国同事，在阿姆斯特丹主持了一个会议，来参加的7个成员都是从欧洲各地飞过去参会的。该同事在会上口才奇好，准备充分，自己一个人滔滔不绝地讲了一个多小时，基本上没有让别人插话的时间。会议结束后，他问荷兰办公室的同事，说这次会议是不是开得特别好。该同事向他直言，说我们邀请了别人来参会，他们坐飞机、火车好不容易过来了，你却完全不给他们发言的时间，不倾听他们的建议和意见，实在是浪费了资源。这位美国同事一听，脸立马就拉下来了，认为这个反馈太苛刻了，完全没有肯定他的贡献和价值。荷兰同事解释说，他并不否定他的贡献，这个会议总的来说是挺成功的，只是有这一点遗憾。后来他了解到在美国，你在指出别人的缺点时，首先要肯定他们的成绩。就是要先说正面的，再给予负面的反馈，否则他们的心脏受不了。这个学习过程让荷兰同事认识到文化差异，之后就改变了给予反馈的方式，不再单刀直入，而是先给几颗"甜枣"，再倒出苦涩的"中药"，效果果然提高了很多。

3.4 用跨文化理论分析跨文化对话

当来自不同文化背景的两个人谈话时，往往容易产生误解。前文已经分析了几个对话，在这里再列举两个对话，让大家看看双方的误解在哪里，然后用跨文化理论来分析为什么会发生这样的误会。

1. 对话一：请病假

史女士(美籍经理)：林小姐，请坐。我注意到上个月你请了好多次病假，我对你的身体有点担心。

林小姐(新加坡籍员工)：对不起，史女士。

史经理：自从我把你提升为办公室主任以后你就这样了，你是不是觉得这个职位的担子太重了？

林员工：可能是。

史经理：我也不知道该怎么办。我想过让沈先生或刘女士来当主任，但他们都不如你做事有效率。

林员工：哦，不是这样。他们都很不错，而且在公司工作的时间都比我要长得多。

这则对话很可能发生在美国公司在新加坡的办事处里，其中史女士是公司的外派经理，林小姐是本地招聘的员工。从这段对话可以看出，美籍经理史女士与新加坡籍员工林小姐之间在提升的标准上有不同的看法。史经理认为工作效率和工作绩效是最重要的提升标准，而林小姐认为在公司任职的时间(资历)应该是最重要的标准。现在提升她去领导老员工，让她压力很大，必须请病假逃避。

仔细分析，还可以看出两人之间更大的文化差异。首先，史女士看到林小姐请病假，根本没有看出来林小姐是在逃避当主任的尴尬，而以为林小姐是真的病了，可以看出史女士就事论事的低语境思维方式。但是，她也注意到请病假都是在林小姐被提升为主任后开始的，所以以为是工作本身带来的挑战造成的，没有看出其实林小姐的"病"是在心里而不是在身体和能力上。其次，从林小姐说话的口气来看，她对史女士很尊敬，一点儿也不敢直抒胸臆，反映出她本人权力距离较高的文化烙印。再次，林小姐的回答相当含糊其词，不像史女士那般直接明了，表现出其高语境的沟通特征。她希望史女士能够"猜测"到她真正想表达的意图。然而，由于史女士对林小姐成长的文化背景的理解有限，她基本上"猜"不出来。

2. 对话二：写报告

经理(美籍)：你写这个报告需要多长时间？

员工(希腊籍)：我不知道。应该要多长时间？

经理：你应该有能力判断需要多长时间。

员工：10 天吧。

经理：给你 15 天时间。你同意了？

15 天之后

经理：报告呢？

员工：明天就应该行了。

经理：什么？我们不是说好 15 天完成吗？

在这段对话里，显然美籍经理与希腊籍员工之间在两个问题上有不同的假设。首先，在时间限度上，美籍经理把 15 天看成合同期限，是不可随意更改的"死期"(deadline)，这对美国人来说是很平常的事。但在希腊籍员工的眼里，15 天只是一个约定，不需要严格遵守，只要在 15 天左右完成就可以了。其次，在对主管角色的看法上，两个人也有不同的假设。美籍经理认为他应该用参与管理的方法，邀请员工参与决策的过程，所以他没有直接告诉员工应该用多少天完成报告，而是征求他的意见。但是，希腊籍员工却认为作为主管应该给下属明确的指令，不应让下属来决定。所以当主管问他的时候，他完全没有准备，就随便做出估计。而当他说 10 天的时候，主管已经对他的判断打了低分，认为他的估计不太准确，所以就给了他 15 天时间。结果发现到 15 天时他居然还没有交出报告，当然十分惊讶。

这里有两个跨文化维度可以作为分析的理论依据。第一个维度是权力距离，美籍经理的心理权力距离较小，他不认为主管就该发号施令，而应该平等地对待员工。相反，希腊籍员工的心理权力距离较大，认为主管就该发出指令，而自己只是执行。第二个文化维度是对时间的看法。在美籍经理眼里，时间是有明确起始的，终止的时候就应该终止，不能拖延。这与美国人将时间进行量化、物化的根深蒂固的传统有关系。在美国，时间就是金钱(time is money)，时间可以创造(make time)，可以储存(save time)，可以花费(spend time)，可以浪费(waste time)，可以消耗(kill Time)，可以延续(take the time)，可以得到(get time)，可以失去(lose time)。因此，每个人的时间概念都特别强。许多公司或学校用小时来算工钱，即便是对年薪制的员工，比如教授，在工资单上也会写上每周工作时数。有的地方甚至用分钟计算，比如幼儿园，如果你有一天比规定的时间晚去了几分钟接孩子，就会被按分钟数罚款。美国人对时间的态度在其他文化中罕见。

所以，当美籍经理表示失望之时，希腊籍员工更加不解。他终于按捺不住愤怒，大声说道："你这个不知好歹的家伙，我辛辛苦苦马不停蹄地工作了15天，你竟然还批评我！"说完就愤然辞职，边走边说他不能在如此"愚蠢"的老板手下干活。这回轮到美籍经理目瞪口呆了。

3.5 沟通的另一面——倾听的文化差异

倾听是实现有效沟通的另一个重要方面。不同的民族和文化之间在倾听的特点上也有许多的不同之处。有的民族比另一些民族更安静、更乐于倾听；有的民族比另一些民族更善于倾听，倾听得更仔细，更认真严肃。英国语言学者理查德·路易斯(Richard Lewis，1999，2004)曾在他的《文化碰撞》一书中提出"倾听文化"和"对话文化"的概念来区分文化在这个层面上的差异。他对"倾听文化"的描述是这样的：倾听文化中的成员很少主动发起讨论或谈话，他们喜欢先认真倾听，搞清楚别人的观点，然后对这些观点做出反应并形成自己的观点。在这种文化中，人们偏向的沟通方式是自言自语—停顿—反思—自言自语，而且尽可能让对方先开始自言自语。相反，在"对话文化"中，人们常常会用发表意见或提问的方式打断对方的"自言自语"，以此显示自己对话题的兴趣。

1. 倾听文化

具有最典型"倾听文化"特征的国家是日本，然后是中国、新加坡、韩国、土耳其和芬兰。在欧洲国家里，芬兰具有最强的"倾听"特质，英国、土耳其、瑞士偶尔也表现出较强的倾听特征。这些国家中的人在听别人讲话时，专注、不插嘴，回复时也不会用太强烈的语言。此外，他们常常会通过提问来让讲话者澄清意图和期望。日本人经常会针对一个问题反复询问来确信彼此之间不再有误解。芬兰人即使有时在结尾时会比较突兀或直接，但总是尽可能避免正面冲突，想办法用适合对方的方式来沟通。芬兰人有时甚至比日本人还要"沉默"，日本人至少还会用点头的方式显示自己的礼貌或满意，而芬兰人则可能一点儿反应都没有。

倾听文化中的人对沉默的态度也与对话文化中的人迥然不同。他们之间需要沉默。比如，一个美国商人在赫尔辛基做完演讲后，身体前倾问道："你们怎么想？"如果你这样问芬兰人，他们就真的会开始"想"，用沉默来想；如果你这样问美国人，他可能马上就站起来说"我告诉你我是怎么想的",不加停顿。

此外,倾听文化中的人会根据语境去回答对方的问题,并在表达自己思想的时候常常只说一半,而让倾听者去填补其余,以表示对对方的赞赏。这一点常常使西方人感到困惑。同时,他们还沉迷于用一些笼统的词(如大概),或指谓不明的词(如某人走了),或被动语态(如有一部机器被搞坏了),以避免指名道姓让某个人直接承担责任,或者以示礼貌。

倾听文化的沟通顺序常常是这样的:认真倾听,理解对方的意图,沉默片刻以做评判,进一步提问澄清,提供建设性反馈,保留一定的模糊性,模仿对方的长处或产品,加以改善,再改善,从而达到完美。不同国家和地区的倾听文化的强弱排序,如图 3-6 所示。

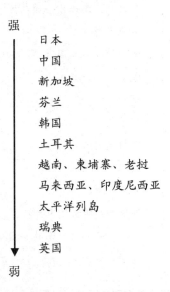

图 3-6　不同国家和地区的倾听文化的强弱排序

2. 对话文化和数据文化

根据路易斯的观察和研究,最典型的对话文化为意大利文化、拉丁文化、阿拉伯文化和印度文化。法国和西班牙文化也基本属于对话文化。美国文化、德国文化、瑞士文化则处于倾听文化和对话文化之间,他们热衷于数据、事实和逻辑,被路易斯称为数据文化。

对话文化中的人特别注重人和人际关系,一般来说,工作也好,任务也好,作息时间表也好,一切让位于人。他们喜欢聊天,说个不停,在对话的过程中获取各种各样的信息(这是他们传播信息的主要渠道),建立各种各样的人际关系,然后用获取的信息和建立起来的人际关系去解决各种各样的问题。从人的角度思考问题、解决问题是对话文化的特色之一。而数据文化注重的是来自报纸、杂志和其他书面媒体的信息,言传的信息不被认真对待。一般很难想象让一家法国公司像美国公司一样运作:5 年预测,季度报告,每半年审计,一年一次绩效评估。

同时，也很难想象让一家德国公司在开发新产品时不先做一个市场调查。对话文化和数据文化的区别由此可见一斑。

有意思的是，世界上经济发达的国家大部分来自数据文化，日本是一个例外，它来自倾听文化。但是，日本人注重信息、注重搜集数据这一点却是不可否认的事实，虽然它更主要的特点为倾听而非数据。当然经济发达与否还受到很多其他因素的影响，信息数据只是其中之一。

不同国家和地区的"对话性"的强弱排序，如图 3-7 所示。

强

拉美国家

意大利、西班牙、葡萄牙、法国

沿地中海国家

阿拉伯、非洲国家

印度、巴基斯坦

智利

匈牙利、罗马尼亚

斯拉夫国家

美国个别地区

英国、澳洲

斯堪的纳维亚国家

北美、新西兰、南非

德国、瑞士

弱

图 3-7　不同国家和地区的"对话性"的强弱排序

3.6 — 沟通的新概念：默契和理念植入（种草）

1. 默契——有效的高语境沟通

虽然沟通常常指的是语言交流，但我们也许都经历过不需要语言彼此就可以心领神会的状态，这就是中国人常常提及的"默契"体验。有意思的是，在英语中，不存在一个可以与默契对应的词汇，更不用说围绕着默契所做的研究了。在中国如此普遍的一个现象，却还没有引起多少华人学者的关注，确实有些令人费解。到目前为止，仅《管理学杂志》上的一篇论文谈及员工与主管之间的默契及其结果(Zheng，Hui，2017)，至于默契是如何形成的，则乏善可陈。

为了弥补这个缺陷，我和同事本·科尔(Ben Cole)决定好好研究一下默契这个现象，对默契下一个准确的定义，探索默契形成的前因和有了默契之后的结果。科尔是美国人，但曾经在日本生活过8年，能说一口流利的日语，并曾修习日本的剑道，对日本文化有深刻的理解和体会。他说，虽然日文中没有默契这个词，但是有表达默契含义的词汇。很显然，"默"的意思是无声，"契"的意思是契合。无声的契合，指的就是两个人不用口头语言，只用肢体语言(如一个眼神、一个手势)，或者存在于物理环境中的线索(如办公室里的一张画、教室里的一盏灯)就可以达到深刻理解的现象。因此，我们界定默契为一种有效的高语境沟通。

更具体而言，默契是指两个人之间对于某个情景中发生的事或者处于某情景中的人持有相同的理解和解读。比如在球队里，我们会发现球员和教练之间的默契，或者球员之间的默契。在医院手术室，我们也看见主治医师与助手之间的默契配合，医生的一个眼神、一个动作，助手就知道应该递上哪把手术刀或者哪个诊疗器。因此，默契是有场景和问题针对性的。换言之，在手术室里配合默契的医生和助理出了手术室对别的问题可能毫无共识，而球场上默契很高的教练和球员在别的场合可能完全说不到一块。

人与人之间要达到默契，需要两个人有频繁且有深度的交往互动，通常包括语言和非语言的交流和沟通。比如，一个系的主任和副主任对系里的某位老师的工作表现不满，他们交流意见之后达成了如何处理这位老师的共识，在此过程中，也对彼此的观点和沟通风格有了认知和了解。在这种情况下，假如有一个类似的新问题出现在该老师身上，那么两位主任几乎不需要说话(只要互看一眼)就可能达成共识，也就是两位有了默契。类似的情形出现的次数越多，二人的默契增加越快，就是互相不见面都能知道对方是怎么想的。但是，假如下一次发生的事情与这位老师的工作表现无关，而是有人举报性骚扰，那么他们就可能根据以往的默契去猜想对方可能会如何反应，然后尝试去看自己的猜想是否正确。在这种情况下，以前的交往和默契可以加速两者间共识的达成。

从个体层面来探讨形成默契的条件，以下因素比较重要。

① 解读非言语线索的能力。之前提过信息语境的概念，指的是信息本身的直白—含蓄程度及该信息能否直接传达给被沟通者。既含蓄又不直接传达的信息中常常包含着一个社会文化系统中的潜藏含义。在这样的沟通中，倾听者需要积极地去搜寻、推论隐藏在信息中的真正含义和感情。

当人们要传递一个负面信息时，为了维护对方的面子，常常会采用含蓄表达的方式，拐弯抹角地指出问题。在这种情况下，如果被沟通者能够"锣鼓听音"，默契形成的可能性就高。

当一个信息不是直接传递给被沟通者的时候，这个信息被称为"非直接信息"，也就是说人们通过间接渠道传递信息，这个间接渠道可以是另一个人。比如说，某领导要批评某人，但认为直接批评不合适，就指着另一个员工大骂一顿，骂的事情性质类似，但显然是想通过骂此人让那个真正要骂的人听见。那个应该被骂的员工如果心里清楚，具有解读这种"指桑骂槐"的方式，默契就比较容易建立。

② 那些具有"锣鼓听音"和解读"指桑骂槐"的沟通者往往也是具有较强互赖自我概念的人，把自己视为是群体中的一员，与别人有千丝万缕联系。这些人相比于独立自我概念强的人，对情景中的线索更关注，也更能察言观色，所以达到默契的可能性更大。但

这并不意味着那些直白又直接的沟通者之间就不能达成默契。只要这两个人之前有了很多交往和沟通，渐渐形成了对事件和情景的类似理解，在以后遇到相似的问题时，也可能达到心照不宣的状态。

③ 个体可以从文化角度精准解读信息的技能，包含情景化思考和认知灵活性两个方面，又被称为文化元认知。这种能力强的人常常不拘泥于对于某个文化的刻板印象，会在遇到具体情景时调整自己原来的假设，把新接收到的信息进行加工，去补充对于某文化的认知，站到对方的立场上去看问题，从而调整自己的态度和行为。他们因此更可能与别人产生默契。

除了个体因素之外，产生默契最重要的前提条件是两个人之间的交往互动和沟通。并不是沟通越多的人默契一定更多，有些人彼此打了一辈子交道也形成不了默契；而另一些人交往少许就很快形成了默契。为什么呢？

我们分析这主要取决于这两个人在编码和解码之间的重合程度，而重合程度又主要取决于两个人之间的相似程度。

比如是否同龄人。在中国，代际差异比较明显，90后和00后的员工在职场上与70后、80后的主管之间要形成默契较难，我们常常看到的就是那些主管抱怨年轻一代不如他们勤劳敬业。再比如性别，也是一个因素。女人热衷的话题和感兴趣的东西与男人的不太一样，在这些关注程度不同的领域(比如化妆品、赛车)，要形成共识和默契就比较困难。还有就是个性特点、家庭背景、出生地(城市还是农村)、受教育程度、职业训练等。两个人在这些方面的相似程度越高，一个人的编码方式和另一个人的解码方式之间的重合程度就会越高，达成彼此理解和共识的可能性越高，默契越容易形成。

在工作环境中，职业训练的相似程度对默契形成的快慢影响较大。在管理学界，我们只要用缩略词就可以彼此沟通，比如只要说某人在ASQ(一般指美国质量学会)上发表了若干论文，我们立刻对他们肃然起敬，奉为"学术大咖"。在其他职业领域，如会计、金融、医生、律师等，也是一样，因为大家受过类似的学术和职业训练，说同一种"行话"，彼此理解就容易，不需要额外的解释。

此外，在同一公司工作的人也比较容易形成默契，因为大家都受到了公司文化的熏陶和培训，熟悉公司的规矩和语言系统，也了解公司的历史和愿景，很多事情只需点到为止，就能够心领神会。

当然，在跨文化情景中，两个来自文化、历史、语言越相近国家的人，彼此编码和解码的重合也会越多。比如，英国人和澳大利亚人，美国人和加拿大人，比起英国人和日本人，或者美国人和中国人，他们之间形成默契的可能性就要更大一些。

在探索了默契形成的前因之后，我们分析了默契可能带来的结果。最显著的就是沟通的效率极高。两个人互看一眼就彼此理解，"一切尽在不言中"，省时省力。而且该默契一旦形成，很可能变成二人之间的一种资源，在未来的情景中可以使用，以提高沟通的效率。本章开头提过，管理者花大量的时间在沟通上，大约占工作时间的50% ～ 80%，因此沟通效率的提高就意味着工作效率的提高。

另外一个效果就是产生默契的二人之间彼此会有好感，关系会变得更亲近。"一切尽在不言中""此时无声胜有声"是日本人、中国人追求的沟通境界，一旦出现，我们自然感觉良好，认为对方是自己的知音，能够读懂自己，非常难得。这种好感也可能促进彼此在工作中的合作，提高双方的工作绩效。

当然，两个有默契的人并不一定是朋友，也有可能是冤家。比如两个有竞争关系的公司，其总裁可以轻而易举地看穿对方的意图，并达成共识。再比如在战场上，敌我两方的指挥官如果以前从同一个军校毕业，受过类似的训练，也有可能会有"不滥杀无辜"的默契。

鉴于对默契的研究刚刚起步，建议大家多观察和思索默契这个高语境沟通的现象，提出更有见地的想法，并做实证研究来展现促成这个现象出现的前因后果。

2. 理念植入（种草）——最高语境的沟通方式

理念植入(inception)指的是在别人不知不觉的情况下，沟通者把一个想法和观念传递给另一个人，这个想法和观念就像一粒种子，慢慢在那个人头脑中扎根，然后生出枝叶，俗称"种草"。我和科尔对于这个现象的关注由来已久，不仅在日常生活中，也在不少文学作品尤其是电影中看到对此现象的描述。比如在《盗梦空间》中，就有一段对话说出了此现象的实质和难度：

科布(Cobb)："你想要什么？"

齐藤(Saito)："植入理念。有可能吗？"

亚瑟(Arthur)："绝对不可能。"

齐藤(Saito)："如果你能偷别人的想法，为什么就不能把你的想法种到别人脑袋里去呢？"

亚瑟(Arthur)："行，那我们来试试。这是我，种一个念头到你脑袋里。我说：'别想大象。'你现在在想什么？"

齐藤(Saito)："大象？"

亚瑟(Arthur)："对，但这不是你的念头。做梦的人总是可以追溯想法的源头。真正的灵感是无法假装的。"

于是，"种草"这个概念开始被人们界定，并被定义为一种高语境单向沟通(因为只有沟通者知道自己的意图)，即某个想法和观念在对方不知不觉中植入其头脑。之所以将它界定为高语境沟通，是因为沟通语言的含蓄性及沟通方式的非直接性。

比如，在另一个美国电影《我的盛大希腊婚礼》上，有一段就非常精彩地反映了成功种草的情形。这个电影的女主角叫�拉，是第二代希腊移民。其父母在芝加哥开了一家餐馆，因为父亲希望她以后嫁给一个希腊男人，生养一堆希腊孩子，就不愿意让她出去工作，而让她在自家的餐馆打工。但�拉对自己有更大的期望，偷偷地在社区大学学习计算机知识。她母亲支持她的想法，但又不想与其父发生口角而得罪他，所以就想了一个种草的方式。电影的这一段显示出来的画面是在自家餐厅的车厢座里，�拉母亲、姑姑坐在一边，父亲坐在对面。她姑姑抱怨说，她最近实在忙死了，因为有两个生意要打理，一个是洗衣店，另一个是旅行社，特别缺人手。她自己的女儿想帮她忙，但因为不会用电脑，没法解决旅行社缺人的问题。说到这里，娃拉的父亲很同情自己的妹妹，开始思考究竟怎么才能帮到她。正在这个当口儿，娃拉手提咖啡壶走到了他们这一桌，给他们倒咖啡。父亲一见到娃拉，立刻脑门一拍，说，"有了，我有办法！"他接着说，可以叫娃拉去旅行社工作，让姑姑的女儿到餐馆来上班。大家一听，都夸赞他这个绝妙的解决方法！

很显然，在整个沟通中使用的语言很隐晦，完全没有讨论娃拉是否可以外出工作的事，而是讨论如何解决姑姑太忙、过于焦虑的问题。而且整个沟通的对象似乎都不直接针对父亲，因为姑姑抱怨的时候，是对着娃拉的母亲说的，好像只是女人之间的倾诉。语言含蓄且又不直接对着被沟通对象说，这属于最高语境的沟通了。图3-8中呈现了理念植入的不同形式。

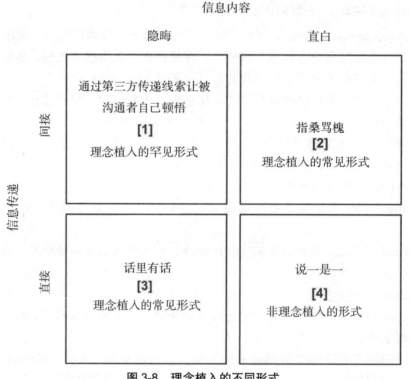

图 3-8　理念植入的不同形式

由图3-8还可以看出，存在两种可能的种草方式：一种是"话里有话"，另一种是"指桑骂槐"。这两种沟通方式在讨论默契的时候已经提过，但在这里，被沟通对象本人是不知道自己被种草的，只有沟通者心里清楚。

从上述电影片段还可以看出，娃拉的母亲之所以想出这样的方法来解决问题，是因为她知道老公很看重自己在家里的权威，如果别人给他施加压力，他只会更反对。她这样做就能维护老公的面子和权威。另外，这样做也能让老公心甘情愿而且感觉良好，因为是他想出了如此巧妙的办法帮助解决了妹妹家的困境。当然，这里也表现出母亲甘心于做幕后英雄(虽然三个女人心里心知肚明，但在别人眼里功劳就归于父亲了)，不去争抢功劳的品质。同时，这也表现出母亲是一个有心机的人(不一定坏)，足智多谋，善于挖"坑"，而且让别人"跳"得很自然(凭借她对老公多年了解的基础上)。

如果我们把上述讨论泛化一下,就可以得出在什么情况下会比较适合使用"种草"的方式去改变别人的态度和行为。第一是对方善于听取意见的程度。如果此人自视甚高,从来不愿意按照别人的想法去做,那么直言肯定无效,不如动动脑筋如何种草。第二是沟通者本人的特质,比如是否把理念的实现看得比功劳属于谁更重要,也就是是否甘当幕后英雄。当然,种草也不一定成功,所以对于不敢冒风险的人,用这种方式影响别人比较保险,就是失败,也算不到他们的头上。还有就是个人的自我概念,如果善于考虑他人的感受,维护对方的自尊,用这样的方式可能性就比较大。还有一个是时间维度的考虑,一般来说,种草成功需要的时间比较长,需要有"静待花开"的耐心,如果时间紧急,这个方法可能不是良策。虽然在上述的电影中,种草很快得到了成功,但显然之前三位女士的准备工作也是花了不少时间和计划的。

那如何衡量种草成功与否呢? 在电影中,娃拉的父亲完全不知道那三个女人用了"种草计",还以为完全是自己想出来的办法,就是成功的案例。我们定义一次成功的种草,就是沟通者想达到目的实现了,但与此同时,又得以完全不暴露身份。如果目的没达到,即使身份没暴露,也不能算成功。或者目的达到了,但身份却暴露了,也不能算是成功地种草。

为了检验在职场中是否存在种草式的沟通,我们和南京大学的贺伟教授合作搜集了数据,结果发现了其普遍性。我们对中国企业中的304位全职工作人员进行了调研,有81%的人报告观察到别人在征求同意的时候使用这样的沟通方式,67%的人观察到别人会通过第三者去激励某人,67%的人报告别人在透露新知识的时候使用此法,还有61%的人报告别人在求人办事的时候使用此法。更有趣的是,这些参与者也报告说他们自己也常常或偶尔使用种草的方式达到自己的目的。我们于是让他们具体描述实际案例,列举如下。

- 刚刚参加工作的时候很不愿意说话,跟同组同事关系比较紧张,当时的直属领导并没有直接跟我谈到这点,而是推荐我去参加了演讲课的培训。
- 朋友有一次因为性格问题跟另一个朋友吵了起来,我也不能直接说是他的错,所以我找了几个有关这方面的抖音转发了给他。
- 我的父亲喜好吸烟,我建议母亲播放一些关于吸烟危害的纪录片,父亲看了以后,吸烟就越来越少了。
- 老板爱玩抖音,我将我的观点穿插在抖音视频中,老板成功地接受了。
- 有一次,我在工作中出现失误,在领导办公室里,领导虽然没有说我,但在我面前严厉批评了另一个同事,事后我认真地向领导承认错误。
- 之前在工作中,有位下属做事不认真负责,态度敷衍,差点就犯下错误,领导有点生气,借他手下犯了点错误旁敲侧击了他一下,不过效果不好。
- 有一次,主管做错事,老板骂了他办公室的一位助理。但主管知道在骂他,表情也不好看,认为还不如直接把不满说给自己。由此可见,这样指桑骂槐,只会让这位主管更生气。
- 有一位老员工经常迟到,但是人比较熟,直接说怕伤了面子,于是就请另一位跟她比较要好的同事传话跟她说，最近领导在询问大家的考勤情况(不要说是我说的)。
- 我和最好的朋友吵架了，不好意思道歉，就给另外一个朋友说自己很后悔，最后那个朋友知道了，我们就和好了。
- 我的父亲有高血压但他爱喝酒，我们小辈包括我妈劝他，他也不听。于是，我邀请我们老家的村支书(他因喝酒而中过风，得了脑血栓)来我们家做客，让父亲见一见因为喝酒而生病，并且落下后遗症的村支书现在的样子。他内心受到触动，喝酒少多了。

3.7 — 沟通中的权力差距

在前面的讨论中，我们虽然涉及沟通的人际关系语境，但没有特别考虑两个人之间的地位差异或权力差距对沟通带来的具体影响。在现实生活中，这却是一个不可忽视的因素，因为它在很大程度上界定或决定了一个人的沟通行为，尤其对于高权力距离的文化中的高语境沟通者来说更是如此。比如，我与朋友沟通时谈笑自如，与下属沟通时谆谆教诲，与上级沟通时毕恭毕敬。因为沟通对方与我之间的权力差距不同，我的角色就不一样，我的沟通方式、所用的词汇、态度都可能有所改变。在这一节里，我们讨论一下沟通对象之间的权力差距可能对沟通的各方面所带来的影响，以及沟通的双方如何超越这种差距以达到有效沟通的目的。

1. 短电影《椅子的寓言》分析

《椅子的寓言》是一部10分钟左右的黑白电影，拍摄于20世纪50年代。全剧中没有一句对白，所有的沟通都是通过肢体语言(即空间语境)完成的。剧中有两个主角，一个是一名年轻男子，另一个是一把木制的椅子。影片开始，我们看到那位青年男子一边走路一边看书，走着走着突然看见一把椅子，就想坐下来继续看书。他一只手拿着书，另一只手从裤子口袋里掏出一块手绢，在椅子上下掸了掸灰尘，在这个过程中，他的眼睛始终没有离开书本，然后就坐了下去。没想到，他刚坐下，椅子就跳了起来。男子大吃一惊，连忙站起来，以为自己没看清，就小心翼翼地看准了再坐，结果椅子又跳开了。男子有点儿慌神，就收了书本，开始严肃认真地对待椅子。他把椅子按住，不让它跳，但椅子很倔，还是跳个不停。男子没有办法，就放开了椅子陷入沉思。想了一会儿，男子走到椅子前面，开始给椅子跳舞，做各种滑稽动作，逗椅子开心，他甚至抱起椅子，与它跳起了交谊舞。然后他把椅子放下，准备坐上去。没想到，椅子还是移开了，几次都没有成功。男子似乎生气了，他走到一个墙角，在地上坐下，又开始看书，准备把椅子晾在一边。过了一会儿，椅子悄悄地向他移过来，示意他跟它说话。男子把头扭过去，椅子又过来，几次之后，男子站了起来，想坐上去。没想到椅子还是不让他坐。于是，他又想了想，终于有了主意。他掏出手绢，把自己从上到下掸了一遍，然后向椅子鞠了一个大躬。椅子高兴地蹦了起来，还在空中翻了几个跟头。然后，男子便幸福地坐在了椅子上面。

如果说这个电影说的是椅子和男子的故事，倒不如说这个电影是对人际关系的一个比喻。在男子和椅子的关系中，男子无疑是主动者、掌权者或优势群体；椅子则是弱者、被动者或地位低下者。我们可以把男子看作上司，把椅子看作下属；把男子看作管理者，把椅子看作被管理者；把男子看作主人，把椅子看作仆人；也可以把男子看作"强"文化的代表，把椅子看作"弱"文化的代表。高高在上者、强者一般会视很多东西为理所当然，不加注意。比如下属理所当然为上司服务，秘书理所当然为领导倒茶、送咖啡，仆人理所当然为主人开门、驾车、服务饮食起居等。所以他们一般就是享用了服务，也不以为意，不觉得需要感谢。"强"文化国家的代表，比如去某发展中国家开工厂的经理，常常也会有优越感，觉得自己给"弱"文化国家的人民带去了什么大不了的东西，那里的人就应该完全服从。就像电影中表现的，起初男子根本不把椅子当回事，认为椅子就是给人坐的，还嫌它脏，要掸掸干净才坐，而且这一切都在无意中完成。如果这是一张平常的椅子，可能就毫无怨言地让他坐了，有的甚至会受宠若惊，感到荣幸。然而影片中的椅子偏偏有个性，觉得自己没有受到应有的尊重，拒绝男子入座。而这一拒绝，才使男子对椅子关注起来，开始反思自己的举止，开始站在椅子的角度去看问题，从而理解了彼此的误会，找到了解决误会的方法——在彼此尊重、互相了解的基础上，再互相合作，各得其所，才能达到和睦共存的理想状态。"尊重"是平等有效沟通的重要前提。

由此引申的意义是，在权力不平等的关系中，要想实现良好的沟通，从权力方来说，应主动了解被管理方的需求，对弱势一方表示尊重、传达想要平等沟通的愿望，并建立相关的机制强化这种观念，使被管理者心中没有障碍，敢于说出自己的心声。从弱势一方的角度来看，因为处于被动地位，要尽可能克服心理障碍，大胆陈词，向管理者表达自己的需求，而不应该逆来顺受，唯唯诺诺。大多数时候，强势一方并非故意表现优越感，如果弱势一方不表明自己的感受，他们还会以为自己做得很好，大家都皆大欢喜呢！所以，要想获得良好的沟通效果，强弱双方须共同努力才行。

2. 案例分析：走向地狱之路

1) 案例简介

贝克是西印度群岛巴拉加尼亚国加勒比矾土公司的总工程师。他现在正准备离岛去担任离威尼佩格公司不远的 K 矿业公司的生产经理。威尼佩格公司是大陆矿业中一家迅速扩张的加拿大公司。这个消息是在一个月以前公布的，现在对于贝克来说，万事俱备，只差和他的继任者——年轻有为的巴拉加尼亚小伙子麦特·雷诺斯进行最后一次面谈了。成功的面谈是至关重要的，只有这样雷诺斯才能意气风发、斗志昂扬地放下旧工作，面对新工作的种种挑战。只要一按门铃，雷诺斯就会走进门来，但贝克若有所思地望着窗外，心里在想该说些什么更确切些，该怎么说才能让对方明白自己的真实意图。

贝克是英国人。他虽然才45岁，但是，在世界各地(比如远东地区、非洲一些国家、欧洲和西印度群岛)为大陆矿业效劳了23年。贝克对他的前一份在汉堡的工作不太热衷，但是对西印度群岛的工作却喜出望外，而当地的气候并不是唯一吸引人的地方。贝克曾经对海外工作情有独钟(在那些被他称为发展中国家的地方)，因为他自认为在与当地员工打交道方面天赋异禀，至少比大多数远离故土为大陆矿业效劳的人要强。但是，在巴拉加尼亚才待了24个小时，贝克就意识到他要利用所有的天赋来面对需要解决的问题。以前，他用天资解决这些问题的时候是屡试不爽、效率颇高的。

贝克与生产经理哈金斯第一次面谈的全部话题就是雷诺斯和他的前程。此时此地贝克清楚地认识到他最重要的任务之一就是让雷诺斯跟随他，成为他的继任者。哈金斯一直认为，雷诺斯是加勒比矾土公司最有前途的员工之一。雷诺斯在伦敦大学获得了甲等理学和工程学位。但是，作为财政和经济规划部部长的儿子，他的政治抱负也不小。

当得知雷诺斯决定为公司效力，而不是在他父亲任显赫要职的政府机关工作的消息时，公司喜出望外。公司自第二次世界大战以来就推行了一系列强有力的本土化计划，这个计划造就了18名巴拉加尼亚中层管理者。这个计划使加勒比矾土公司在其他跨国公司中处于领先地位，也被认为是促成雷诺斯做出上述决定的重要原因。这个本土化计划的成功实施营造了公司和政府的和谐关系。这种和谐关系在三年以后巴拉加尼亚独立时显得尤为重要。所以，哈金斯没花多大力气就说服贝克相信雷诺斯成功的职业发展对公司的重要性。

与哈金斯的面谈已经过去两年了，贝克坐在办公椅上，回想着自己到底是怎样成功地培养了雷诺斯。雷诺斯身上有哪些优点促使他成功，又有哪些缺点阻碍了他的发展呢？他的个性是怎样的？首当其冲、毫无疑问的是雷诺斯对技术工作熟门熟路。一开始，雷诺斯就表现出对技术的敏锐感和热情度。他处理新任务的能力和他在部门讨论中所提的建设性意见都给贝克留下深刻的印象。雷诺斯深受各个阶层的巴拉加尼亚员工的欢迎。他处理和外籍经理的关系也是游刃有余。这些都是他的优点，那么他的弱点有哪些呢？

首先是雷诺斯的种族敏感。他在伦敦大学的4年强化了他的种族观念，对外籍人员的行为举止都非常敏感。这样的情感表现为他一从伦敦回来就代表联合劳工党投身政界。该党派在独立前的选举时获得胜利。

但是，雷诺斯的志向，不于在政治。尽管他是个忠诚的民族主义者，但他还是觉得应该以更好的方式实现自我、奉献社会。最好的方式就是把他的工程天赋充分发挥出来。正因为如此，哈金斯发现劝说雷诺斯放弃政治追求而去生产部门当助理工程师其实是相当简单的一件事情。

贝克深知这一点，雷诺斯的种族观影响了他们之间的关系。从表面上看，一切都很和谐，他们之间保持了最基本的礼节，他们总是有可以共同分享的笑话和幽默感，他们互相拜访，一起打网球……但他感到他们之间总是有一层障碍，看不见，摸不着，但真真切切地存在着。这层障碍给贝克带来了持续的挫败感。与其他国籍的人打交道都是顺风顺水的，为什么与雷诺斯打交道就不行了呢？

贝克想方设法地在雷诺斯身上寻找"突破口"。"麦特，我几天后就要去加拿大了。走之前，我想和你谈一谈。你马上就会坐到我现在坐的位置上。但是，从另一方面讲，我长你10岁，所以可以给你提供一些经验。"

贝克对雷诺斯说："你我都学过很多公司课程，都清楚当一名人事主管的要求，要经常听取员工报告，看看有什么事情要处理，而不是把员工报告当作一年一次的惯例。"

雷诺斯对他的话表示赞同。贝克接着说："我永远也忘不了在德国时，我和上任老板关于工作业绩的谈话。他用了所谓的'正负'技法。他坚定地认为，如果一个主管通过讨论的方式来促进其员工的业绩表现的话，他的首要目标就是让员工感到谈话和讨论是能鼓舞和激励人的。因此，所有的批评都应该是有所裨益的，有建设性的。他说鼓励人的最好方法是讲优点，讲事实，也讲缺点，再加事实。我对这个说法非常赞成，所以，我也会用同样的方法来与你讨论。"

雷诺斯沉默不语，贝克接着说："就你的工作业绩来看，你的优点远远超过你的缺点。你把理论应用于实践的能力相当不错，我对这点的印象很深。你用独创的方法把空气送到五层天井，你在部门会议上的发言也总是见解独到。其实，我上个星期就跟哈金斯先生说过了，从技术方面来看，要挑选一名总工程师，没人比你更能胜任了。"

雷诺斯笑着说了谢谢，插话道："您把我说得太好了，我唯一的担心就是怎样达到这么高的期许呢？"

"我肯定你行"，贝克接着说，"如果你能克服我接下来要谈的关于你的几个缺点。这个问题我以前跟你谈过，那就开门见山了。我感觉你对巴拉加尼亚同胞要比对欧洲来的同事友好得多。说实话吧，昨天我听到杰克逊先生的抱怨，说你对他不恭。这可不是第一次了。"

"麦特，我肯定没有必要来提醒你和外籍管理员处理好关系的重要性。因为在巴拉加尼亚人经过公司完整培训之前，欧洲人肯定会在高级管理层占一席之地。这对你的前途至关重要。你看我能帮你做些什么吗？"

贝克在这个话题上滔滔不绝时，雷诺斯有些坐立不安，过了几秒钟他回答道："这太奇怪了，不是吗？一个人对另一个人的印象怎么可能随着他的意图而如此变化多端？我再一次向你保证，我与杰克逊和哥德逊之间的口角和他们的肤色是毫无关系的。如果有一位巴拉加尼亚人行为霸道，我保证也会一视同仁。在这间屋子里，我可以说我不是唯一发现杰克逊和哥德逊难相处的人。我可以说出很多和我有相同感觉的外国人的名字。无论如何，我给你留下了和欧洲人相处不好的印象，对此我表示遗憾。这是你对我的误解，我会尽快、尽量改过来的。您最后说的，欧洲人会在以后的一段时间内占据高层领导的位置，我欣然接受这样的状况。我知道加勒比矾土公司会提拔一些巴拉加尼亚当地人，只要他们有足够的经验，几年以来就是这样操作的。最后，我还要向您保证，我的父亲也是这样想的，我要开开心心地工作，在今后很多年内都留在公司。"

雷诺斯说得如此诚恳，贝克觉得难以相信他所听到的一切。贝克觉得在这个话题上已经无法深谈下去，没能在雷诺斯身上实现突破，又再一次听到他直白地否认其种族倾向，对此贝克深感失望。贝克想开始另一个话题。

"我刚才跟你说过'正负技法'，现在再回到这个问题上来。我忘记说你的一个优点。我恭喜你不仅保质、保量地完成工作，而且表现出很强的克服困难的能力，我这个欧洲人都从来没有遇到过这样的困难。"

"你知道，大陆矿业是公认的大企业，是美国和西欧经济社会环境的产物。我的祖先在过去的两三百年间就是在这样的环境中成长起来的，所以我才能生存在一个商业社会中。"贝克接着说："对你而言情况就大不相同了，因为你和你的祖先对这种商业环境只有五六十年的经验。你需要面临填补五十年到两三百年的代沟的挑战，而你却能超越如此特殊的障碍。这就是我认为巴拉加尼亚，特别是加勒比矾土公司一定会前程似锦的原因。"

贝克说话的时候，雷诺斯一直侧耳倾听。然后他说："哦，我要再次谢谢您，谢谢您刚才说的。在我看来，这是对我付出的努力最好的表扬。我希望越来越多的人会像您这样想。"

一阵沉默之后，贝克突然觉得自己期待已久的"突破"终于要实现了，但是雷诺斯只是笑了笑。他们还是没有冲决横亘在中间的藩篱。在贝克结束谈话前的5分钟，他们聊了聊西印度群岛和加勒比天气的强烈反差，谈了谈西印度是不是有可能在球赛中打败英国。虽然贝克和雷诺斯之间还有一层相当厚的隔膜，但贝克还是对这次友好的谈话颇感满意，谈话在欢快的气氛中结束了。

然而，这种感觉持续到第二天早上就夭折了。贝克比往常晚了很长时间来到办公室。他刚一落座，秘书就紧皱着眉头走了进来。她迫不及待地告诉贝克："今天早上我来的时候就发现雷诺斯在门口，看上去好像很生气的样子，执意说有一封很重要的信要寄出，不容任何拖延。他一副心烦意乱的样子，静不下来，房间里也乱糟糟的，一点也不像他的作风。他甚至等不及读一遍，就在他认为是信结尾的地方签上了自己的名字。信已经寄出去了，给你的那封就在你的桌上。"

2) 案例思考题

以下是针对案例，需要大家思考的一些问题：

① 贝克和雷诺斯之间的隔膜究竟是什么？为什么会有这层隔膜？

② 贝克与雷诺斯收到的那封谈话是否有效？贝克犯了什么样的错误？

③ 雷诺斯收到的那封信的内容可能是什么？

④ 如果是辞职信，直接影响该决定的主导因素是什么？

⑤ 如果你是贝克，会怎样处理？

3) 案例分析

贝克没有与雷诺斯建立真正的信任，他们之间的那层隔膜是种族的隔膜和文化的隔膜。一方面，贝克是英国人，虽然在世界很多国家工作过，而且自我感觉良好，但他没有能够真正欣赏当地的文化和种族。另一方面，雷诺斯是巴拉加尼亚人，在英国受过高等教育，对西方文化有所了解，但也并不欣赏或认同西方文化。所以，双方虽然工作关系良好，却缺少认同和互相欣赏。

贝克与雷诺斯的谈话效果很差。两个人之间有较大的权力差距：其一是文化上的权力差距，英国文化"强"于巴拉加尼亚文化；其二是地位的差别，在公司里，贝克是雷诺斯的上级。在整个谈话过程中，贝克一直没有让雷诺斯说出心里的想法。在谈话技巧上，贝克说得太多，没注意雷诺斯的沉默和其他肢体语言。当他注意到时，也并不理解沉默和其他肢体语言中包含的丰富的信号。贝克以为雷诺斯默认他的观点而非想反抗他。

另外，贝克只听杰克逊的一面之词，没了解事件的始末，就直接站在雷诺斯的对立面，这说明他在下意识里更信任自己的欧洲同事。结果，貌似帮助，更像警告。而在最后的谈话中，他强调了种族的不同和对立，不是一体运作，彻底打碎了雷诺斯的信任和希望。

此外，由于来自不同的文化，贝克和雷诺斯两个人的等级观念不完全相同。一方面，贝克希望建立平等的关系，特别是对雷诺斯；但另一方面，他又很难或者无法改变其文化和种族的优越感，这是深藏于血液中的，会不自觉地流露。他试图说服雷诺斯"面对填补五十年到两三百年代沟的挑战"，甚至提到"你的祖先"，这对自尊心强烈、深具爱国思想的雷诺斯来讲，难以接受，近乎侮辱。虽然从表面上看，贝克讲这番话是为了称赞雷诺斯，动机是好的，但他的表达方式和用词却让雷诺斯听到了完全相反的意思！这里，贝克用的是抽象的低语境沟通，而雷诺斯是用联想的高语境沟通去解读。说话者的用意与听话者的理解南辕北辙，相去甚远。

同时，正因为种族文化优越感深藏在贝克的习惯思维中，不易被察觉，除非出现问题才会显示出来，所以这才是致命的。文化问题的重要性也在于此。

所以，这个案例真正的症结是两个人之间的现实和心理上的权力距离。贝克有强烈的文化种族优越感，先入为主，甚至持白人至上主义，却不自知。而雷诺斯相反，他是忠诚的民族主义者，愿意奉献社会，而不是甘居高层精英。他在伦敦的学习反而强化了自己的种族身份，对外国人表现傲慢就是证明。他不接受白人文化，拒绝被利用。他递交辞职信的最主要原因可能就是无法容忍贝克对巴拉加尼亚民族的歧视。

如果雷诺斯发出的信果真是辞职信，贝克应该亲自、迅速与雷诺斯见面，澄清并道歉，这样应该可以重新赢得雷诺斯的信任。他还应该向雷诺斯表明自己的无知，承认自己的自以为是，诚恳地让雷诺斯"教授"他关于巴拉加尼亚的文化传统，以及自己如何才能更好地与他交流，增进相互理解。就像《椅子的寓言》中所表达的，当男子把自己身上掸干净，向椅子鞠躬之后再去坐椅子，椅子的心情就完全不一样了。贝克的真诚和自我批评应该能将雷诺斯请回来。否则，雷诺斯一旦离去，就可能对公司的业务构成致命威胁，例如可能会影响与政府的关系，而矿业公司的长远发展无法离开政府的支持。

当一切说明之后，雷诺斯也应学会改变自己对西方文化的一些成见，不要过度敏感。只有双方持开放心态，打破成见，才有可能真正互相欣赏，把工作做好。

本章小结

本章讨论了人与人之间沟通的一般过程，以及在跨文化沟通中会面临的问题。跨文化沟通的独特之处在于来自不同文化背景的人的头脑中有许多与生俱来的、对事物的不同假设，因此，常常会发生"鸡同鸭讲""牛头不对马嘴"的现象，各说各的，彼此不能沟通。本章详细讨论了口头语言交流中的文化差异及非口头语言交流中的文化差异。那么，有哪些简单有效的方法能够帮助我们跨越文化的鸿沟而实现有效沟通呢？以下几点应该牢记在心。

① 不要认为别人与你对事物享有共同的基本假设。当你假定别人也用你的眼光看待事物时，你会发现很多时候并不是如此，因为要在这个世界上找到另一个与你有同样背景、教育经历和成长历程的人，概率微乎其微。所以，不应该先入为主地认为别人与你对同一事物有共同的认识。这样做的另一个好处是当你发现对方事实上与你相差不是那么远的时候，你会欣喜若狂，有找到知音的愉悦感。

② 你自己熟悉的、觉得普通或平常的行为可能只是一种文化现象，是特定文化的产物。比如，中国人见面时会问"吃饭了没有"，美国人见面时会问"你怎么样(How are you)"，都是文化现象。对美国人来说，问"吃饭了没有"实在很荒唐，但对中国人来说就很平常，因为民以食为天。对中国人来说，问"你怎么样"也很奇怪，你叫我怎么回答呢？而且美国人每次见面都这么问，中国人会更觉得奇怪，"我昨天刚告诉过你，今天怎么又问了？一天之间也不会有太大变化吧"。

③ 一个看似熟悉的行为可能具有不同的含义。比如，点头在美国一般是同意的意思，在其他许多国家也是如此。但在日本或韩国，点头常常表示听见了，并不一定隐含赞同。再如，沉默在美国隐含不同意的意思，在日本有尊敬的意思，在其他国家可能表示默认，也可能表示同意。沉默是内涵最丰富的非语言，与文化甚至当时的对话场景都有密不可分的联系。中国人所说的"沉默是金""此时无声胜有声"，都是对沉默的不同解读。

④ 不要假定你所听到的东西就是别人想表达的东西。在前文所述的沟通过程模型中，我们讨论了编码和解码的过程。如果编码人用的知识背景、文化背景与解码人不同，那么很可能你听到的只是你想听到的或你认为你听到的，而与讲话者的意图相距甚远。前文所述的跨文化对话分析及案例分析都对这一点有很好的说明。

⑤ 不要假定你想说的东西就是别人听到的东西。这一条正好与第4条相对，你认为自己已用合适的方法表达了想表达的意思，但听者在解码过程中，可能完全采用与你的假设不同的框架，这导致他听到的东西与你想让他听到的很不相同。

⑥ 你不需要认可或接受与你的表达目的不符的行为，但是你需要尝试着理解这些行为。本书介绍的种族跨文化理论就为我们理解这些行为提供了很好的视角和工具。

⑦ 大多数人的行为都是理性的，只是你需要去探索和挖掘他人行为背后的理性究竟是什么。一般来说，在一个人观察到与己不同的行为时，总会用负面的眼光去看，觉得这些人怎么如此不可理喻、如此疯狂。但事实上，大部分人都不愿意做无理之事，因此，大部分人在所做的事情背后一定有他自己的道理。所谓"正常"、所谓"理性"都与时代背景和文化传统有关，不存在绝对意义上的理性。

(1) 回想一个你在工作中与同事发生错误沟通的例子，试用本章的理论加以解释，并提出消除误解的方法。

(2) 运用本章讲述的知识，分析你自己的沟通类型，并观察一个同事的沟通类型，找出你们的相似和不同之处，然后思考有助于你们更好合作的沟通方式。

(3) 如何运用本章知识增强你和同事、家人沟通的有效性？

本章参考文献

[1] Adair W, Buchan N, Chen X P. Conceptualizing culture as communication in management and marketing research. In C. Nakata(Ed.), Beyond Hofstede: Culture Frameworks for Global Marketing and Management. Macmillan's Palgrave, 2009.

[2] Adair W, Buchan N, Chen X P, Liu D. A model of communication context and measure of context dependence. Academy of Management Discovery(equal authorship), 2016.

[3] Argyle M. Bodily communication. London: Methuen, 1988.

[4] Barry D. Dave Barry does Japan. New York: Fawcett Books, Random House Publishing Group, 1992.

[5] Barry D. Men are from mars, Women are from venus. New York: Ballantine Books, Random House Publishing Group, 1997.

[6] Brislin R, Yosida T. Acquiring intercultural communication skills. Intercultural Communication Training, 1994: 85-113.

[7] Chen, X. P. & Cole, B. M. Toward Moqi—Achieving mutual understanding without saying a word. Management and Organization Review.

[8] Cole, B. M., Chen, X. P., & He, W. Planting an idea in another's head: Inception and its veil of agency. Management and Organization Review.

[9] Gibson, C. B. Do they do what they believe they can? Group efficacy and group effectiveness across tasks and cultures. Academy of Management Journal, 42(2), 1-15, 1999.

[10] Graham J L. The influence of culture on the process of business negotiations: An exploratory study. Journal of International Business Studies, 1985, 16: 81-96.

[11] Gudykunst W B. Uncertainty reduction and predictability of behavior in low-and-high context cultures. Communication Quarterly, 1983, 31: 49-55.

[12] Gudykunst W B, Lee C M. Cross-cultural communication theories. In W. B. Gudykunst & B. Mody(Eds.), Handbook of inter-national and intercultural communication. 2nd ed. Thousand Oaks, CA: Sage, 2002.

[13] Hall E T. The Silent Language. New York, NY: Random House, 1959.

[14] Hall E T. The silent language in overseas business. Harvard Business Review, 1960: 87- 96.

[15] Hall E. T. The Hidden Dimension. Random House, 1966.

[16] Hall E.T. Beyond Culture. Random House, 1976.

[17] Hall E. T. Dance of life: The other dimension of Time. Random House, 1983.

[18] Hastings, R. & Meyer, E. No Rules Rules: Netflix and it Cultural Reinvention. Penguin Random House, 2020.

[19] Mariam, M. & Chen, X.P. The Advantage of "Tell It Like It Is": Uncovering an Implicit Preference for Communication Directness in the United States. Manuscript under review. 2022.

第 4 章

用跨文化理论解读影视作品

4.1 纪录片《美国工厂》

在2020年的第92届奥斯卡电影颁奖典礼上，以中国福耀集团在美建厂为叙事背景的《美国工厂》(*American Factory*，2019)获得了最佳纪录片大奖，让人感到惊喜。影片的两位导演茱莉亚·莱克特(Julia Reichert)和史蒂文·伯克纳 (Steven Bognar)曾在2009年拍过一部表现通用汽车公司倒闭的短片《最后一辆卡车》，获得过奥斯卡提名。那部纪录片讲的是通用汽车公司在决定关闭俄亥俄州莫雷纳市(Moraine, Ohio)的工厂后，工人的震惊及对自己在该公司工作的回忆和唏嘘，是一个颇具悲剧色彩的故事。

通用汽车公司自20世纪90年代受到日本汽车行业的冲击之后，每况愈下，陆陆续续关闭了不下50个工厂，造成了当地经济下行、员工失业的窘况。在2008年金融危机时曾处在破产的边缘，由时任总统奥巴马力保，全民举债才帮其渡过了难关。而美国整个汽车行业的不景气其实始自20世纪80年代后期。当时日本汽车行业兴起，无论从汽车的设计、制造，还是汽车的质量、运营的效率，美国公司都不是对手。20世纪90年代开始，日本汽车公司进入美国本土开厂，与美国公司直接对垒。三十年下来，几乎让美国汽车公司没有立足之地。许多分析家认为，美国汽车公司缺乏竞争力的原因之一是其强有力的工会，而日本在美国本土开设的汽车工厂里都没有工会。

这可能也是《美国工厂》这部纪录片中的福耀玻璃集团创始人兼总裁曹德旺对美国工会如此反感的原因，并成为影片展现冲突的一个关键方面。曹德旺是在2010年与美国通用汽车公司签订战略合作协议的，当时福耀承诺在2016年底之前建成在美国的工厂。2014年10月，曹德旺选中了通用汽车在俄亥俄州代顿市(Dayton)用来安装皮卡车的工厂，厂房面积18万平方米，花费了1500万美元。

曹德旺在美国建厂的原因有以下几个：第一是美国的地价便宜；第二是当地税收较低(美国不同的州税率不同)；第三是水电费等成本较低；第四，也是更重要的，是其距离客户更近，可以减少大量的运输成本。当然，他也考虑到美国的人工较贵，但是综合估算下来，还是觉得值得尝试。

在福耀正式接管美国工厂几个月后，茱莉亚·莱克特和史蒂文·伯克纳两位导演找人和曹德旺沟通，希望记录该厂的悲剧如何变喜剧，再来拍摄一部纪录片。该片的投资和制作是美国前总统奥巴马夫妇的高地制片公司(Higher Ground)。

1. 是美国工厂，还是中国工厂在美国

纪录片的名字虽然叫《美国工厂》，但有许多观众和评论员都说这个工厂其实是中国工厂，只是开在美国并雇用美国当地人当工人罢了。工厂的整个领导层和管理层全部是中国人，其管理理念、风格和实践也基本都是中国式的。虽然这种说法不无道理，但因为工厂的地点在美国，必须遵守美国的法律体系、文化习俗和人情世故，因此也体现了很多美国元素。确切地说，这个工厂是中国公司如何适应美国文化渐渐成为美国工厂的一个案例，在某种程度上这与日本汽车公司刚进入美国开工厂的情况有很多雷同之处，而其戏剧性的表现在霍华德(Ron Howard)先生导演的非纪录片电影《孤岛突击队》(Gung Ho)中更加鲜明。

2. 工会的角色和作用

企业的工会角色在中国和美国有许多不同之处。在中国，企业工会贯彻促进企业发展，维护职工权益的原则，协调企业劳动关系，推动建设和谐企业。在美国，工会常常站在资方(管理层)的对立面，来为员工争取最大的权益。说起美国工会，美国劳工工会(UAW：United Automobile Workers)值得一提。该工会成立于1935年5月，总部在底特律，截至2022年1月，共有40万名缴费会员(约占劳工总数的10%)和58万名退休会员。通过观察历史数据，我们发现，美国工会会员在鼎盛时期(20世纪四五十年代)曾达到劳工总数的35%，自20世纪60年代后连年下跌，到20世纪80年代中到达20%，而到今天只略超10%了(新冠肺炎疫情之后比疫情之前有所回升，在2021年增加了5万名会员)。《经济学人》有文章专门分析为什么美国的工会人数下降：其一是有的工人有"搭便车"的企图，只让别人入会(需要付费)去争取权益，自己到时可以沾光；其二是有些州明文规定不可以成立工会(如南卡罗来纳州等)；其三是现在大部分美国公司，尤其是高科技公司都实行全员持股，即员工就是公司的主人，享有参与决策的权力，可以做主，因此不需要工会代表他们。但不管是什么原因，工会的陨落是不争的事实。

曹德旺新建的工厂，就面临成立工会这一挑战。一般而言，一个公司成立工会需要有以下5个步骤。

第一步：成立一个召集委员会。委员会成员应该包括每个部门的领导或代表，而且这些成员应该尽量多元化(性别、年龄、种族等)。与此同时，要整理好公司组织架构图，以及公司的愿景、目标、战略等资料；充分了解工会的目的及员工应有的权益等。

第二步：确定需要讨论的议题。例如，要增加工人的底薪，如希望达到的目标是什么，目前差距有多少，为什么要调整；要增加其他的劳保福利，如医疗保险的项目和金额，或者休假天数，这些要一一列出。

第三步：征集员工的签名。签名必须签在"工会卡"上，尽量争取到多数员工的签名卡。

第四步：向全美总工会申请投票选举。这个申请过程一般需要4~5个星期。在此等待

期间，召集委员会要做每个员工的工作，希望他们到时能投赞成票。当然，反对成立工会的人(管理层或员工)也可以去做其他员工的工作，劝说他们投反对票。

第五步：投票。如果绝大多数人投了反对票，那么工会不予成立(这就是福耀工厂的结果)，一切照旧。如果多数投赞成票，那么工会成立，并代表全体员工与管理层谈判，以达到议题中希望达到的结果。

在影片中，描述最多的部分就是第四步，即双方如何对那些举棋不定的员工做工作的过程。很显然，与工人以前在通用汽车公司的收入相比，福耀给的工资实在是太低了；但福耀给的是法律允许范围内的最低工资，与失业相比的话，当然是有一份工作更好。同时，有些员工也认为，在现在的工作中可以学到一些新的知识和技能，也是对自己有利的。在给员工做工作的过程中，福耀这边除了说理之外，做出了让步，同意将每个员工每小时的工资增加一美元。这样一来，很多员工同意投反对票。福耀在此过程中领略了民主制度的特色和取得胜利的方法，即不用权力压制，而是通过理性说服的方式解决问题。从这个角度看，福耀也算是入乡随俗，更有美国工厂的味道了。

3. 领导风格

曹德旺本人的领导风格是比较传统家长式的，自己以身作则，具有较高的道德水准，待员工如父亲对待子女，恩威并施，既仁慈和善，又严格要求。曹德旺比较随缘、低调。他曾经说自己在美国开厂是与美国人结缘，希望让美国人了解中国工厂。在这个思路下，他对美国当地人的反应比较敏感，尽量避免"刺激"他们。比如，他要求邀请专家为外派到美国的中方管理层和员工进行文化常识培训，以增加他们对美国的了解，达到与美国员工顺利沟通合作的目的。与此同时，他还邀请美国员工到中国去参观访问，参加集体活动和节日庆典，过春节，与当地的中国员工交流，让他们亲身感受中国文化，体会到企业与员工在金钱以外的亲密关系，建立感情上的联系。此外，他自己虽然是公司领导，却不摆架子，颐指气使，反而相当平易近人，实话实说。曹德旺的领导风格和他所倡导的企业文化在很大程度上反映了中国文化的三个重要特征。

(1) 集体主义

如第2章描述的那样，中国文化元素中特别突出的一点就是集体主义。从企业管理的角度来说，企业就是一个大集体，个人是这个集体中的一员，集体的利益高于个人的利益，个人应该服从集体。这一点从中方外派员工背井离乡来到代顿这个陌生的城市工作，不抱怨、不委屈就能体现出来。虽然想念远方的爱人和子女，但是为了公司的大利益，大家忍受了孤独和牵挂，在异国他乡努力奋斗。

(2) 高权力距离

权力距离的高低在影片中没有特别显著的表现，因为曹德旺是企业创始人，本来德高望重，又有慈父形象，所以并不感觉他高高在上。不过仔细观察的话，大家可以发现，其实所有的员工对曹德旺都是非常敬畏的。也就是说，权力距离在这里不是从曹德旺本人的姿态中表现的，而是从别人见到他时的一举一动中体现出来的。比如，他对下属提出的要求或者意见和建议，基本上都会得以执行，没有人提出反对意见。就是在美国员工发现工作环境中存在安全隐患，明确向管理层指出来之后，也没有人敢直接向他反映，要求他消除隐患。

(3) 勤恳、工作至上

影片中特别明显的一点是中国员工与美国员工的不同，主要表现在做事的速度、质量、纪律性和加班这几个方面。中国员工年轻，刻苦，主动加班加点，学习能力强，做事速度快，而且质量高。相反，美国员工年纪大，速度慢，质量差，8小时干完就下班，基本上把这份工作当成一个挣钱手段。此外，长期受美国工会保护的影响，这些工人端着"铁饭碗"磨洋工，出工不出活，效率极低。这种情形与其平时观察到的工会会员的工作状态不谋而合。比如，在美国大学里的非教员工作人员(行政人员)，有不少就是工会会员(classified workers)，其余的则是职业员工(professional workers)。作者当系主任的时候曾经有一个高级行政助理，就是铁杆的工会会员，工作的态度和绩效都非常差，且屡教不改。而且因为工会的保护，既不能开除他，也不能将其劝退(休)，让人十分头疼。除此之外，我们学院另外有一个系的行政助理也是如此。好在目前我们把行政助理的岗位都改成了职业岗(不再是工会岗)，现在这些工作人员的精神面貌就完全不同了。所以，从这个角度来看，非常赞同曹德旺的信条："在美国，有工会就难以有工厂生产效率的提高！"

当然，既然福耀在美国开了工厂，员工虽然是美国人，他们的命运其实也和福耀绑在一起了。这是企业运作的特点，只要在同一个公司工作，就可以找到最大公约数。这个公约数就是企业的成功和员工多方面需求满足之间的平衡点。从影片中我们可以看到，福耀的到来不仅让原先失业的员工有了饭碗，而且让他们学到了新的技能，接触到了中国文化。最令人感动的是，福耀的一位管理者与当地员工之间比较有深度地交往和交流，彼此慢慢结下了工作之外的友谊。这种友谊诞生在人的同理心和同情心的基础上，把人类的共性凸显出来，才是文化碰撞最美好的结果。

工会没有成立，员工的怨言仍在，安全隐患也未得到解决，但是，福耀今后的发展如何，要看在多大程度上公司会真正融合美国文化到自己的管理实践中。

4.2 迪士尼动画片《寻梦环游记》

《寻梦环游记》(Coco，2017)是在2017年获得超高票房收入的电影。这部电影无论是故事本身，还是艺术制作，或者高科技动画技术的使用，都达到了炉火纯青的境界。电影的主人公是一个名叫米格的墨西哥男孩，他酷爱音乐，而且有与生俱来的演奏和歌唱天赋。可是，他的家人却对音乐避讳莫深，而且绝对不允许任何人唱歌弹琴，米格对此十分苦恼。后来，他得知了其深刻的原因，原来是他的太曾祖父曾经为了音乐离家不归，太曾祖母从此立下了禁止音乐的家规。同时，她独自挑起了养家糊口的重担，开始创业，全家进入制鞋业，并渐渐做出了品牌和知名度。可可是米格的太祖母(即太曾祖母的女儿)的小名，她已经年逾八旬，并患有阿尔茨海默病，记忆正在迅速消退过程中。影片表现米格个人的内心挣扎及如何直面挣扎找到可以既实现个人目标又顾全家人感受的历程，能够与许多人的经历产生共鸣。这是一部悲中有喜、喜中有悲的电影，值得每个人欣赏。

从文化的角度来看，影片充满了对墨西哥文化的精准描述，尤其是墨西哥人对家庭、对人情的重视，通过"亡人节"(类似中国的清明节)的风俗习惯来表现，非常生动。在墨西哥，亡人节这一天是一个盛大节日。首先每家每户要在供台上一一摆放已故亲人的照片，然后从家门口开始在地上撒满橘黄色的花瓣，一直撒到供台前，这样亲人的鬼魂就可以踏着花瓣之路，跨过生死桥，从阴间回到阳间与家人团聚了。那些照片没有被放上供台的亡人，也就是已经被阳间遗忘了的故人，则永远不可能跨越生死桥重回家乡。因此在影片的一开始，我们就看到米格家里已故亲人的照片摆放在供台上，但其中有一张三人照里有一个人的脑袋不见了，好像被人撕掉了。这个无头人就是他的太曾祖父。这张三人照中扎着两条辫子的小女孩就是可可。其他故人的照片都很齐全。故事就从这里开始。在对影片进行分析时，下面主要借助霍夫斯泰德和蔡安迪斯的理论框架，从个体主义与集体主义、权力距离、沟通语境、事业成功及生活质量等维度对影片进行文化解读。

1. 个体主义—集体主义

　　《寻梦环游记》围绕传统的墨西哥节日展开剧情。在为期三天的节日活动中，墨西哥家庭聚集在一起祈祷并纪念已故的亲人，并以他们最喜欢的形式为其"鬼魂之旅"提供切实的支持，比如把照片放上供台，在墓地上留下食物，等等。这种丰富的文化庆典不仅推动了《寻梦环游记》的情节，而且提供了一个宏大的文化背景，让我们看见墨西哥人在集体主义—个体主义上的价值取向。

　　按照蔡安迪斯的理论，个体主义—集体主义中包含4个属性：个体的自我概念，群体和个体目标的相对重要性，个体行为的文化决定因素，以及对内群体和外群体的区分度。在影片开始时，米格就陷入了极大的矛盾之中。一方面，他有成为音乐家的个人抱负；另一方面，因为家里人(尤其是祖母，可可的女儿)强烈反对任何与音乐有关的活动，他又不得不服从。很显然，米格具有较强的互赖自我概念，认为自己与其他家庭成员有着深刻的联系，不可能独立于他们而存在。米格天天与家庭成员生活在一起，家庭的生意和形象对他的个人身份至关重要。纠结在成为音乐家，违背家人的意愿，还是顺从家人，放弃音乐家的梦想之间，米格只能隐藏自己的野心，悄悄在阁楼里练习吉他，并准备偷偷去参加亡人节的音乐比赛。不幸的是，他的举动没有瞒过家人。祖母在盛怒之下，把他的吉他砸了，以阻止他去参加比赛。这样的冲突在美国文化中比较少见，因为美国文化的主流是强调"个体主义"，每个人都应该有自己的梦想和野心，而父母也通常鼓励孩子们"成为自己"，因此在美国青少年心目中米格就更值得同情。

　　一个人的自我概念会直接影响其目标追求。虽然米格的个体目标是成为有名的音乐家，但当他的祖母在家人面前羞辱他，而且吉他又被砸碎时，他只能妥协，选择不再参加亡人节的音乐比赛。但是，他心里又戚戚焉，因此，就想去找一把吉他。

　　他在慌乱之中打碎了供台上的那张三人照，打开来一看才发现那个无头男人手边其实有一把吉他，看上去和墨西哥最著名歌手德拉库斯的那把一模一样。他顿时明白，原来德拉库斯就是他的太曾祖父！于是，他决定去德拉库斯的墓地，把放在墓中的那把吉他拿出来用。没想到，就在取到吉他的一瞬间，他突然去了阴间，见到了死去的亲人。有意思的是，这些亡人就像他现在生活家庭中的亲人一样，也劝他不要为了音乐放弃家人，而是应该学习制鞋，把家族的目标放在首位。而且阴间还有一个规则，那就是一个活人如果要重返阳间，必须得到一个亲人的祝福和许可才行。米格为了回到阳间去参加音乐比赛，请求太曾祖母给他祝福，太曾祖母说没有问题，只要他保证以后不再碰音乐就行。米格很不情愿，便请求别的亲戚，但大家都和太曾祖母一样。于是，他想到了德拉库斯，心想只要找到他，他一定会支持自己的音乐梦想。

在去寻找德拉库斯的路上，米格遇到了另一个几乎奄奄一息的鬼魂埃克托。他说自己认识德拉库斯，可以带米格找到他。埃克托的条件是，米格回到阳间后能把他的照片交给其家人，放上供台，这样他就不会在阴间死去。当一个人被所有阳间的人遗忘时，也会在阴间消失，那个消失才是彻底死亡。

于是，米格和埃克托搭档，经过重重努力，终于找到了德拉库斯。更为蹊跷的是，米格发现埃克托不仅认识德拉库斯，而且他们曾经还是同一个乐队的老拍档，埃克托是大部分使德拉库斯成名的歌曲的写手。再接着，他发现原来德拉库斯是个欺世盗名之徒，当年在他知道埃克托挂念家人要离开乐队时，心生邪念，在酒里下毒，杀死了埃克托。米格这才明白，原来德拉库斯不是他的亲人，而埃克托才是他真正的太曾祖父，也就是那张照片上的无头人，可可的亲生父亲。

米格终于明白了家里人为什么憎恨他的太曾祖父，因为埃克托一直没有回家，家里人都以为他背叛了家庭。但其实正好相反，他当时没有回家的原因是他想回家而被德拉库斯杀害了。家里人不纪念他，埃克托因此成为回不了家的孤魂野鬼。而他能在阴间一息尚存，是因为可可有时会想起自己的爸爸。但随着可可罹患阿尔茨海默病，能想起他的时间越来越少，所以他已经奄奄一息。米格了解了这些实情之后，知道只要得到埃克托的祝福，就能回到阳间。这一对在人间不曾相见的亲人，凭着对音乐的热爱，在阴间找到了共鸣。

这些情节反映了跨越代际的矛盾，也是所有人都可能面临的困境，那就是在追求个人成就和家庭利益之间如何平衡的问题。具有独立自我概念的个体纠结相对小一些，他们会把个人成就放在首位，而具有互赖自我概念的个体常常会把更多的权重放在家庭的期望上，当二者不一致时，比如米格想成为音乐家，但家里人希望他成为优秀的鞋匠，为家业增光时，内心的挣扎就相当强烈。

当然，影片最后比较理想地帮助米格解决了这个矛盾，因为他解开了埃克托客死异乡的谜团，全家人解除了音乐的禁忌，米格在音乐上的成就也能为家族带来荣耀。至此，个人的追求与家庭的责任不再冲突，圆满结局。正如影片最后全家一起唱的那首歌*Proud Corazon*(骄傲的心)所言，"我们对彼此的爱将永远存在于让我自豪的科拉松的每一个节拍中"。

2. 事业成功与生活质量

影片深入探讨埃克托的生死之旅，将墨西哥文化在职业成功和生活质量这个价值取向上的特点也表现得非常清楚。霍夫斯泰德认为，职业成功导向的文化强调自我、自信、唯物主义和事业成功，而生活质量导向的文化则关心和关注人与人之间的关系和质量。在影片中，音乐家的职业生涯代表了事业成功。歌王德拉库斯就是一个典型——他一心要在音乐领域出名，把自己的名利看得重于社会文化规范和伦理道德。他偷走了埃克托的歌曲，谋杀了埃克托，然后欺世盗名，成了明星。以至于到了阴间还有众人追捧他，粉丝遍地。把明星塑造成反面人物，可以看出墨西哥文化对事业成功不那么积极的态度。

再看埃克托，他一开始也优先考虑音乐事业，并将妻子和女儿可可留在家中。当埃克托与德拉库斯一起巡回演出时，妻子承担起了全部的家庭责任，反而更有了男性特征。后来，埃克托被谋杀并且永远无法回归家庭时，整个家庭都受到了他和音乐带来(象征个人事业成功)的重度创伤。当妻子在阴间遇见埃克托时，她说，"我想和你无关！生死都与你无关！""我花了几十年时间保护我的家人免受伤害！ ……(你)离开了这个家庭！你让我独自抚养孩子，我不能原谅你！"这时，埃克托才是恳求者，乞求宽恕。在这一幕中，米格说出了影片的核心思想，那就是："家庭第一(family first)。"这才是墨西哥文化的价值导向，家庭高于一切，而不是德拉库斯所鼓吹的"抓住梦想，紧紧抓住它，让它成真。"

3. 情绪表露

墨西哥人让情绪自然表露，这一点在影片中表现得特别鲜明。比如，当米格的祖母发现他即将在广场上弹吉他时，她的反应是向米格大喊，用鞋子反复击打墨西哥流浪乐队，狠狠地亲吻了米格，然后再次对米格大喊"不行"。在阴间，当太曾祖母袭击德拉库斯时，她也是表现出强烈的情感，并大声说"这是为了报仇，因为你谋杀了我的爱人！"当埃克托问她，他还是不是她的爱人时，她马上回答，"我不知道，我还在对你生气呢！"其感情表达得直接明了，在影片中随处可见。

此外，整部电影的音乐表演也反映了墨西哥文化情感外露的一面。我们看见当音乐响起时，观众总是马上闻声起舞，无论是声音还是身体的动作，包括大喊大叫，鼓掌，跳舞，以及在他们认为合适时投掷水果，等等。而表演者通过使用打击乐器，或在演出前和演出期间大喊大叫，来表达他们的喜悦，并鼓励人群参与。

4. 沟通语境

和情绪表达相关联的，就是在沟通中只使用语言文字，还是借助于物理环境和肢体语言来表达含义。墨西哥人之间的沟通更偏向于高语境。比如在晚餐的餐桌上，祖母想让米格多吃一点，她没有和他直说，只是不断地把玉米粉做的点心一个一个地堆在他的盘子上，而米格则用眼神，而不是语言来示意他不想吃那么多。另外，在表现人物关系时，也是用高语境表达。比如，埃克托和德拉库斯出现在同一空间时，埃克托的行为举止都显示出顺从的姿态，表明二者的地位不同、角色不同、气势不同。后来，在埃克托揭露了德拉库斯的阴谋后，他的姿态就发生了很大改变，更敢于占据空间，表现出他的信心增强，底气更足。这些通过非语言的语言(肢体语言)的微妙变化来体现人物的心理变化，充分传达墨西哥人沟通的高语境特征。

5. 权力距离

此外，影片清晰地表现出墨西哥的高权力距离，最明显的就是家庭中的辈分，小辈必须尊重长辈。曾祖母可可在影片中是活人中最年长的，所以大家最尊重她。但因为她患有阿尔茨海默病，所以家里说了算的就是祖母了，全家人都听从祖母的劝说。米格想去参加音乐比赛，但因为祖母反对，全家人就都站在祖母一边反对他。对故去的人，在供台上放照片的位置也是长幼有序，摆放的供品也有所差异。在阴间游历时，米格必须得到家人的祝福才能返回人间。当时因为太曾祖母提出不能演奏音乐的条件，米格希望得到其他亡故的亲戚的祝福，不附加这一条件，但所有的亲戚都不敢违背长者太曾祖母的意愿，表明权力距离之高。

《寻梦环游记》是一部不可多得的优秀影片，尤其在表现墨西哥文化的特征上，更是鲜明突出、细致入微。

4.3 日本影片《道歉大王》

电影《道歉大王》(2013)改编自宫藤官九郎的同名原著，由水田伸生导演，于2013年8月在加拿大奇幻电影节(Fantasia Film Festival)首映。道歉这件事无疑存在巨大的文化差异。美国人在小事上道歉很平常，比如不小心踩了别人一脚，或挡住了别人的去路，意识到之后立刻就会说"对不起"致歉；但是在遇到大事的时候，比如两车相撞或者出了医疗事故，要说"对不起"就不容易了，因为一说"对不起"，就意味着责任在你，到时候要打官司的话，就算你已经承认了错误，败诉无疑。因此，在这种情况下，美国律师一般都教导大家保持沉默，千万不能道歉。但是在日本，不管大事小事，有碰撞就道歉可以算是一种文化习俗。看他们平时说话行走都是点头哈腰的样子，道个歉看来实在不算什么难事。与此同时，日本人极其看重道歉，诚恳的道歉被大家认为是最理想的认错形式，因为它反映的是内心的醒悟和反省，有时比罚钱、坐监狱的方式赎罪还要让日本人觉得过瘾。

正因如此，电影的男主角黑岛才在东京开了一家"道歉咨询中心"，帮助别人用道歉的方式求得对方的原谅，免于被起诉或其他惩罚。除了道歉可以算是日本的国粹之外，黑岛先生的个人经历也是他从事"道歉事业"的重要原因。事情发生在他当路边警察的时候，有一天他下班之后去拉面馆吃面，长时间等待之后终于吃到了面，但是拉面的师傅不小心在摇晃面条的时候把滚烫的开水溅到了他的脸上，让他不仅感觉疼痛，而且也没有心思吃完面条。他一直等着师傅来向他道歉，但师傅一直没有来。他回家之后，越想越生气，第二天就跑到面馆抗议此事，店老板连忙道歉，再三道歉，但他心里还是不爽，之后又去面馆，终于见到那位师傅，就当面斥责了他。虽然师傅已经想不起他，但他坚持不懈地说明，直到师傅当面向他认错道歉才善罢甘休。此事之后，黑岛先生便决定辞去警察一职，当起了"道歉中心"的老板。因为他认识到，只有当面的道歉才能化解他心中的怒气，那么一定有许多人与他有同样的感受，因此其中必有商机。

1. 日本人道歉的学问

黑岛于是开始研究、总结道歉的学问。比如什么样的错误应该用温和或极端的道歉方式才能赢得别人的谅解。温和的道歉包括双目下垂、弯腰鞠躬、下跪等。一般可以用鞠躬的角度来表示道歉的深度：角度越大，诚恳程度越高。四肢趴在地上、头顶地面就到达温和道歉方式的极致。极端的道歉包括当着对方的面打自己的耳光、顿足捶胸，或者头撞墙，直到鲜血直流为止，等等。另外一个维度是时间，比如下跪或下趴一分钟、三分钟、五分钟、十分钟或对方不原谅就永远不起来，也能表达道歉的诚意。将这一套学问总结好之后，就只等在操作过程中见机行事、灵活运用了。

商机降临了，出事的是一位名叫仓持的妙龄少女，她刚从美国回日本不久，驾车水平有限，不小心把别人的豪华轿车撞了个稀巴烂。按照美国的习惯，在这种情况下她坚决不说道歉，让律师与对方周旋。结果对方要求她罚款数万并把她送去风流场所数月赎罪。

仓持既没有钱，也不愿意去风流场所，情急之下，来到"道歉中心"求救。黑岛把自己的学问与她分享，并告诉她在如此严峻的情况下，她必须采取极端的道歉方法，否则无法得到别人的原谅。仓持显然做不出极端的行为，黑岛就亲自出马，假装自己是仓持的哥哥，带着妹妹前去道歉。他不仅把自己撞得头破血流，表示后悔，而且长趴地上，久久不起。对方看见他如此有诚意，不得不接受道歉，并给他请来医生治疗伤口，同时取消了原来要求的对仓持的惩罚。这件事带给仓持很大的震撼，深深感受到道歉在日本的力量，因此要求加入"道歉中心"工作。她于是成为黑岛的第一名雇员。

他们开始共事，处理各种案件。电影里面一共讲了5个小故事，每个故事相互关联，从不同的角度表现出丰富的道歉内涵、效果及日本人的生活和心理状态。其中最有趣的是最后那个故事，不但把前面几个故事巧妙地融合在一起，而且增加了文化差异的元素，可谓妙绝。而这个故事的谜底一直暗含在前面的故事中，只是没有被点破，直到最后才被揭开，不仅让人豁然开朗，而且忍不住大笑。

2. 影片中的主线故事

这个故事说来话长。仓持之所以在美国长大是因为幼年时跟随其在哥伦比亚法学院读博士的父亲，当时父亲因为压力很大，没有时间与仓持玩耍，不仅不玩耍，而且在仓持主动找他玩的时候，他都婉言回绝。有一次，仓持躲在储衣室，等爸爸开门时，就突然冲出来，边做手势(像自由女神那样高举左手，但另一只手在左手的胳肢窝那儿动两下)，边唱歌，然后让他猜是什么意思。爸爸让她出去，他要写论文。仓持只能离开。但是幼小的仓持非常顽皮，等到再一次见到爸爸的时候，又做了同样的手势，唱了同样的歌，还要爸爸猜。爸爸很困惑、生气，猜不出来，就给了仓持一记耳光。后来我们知道，这是当时一部日本电影里的主人公做的一个手势。这部电影在日本不算流行，在日本的邻国(看起来很像是尼泊尔)却是妇孺皆知，该电影的主角在那里被奉为大明星英雄。爸爸因为不顾家，后来导致离异。父亲学成后返回日本，母亲和仓持留在了美国，因此仓持和父亲之间常年没有来往。仓持的父亲后来成为日本著名的律师，在其中一个故事中担任"道歉中心"客户反方的辩护律师，因此与仓持见过面，但彼此并不相认。

故事的缘起与一次电影拍摄有关。一个摄制组当时需要群众演员，工作人员假装在一个小商业区逛街。他们顺手抓了一个正在闲逛的青年小伙，让他手拿啤酒瓶，边走边喝，表现出很放松的样子。小伙子很开心地扮演了此角色，电影顺利拍完成片。没想到后来电影放映时，邻国的文化大臣前来抱怨，说是怎么把他们的王子变成群众演员，而且还在喝啤酒(该国禁止饮酒)，简直大逆不道，因此威胁要两国断交。日本外务省十分惶惑，不知该如何处理此事，前来"道歉中心"求助。黑岛便给他们出谋划策，让电影导演带领剧组主要成员前去道歉。邻国得知此事之后，对前来道歉一行人夹道欢迎。王子端坐在台上，再次见到导演十分欣喜。但是当导演道歉并且要送他们礼物时，大家一看见那个礼物立刻面露愠色，弃客而去。此行失败，大家十分沮丧，因此决定聘请一位邻国精通日语的文化专家做顾问，不再贸然送礼。该文化专家故作深奥状，看着他们手足无措的样子，并不言语，只是旁观。

黑岛与文化专家的讨论结果是，第二次的道歉级别应该提高，因为上次的道歉又不小心冒犯了邻国。怎样提高级别呢？根据黑岛的经验，一是前去道歉的人的级别要提高，二是道歉的方式要加强。思考再三，日本这次派去了文化部副部长和相关人士，并决定采用日本最高级别的道歉方式，手脚全部着地，并且天门也顶着地面，以表诚心，决定之后，他们就出发了。看到文化部副部长亲自出马，邻国领导人十分高兴，在说了一些客套话之后，日本一行就开始最高礼仪的道歉。正当他们的头顶触碰到地面的时候，没想到邻国领导人脸色大变，立刻拂袖而去。日本一行面面相觑，百思不得其解，只能又灰溜溜地返回日本。

事后黑岛质问文化专家为什么不早告诉他，因为在日本人看来是最高礼仪的道歉方式在邻国的风俗里是最侮辱人的姿态；天门是人最崇高的部位，怎么可以着地呢？这不是侮辱又是什么？文化专家暧昧地微笑，依然不语。

实在无奈之时，黑岛突然想起那部在邻国曾经十分轰动的日本电影，以及那位在邻国被视为英雄的电影明星。该电影明星如今年事已高，早已退出影坛，但是也许让他出马还能发挥作用？于是黑岛找到昔日影星，向他咨询有关邻国的风俗习惯。影星突然就做出那个仓持幼年时总是让爸爸猜测的手势，并假以唱词。黑岛不明白，影星向他解释说这个手势才是邻国人民最高礼仪的道歉方式。黑岛恍然大悟，立刻到文化部向部长说明，并邀请部长和电影明星一起第三次代表日本向邻国道歉。这一次的道歉终于成功了，邻国人民一看到那个手势，立刻欢欣鼓舞，彻底原谅了日本。

这件事三起三伏，在日本成为重大新闻。仓持的父亲在这个过程中才了解到这个手势的真正含义，痛悔莫及，来到"道歉中心"恳求仓持的原谅。在看到人到中年的父亲做出这个手势时，仓持热泪盈眶，父女终于冰释前嫌。

3. 有效道歉的真谛

要让邻国体会到你的诚意，你必须用邻国认可的道歉方式才行，否则你就是使用了日本最高礼仪的道歉方式，也得不到任何效果，可能还有冒犯的嫌疑。

这部电影是喜剧，内容显然有许多虚构的成分，而且十分夸张，但是作者和导演敢于拿自己国家的国粹来讲故事，这勇气和精神不禁让我们对日本的文化人士肃然起敬，也让我们看到日本社会思想和精神的自由与开放程度。

4.4 伊朗动画影片《波斯波利斯》

波斯波利斯是位于设拉子东北部的一个古波斯城市。它始建于公元前6世纪后期，由大流士一世作为波斯王朝在阿契美尼德王朝的仪式之都。

《波斯波利斯》(*Perspolis*，2007)是一部动画电影，根据自传体黑白绘本小说改编。电影的主角是名叫玛洁(MarJane)的伊朗女子。影片描述了玛洁生命中的三个重要时期：童年和少年正值伊朗革命期间，青年时代出国去奥地利求学，以及后来重新回到伊朗生活。影片通过玛洁的个人经历，与伊朗社会的巨大变迁联系起来，从个人体验折射社会大背景的变化，让我们看到大环境对社会文化规范的影响，以及生活在其中的个体的内心挣扎。

玛洁是家里的独生女，因为玛洁父母的开明和宽容，造成了玛洁相对独立的性格，从自我概念来分析的话，她的独立自我概念占了上风。她性格倔强，内心充满了反叛。后来，她看到伊朗和伊拉克之间的血腥冲突恶化，就开始公开批评政府，导致她被学校开除。为了防止政府的报复，父母决定把她送往国外留学，于是就去了奥地利。

没想到，她一到奥地利就感受到了强大的文化差异，对她的冲击很大。她的奥地利同学们非常嬉皮，虽然也反叛，但他们的反叛原因和玛洁在伊朗的特殊经历产生的反叛，相差十万八千里，而且他们根本无法体会玛洁不得不离开伊朗那种内心深处的痛苦。于是，她只能远离这些同学。她想通过谈恋爱减少孤独感，确实也爱上了一个男孩，但没多久发现他竟是个同性恋。无奈之下，她换了一个男朋友，但不多久又发现此人不忠，与别的女孩有染。玛洁极为沮丧，而且生活费也入不敷出，有一段时间只能流落街头，变成无家可归的流浪女。这样过了一段时间，实在撑不下去了，她打电话请求父母让她回家。但是，回到家后沮丧并未消失，玛洁日觉身心疲惫，甚至尝试自杀，未遂。

有一天她突然做了一个梦，梦见了上帝和马克思，他们都鼓励她继续活下去。这个梦让她重新焕发了生命的活力，她又回到学校，并与同学结了婚。然而，那时伊朗社会却变得更加保守，让人觉得难以喘息。玛洁的叛逆因此被重新激发出来。她又开始参加聚会，发表演讲。有一天晚上，她在学校参加集会时突然被警察袭击，她的朋友也不幸死去，她自己的无爱婚姻也走到了尽头。于是，玛洁与父母家人商量，并达成协议，她将永远离开伊朗，不再回来。电影以玛洁离开机场结束，她从此再也见不到自己在伊朗的亲人。

若用跨文化理论来分析这部影片，蔡安迪斯和盖尔芬的松紧度理论，个体主义—集体主义理论，以及霍夫斯泰德的权力距离维度恐怕是最合适的。

1. 文化松紧度

在盖尔芬对全球32个国家的调查中，虽然没有能够包含中东地区的国家，但发现文化最严紧的国家(如巴基斯坦、马来西亚、新加坡)都有相当的人口是有宗教信仰。伊朗不在被调研的32个国家中，但是从影片反映的情况来看，其文化规范是相当严紧的。这可以从对妇女着装和行为规范的要求，在学校里严格的校规，法律不允许大众喝酒、跳舞等各个方面展现出来。像玛洁这样喜欢朋克音乐、有点小反叛的女孩，在美国文化中就是一个再普通不过的孩子，但是在伊朗，却被看成是一个异类，就充分表现了伊朗文化的同质性和文化严紧度。

但电影里也表现出另一个有趣的现象，那就是在私底下，在家里，在亲朋好友之间，人们有时候也会非常放松，自由发挥。也就是说，在伊朗，一个人的行为表现在公共空间和私人空间中是相当不同的。而且公共空间规矩越多、约束越严，人到了私人空间就越需要释放。

影片中有一个非常戏剧性的场景就是玛洁的父母家人和他们的朋友举行地下聚会，又唱又跳、又喝酒又抽烟，尽情放开。但是没想到警察前来搜查，大家立刻把所有的酒瓶全部藏起来，关掉音乐，假装只在安静地说话聊天，蒙混过关。等到警察一走，立刻重启派对。联系到前面讨论过的电影《道歉大王》和后面将要讨论的《迷失在译文中》表现出来的日本文化，其实也有类似特征。日本人在公众场合的正式礼节和行为表现到了夜总会就全部消失，代之以让局外人瞠目结舌的夸张释放行为。这可能是所有文化严紧度高的国家所具有的共同特征。

2. 个体主义—集体主义

在整部影片中，玛洁似乎一直在个体主义与集体主义这个维度上来回摆动，但总的来说是个体主义特征占了上风。在她年幼时，她受到家庭，尤其是叔叔的影响，似乎以集体主义导向为主，关心社会，并随着社会潮流而动。但随着伊朗革命的发生，她开始表现出个体主义特征。比如，别的女孩都穿黑色衣服，玛洁却敢于穿着朋克的T恤衫，在家里苦练吉他，有时还不戴头巾出门。她还敢于发表反叛激进的观点，以公开反驳她的老师的观点为荣，以致被学校开除。她父母那时明显意识到玛洁的叛逆和桀骜不驯，认为继续待在伊朗会有危险，因此为了安全起见，决定把她送到欧洲。对于玛洁来说，可以自由表达观点对她是生死攸关的事情，所以同意去欧洲求学，拥抱她的自由。她在奥地利寻找朋友的时候，也是找那些独立自我意识特别强的同学。但是因为这些同学在西方社会长大，对群体和社会没有什么意识，自我概念之中几乎没有群体的成分，与玛洁的自我概念吻合程度并不高。因此与之交往之后，玛洁又觉得他们极端个人主义，也无法接受。

看来一个在集体主义文化中成长起来的人，即使具有相当强的独立自我概念，其中还是或多或少地包含了集体的成分，这种成分在原文化中生活时没什么感觉，但到了一个个体主义导向的文化中反而凸显出来。此外，在一个个体主义导向本来就突出的文化中，那个在集体主义文化中出来的独立自我者，也就不再显得那么独立了。玛洁因此感到迷失和沮丧，因为身在异乡，她似乎失去了自己的个人身份(self-identity)，搞不清自己是谁。这也表现在她在寻找亲密伴侣时的迷惘和焦虑。一个自己对自己定义不清的人，做选择时不再有统一的逻辑，随机化程度变强，因此只能不断地试错、不断地失败，再试错，再失败，精疲力竭。在反复尝试之后，她终于决定彻底离开故土，告别伊朗，重启人生，似乎是个体主义占了上风，但此举也符合家庭(集体)利益，因为只有如此，玛洁的生命安全才能得以保障，父母起码不用再担心被政治迫害。

3. 权力距离

之前，伊朗的波斯波利斯是一个充满活力的大都会城市，市民享受着相对自由的开放式生活方式。他们可以随心所欲地穿着打扮，男孩和女孩也可以一起在学校学习，生活几乎不受国家的干涉，警察也不怎么介入百姓的日常生活。但这一切在1979年之后都被改变了，开始强调男女不平等、上下不平等等权力距离的理念。这对玛洁一家来说很不习惯，因为他们对平等和宗教抱有自由主义观点。在影片中，当玛洁的叔叔生病必须去医院时，我们可以看到高权力距离已成为伊朗人民生活中非常明显的事实。医院的管理员可以决定病人的命运，而这个管理员其实完全不懂业务。当玛洁的母亲求他允许叔叔在一轮治疗之后保外就医时，他拒绝了，首先因为职位的差异，其次因为她是一个女人。再比如，当玛洁去上学跑步追赶公共汽车时，被警察无故阻止。警察说，女人不应该跑，是不自重的表现。警察也是因为自己的职位，就有了权力制止女孩跑步。玛洁当然不服，就反问他们为什么不可以，她觉得自己和他们是平等的。显然，这在当时的伊朗社会，是一种相当冒险的行为。

从影片中我们还可以看到，玛洁总是被男性或权威人士教导要把头巾戴好，要穿保守的袍子，有时就是和她的女性朋友在一起的时候，也不能放松。这导致了之后即便没有男性或权威人士在场，女性也会感到害怕而自觉这么做，这是权力距离开始深入骨髓的象征。

其中还有一个特别的场景，就是当玛洁的家人在开完那个地下派对开车回家时，警察在社会中的权力表现仿佛更加清晰。她父亲虽然是男性，但在警察面前也感到无能为力。只有她的祖母，年纪大了，但她知道伊朗社会对老年人有一种固有的尊重，所以反而无畏强权，敢于与警方交涉，并呼吁他们要尊重他们年迈的父母。在一个警察当道的国家，所有人都害怕去做不合规定的行为，以免引起麻烦。

此外，在这样的国家里，国家的权力与公民的权力是动态而不对等的。所有信息的传播、解释都由国家控制。无论是关于战争的新闻播出，还是关于宗教文本的解释，甚至是否可以到外国出行，全部由中央权威机构控制。

与上述情形截然相反的是，在玛洁的家里，大家是平等的。她和父母之间的权力距离很小，她的父母与祖母之间也真诚自由地交换信息，而且他们对玛洁也不隐瞒真相，不阻止她质疑他们。在家里，她们谁也不戴头巾，自由无障碍地沟通，没有任何一个家庭成员对另一个拥有控制权。

4. 情绪表露

在影片中我们可以看到人们的情绪表现方式是以情景决定的：在公开场合和私下场合不一样。和亲人和朋友在一起的时候，玛洁能够把自己的情绪体验自由分享出来。她直陈自己的想法，不戴头巾，抱起吉他模仿摇滚乐队成员，亲吻自己的男朋友。但是在公开场合，她就规规矩矩，以免引起别人的注意。

影片中最充满情绪和情感的一幕是玛洁和她叔叔在牢里说再见的时候。他叔叔虽然身陷囹圄，而且生命危在旦夕，却在侄女面前表现得非常冷静安详。他送给她自己在监狱里用剩下的面包片做的一个天鹅，展现出在悲剧时刻还能够找到生活的欢乐。玛洁和叔叔不谈目前的处境，只是彼此默默地拥抱对方。玛洁的家人在经历强烈的情绪时，常常通过肢体语言而非文字语言来表述感情。

另外一个角度表现伊朗人情绪的是玛洁的行为举止。她感受到战争和悲剧带来的深深痛楚。她从小就向往自由地表达情感，如朋克音乐所表现的那样。在学校遇到不公时，她就抑制不住内心的情绪，去与老师据理力争，结果被赶出校门。到了奥地利，虽然很快找到了热爱朋克的同类，但发现他们与自己不同时，就极为失望，陷入孤独的情绪状态，以至于后来到了抑郁企图自杀的境地。如果玛洁可以作为伊朗人的代表的话，那么说明在表面中性的面具之下，伊朗人民其实压抑了许多负面的情绪。

5. 沟通语境

与情绪表现密切相关的就是沟通语境。玛洁通过自己穿的服装款式或者不好好戴头巾来表达自己的反抗，是一种高语境沟通方式的体现。相反，男性可以自由自在地发表观点或指令。比如影片中有一幕是玛洁和她妈妈在店里买东西，妈妈和一个男店员发生了争吵，结果那个店员用脏话骂人。但妈妈没有回敬，只不予理睬昂着头走出了商店。

玛洁的沟通语境在初期和后期也发生了变化。一开始她用语言反击，比如老师在课堂上强调驯服的重要性时，玛洁会忍不住与老师争论起来，这是典型的低语境表达方式。但是后来她去监狱探望叔叔的时候，虽然内心充满了愤怒和悲哀，却欲言又止，一句话都没有说，这体现了高语境的表达方式。而影片通过那个用面包片做的天鹅来表达玛洁与叔叔之间的深厚感情也是一种高语境的表达。

还有一个有趣的现象是，在开放时期(革命前)，大部分人的沟通方式以低语境为主；但随着革命的深入，高语境沟通变得越来越普遍，说明大家开始适应环境，知道有些话是不能直说的。而适应环境的快慢和程度似乎与每个人之前的经历长短有关。在玛洁的家里，祖母是在革命前生活阅历最久的，她的沟通语境就一直保持在较低的状态，即使遇到警察，她也直接和他们说要尊重老人(我走过的桥比你们走过的路还多呢)，她的变化就不明显，而且也是她和玛洁说要"保持真我，保持自己的尊严"，可见已经内化的价值观不容易被新的社会文化轻易改变。

4.5——印度影片《名字的故事》

《名字的故事》(*The Namesake*，2007)是一部表现第二代移民在美国寻求文化认同的故事。因为是第二代印度移民，所以其文化认同的过程比较复杂和曲折。

果戈理是故事主人公的小名，他在美国出生，出生时父亲还是一名在美国大学念工程学的博士生，母亲随父亲前来陪读。这个小名是父亲给他起的，为了纪念自己一次死里逃生的车祸，而这次车祸改变了他的命运，使他下决心前往美国留学。在车祸发生之前，他正在阅读作家果戈理的小说，而正是这本书使他在车祸中得救。他们给孩子起的正式英文名字是尼克。

在果戈理成长的过程中，他一直与家庭有着密切的联系，但因为印度文化与美国文化在许多方面的迥然差异，他常常困扰其间，有时不得不强迫自己同时适应两种文化规范。美国的个体主义和低权力距离的文化与印度强调家庭集体主义观念、高权力距离、尊敬父母、言行得当的文化之间有着不可妥协的冲突。这种冲突在果戈理少年时代回到印度探亲，目睹印度的"落后"状态时表现得最为极端。然而，当他看到圣洁辉煌的印度古建筑塔吉马哈时却很震惊，深切体会到印度古文明的力量。这种力量推动他做出关系到自己一生的职业选择，那就是成为建筑学家，而不是踏着父亲的足迹成为一名工程师。

有意思的是，果戈理刚上小学的时候，父母在给他注册时用了他的学名尼克，但是他不习惯，坚决让老师和同学叫他的小名。父母无奈，就把他的小名改成他的学名，这样一叫就是18年。可是他毕业以后，越来越感觉到自己的名字古怪，而别人也总要问起他名字的起源，让他尴尬。为了融入美国文化，他终于决定用尼克作为自己的名字，彻底抛弃果戈理。尼克变成建筑师，后来和一位家庭背景优越的美国女孩相爱，并被其父母接受。然而，当他把女孩带回家见父母的时候，女孩的随意举动却让他的印度父母难以接受。

正在此时，发生了一件出人意料的大事。尼克的父亲突然心脏病发作逝世，他变成家中唯一的男人。这一变故使尼克深思良久，几天之间就像变了一个人。他剃了光头为父亲戴孝(印度的传统方式)，并且穿上了传统的印度服装，开始全部按照印度的礼节行事。这些举动让他的美国女友十分不解，他们的关系随之破裂。为了讨母亲的欢心，他主动与一位印度女孩(也是第二代移民)来往，并相爱结婚。可是不久他就发现妻子的不忠，原来她有一个法国男友，也是为了让她的印度父母高兴才与尼克结婚的。两人彼此都意识到仅有印度文化并不能维系他们的婚姻，因此黯然分手。最后，尼克的母亲回到印度重新寻找自己的文化之根，但同时又感觉到美国已经成为自己的家。在经历了所有这些事件之后，尼克才了解到父亲给他起名果戈理的良苦用心，以及果戈理这个名字的重要意义。他终于在两个大相径庭的文化之间找到了平衡，得到了身心的解放。

下面我们用文化价值理论来解读该影片，并说明印度文化的特征。

1. 人和自然的关系：内控还是外控

印度是一个宗教气息浓郁的国家。这种宗教气息使人们能与大自然和睦相处，并且相信命运，相当迷信。比如在婴儿出生后的第一次庆祝仪式上(通常是在婴儿可以吃固体食物时)，大人将三种东西放在一个盘子上让婴儿随便抓(这在中国传统中也有，《红楼梦》中亦有描述)，即钱、笔和泥土，抓到的那样东西就可能决定婴儿未来的职业，即商人、学者或地主。影片中多处表现出人们认为任何事件的发生都有因缘的情景。在美国，很少有人认为命运掌握在别人手里或者由神秘的不可知因素造成，而是相信人类主宰自然。

2. 长期的事业—成功导向

印度人工作努力，肯吃苦；为了事业的成功愿意放弃家庭的团聚或者更舒适的生活。影片中果戈理的父亲在大学任教，正好有一年的学术休假，但他没有待在家里休息，反而离开家独自去另一所大学做深入的学术研究，把太太一个人留在家里，结果心脏病发作撒手人间。当果戈理的母亲觉得一个人在美国无亲无故，照顾两个孩子实在太辛苦，想回印度的时候，她父亲就劝她想一想美国将会给孩子提供的机会，辛苦也是值得的。这与现实中的印度移民在美国的选择非常相似。为了家庭和孩子的未来，吃苦耐劳在所不辞。

此外，印度人重视教育，除了自己的教育之外，把孩子的教育也放在非常重要的地位。印度人还相当重视孩子的婚姻，大多数人的婚姻都是父母做主寻找门当户对的配偶，很少有自由恋爱结婚的。印度报纸上的征婚广告都是父母去登的，而且冠名为"寻找联盟"。在他们的心中，婚姻不是两个人的短暂结合，而是两个家庭之间长期关系的开始。影片中果戈理的父母年轻时初次相见，双方家长彼此考察对方的一幕，就是很好的写照。这次见面就决定了两个人的命运，女孩把自己的脚伸进男孩脱在门口的皮鞋里，感觉不错，就喜欢上了男孩；女孩在回答未来公公的问题时用英文朗诵了一首诗，得到了男孩和男孩父母的喜爱，终身大事就这么定下了。

3. 家族集体主义

印度人十分看重家族，而且人际交往也多局限于家族之内。果戈理的家族叫"本佳利"，家长就鼓励子女与本佳利家族的异性交往成亲。影片中多次提及属于同一家族的不同家庭开车一起外出度假，而且如果在另一个城市也有一个本佳利家族的人，彼此之间应该互相照顾。此外，同一家族的家庭沟通密切，一家人发生了什么事通常没有多久大家就全都知道了。大家互相帮忙是理所当然的。在一个大家族里，老一辈之间关系密切，小一辈之间也是如此，而且大家都知道应该孝敬自己的父母和祖父母，终生都应如此。这一点与美国文化的反差很大，在影片中的表现就是果戈理的美国女朋友对他的行为不理解。在父亲去世之后，果戈理主动承担起照顾母亲的责任，他的女朋友说"你不可能一辈子照顾你的母亲"，这令果戈理大为惊讶，这与他从小所受到的熏陶截然不同。

4. 权力距离高，崇拜权威

印度是一个权力距离很高的国家，社会层次等级分明。从男女的角色来看，男性绝对占主导地位。在果戈理的家里，一切都由父亲做主，起名字也完全按父亲的意思，母亲是被动角色。父亲要去外地的学校休学术假，在不和母亲商量的情况下就决定独自行动。父亲去世，去认尸的不是母亲，而是儿子，此后儿子自然就成为家里的主心骨，而不是母亲。

在工作场所也是如此，虽然在影片中没有直接的表现。印度人的等级观念严重，决策一定是由管理层来做，底下的员工一般唯命是从，对顶头上司非常尊敬。在公司或学校大家都穿戴整齐，与美国的着装随意完全不同。难怪果戈理的父亲感叹美国大学里教授的穿着都不如印度开车的司机。另外，在印度，人们彼此的称呼都比较正式，尤其是对长辈和职务高的人士。所以，当果戈理的美国女友第一次见他的父母就直呼其名时，让两位家长十分尴尬，觉得这个女孩没有礼貌。

此外，印度社会对人的出身、社会地位十分在意。对于教授、医生等地位高尚的人，要有正规的沟通方式和称呼。这就是为什么果戈理去上学时父母让他用真实的学名，这也是为什么果戈理去工作的时候决定抛弃自己的小名的原因。印度社会长期存在的种姓制度使人们关注姓名，因为从姓名上大致可以判断一个家族在社会中的大致地位。

影片《名字的故事》借助一个印度家庭移民美国、生儿育女、养家糊口的简单故事，表现了美、印两种文化之间的巨大差异及被夹在这两种文化之间的个体的处境。影片中关于移民过程的艰难表现得相当真实，而第二代移民在文化认同中所经历的迷惘和挫折，以及因此走过的内省之路也刻画得相当深刻。通过寻找"我是谁"的答案，果戈理从在两极中摇摆到最后认清自己其实反映的是所有第二代移民的心路历程。我是谁？我既是印度人，也是美国人，我既不是印度人，也不是美国人，我是两种文化混合的产物，但是又已经超越了它们，产生了自己崭新的文化特征——我是一个双重文化者。

4.6 美、日战争影片《硫磺岛来信》

《硫磺岛来信》(*Letters From Iwo Jima*，2006)是一部以第二次世界大战为背景的战争影片，故事发生在临近战争结束的1945年的二三月份。那时，日本已经战败，其海军和空军的武力几乎都被摧毁，本土遭受美军长驱炸弹的不断袭击，所有的工业都已瘫痪，到当年的6月日本就彻底投降了。硫磺岛之战是在日本国土上的第一次战役，保卫硫磺岛与其说是一种军事战略，不如说是一场维护日本这个民族的名誉之战。所有参战的将士都知道硫磺岛迟早会覆没，问题只是何时。参加保卫硫磺岛之战的22 000名将士中有21 000人战死，但投降者仅有220人。

电影中有三位主人公：库里将军、尼旭和赛国。库里将军是保卫硫磺岛战役的主要负责人，战前他曾经在哈佛大学学习过两年，因此对美国文化有相当程度的了解。他既有对日本的忠诚，但同时又向日本的许多传统提出挑战。尼旭是一位对美日文化都有较深体验的人。他出身日本贵族，在美国居住过一段时间。事实上他曾在1932年的洛杉矶奥运会上夺得赛马冠军，之后就出入好莱坞。回到日本后他加入了日本陆军的骑兵连。与这两位不同，平民出身的赛国只是普通士兵，但是他的性格特点在日本人中算是一个异数。比如，他公开声称硫磺岛并非一块"圣地"，他已经对他未出生的孩子立下诺言一定会活着回家(而不是为日本献身)，而且他曾是专做美式三明治的厨师。

影片开始于现在，一群考古学家发现了一袋信件，是由当年保卫硫磺岛的战士所写的，然后电影就迅速返回到1945年库里将军到达硫磺岛上任的那一天。

库里将军上任不久，硫磺岛战役就开始了，就是在这场战役里，三位主人公与其他的人物开始了密切的交往。影片通过对这些交往的详细描述，展现了日本文化的动态和传统规范。影片常常用回忆的手法深刻描绘三位主人公的成长背景和个性特点，并透露对日本文化的洞见。

在影片的最后，库里将军为了救赛国的命，在他率领的所剩无几的将士冲向死亡的那一刻，命令赛国销毁文件并留在阵地。在整个硫磺岛战役中，库里将军和他的士兵在没有海军和空军的支持下，以1:5的劣势坚守阵地，超过预期一个多月，誓不投降，以日本军人的传统方式结束了生命，算是维护了日本军人的荣誉。

下面我们从文化的角度来对日本文化进行剖析。

1. 文化的正态分布

任何一种文化中的人都不是千篇一律的，日本人也不例外。在影片中我们可以看到有好几个角色经常表现出与日本文化的常态不一致的态度和行为。

库里将军偏离文化常态的行为在影片中有多处表现。比如，他经常与其他的军官对硫磺岛战役应该如何去打有不同的意见，而且大部分意见都是与传统观念相悖的。日本人的不确定性规避的倾向比较强，所以大多数军官都认为应该用传统的战术来打这一仗，那就是在美军刚刚登上硫磺岛的海滩时大举进攻。但是库里将军根据自己对美国人的战术和技术的了解，认为在海滩上进攻并非上策，相反，应该在岛上两座主要的山峰上挖洞和隧道，然后从洞中进行攻击。

在另外一幕中，一名指挥官极其羞愧地前来报告，因为自己无法守住山峰，要求带领全体将士做自杀式冲锋，这是日本军队传统的做法。但是库里将军没有同意。相反，他命令该指挥官将他的残留部队全部转移到另外一个据点集中兵力。影片中清楚地表明库里将军绝对是支持决一死战的，但是，他不赞同无谓的牺牲。此外，虽然战士为国捐躯的文化十分强烈，在最后一幕中库里将军还是表现出在为国捐躯和为家而活之间进行选择的强烈挣扎。

另外一名"非常态"的日本人就是赛国。从影片一开始赛国就抱怨为什么要挖战壕，他觉得保卫硫磺岛本身就毫无意义。他的战友对他说，保卫硫磺岛就是保卫日本的神圣祖国大地的一部分，赛国的回答是这个岛屿没有任何神圣可言。

对于赛国，最重要的是为他的妻子和孩子活下来。为国而战的荣誉对他来说没有意义。他的这种把家人放在国家之前的思想与几乎所有其他士兵的思想都格格不入，因为大家都已经做好了为国献身的准备。

2. 情绪中性化

日本人在控制情绪的表露上很有功力，即使在本来应该情绪很强烈的时候也是如此。日本人认为越能控制情绪的人越有尊严，但有时不免经历内心的挣扎。在影片中表现得最明显的有两个场面。

一个场面是在收到征兵通知的时候。赛国当时给出的是一个标准的回答："为国参军我感到光荣。"他理解这种仪式性的回答。相反，他的妻子却违反传统提出了抗议。在她大哭的时候，旁边的一位老妇人就不屑她的行为并提醒她"至少她肚子里还有一个后代去纪念他"。尽管被征兵的消息让人情绪汹涌，在日本文化中却要求用冷静、标准化的仪式去冲淡情绪的影响。相反，在美国的家庭，当人们收到征兵通知时，士兵和妻儿号啕大哭被看成是十分正常的现象。

另外一个是开除士兵的场面。从影片一开始就展现了一个不赞同库里将军做事方式的士兵，此人在背后讲了很多关于将军的坏话，并且在其他士兵的心里埋下了对将军疑心的种子。后来，库里将军发现了他的极具破坏性的行为，十分生气。但是他没有大发雷霆，也没有对他大声训斥。在开除他的时候，只是用中性的口吻叫他回乡休息。相应地，士兵也只承认自己"水土不服"，没有任何情绪发作。

3. 搭建文化桥梁

虽然电影的大量篇幅都在描写战争本身及日、美文化之间的差异，但影片最让人震撼的一点却是在如何突破文化障碍上。库里将军和尼旭都有在美国生活的经历，而且都会说英文，因此他们对美国的文化别有洞见。他们用自己对美国文化的了解来教育日本士兵对美国人思维方式的认识。虽然刚开始有人怀疑他们的忠诚，但最后大家都认识到他们"以其人之道还治其人之身"的智慧。

尼旭以自己曾是奥运冠军的名声与一位名叫三木的美国士兵建立了关系。一开始日本士兵对尼旭用宝贵的药物去治疗三木的伤病十分不满,因为三木在他们眼里就是一个无姓无名的敌人,对他毫无同情可言。三木死后,尼旭给大家念了一封三木母亲写给他的信。听着来信,士兵们想象到自己的母亲也可能写出同样的信,那就是盼望儿子早日平安回家,盼望战争早日结束。于是,三木在他们心中变成一个与他们一样的活生生的人,一个有家有母亲的人。其中一名士兵因此决定逃跑,他意识到用自己的生命去杀害美国士兵实在不值得。

由此可见,能够跨越文化鸿沟的人更能站在全局看问题,从而设计出更有效的打击敌人的战略方案;与此同时,对两种文化都有深刻了解的人也更可能站在个体的角度来对待人,而不是简单地用"战友"和"敌人"的标准,因此清楚地看到人的共性,并采取人性化的行为。该影片虽然是一部战争片,挖掘的却是文化和人性的共通之处,并借助硫磺岛这一注定失败的战役来揭露战争本身的丑陋和对人性的毁灭,可谓独具匠心。

4.7　美国影片《迷失在译文中》

《迷失在译文中》(*Lost in Translation*,2003)讲述的是一位美国著名演员鲍勃在日本拍广告片期间遭遇的一些经历,其中特别的是巧遇一位年轻的美国女孩。女孩叫夏洛特,其丈夫是摄影师,带她一起来日本旅行,但因为自己工作繁忙,不能陪伴女孩。恰巧他们住在同一家酒店,闲来无事的夏洛特和鲍勃在酒店的酒吧相遇,迅速结下了轻松的友谊。两人身处异乡,一起经历了几次事件,从中体验到日本和美国文化的差异。

首先,从表面上看,日本文化似乎非常正式;当鲍勃第一次到达酒店时,他立即被西装革履的日本商界人士接待,他们热烈欢迎他的到来,恭敬地递上名片和礼物。而鲍勃既不能理解日本人的肢体语言,也不能确定应该如何处理名片,因为在美国递名片往往没有如此隆重。其次,许多美国和日本之间在个体主义与集体主义价值取向上的差异也巧妙地融入了情节。美国强调个体主义,每个人都应该照顾自己。所以夏洛特的丈夫认为自己去上班的时候她应该可以自己安排时间,出去观光,自娱自乐。鲍勃一个人在日本拍广告片,没有带妻子来,也很自在。然而,日本具有集体主义文化,常常表现为一个团体一起做事,增强团体成员的归属感。比如,下班后与同事一起唱卡拉OK,参加朋友及家人的婚礼,表现出较强的相互依赖性。但有意思的是,夏洛特并非典型的美国人,她的个体主义倾向不那么强,反而更具有互赖自我的概念,因此当丈夫离开她去上班、她一人独处的时候,就感觉自己是一座孤岛,无依无靠,因此变得日益不安,无聊,沮丧。她似乎失去了自我,非常迷茫。

1. 个体主义—集体主义

日本的集体主义文化在电影的卡拉OK场景中体现得较为鲜明。在美国虽然也有卡拉OK,但一般大家都是在酒吧和餐馆的陌生人面前公开演唱。唱歌的人在一群陌生人面前"炫耀",而且也不担心自己在这些人面前出丑。在影片中,鲍勃和夏洛特偶尔被邀参加日本人的卡拉OK，才发现他们基本是"闭门造车"，只与亲密朋友在一个私密的环境中进行。

另一个表现个体主义—集体主义导向的方面是人们的行为是由内心愿望态度驱动还是社会规范驱动。在影片中我们看见，日本人在上班时、在职场中的行为表现都非常中规中矩，无论穿着打扮、说话方式、肢体语言，还是对长者或高地位者的态度，都能看到不同人之间的强一致性。但我们同时也看到，在下班之后的娱乐场所，大家的表现竟可以如此疯狂，完全没有了拘束，自由表现。当然，这种所谓的"自由表现"其实已经成为被大家接受的社会规范，大家在不同的场合做出适合于那个场合的举动。

而鲍勃和夏洛特则是游离于日本社会规范之外的外国人和旁观者，他们虽然不需要遵守这些规范，但是这些规范本身还是影响到了他们在日本的经历和体验。影片通过他们的眼睛反射出日本文化与美国文化的不同之处，有时虽然不免夸张幽默，但也不失真实。

2. 沟通语境

除了个体主义和集体主义导向，其实该影片聚焦最多的是在日本人的沟通方式上。这是一个很有趣的重点，因为当年爱德华·豪尔先生提出沟通语境的概念就是基于自己在日本生活观察多年的体验。现在导演为索菲亚·科波拉也把这一点突出出来，并在影片的题目中加以强调，可谓是"英雄所见略同"了。

最典型的场景就是在影片开始，鲍勃在拍威士忌广告，其表演不如导演的意，导演要翻译传达自己的指导语。这个指导语很长很详细(低语境)，但总而言之是要鲍勃表现更多的激情和强度。然而，当翻译用英语向鲍勃传达信息时，她忽略了所有的细节，只说需要激情和强度(高语境)，让鲍勃不知所以，"迷失在译文中"。

低语境沟通直截了当、简单明确，但高语境沟通则含蓄婉转、意味深长。日本人的沟通语境之高可能位于全球之首，这一点影片中有众多表现。比如，鲍勃参加了一个日本的电视搞笑节目，主持人采访鲍勃，让他即兴表演。而鲍勃连这个节目是什么也不知道，也从来没有看过这台节目，主持人也没有给他事先的准备或者剧本，而且当场连个翻译也没有，让鲍勃丈二和尚摸不着头脑，即兴表演也无法进行。日本人则觉得鲍勃非常无知，完全不在状态，其表现反而对威士忌商业集团的信誉起到了负面的作用，因此非常生气。但他们也不直接表达，弄得鲍勃不知所措。

可能由于文化情景，也可能因为语言不通，作为一个直截了当沟通的美国人，鲍勃到了日本以后，其沟通方式也发生了较大变化。对于自己不明白的东西，他并不直接提问，而是试图去猜。而夏洛特本身的性格比较内向，也不是典型美国人直截了当的那种，因此在很多场合，鲍勃和夏洛特这两个美国人之间的沟通也显示出相当高语境的特色，他们之间对话不多，但常常一个眼神、暗示或相视而笑就表达了共鸣和理解，具有相当的默契。

相反，夏洛特的丈夫虽然能够完美地用英语(低语境)与夏洛特沟通，但却常常不能读出夏洛特肢体语言中隐藏的含义，无法捕捉夏洛特细微的表情变化，只得到表面的理解，这是两人在信息语境上的不同。在日本期间，因为丈夫每天要出去上班，时间是被计划好的，一件一件事情都事先安排了；而夏洛特没有固定的时间表，因此两个人的时间语境也十分不同，给沟通增加了障碍。正是这些与丈夫沟通语境的不匹配，造成了夏洛特心理上很大的失落和痛苦，在异国他乡的日子变得难熬。幸亏遇到了鲍勃这个与她正经历相似精神感受的人，孤独的感觉才有所缓解。

高语境沟通的另一种表现形式是不通过语言文字而是通过音乐和幽默表达含义。如果仔细观看，大家会发现影片用音乐为重要工具来表达沟通的情绪和质量。在家庭聚会和卡拉OK场景中，每个人都唱了美国歌曲；虽然他们没有聊天，但彼此的认同感通过熟悉的音乐体现了，而且唱歌本身也增强了大家的情感交流。此外，在尴尬和沟通不畅的时刻，音乐也被作为一种工具来较为夸张地表现文化差异。例如鲍勃在拍广告片的时候配了很多日本流行音乐，而他独自一人在房间时，电视节目播放着俗气的古典音乐，就是衬托这种对比。

幽默是电影显示高语境沟通的另一种方式。从鲍勃和夏洛特开始互相交谈的那一刻起，他们很快就发现彼此很容易沟通，两人几乎同时松了一口气。两个人对对方的机智和讽刺都能心领神会，几乎不用说话，一点头、一瞥、一笑就把要说的都表达出来了。

但面对日本人的时候，鲍勃就完全无法与他们产生这样的默契。在日本脱口秀节目场景中，鲍勃是应邀嘉宾，但有许多完全用日语表达的面对面的幽默，他几乎浑然不解。我们从鲍勃的反应中看出，幽默很难跨文化共享。一个笑话可以让一个文化语境中的人笑得前仰后合，但让另一个文化语境中的人却觉得丈二和尚摸不着头脑。用强皮纳斯的话来说，"幽默是主观的，依赖于情景的；情景决定什么是有趣的，因此情感可能是一种随意的运动。"

另外一点要说明的是，尽管整部影片中表现出来的许多沟通错误是由语言障碍引起的，但很明显，说同一种语言并不一定能够进行有效的沟通，可见沟通情景要素的重要性。夏洛特与丈夫讲的是同一种语言，鲍勃和他的妻子讲的也是同一种语言，但前者的信息语境和时间语境不同，后者的时间语境有异(主要是由于时差)，夫妻之间的沟通有效性就下降，进而影响二人的亲密关系。影片向我们表明，有效沟通所需的不仅是共同语言，还需要情绪和情感的关注和投入。

4.8 印度影片《雨季婚礼》

印度女导演米拉耐尔的《雨季婚礼》(*Monsoon Wedding*，2002)上映后轰动电影界，好评如潮。影片讲述了发生在新德里一个印度大家庭里的错综复杂的故事，涉及印度人的家庭观念、爱情观念、等级观念、现代西方文化与古老印度文化的冲突与调和等多方面的印度文化特征，为我们了解当代的印度文化提供了很好的窗口。故事情节跌宕起伏，引人入胜，场面宏大热闹，人物多，关系杂，却又叙述得非常清楚。虽是喜剧，有许多叫人忍俊不禁之处，却又触动人内心的心弦，让人感动落泪。喜中有悲，痛中有痒；表面的欢乐背后有让人无法启齿的隐情；冲动热烈的感情之中包含冷静的理性。《雨季婚礼》把我们带进一个独特的世界。

故事的主人公主要有6个：一个是新娘的父亲，是一家之主，既传统又慈爱，对家庭负有重大责任，是婚礼的主办者；一个是新娘的表妹，从小母亲去世，所以与新娘一家非常亲近；另外两个是新娘新郎，他们是父母包办的婚姻，婚礼之前几乎没有接触，新郎是从美国归来的工程师，善解人意，新娘虽同意了父母的包办，却同时与另一个有妇之夫有着纠缠不清的感情关系；还有一个是婚礼承办人，来自社会底层，心地善良，却又强装现代，装酷，声称独身主义；另一个是新娘家的女侍佣，社会地位最低，敏感细致，温和顺从，有一颗待嫁的心。

影片的开始讲述的就是准新娘在婚礼前几天去找与自己有感情纠葛的有妇之夫，希望能与他有个结果，因为她虽然答应了父母包办的婚事，却仍然想找到自己的感情归属。没想到有妇之夫竟然嫌她麻烦，把她甩在路边。父亲此时已全力投入张罗婚礼的事，一直不断地与婚礼承办人发生争执，因为他想要的是传统的印度婚礼，而婚礼承办人成天向他推销现代前卫的婚礼方式。从澳大利亚回来的儿子发现自己难以融入印度文化。从美国休斯敦回来的新郎发现准新娘的异常，就让她把事情讲清楚，告诉他事实真相。然后，他出人意料地对她的行为表示理解和尊重，并因此赢得了她的芳心。

与此同时，声称独身主义的婚礼承办人突然坠入爱河，爱上了与自己地位不等的新娘家的女侍。在这些事件堂皇发生的同时，一件家庭丑事正在悄悄侵蚀婚礼，并可能使整个家族蒙羞。影片在大家都知道了这个秘密，父亲决定站出来保护自己的侄女的时候达到高潮，全家由此对父亲更生敬意。在婚礼到来的那个夜晚，暴雨从天而降，但整个家庭的男女老少却在雨中狂欢，仿佛这是他们生活中最美好的一天。

影片表现出了几个很强的印度文化特征：其一是男权文化，男性的勇气和荣誉是受人尊敬的基础，婚姻由父亲安排，婚礼由父亲操办；其二是集体主义弥散型人际关系，人与人之间只要进入对方的公共空间，就很容易进入私人空间，大家无所不谈，无所不分享；其三是情绪外露感性，人们动作表情夸张，通过非语言的间接方式表达情绪和冲突；其四是森严的社会等级，通过广为人知的种姓制度表现出来。下面就这些维度对影片进行分析。

1. 男权文化

影片中虽然女性很多，但可以看出真正能做主的有影响力的仍然是男性。父亲包办婚姻，操办婚礼，虽有与母亲商量的镜头，但做决定的都是父亲。有妇之夫抛弃准新娘，新郎又原谅新娘，都是男权的显示。

男权表现最鲜明的就是那个多年来不为人知的家庭秘密。新娘的表妹性格开朗、懂事、知书达理。由于父母早逝，所以从小与新娘一家关系亲近，甚至将新娘之父看成自己的"父亲"。然而多年以来她心里却始终藏着一个秘密，那就是在她年幼时，曾遭到一个颇有权势的远房叔叔的猥亵。因为其显著地位，这位叔叔也被邀请来参加婚礼，依然是道貌岸然的样子，受到所有亲戚的尊敬和款待。有一天傍晚，大家围坐着聊天的时候，叔叔走过来，邀请一个小女孩(某个亲戚的孩子)跟他去玩，表妹非常警觉，就跟着过去，当面指出了自己当年曾经遭到的侮辱，并要求他放开女孩。众亲友闻声而来，表妹只能忍住愤怒离开现场。经过很长时间的反复思想斗争，她终于决定将此事告诉父亲，向他求救。父亲开始不信，相信之后却不能立刻决定，因为他不希望得罪那个"叔叔"，更不希望与其发生正面冲突。表妹失望之极，决定离开，不参加婚礼。最后，父亲决定保护侄女，当众宣布与"叔叔"切断关系，并要求他当场离开，不得参加婚礼。叔叔猥亵侄女，侄女忍受这个侮辱多年，最后，还得通过父亲来伸张正义，更加戏剧性地显示了印度文化中的男权思想。

2. 集体主义弥散型人际关系

影片多处都表现了印度文化的集体主义弥散的人际关系。比如婚姻是由双方父母包办的，而不是自由恋爱的结果。这个习俗至今存在，而且被社会的知识阶层所接受和实践。现实生活中，很多印度人的婚姻都是这样结成的。这说明在印度，个人的欲望诉求要服从于家庭利益的倾向。此外，众多亲戚从世界各地赶来参加婚礼，亲戚之间非但不是无话可说，却显示出许多彼此之间的了解，显然是大家一直都互相关心着的，而且大家相见以后没有隔阂，可以尽情尽兴地交谈各种涉及隐私的话题，比如性生活、结婚的需求、个人对家庭的价值等，完全表现出卢温提出的G类人际交往模式。

3. 情绪外露感性

印度文化的情绪外露感性在影片中暴露无遗。影片中的人物从头到尾都是七嘴八舌、高声说话。与其他印度影片相似，舞蹈也是该片的一个重要表现部分。那些美丽直露的舞蹈动作、亲密的身体接触、强烈的肢体语言，都表达了浓烈的情绪感受和体验。影片的色彩也是异常浓烈，以大红金黄为主调。女人的沙丽都色彩鲜艳，化妆也很浓厚，并且大家都不在意激情的表达。比如从澳大利亚回来的儿子爱上了一个在婚礼上认识的女孩，半夜里偷偷跑去对方的房间与之亲热，正好被夜半归来的新娘撞见，也没有表现出不好意思。后来还在公开场合上台与之跳激情舞表达感情，被大家叫好。

然而，在描述婚礼承办人与女侍的爱情发展时，影片却表现了另外一种感情表达方式：含蓄深沉。也许是个性的关系，也许是社会地位的关系，这二人之间从来没有直接大胆的爱情表白。侍女从来不敢正眼看别人，在低声下气的同时保持自己的尊严。她也从来没有正眼看过婚礼承办人，只是通过细微的肢体动作表示出自己的好感。婚礼承办人虽然装酷，但见了女性似乎更加羞怯，说不清话，与他跟父亲谈生意时的表现判若两人。最后，他鼓足了勇气，也只是用鲜花做了一个心形的花球，捧在自己的胸前，在一个有月亮的夜晚去向女侍求爱。这一段感情的表现说明在整个文化具有浓烈情感色彩之下，依然存在着鲜明的个体差异。

4. 森严的社会等级

以家庭为背景安排婚姻，本身就显示社会等级的重要：重要的不是个人的成就，而是这个人所属的家庭。这可能是印度社会得以延续种姓等级制度的一个重要因素。影片中表现出来的另一个等级层面是使用的语言：英语和印度语。说英语的似乎比说印度语的要高人一等。从澳大利亚回来的儿子，从美国回来的新郎，甚至间或说几句英语的婚礼承办人，都从侧面表现出这一点。

最明显的是女侍的行为举止。她因为深知自己社会地位的低下，所以总是归顺服从，低眉顺眼，从来不奢望得到来自比自己社会阶层高的人的青睐。当她感觉到婚礼承办人对她的感情时，心中充满了喜悦。另外一件表现社会等级的事件发生在新娘找不到自己的头簪时，大家第一个想到的就是女侍偷了头簪。要不是婚礼承办人偷偷看见女侍在整理新娘的房间时在镜子前悄悄试头簪，然后看见她把头簪放回去，并站出来为她讨回清白的话，女侍就可能被冤枉被开除了。

另外的表现是婚礼承办人发现自己爱上女侍之后的复杂心态，因为女侍的社会等级比他低，所以他的思想斗争很厉害，这种思想斗争本身反映的就是对社会等级的敏感。最后，他战胜了这个障碍，这说明他自己追求的现代思想占了上风。

4.9 反映法国、印度文化的影片《百尺之旅》

《百尺之旅》(2014)这是一部根据理查德·莫莱斯(Richard Morais)的同名小说(*The One-Hundred Foot Journey*) 改编，由瑞典籍著名导演Lasse Hallstrom导演的好莱坞喜剧电影，它表现的是法国和印度文化的差异。电影以饮食文化作为切入点，描述法兰西文化的特点，由英国著名演员Helen Mirren(海伦·米伦)扮演的法国餐馆老板娘及其副主厨玛格丽特表现出来。这家餐馆的名字叫"哭泣的杨柳"，闻名小镇，得到米其林一颗星。影片也描述了印度文化的特点，由印度著名演员Om Puri(欧姆·普瑞)扮演的爸爸和他具有烹饪天分的儿子哈桑来表现。哈桑一家曾经在印度开餐馆，后来遭遇火灾，母亲因此丧生，全家决定申请难民逃到伦敦，可是生意不佳，于是决定在欧洲另找地方开餐馆。他们开着一辆破车，装着所有家当，来到这个法国小镇时，车胎爆了，只能停留下来。命运就这样安排他们把餐馆开在了那家生意兴隆的法国餐馆的对面，取名"孟买豪庭"，两家餐馆正好相距一百英尺。好戏就这样开场了。

1. 事业成功还是亲情家庭

法国餐馆的老板娘多年来有一个心愿，那就是把米其林一颗星的餐馆变成米其林两颗星。为了实现这个心愿，她刻苦钻研烹饪，并且精心培养接班人。但是几十年来，餐馆还是停留在米其林一星的水平，令她怅然。如今，在自家对面居然又开了一家如此不入流的印度餐馆，公然与自己竞争，怎不令人张开战斗的利爪，将其消灭在萌芽状态？

在印度餐馆正式开张之前，老板娘就前去侦察了一番，并遇到哈桑及其家人。哈桑20多岁，从小和母亲学厨艺，而且天生有着灵敏的嗅觉和味觉，对烹饪有着浓厚的兴趣，不管是印式烹饪，还是法式烹饪，他都愿意钻研。哈桑心态开放，因此在餐馆开张之前，就和老板娘分享了菜单。没想到老板娘利用这个信息，去市场把菜单里需要的食材一扫而空，让印度餐馆开张不利。在这种紧急情况下，哈桑只能另起炉灶，即兴创作，来满足前来就餐的客人的需求。为了反击，当哈桑的爸爸了解到老板娘需要用鸽子来烹饪一道名菜招待本地名人的时候，便买断了菜市场里所有的鸽子，给老板娘难堪。哈桑得知此事后，心有内疚，悄悄地按照法式菜谱做了鸽子这道菜，然后送到对面的法国餐馆帮老板娘应急。

老板娘这才发现了哈桑的厨师天赋，为了排解内疚，她邀请哈桑到自己的餐馆练习厨艺，并且亲手教他法式烹饪的细节、要点和诀窍。哈桑的厨艺大涨，而且凭借自己的悟性，他还能够把印式烹饪法和法式烹饪法有机地结合起来，创造出"印中有法，法中有印"的美味佳肴，名声大振，成为法国著名厨师，被邀请到巴黎的高档餐厅工作。哈桑的事业得到极大的发展和成功，成为名人。他的头像出现在杂志的封面，有时也上电视表演。但是，他的内心却越来越不快乐，除了工作，一个人喝闷酒的时间越来越多。终于有一天，他决定放弃巴黎的工作，回到老板娘、玛格丽特和自己家人所在的幽静小镇。

令人吃惊的是，回到小镇之后，他没有在自家的印度餐馆工作，而是去了老板娘的法国餐馆当主厨，与玛格丽特一起工作，最后帮助老板娘把"哭泣的杨柳"做成米其林二星餐馆，实现了老板娘多年的心愿，也让自己的事业再上了一个台阶。

很显然，在这部电影里，作者和导演没有像霍夫斯泰德那样，把事业成功和亲情家庭看成不可协调的两个价值取向，而是通过餐馆和美食这个载体，将两者融合成"你中有我，我中有你"、彼此可以兼具的价值观，很好地解决了长久以来人们认为"鱼和熊掌不可兼得"的问题。

2. 铺张奢华还是勤俭节约

从表层文化来看，两个餐馆所携带的基因非常不同，尤其表现在勤俭节约还是铺张奢华这个价值取向上。"哭泣的杨柳"是一个非常小资的名字，该餐馆是一幢三层楼的法式洋楼，外表华丽雅致，里面的装修精致豪华，非常有品位。前来用餐的人也是盛装赴宴，具有皇家贵族的气质。餐厅的整个氛围温馨可人，小提琴音乐在背景之中衬托出就餐环境的高雅文气。

相反，"孟买豪庭"听起来就比较土豪粗俗，餐馆的装修也相当简陋，只立了一块看上去像Taj Mahal(泰姬陵)的假牌坊在大门口。餐馆的大部分桌椅都在户外，就像大排档一样，而且大声播放着充满民族特色的印度音乐。此外，印度人勤俭节约的习惯在哈桑一家身上体现得自然充分。比如那么破的车居然还是他们的主要交通工具，与修车老板讨价还价，在租房开餐馆时与房主杀价，等等。当然他们餐馆的菜价比较便宜，而对面法国餐馆的厨房中的器具齐全(全部是不锈钢)，食材考究、昂贵，每一道菜都价格不菲。

3. 通过爱情和美食融合文化差异

影片描述了两个爱情故事，一个是哈桑和玛格利特的故事，另一个是法国餐馆老板娘和哈桑的爸爸的故事。两个年轻人的爱情故事从一开始就发展得很顺利，不仅因为他们本来就在容易相爱的年龄，还因为他们都具有文化开放的心态，不受自身成长的文化约束(也许是全球化经济对年轻人的影响)，更重要的是他们有制作美食的共同兴趣。玛格丽特从一开始就表现出对哈桑一家的热情，当她发现他们在路边彷徨时，主动带他们去修车的地方，而且还把这一家子带到自己的住所用餐，让他们品尝自己制作的冷餐美食，让哈桑的爸爸很欣赏。玛格丽特与哈桑后来在街上偶遇发现了对方的身份后，她更是热情地把法国菜谱借给哈桑，让他了解法国美食的制作方式和诀窍。在玛格丽特的影响下，哈桑每天都认真钻研法国菜谱，一道菜一道菜地琢磨并尝试制作，手艺得到很大提高。在此过程中，他还把印度菜的制作方式和用料融入法式菜的烹调之中，结果创造出非常独特的美食。而他们的感情在此过程中不断加深，一直发展到相恋相爱。

而年老的那一对的情感发生过程，就要复杂很多，基本上是从"仇人相见分外眼红"开始，几经波折，才了解到彼此内心深处的共鸣和诉求，从而达到同舟共济的状态。老板娘有着极为鲜明的个性和棱角，讨厌印度美食，甚至不能容忍印度食品中使用的香料味道，而且本能地有着对法国文化的优越感，经常伶牙俐齿地挤兑哈桑的爸爸和他所代表的文化。而爸爸的性格圆润，总是不愠不怒，不管对方如何诋毁、威胁，他坚信自家的美食有文化底蕴，自己的儿子有烹饪天赋，其经过努力，总有一天会赢得当地法国人的心。老板娘和爸爸之间的唇枪舌剑从一见面就开始发生，一直到法国餐馆的工作人员为了赶走"孟买豪庭"，在该餐馆的外墙上写了非常不堪的语言，老板娘亲自拿水桶和刷子，冒雨去洗刷掉墙上的字那一刻开始，他们的关系才算缓解过来。而正是在那一刻，爸爸开始看到老板娘的真正为人和内心，他们的关系从剑拔弩张转变成和平友好，继而开始欣赏对方，对对方动心。

以美食为媒介，具有不同文化背景的人走到一起，了解对方，彼此融合，产生爱情。美食在电影中其实是一个比喻。在现实生活中，很多人因美食走到一起，尤其是在"民以食为天"的中国。餐桌也许是消除文化隔阂的最佳场所，因为对美食的判断和追求，触及的是人类根本的共性，在那一刻，文化差异不复存在。

本章小结

通过对这9部影视作品的文化分析，我们可以看到跨文化理论作为分析工具的有效性和可以达到的深度。当然，这并不意味着有了这些理论，我们就可以理解一部电影可能包含的所有层面，因为文化的广度和深度不是靠几个理论就能全部吃透的。但是，至少这些理论能给我们提供比较好的视角，让我们抓住最重要的方面对不同文化进行比较，从而在较短的时间内比较准确地了解和掌握一种社会文化的基本轮廓。

本章的解读基本以目标文化为主，没有专门找一个比较的文化对象来做对比解读，这只是一种方法，也可以采用其他的方法，如以中国文化为基本参照对象，对目标文化在不同维度上进行比较，从而找出中国与其他国家之间的"文化距离"。这里的距离不是指先进与落后的距离，而是指可以计算的文化间的几何物理距离。有了这样的了解之后，去他国经商、工作、学习或旅行就会胸有成竹。

另外值得指出的一点是，有的社会在抽象的文化维度上可能得分相似，但表现却可以千姿百态，各不相同。比如说，中国文化和拉美文化在很多维度上都相近，比如在霍夫斯泰德的4个维度上，这两种文化都被归为集体主义，有较高的权力距离，对生活的不确定性有一定的容忍能力，并强调人际关系的和谐。但集体主义在中国的表现是忠于自己的内群体，如工作团队、单位和朋友；而拉美人的表现是突出对家庭无比重视，不仅是对小家庭，还包括大家庭(扩展的、远房的家庭)。另外，中国人对内群体的忠诚常常表现在压抑自己的情感和利益而顾全集体，在一定程度上有悲壮意味；而拉美人却喜欢夸张个性，在自己所属的集体里自由表现，彼此间亲热无比，哭哭笑笑，搂搂抱抱，毫不掩饰自己的情绪。

对这分数相似而表现不同的解释至少有两种。一种解释是不同的国家有不同的历史背景，不同的经济发展阶段，它们的气候地理环境不同，起居饮食不同，语言思维方式不同，人文传统不同，所以，即使同是集体主义占主导，具体表现也可迥异。另一种解释是这可能在几个维度上相似，但在其余的维度上不同，那么，在不同维度上的表现就会影响相似维度上的行为。再看中国文化与拉美文化的例子，虽然在霍夫斯泰德的4个维度上两种文化相似，但在强皮纳斯的中性文化—情绪文化的维度上，在追求个人成就上两种文化却相距甚远，因此在行为表现上，从这两种文化中出来的人就显现出很大的不同。在这个意义上，我们在提倡对文化差异有鲜明意识的同时，应该努力寻找不同文化之间的共性，从而达到彼此理解、共同合作的境界。

思考题

1. 用跨文化理论解读这些电影有什么优点？有什么缺陷？
2. 请用跨文化理论来解读如下电视连续剧：
- 《泰特·拉索》(*Ted Lasso*)：英国和美国文化
- 《艾米莉在巴黎》(*Emily in Paris*)：法国和美国文化
- 《鱿鱼游戏》(*Squid Game*)：韩国文化
- 《三十而已》(*Only* 30)：中国文化
3. 是不是所有的电影(包括各国本土影片)都可以用跨文化理论来解读？ 请说明理由。

本章参考文献

[1] Julia Reichert, Steven Bognar. America Factory. Netflix, 2019.

[2] Lee Unkrich. Coco. Walt Disney Studios Motion Pictures. 2017.

[3] Marjane Satrapi, Vincent Paronnaud. Persepolis, Sony Pictures Classics, 2007.

[4] Mizuta Nobuo. The Apology King. Toho, 2014.

[5] Mira Nair. The Namesake. Bollywood/Indie Film, 2007.

[6] Eastwood Clint. Letters from Iwo Jima. Warner Brothers Pictures, 2006.

[7] Sofia Coppola. Lost in Translation, Focus Features, 2003.

[8] Mira Nair. Monsoon Wedding. USA Films, 2002.

[9] Hallstrom Lasse. The One-hundred Foot Journey. Touchstone Pictures, 2014.

第 5 章

跨文化谈判

　　谈判是一项重要的商业活动，决定企业运作，以及企业与供应商、推销商的关系，也是决定企业经营成败的重要一环。谈判的实质其实是沟通，因此，在第3章中讨论的所有有关沟通的知识和技巧都可以应用到商业谈判中。

　　除此之外，商学院常常把商业谈判作为一门单独的课程，用模拟实操的方式来教学生掌握基本的手段和策略。本章中将会对这些基本概念做一个简要的描述。

　　跨文化谈判与其他谈判最不同的地方，就是文化因素的介入。成功的跨文化谈判可为个体、公司、国家带来益处。中国这些年来成立了很多合资企业，引入了很多外资企业，也有很多企业走到国外，都是成功的跨文化谈判的结果。此外，合资企业在中国的成功运作，其实也是中外双方不断协商谈判的结果。在本章中，将会比较来自不同国家文化中的人的谈判风格，并讨论跨文化谈判中存在的陷阱和误区，从而提出一些有效的策略以促进跨文化谈判的成功。

5.1　谈判的基本概念

　　谈判是指一个利益共同体的双方为了取得对自己有利的结果而进行协商的过程。这个定义中包含三个重要前提。

　　① 谈判双方有利益上的相关性，有一个共享的目标。换言之，两个利益对抗的个体或群体是不可能走到一张谈判桌前的。

　　② 谈判双方需要合作才能达到利益最大化，但同时又存在利益上的冲突。这个冲突产生的主要原因是双方具有互赖互补的关系：一方做的事情多，另一方需要做的事情就少；一方在利润分享时提成高，另一方提成就低。

　　③ 双方都是理性的，都希望追求利益最大化，因此才需要与对方协商。

　　不过有意思的是，在商业谈判中，人们通常会带着一种"非赢即输"甚至"你死我活"的心态进入，把谈判的对方看作自己的对手(有时甚至是敌人)，去争高低、比输赢或者打败对方。这种心态的出发点来自将双方可能形成的共同利益看作一块大小固定的不可变化的"大饼"，所以如何分割大饼变成主要目标。

其实，一定切记谈判的对方是与自己的利益捆绑在一起的合作者，应该注重的是如何将"大饼"的整体体积增大，从而取得双赢或多赢。谈判绝非"零和游戏"，要注重的不仅是自己的收益(individual gain)，还要看整体的收益(joint gain)。在关于如何谈判的研究中，经常使用以下这些概念。

1. 谈判者是否占上风

谈判者是否占上风(best alternative to a negotiated agreement，BATNA)这个概念由费希尔和尤瑞(Fisher，Ury，1981，1991)提出，指的是如果目前的谈判不成功，谈判一方可以达到目标所存在的其他可能性。如果除了与目前这家谈判可以达到目标之外，你还有很多其他可以谈判的对象，那么和这家谈不成的问题也不大，这样你的BATNA就很高，你就占上风。反之，如果除了这家之外，你基本上没有别的办法实现你的目标，那么你的BATNA就低。此时，你就应该尽量争取与这家谈成。很显然，一个人对自己的BATNA高低的估计、对对方的BATNA高低的估计，都会影响这个人谈判底线的确定和谈判时的行为表现。

BATNA的表现形式多种多样。比如你想买一辆新汽车开车上班，正在与卖车的经销商谈判。你的BATNA是另一家车行对款式、性能、品牌完全一样的汽车的报价，也可以是坐公共汽车上班。如果是前者，你的谈判底线就会比较容易确定(把另一家车行的报价作为底线)；假如是后者，那么你的价格底线就不容易确定。不管怎样，在谈判之前想想自己的BATNA，也想想对方的BATNA，能帮助你获得对双方都有利的结果。

很显然，BATNA高的一方在谈判中更占上风，更有主动权，更有回旋余地，也更有讨价还价的权力；相反，一个人的BATNA越低，就越没有回旋余地，被对方牵着鼻子走的可能性就越大。

2. 谈判者的立场和利益

谈判者在谈判之前，常常都已经明确自己想要什么，不想要什么。用谈判术语来描述，就是对自己的立场(position)和利益(interest)有明确的自知。立场指的是谈判者想要得到的具体结果，如最低价格不能低于400元/件；年薪必须100万元以上，即我们常常说的底线(reservation price)。

利益指的是隐藏在立场背后的原因。比如为什么每件价格不能低于400元？是为了保证公司的利润超过20%？还是为了明年公司有更多的资金招聘新员工，扩大生产规模？再比如为什么年薪不能低于100万元？是因为另一家公司已经同意给你这个年薪？是因为这个年薪比与你同时毕业的其他同学都要高？还是因为拿到这个年薪你父母就会为你感到自豪？大家看见了，一个立场背后可能有着众多不同的原因，而这些原因才是谈判者的根本利益所在，其实也是谈判者最关心的东西。立场只是一种表现形式而已。站在这个角度来看，**谈判的时候关注利益要比关注立场本身更容易使谈判达到良好的效果**。

举个简单的例子。两兄弟争抢一个橘子，这两位个头差不多，力气也差不多，抢了半天也没有分出胜负，于是决定谈判。谈判的结果是两人决定平分，一人一半，公平合理。从表面上看，两位的冲突得到解决，应该高兴。可是妈妈发现他们并不高兴，一问才知道是怎么回事。原来这两兄弟在根本利益上没有冲突。妈妈问哥哥为什么要这个橘子，哥哥说他想榨橙汁；问弟弟，弟弟说他想用橘子皮做小橘灯。所以这里虽然两个人的立场有冲突，因为他们都想要整个橘子，但其背后的原因(利益)并不矛盾。因此，如果两个人在谈判的时候都关注利益的话，解决方法就是把所有的橘子皮给弟弟，而把所有的橘子肉给哥哥，那样彼此就各得其所、皆大欢喜了。

在工作情景中，假如你是部门主管，现在有一位副主管退休，职位有空缺，而你手下有两位员工都想升上来。他们俩资历相似，工作绩效也相近，而且与你的关系也差不多，提升谁呢？你不想因此事使其中任何一位不愉快，而降低他们的工作积极性，或破坏他们两人之间的关系。怎么办呢？与他们分别沟通以发现他们想当副主管背后的原因就变得很重要。很明显，两个人的"立场"有冲突，因为都想当副主管，而职位只有一个。但他们为什么想当副主管，原因可能就不同了。你在交谈之后，发现一位主要想通过晋升增加自己的工资和收入待遇，而另一位则把晋升看作锻炼自己管理能力的机会。这样，你就可以用其他方法去满足一位的经济需要，而提升另一位，从而圆满解决由职位有限带来的冲突。总而言之，关注利益应该是谈判者牢记在心的原则。

3. 谈判区间

之前我们提到过谈判底线的概念，在买卖双方的关系中，买方的谈判底线就是自己愿意出的最高价(超过这个价钱就不买)，而卖方的谈判底线就是自己愿意接受的最低价(低于这个价钱就不卖)。在雇佣关系中，雇主的谈判底线就是自己愿意出的最高工资，而雇员的谈判底线就是自己愿意接受的最低工资。谈判区间(bargaining zone)指的就是谈判双方底线重合的区域。这个区域可正、可负,也可以是零(即没有重合)。

举个例子，假如你是即将毕业的MBA学生，已经被一家大公司录用，其他条件都谈好了，就差工资这一项，现在给你的起薪是25万元，但你要50万元。如果谈成，你就会签合同上班。假如在你脑子里有一个年薪数，在30万元到50万元之间，但最低不能低于30万元，否则宁愿不去。而录用你的那家公司也有一个标准，像你这个层次的毕业生他们一般给的年薪在25万元到45万元之间，要看该学生以前的工作经历和表现，但最多不超过45万元。如果你要价过高，则公司宁愿放弃你。

在这个例子中我们可以发现，你的底线和公司的底线之间存在一个重合区域，那就是30万元到45万元，具体如图5-1所示。

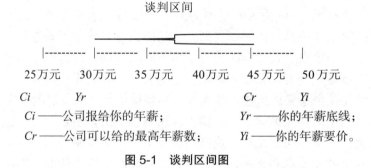

谈判区间

| 25万元 | 30万元 | 35万元 | 40万元 | 45万元 | 50万元 |

Ci $\quad$ Yr $\qquad\qquad$ Cr $\quad$ Yi

Ci——公司报给你的年薪； $\qquad$ Yr——你的年薪底线；

Cr——公司可以给的最高年薪数； $\qquad$ Yi——你的年薪要价。

图 5-1 谈判区间图

我们可以看出，这个从30万元到45万元的重合区域就是你们的谈判区间。在该例中，这个区间是正的，你们谈成的可能性应该很大，双方都妥协一下，往中间挪一挪，最后可能谈成的年薪在37万元左右。

但谈判区间也可能出现负的可能，也就是说完全没有重合。比如你觉得合理的年薪区间为30万元到50万元，但公司最多只能给到28万元，那么你们谈成的可能性就非常小。重合区间是零的情况就是公司最多只能给30万元，就在那一点上，如果你的BATNA很低的话，可能也就接受了。

4. 分布式谈判与整合式谈判

在谈判研究中，我们常常把谈判分成两大类型，即分布式谈判(distributive bargaining)与整合式谈判(integrative bargaining)。分布式谈判指的是分割大饼式的谈判，是一种在资源有限的情况下追求自身利益最大化的谈判，常常发生在只有一项事宜可以协商的时候。这时回旋余地有限，就特别容易出现"零和"心态，想赢过对方。相反，整合式谈判指的是在有多项事宜需要协商时，双方寻找不同的方法，来扩大"大饼"本身的体积，以满足彼此的利益需求，取得双赢的结果。

在只有一项事宜可谈，且谈判区间又不是正数的时候，要想取得良好的谈判结果会十分困难。如果采用分布式谈判的方法，那基本上就不可能达成交易。在这种情况下，是否可以想办法把一项事宜的分布式谈判转化成整合式谈判呢？如果我们能够把对立场的关注转化为对立场背后的利益的关注，也许就可以找出解决方案。下面这个发生在1978年美国戴维营的谈判就是一个例子。

埃及和以色列就西奈半岛的控制权问题进行谈判。双方的立场完全相悖：埃及要求收回西奈半岛的所有主权，而以色列自1967年的战争之后一直占领着西奈半岛，他们拒绝归还该半岛。最终，双方拒绝妥协，因为两边都认为将半岛一分为二的办法不可取。

这里很明显，两个国家的立场都是全权占有西奈半岛，谈判区间为负。怎么办呢？随着谈判的深入，双方发现其实除了明确半岛归属的问题，更重要的是要明确"为什么要占有半岛"，也就是搞清楚立场背后的利益问题。

随着谈判的继续，大家越来越明显地感觉到，虽然两国对于西奈半岛的立场水火不相容，但彼此的利益却并不冲突。以色列的潜在利益是维护国家安全，占有半岛可以帮助其抵御地面和空中的袭击；而埃及最主要考虑的是主权和领土的完整，因为西奈半岛几千年来都是埃及的一部分。这样，谈判就从一项事宜转化成两项事宜：半岛的属性、国家安全和领土完整。于是，这个本来看似没有解决方案的谈判突然有了转机。双方最后同意从彼此的利益着手，以色列将西奈半岛归还埃及，同时埃及保证不在岛上设置任何军事基地，还允许以色列设置一个新的空军基地。

从这个案例的发展过程来看，在"山重水复疑无路"的时候，如果能够从当前的立场上跳出来，而转向关注双方的根本利益，也许会出现"柳暗花明又一村"的局面，这也是从分布式谈判走向整合式谈判的关键一步。

5. 谈判的策略

美国著名谈判学者珍妮·布雷特(Jeanne Brett，2014)把谈判策略(strategies)分为两大类，一类称为"问答式"或Q&A(Question & Answer)策略，另一类称为"逼迫式"或S&O(Substantiation & Offers)策略。采用问答式策略的谈判者通过提问的方式了解对方谈判的最终目的、最关注的问题和利益诉求、最感到困扰的地方及现有的可以解决问题的工具和资源。他们从不咄咄逼人地询问对方的底线或上限，而是从比较容易讨论和透露的信息着手，一点一点把需要的信息搜集起来，然后找到能够满足双方需求的方案。很显然，采用问答式策略的谈判者心中怀着双赢的目标，没有要打败对方的心思，善于采用旁敲侧击的方式提问，耐心地倾听对方的陈述和说明。此外，使用问答式策略的谈判者必须信任对方，信任对方提供的信息都是真实的，有诚意与自己合作，致力于寻找使双方利益最大化的方法。

而在不知道对方是否可以信任的情况下，多数谈判者会采用逼迫式策略以避免自己被对方欺骗玩弄。逼迫式谈判策略的主要目标是影响对方使其让步，从而达到自己利益最大化的目的。因此，使用这个策略的谈判者就会采用多种威逼利诱的手段，让对方透露底线，不断让步，而自己则金口难开，不分享任何信息。当然，他们会经常提出一些方案，来试探对方是否答应。威逼利诱的手段包括表达同情、显示愤怒、流露挫折感、威胁、拂袖而去等。遗憾的是，通过逼迫式策略达到的结果往往不尽如人意，不仅在双方所得到的实际收益方面，而且在心理感受方面都不如问答式策略来得正面。

6. 整合式谈判的基本技巧

整合式谈判的目标是取得双赢，让谈判双方都得到各自所需，因此研究其成功的技巧就很重要。著名谈判学者普鲁特(Pruitt, 1983)曾经总结出五大技巧，很有现实意义。首先，让我们来看一看下面这个情景。

以客户为导向的制造商ABC公司，在竞争对手那里发现了一个出类拔萃的候选人，想要把他挖过来。公司里有两个部门——市场部和营销部都看中了他，因为他不仅是技术系统分析专家，而且对用户也有很深入的了解，是个难得的人才。与很多公司一样，ABC公司也将在公司内部运行系统计算机化，但公司里既懂技术系统又了解用户的人员十分缺乏。现在迫在眉睫的问题是，市场部与销售部同时都需要招聘这个人，如何解决这两个部门之间的冲突？

很显然，站在分布式谈判的角度，这里需要解决一项事宜，那就是究竟把这个人分到哪个部门。在这种情况下，可能有的解决方法有两个：

① 让两个部门自己去竞争抢人，看这个人对哪个部门更感兴趣，最后决定花落谁家；

② 先把人招进来，然后让他同时为市场部和销售部工作。但是，这两种解决方法都不是最理想的，有没有更好的方法呢？

如果我们站在整合式谈判的角度来看问题，解决方法就会更多，而这些方法的共同点就是双方从共同利益最大化的角度出发去寻找有创意的方法，创造性是关键所在。下面介绍5种技巧。

1) 设法获得额外资源

还记得前文提过的两兄弟抢橘子的例子吗？假如现在这两兄弟又在抢电视遥控器，一个要看卡通节目，另一个要看体育节目，而家里就这一台电视机，两个人就有了冲突。妈妈可以说先让弟弟看半小时卡通片，再让哥哥看半小时篮球比赛，以此方法解决冲突。两兄弟虽然答应了，也觉得公平，但心里肯定还是不高兴。假如爸爸下班回家，说这个月自己工作表现好，老板给他发了一笔奖金，而奖金的钱买一台电视机绰绰有余，那么这笔额外的资源就可以成为解决看电视冲突的好办法。当然，如果爸爸没有奖金，但舅舅家里多了一台电视机，正好送给他们，也同样可以解决冲突。获得额外资源无疑是解决冲突的良方，而且可以一劳永逸地解决冲突。

现在回到ABC公司的例子。仔细考虑，公司之所以只能招聘一个人，主要原因是资源缺乏。这里的"资源"包含两个方面：一方面是公司没有足够的资源同时聘用两个人；另一个方面可能是市场上没有那么多优秀的人才。从资源入手，如果能够增加额外资源，这个问题就可以解决。所以，一个方案是让公司重新分配资源，增加在人才招聘上的开支，招到两个人。另一个方案是公司进行内部培养，挑选已经具备系统分析知识和技能的员工，对他们在客户服务方面进行培训；或者选拔客服能力特别强的员工，给他们补充系统设计分析的知识和技能，那么这个冲突也可以解决。所以，如果可能，可通过额外资源(external resource acquaintance)解决问题，让发生冲突的双方各得其所。

2) 非针对性补偿技巧

使用非针对性补偿技巧(non-specific compensation)可以使一方得到自己想要得到的东西，使另一方在某一不甚相关的事宜上得到补偿。

举个简单的例子，假定你是MBA学生，当年夏天毕业，正在出售你宿舍里的电视机，你想卖500元。有一个尚未毕业的学生想买你的电视机，但嫌价格太高，准备和你讨价还价。采用非针对性补偿技巧的话，你就应该坚持自己的报价，但是对那个学生说，你可以把自己以前修课的笔记、考试题答案、案例分析的报告统统给他，对他进行补偿。这样他很可能就答应了。

回到ABC公司的例子，假如市场部的人除了想聘用那个人之外，还需要买一个数据库来完善他们的研发系统，这时，销售部的人就可以采用非针对性补偿技巧来解决目前的冲突。具体而言，他们可以说把招来的人放在销售部，但愿意出钱帮市场部购买数据库，这样市场部可能就答应了，因为他们得到了某种补偿。反过来，如果市场部知道销售部特别需要有人帮助他们研究顾客心理，而市场部有好几个人精通大数据分析，那么也可以提议安排新招进来的人在市场部工作，但他们愿意让部门的其他人帮助销售部完成一个大规模的顾客心理调查，这样销售部的人可能也就愿意接受了。所以，运用该技巧的关键是发现另一方与当时谈判事项无关的需求，通过满足对方那个需求来达成自己的愿望。

3) 滚木技巧

滚木技巧(log-rolling)是指谈判双方都在对自己不那么重要的事项上让步，而在自己认为重要的事项上取得理想的结果。当然运用这一技巧的前提是谈判双方心目中至少有两项事宜需要谈判，其中一方把其中一项事宜看得更重要，把另一事项看得相对不那么重要；而另一方恰好把对方不看重的事宜看得更重要。这样，双方就可以进行交换。

举个简单的例子。假如你正在与某位男士约会。这个周末，你们打算先去一家餐厅吃晚餐，餐后一起去看电影。你喜欢吃西餐，而你男朋友喜欢泰国风味；你喜欢看浪漫言情电影，而你男朋友喜欢战争片或科幻电影。你们两个口味不同，就需要协商谈判。此时可使用滚木技巧，你首先得想一想对你来说是晚餐重要还是电影重要。如果电影更重要，那你就在晚餐上让步；反之，你就在电影上让步。对你男朋友来说，也要做同样的考虑。这样，你们虽然不能得到自己完全想要的理想状态，但起码能在对自己来说更重要的那项事宜上得到满足。

回到ABC公司的例子，要用滚木技巧的话，就得事先充分了解谈判双方的根本利益所在。假如市场部和销售部面临的系统计算机化难题包含两个层面：

① 部门有长期需求，需要一个合格的电脑专家在部门工作；

② 部门有迫切需求，需要整合市场部和销售部现存的两个数据库的内容。

与此同时，两个部门招人的最重要的目的不一样：市场部看重的是部门内部的长驻专家，而销售部看重的是解决目前建立整合数据库的问题，那么为了达到双赢的目的，就可以采用滚木技巧。具体而言，市场部可以提议让新来的人在市场部工作，但是每星期利用部分时间帮助销售部处理数据库的整合问题。

滚木技巧可以用于几乎所有包含两项或更多事宜的谈判情景。只要双方最重视的议题不同，那么在双方明确了彼此的根本利益诉求之后，就应该可以找到解决冲突的方案。

4) 降低费用技巧

降低费用技巧(cost-cutting)与前面两个有相似之处，都有交换的性质。运用降低费用的技巧，一方可以得到自己想要的东西，但同时在相关事宜上降低另一方的费用，从而达成交易。

比如，你去买汽车，准备分期付款，车行负责为你贷款。你们在讨价还价之后，你还是觉得价钱高了一点。按照目前的付费方法，你每个月要付500元，总共付5年，每个月的负担重了一些。如果车行使用降低费用技巧，就可以提议在总价钱不变的情况下，延长你的付款时间，从5年变成8年。这样你每个月只要付300元就够了，你就可能接受了。

就ABC公司的案例而言，如果市场部实在想让新人完全在自己部门工作，但也知道如果销售部得不到他，就必须花钱请外包公司做现在急需的数据库整合工作，那么市场部就可以建议由他们出一部分钱，或者由他们帮忙去找一家公司(因为他们对这个市场更熟悉)，帮助销售部在该项目上降低费用。这样，销售部就很可能接受了。

5) 搭桥技巧

搭桥技巧(bridging)指的是在目前所有的可选方案之外想出来的可能解决问题的方法。对市场部和销售部来说，他们都需要一个精通电脑数据库的人才，但现在只能找到一个人，到底哪个部门应该得到这个人就成了一个问题。如果使用搭桥技术，就可以把这个人招进来，但既不安排他去市场部工作，也不安排他去销售部工作，而是把他安排到信息系统部。在该部门工作，他既可以为市场部服务，也可以为销售部服务，具体根据两个部门在什么时间需要他而定。此时，信息系统部就像一座桥一样把两个部门的需求联系起来，从而化解冲突。

综合这五大技巧，我们可以看出，要达到整合式谈判的双赢结果，双方都要对对方的根本利益有充分深入的了解，否则很难想出有创意的方法满足对方的利益诉求，也无法满足自己的利益诉求。如果大家都只盯着立场（要招人），而不去估计立场背后的原因（为什么招人），或者只想着自己的利益诉求，而不了解和体谅对方的利益诉求，那么在我们之前描述的ABC公司一例中，要获得市场部和销售部都满意的结果几乎就变成不可能的事。因此，关注双方的利益诉求，采用有创意的方法，才是获得整合式谈判结果的良药。

7. 有原则地谈判

费希尔和尤瑞(1981，1991)把整合式谈判称为有原则的谈判(principled negotiation)。在他们合著的《得到YES》一书中，他们是这样描述有原则谈判的4个基本特点的。

① 要把谈判中的人和谈判事项区分开来对待。首先要直截了当地处理与人有关的问题，如对人的直觉，双方的沟通风格，表达情绪的习惯，大家是否对谈判的目的和目标有明确的认识，等等。这些问题都处理妥善之后，再进入谈判事项的讨论。千万不要把与人有关的问题和与谈判事项有关的问题放到一起解决，那样会人、事不分，搅成一锅粥，最后人的关系没搞好，事也谈不成。

② 一定要关注谈判双方的根本利益，而不只关注双方在具体事项上的立场。我们已经反复强调这一点，不再赘述。

③ 要坚持客观标准，不向压力低头。这里的客观标准包括两方面内容：一是讨价还价的客观依据，这个依据应该是通过充分调查研究得来的，而不是自己拍脑袋异想天开的结果；二是谈判程序的客观性，比如谈判在何时何地举行、双方各派多少人参加、谈判的流程如何设计等，都应该做到公平合理并能得到双方的认可。这两方面的客观标准制定下来以后，大家严格遵循，然后尽量从双方的共同利益出发寻找最佳解决方案。当一方施加压力或者发出威胁的时候，始终坚持从双方认同的客观标准出发去协商，而不向压力或威胁屈服。

④ 跳出框框，创造出能够满足双方利益诉求的解决方案。

以上谈判原则已经被证明对获得双赢结果十分有效。那么，将它们应用在跨文化谈判中也会产生相同的效果吗？

5.2 跨文化谈判模拟及分析

虽然谈判的基本原则能在多数情况下使用，但跨文化谈判有其独特的挑战性。经历过真实跨文化谈判的人有许多扣人心弦的故事，而没有经历过的人如果仅听别人描述，不一定能有深刻的感受。所以模拟练习就变成一个有效的手段，可以让学生在课堂里经历相对真实的跨文化谈判，从而感受其中的艰难和奥妙。

下面这个Alpha—Beta的跨文化谈判的模拟练习就是其中常用的练习之一，由凯洛格商学院的格莱德温教授(Thomas Gladwin)设计。

该练习包含三部分内容：第一部分是谈判双方都拥有的基本信息；第二部分是Alpha方拥有的独特信息、他们要谈判的议题、他们的基本立场、他们的利益，以及Alpha国的文化特色和人们的行为规范；第三部分则是Beta方拥有的独特信息、他们要谈判的议题、他们的基本立场、他们的利益，以及Beta国的文化特色和人们的基本行为规范。

练习步骤包括两大部分：第一部分是角色准备阶段。与一般的谈判练习不同，在此阶段除了要准备自己在各项议题上要达到的目标、应该采取的手段和策略之外，还要准备自己的文化角色，一言一行都应与自己的文化价值相一致，不能按个人的个性特点行事。第二部分是正式谈判阶段。Alpha公司的谈判团队坐飞机去Beta国，正式开始就各项事宜进行谈判。

1. 跨文化商业谈判的模拟练习

基本信息

1) Alpha公司的概况

Alpha公司是一家大型多样化电气公司，总部设在Alpha国。作为数字化控制设备的主要供应商，公司计划成为装备"未来公司"的领头羊。最近它投资了数亿美元开发一家工厂的自动化能力，包括机器人技术、计算机辅助设计和制造。Alpha公司一直在兼并其他公司，大力投资新厂建设，在产品开发上的投资也巨大。它有自己正在研发的新型机器人，有一些已经组装成功。尽管如此，Alpha公司仍认为要想成为全球自动化系统的供应商，和国外机器人技术先进的公司合作是十分必要的。

在Alpha国内，有30家机器人制造商。其国内机器人的利用率和生产量只是Beta国的1/3。一项调查表明，2005年Alpha国的机器人产量是62 690台；Alpha国的机器人使用量为93 700台，并主要应用于汽车和铸造业。机器人的销售额在2010年达到90.2亿美元，其中很大份额被进口占据。Alpha国的工业自动化市场以每年超过20%的速度增长。到2022年，机器人行业的年产值预计可达到2 000亿美元。

2) Beta公司的概况

Beta公司是Beta国内一家主要的集成电气设备制造商。公司自开业以来一直由科学家团队经营，并且是国内以研究结果为导向的企业：它拥有9 000名研究员，而其研发部门花费则占据销售额的5.9%。Beta公司的战略目标是在今后的几年内成为全球最大的机器人制造商。为了达到这个目标，Beta公司决定加强其生产能力，并且开发一个强大的出口市场。目前，Beta公司制造的机器人基本上在国内销售。公司致力于机器人的研发，最近成立的一个大型工作组反映出他们的决心，该工作组还开发出一个有视觉和触觉传感器的通用机器人组件。Beta公司希望在未来的三年中69%的公司内部流水线作业由此类机器人完成。

在Beta国有150家企业制造和买卖机器人。这个国家盛行"机器人热",还有一个以自动化为国民目标的政府。全国有170 000～190 000台已编程机器人在工作,占全世界机器人利用率的59%。Beta国内的企业在2010年制造出大约价值400亿美元的机器人(合计82 000台)。国家每年只出口2.5%的机器人,进口也少于5%。Beta国的机器人行业的年产值在2017年达到2 000亿美元,行业分析家预测,到2022年将达到5 000亿美元。

Alpha的角色

5个星期前,Alpha公司联系了Beta公司,并举行了有关机器人制造和市场关系的前期讨论会。考虑到合作的性质,会议达成一些初步性的协议,但是仍有很多详细的条款有待商榷。Alpha公司的谈判团队将到Beta公司和他们讨论这些条款。如果可能的话,Alpha公司希望此次行程能解决所有问题。

Alpha公司的长期战略目标是成为一个高利润的、具有创新力的自动化仪器和系统的全球供应商。Alpha公司相信,通过比其他公司组装更多的自动化零件,成为装备"未来工厂"领头羊的梦想指日可待。Alpha公司认为,成功的关键在于拥有各种类型的机器人以满足不同企业的需求。Alpha公司决定,现在就进军市场,而不是5年之后。Alpha公司应积累经验,并使自己成为那些向自动化生产转变以提高质量和产量的企业的首选供应商。

要完成这些目标,Alpha公司高层领导商讨了很多种不同的方案。比如,多功能的机器人需要2～3 年才能研制出来并投入生产,而公司自己的机器人计划发展太慢,目前公司不能单单依靠内部的生产能力。为了有一个良好的市场开端,谋求经营之道,并且度过研发部门的过渡期,Alpha公司必须向其他公司购买并开发先进的机器人技术。

从领军企业获得高质量的技术许可是最好的战略。Alpha公司独特的战略优势在于安装工厂的自动化系统,以及它庞大的工业销售、分销和服务网络。这些条件使Alpha公司成为众多国外机器人制造商眼中极具潜力的合作伙伴,这些公司中也包括Beta公司——此行业的龙头老大。Beta公司生产制造各种高质量、低成本的机器人。

在和Beta公司的前期谈判中,双方同意:

- 战略合作关系持续5年;
- 开始阶段,Alpha公司将从Beta公司现有的生产线中获取完整的组装机器人,然后以Alpha公司的名义买卖;
- 过一段时间,Alpha公司将运用Beta公司的技术和零件自己组装机器人;
- 协议不具排外性,即Beta公司可以在任何时间直接进入Alpha国的市场,Alpha公司也可以和其他公司缔结战略伙伴关系。

在这次谈判中,有4个仍需商定的议题,具体如下。

① 参与此项目的不同模型品种的数量,Alpha公司希望得到8台,底线是6台。

Alpha公司对很多种不同模型感兴趣,这和Alpha公司的"自动化超级市场"战略相符。较多的模型意味着需要不同的机器人制造商来完成工厂的自动化。这将导致在为客户集成一个系统的时候增加运输和服务成本,以及由不同制造商提供设备的维修费用。

② Beta公司许可Alpha公司每年进口或制造的Beta公司的机器人的数量。公司希望的数量是每个模型150台,即每年1 200台。

Alpha公司认为其市场份额至少是每年1 200台，并不想过分扩张，不得不将Beta公司昂贵的机器人放在存货中。Alpha公司知道Beta公司致力于增加它的生产能力，而十分有信心能通过销售量的增加来刺激Beta公司的产量。这样，即使Alpha公司不想承诺第一年会有多于1 200台的销售量，也已经可以预期在接下来的几年中，年销售量可达2 000台。

③ 技术共享事项。Beta公司知道Alpha公司正在研究机器人的人造视觉，他们不知道Alpha公司已预期拥有人造视觉的机器人还要4年时间才能投入商业市场。Alpha公司并不想和Beta公司共享这项技术，因为其认为这将是Alpha公司对机器人行业的独创性技术贡献。

尽管如此，如果Alpha公司想要增强其自身的机器人生产力，就需要获得像Beta公司这样一个已在大规模制造机器人方面经验丰富的公司的技术支持，从而大大降低学习成本。Beta公司已经在原则上同意在协议的后期帮助Alpha公司发展组装Beta公司机器人的能力。Alpha公司希望就技术转让的期限得到一个明确的答复。

为了能够获得组装技术，Alpha公司可以提供有关人造视觉机器人的部分技术。

④ 专利费(版税)。对于Beta公司的机器人销售，你们愿意按总额支付3%的专利费用。如有必要，即Beta公司答应以上①②③条款，Alpha公司可以将专利费用提高到7%。

尽管有很多其他机器人制造商，但Beta公司是唯一拥有完整产品线的公司。如果Alpha公司无法和Beta公司达成任何一项条款，Alpha公司将不得不和另外两家制造商进行谈判以获取完整的产品线，这将延缓Alpha公司实现成为工厂自动化的首要供应商的战略目标。

Alpha人的谈判风格

来自Alpha国的谈判者都拥有如下行事风格(即行为表现)：个人主义强烈，不拘礼节，直率，没有耐心，表情丰富，进攻性强。以Alpha角色进行谈判的团队在和Beta公司谈判的时候要表现出这些特点，具体的指导语如下所述(以小组形式讨论每项特点，并讨论如何在每个谈判阶段表现这些特点)。

① 强烈的个人主义观念。在Alpha国的文化中，主动性和创新极具价值。每个Alpha谈判成员都要求为谈判做出贡献。当任何一个成员有想法和观点时，要大声说出来。任何一个成员都可以在谈判中提出建议。

② 不拘礼节。Alpha国的文化强调平等，因此Alpha人很少注意仪式、传统或者正式的社交礼仪。他们认为礼节既傲慢又华而不实。Alpha人很随和、自然、放松、友好。他们喜欢孩子，也喜欢开玩笑。Alpha人习惯和要做生意的伙伴以热烈的握手方式作为问候，介绍自己，让对方记住自己的名字。他们的名片从不介绍个人在谈判队伍中的角色，而且也不太愿意发放名片。

③ 直率。Alpha人很看重直率和诚实。他们喜欢以要讨论的问题或者伙

Alpha人的谈判风格

伴的利益诉求作为谈判的开场。他们愿意共享信息，也希望双方能够互相共享信息。他们会提供准备好的各项提议以解决争论，包括一个乐观甚至不切实际的提议、一些让步和一个底线。每个人都知道Alpha人的第一个提议是他们真实底线的极大夸张，而这样的开场提议并不和Alpha人的直率、诚实相矛盾。Alpha人在争论和说服方面十分在行，他们会极力说明为什么他们的提议是最好的选择。

④ 没有耐心。在Alpha国的文化里，浪费时间对生意毫无意义——"时间就是金钱"。Alpha人喜欢谈判以合理的节奏进行，先共享信息，然后讨论双方的提议，接下来是一系列的让步。如果谈判停滞不前，Alpha 人会失去耐心。如果他们发现对方在"拖延时间"，就会直接质疑对方的诚意，其他的Alpha成员会接手使谈判正常进行。

⑤ 表情丰富。Alpha人是一个表情丰富的民族，他们通过面部表情和肢体语言来表达他们的快乐和友好，也会表现出失望和急躁。尽管这样，除了在亲密朋友之间，他们真正生气时不会表现出来。在交易谈判中表现极其生气(即反对通过谈判来解决争论)则通常是Alpha人的一项谈判策略，他们希望由此来拉近和另一方的距离。

⑥ 进攻性强。Alpha人很自信，喜欢在谈判中采取主动。他们喜欢大声讲话，并会极具说服力地为自己的立场争辩，甚至会站在对方的立场强调对方的利益。Alpha人也会用威胁的手段来达成他们的目的。

Beta的角色

5个星期前，Alpha公司联系了Beta公司，并举行了有关机器人制造和市场关系的前期讨论会。考虑到合作的性质，会议达成一些初步协议，但是仍有很多详细的条款有待商榷。Alpha公司的谈判团队将到Beta公司讨论这些条款。

Beta公司的战略规划是大幅度地增加在国外的机器人销售，从而在生产方面取得更大规模的经济效益。Beta公司特别希望在Alpha国这个规模较小但发展迅速的市场中占有一席之地，这就要求有高质量的销售、分销和服务网络。Beta公司考虑过直接向Alpha国出口产品，或者在当地建立合资企业，或者开设子公司。但考虑到Alpha国和Beta国两国之间巨大的文化差异，国外提供机器人售后服务的困难，以及机器人技术的迅猛发展，Beta公司决定(Beta国的其他机器人制造商也有同样的决定)现在的Alpha国的市场最好由当地的公司通过许可经营来开发，Beta公司可以以完整地组装机器人或者以提供技术和零件的形式辅助其开发高质量的机器人。

Alpha公司是理想的候选者——它拥有骄人的技术能力、面向市场的专业技术、完善的服务网络、严格的质量控制、完备的分销系统、完善的管理和良好的商业信誉。Beta公司唯一的担心是，帮助Alpha公司可能会给自己制造一个未来的强大竞争对手。

在和Alpha公司的前期谈判中，双方同意：

- 战略合作关系持续5年；
- 开始阶段，Alpha公司将从Beta公司现有的生产线中获取完整的组装机器人，然后以Alpha公司的名义买卖；
- 过一段时间，Alpha公司将运用Beta公司的技术和零件自己组装机器人；
- 协议不具排外性，即Beta公司可以在任何时间直接进入Alpha国的市场，Alpha公司也可以和其他公司缔结战略伙伴关系。

在这次谈判中，有4个仍需商定的议题，具体如下。

① 提供给Alpha公司的不同模型的数量。Beta公司目前总共拥有8个模型，但只想把其中的4个给Alpha公司。

其主要原因是：为Alpha公司提供机器人模型的数量越多，Beta公司就越需要提高生产能力。Beta公司想在控制资本支出的限度内逐渐提高生产能力。Beta公司也担心当Alpha公司自己开始组装机器人的时候，Beta公司为促进他们的销售而提高的生产能力会闲置下来。如果Alpha公司坚持要4种以上的模型，每一个模型的购买数量必须足够多，以达到规模经济，从而充分利用增加的生产能力。

② 每年由Alpha公司进口的Beta公司的机器人数量。为了达到规模经济，Beta公司希望每一个模型的购买数量能达到300台。

Beta公司和Alpha公司进行此次谈判的目的是完成Beta公司快速增长和渗透市场的战略目标。如果他们不能满足战略要求，他们就算不上是合适的战略合作伙伴。

③ 技术共享事项。Beta公司很想获得Alpha公司的人造视觉技术。Beta公司相信依靠自己的生产技术和通用的组装机器人，Beta公司和Alpha公司将会在市场上首先销售低成本并拥有人造视觉的通用机器人。这对Beta公司来说是最重要的议题。

在之前的会议中，Beta公司十分不情愿地答应帮助Alpha公司开发自己的生产线，而何时进行生产线技术转让被留待商讨。如果Alpha公司不提此事，Beta公司也不会主动提出。Beta公司只会在得到Alpha公司的人造视觉技术，并且控制提供的模型数量从而降低资本支出之后，才能给出转让生产线技术的明确承诺。

④ 专利费(版税)。Beta公司认为按总销售额的5%计算专利费比较合理、公正。如果实在不行，也可以接受3%的专利费以获得人造视觉技术。

尽管有其他潜在的分销商，但没有一个组织像Alpha公司一样想成为自动化设备一条龙服务的供应商。如果不能和Alpha公司在任何条款上达成协议，就不得不和其他几个分销商谈判，以获取战略实施所需的分销能力，而这将延缓Beta公司战略计划的实施。至今，Beta公司还没有和任何一家分销商进行谈判。

Beta人的谈判风格

　　来自Beta国的谈判者具有如下行事风格(即行为表现)：有强烈的集体主义观念，注重礼节，迂回，有耐心，表情冷淡而且被动。以Beta角色进行谈判的团队在和Alpha公司谈判的时候要表现出这些特点。具体的指导语如下所述(以小组形式讨论每项特点，并讨论如何在每个谈判阶段表现这些特点)。

　　① 强烈的集体主义观念。Beta人以团队形式工作，所有的决定必须全体通过。在准备谈判的过程中，Beta人首先确定整体的利益和优先权，并决定由谁来代表团队做哪个问题的陈述。其中，一个成员做谈判的开场白，一个成员开始提问，另一个成员说明同意Alpha公司的提议将会很困难，然后由最后一个成员做出最终承诺。每一个成员只谈和他管辖领域有关的话题。但到最后，所有的决定都由全体做出。如果Beta团队内任何一个成员提出反对意见，整个团队将会推迟做出决定。

　　② 注重礼节。Beta国等级森严、注重地位，人们十分重视习俗、规矩和仪式。他们见面时鞠躬问候，而不是握手。他们只用姓氏称呼对方。他们交换名片。在谈判过程中，他们坐姿挺直，眼睛向下看。

　　③ 谈话迂回。首先，Beta人喜欢通过一个正式演讲作为谈判的开场白，主要内容是介绍公司概况、总体目标，以及对未来合作关系的展望(这样做的目的是强调他们公司的重要地位和他们对接下来要讨论的问题的诚意)。其次，Beta人会问候对方在生活方面是否满意，住宿是否称心，他们的旅途见闻及旅途给他们家庭带来的不便(这样做的目的是和对方建立亲密的关系)。最后，Beta人开始提出有关谈判的一些问题。Beta人很看重信息，但是他们没有提供信息的习惯。当对方回答了问题，Beta人会以另一个问题、重复问题或者沉默作为回应，他们不可能提供信息。Beta人喜欢对方重复信息的内容，并试图寻找双方能达成协议的领域。在Beta国的文化里，主动提出自己的立场十分不妥当，相反，他们会倾听，直到听到双方都可以接受的立场，才会表态。Beta人经常用"是"或点头来表示理解而不是同意。他们很少用"不"，但是他们可能会说"那将十分困难"(Beta人很看重关系，而不会向对方挑明完全否定的态度)。

　　④ 耐心。耐心是Beta国的文化中的美德。因为在他们的文化中，主动提出自己的意见是不合适的，他们往往耐心地等待直到对方提出可以接受的建议。他们相信自己属于一个有道德的民族，而且他们的目标是正义而且公正的，这使他们的耐心得到了加强。结果是，Beta人很少让步，除非是在谈判的尾声。

　　⑤ 表情冷淡。Beta人很看重自我克制，而且从孩提时代就被教育要不

露声色。他们认为在公共场合表达感情将会导致冲突和对质，这将会影响正常、合作的社会关系。Beta人从来不表现他们的焦躁或者对另一方谈判风格的厌恶，他们始终保持镇静和冷漠的表情。

⑥ 被动。Beta人认为在争论中很善诡辩、进攻性很强和以势压人的谈判者很肤浅、虚假、粗鲁。当遇上这样的谈判对手，或遇到运用威胁或其他粗鲁手段的谈判者的时候，Beta人将保持沉默。

2. 模拟谈判的观察和感悟

这个模拟练习大概需要45分钟到一个小时的时间。一般来说，两个团队最后很难达成协议，谈判基本以失败告终。现在我们来分析一下为什么谈判不能成功。下面来看谈判的4项议题。

① 参与此项目的不同模型数量：Alpha公司希望得到8个，6个是其底线；而Beta希望只给4个，其一共有8个。

② 每年由Alpha公司进口的Beta公司的机器人数量：Alpha公司希望每个模型进口150台，一年进口1 200台；而Beta公司希望每个模型的采购量是300台。

③ 人造视觉技术分享：Alpha公司希望不分享，如果不得已，则有限度地分享；Beta公司要求分享视觉技术。

④ 专利费：Alpha公司愿意支付3%，上限是7%；Beta公司想要5%，底线是3%。

从双方在这4项议题上的立场来看，冲突并不是很强。尤其是第4项议题，双方的重合区间很大，谈判区间绝对为正，从理论上来说应该可以达成理想的协议。而且这个谈判共有4项议题，应该很容易采用整合式谈判的技巧，取得双赢的结果。但为什么几乎没有成功呢？答案很简单，就是文化差异导致谈判的艰难。

经历了这个模拟谈判的学生大都有很强的挫折感，虽然大家知道是在扮演角色，但是都非常投入，而且一旦真正进入角色，就会感受到文化差异，以及由于文化差异造成的沟通不畅、误解、不信任，感受很深刻。以下是来自角色扮演者的感悟：

"这个练习让我大开眼界，提醒我只有理解文化差异、管理文化差异，才能更好地与他人合作，尤其是在谈判时，研究对方的文化背景和谈判行为及实践的关系至关重要。在我修过的谈判课程中，我体会到关注对方利益的重要性及关注双赢的重要性，这就是Beta人一直在向Alpha人提问、收集信息的原因。但问题是，除非Alpha人能正确理解Beta人这种间接沟通方式所要传达的真正意图，否则这仍只是单方面的行为。事实上，Alpha人对此非常恼火，而且认为Beta人是很难对付的一群商人。如果他们事先研究了Beta国的文化，就不会做出这样的错误判断。"

"我终于明白为什么人们这么容易对其他文化产生偏见。Alpha人可能认为他们直截了当的方式是最高效的，但对于我这个Beta人来说，他们的行为看上去既不真诚又很粗鲁。在Alpha人的眼里，我们Beta人肯定是一群难对付的家伙，因为我们从不透露自己的立场。但他们并不知道我们这样做是出于礼貌，是为了能够更好地找到对双方都有益处的解决方案。在我个人与其他文化接触的过程中，我也常常错读对方的用心。我是加州一个葡萄园的管理人员，与墨西哥员工打过不少交道。比如，一开始我以为因为我是女性，墨西哥工人不会尊敬我，但后来我发现他们对权威一律尊崇。幸亏我有一个'文化导师'，只要我对有些现象不理解，他就会及时帮助我，并向我解释相关的文化。"

"这个练习从几个不同的角度给我以启示。首先让我感到震惊的是，双方都认为自己一方在谈判中占了上风：Beta 一方是因为可以保持沉默，而 Alpha 一方是因为可以随意喊叫。我扮演的是 Alpha 角色，可以大声讲话，充分感受到要与一群少言寡语的人共事是多么难受，我不能确定他们到底是对我们说的话不感兴趣还是无所谓，因此我更感觉到有把嗓门提高的必要。我当时想如果那是一个现实中的谈判场景，事关双方的切身利益，挑战性可能会更强。"

"我发现沉默所代表的含义也有文化差异。我不清楚沉默的意思究竟是他们接受了我们的提议，还是正好相反。因为我们的文化强调迅速反馈，而且认为如果他们不立刻说"是"，就代表他们不赞同我们的提议，我当时就想降低要求以赢得合同，当我发现他们还是沉默不语时，就想进一步降价。回想起来真是后怕，幸亏我没有在真实生活中参与这样的谈判。"

"我也发现没有目光接触的困难。在美国社会，目光接触是文化的潜规则之一，是大家的共识。目光是另一种估计对方感兴趣程度的工具，没有目光接触，加剧了我觉得他们对我们的提议不满意的判断，同时促使我做出降价的决定。"

"作为 Alpha 人，我们一开始谈判就直接进入正题。我发现自己对对方的自我介绍和寒暄一点儿兴趣都没有，一心只想马上谈判，把事情了解清楚。当对方继续做公司介绍时，我就变得很不耐烦，很想提醒他们马上开始实质性谈判。"

"我觉得自己学到了不少东西，主要是耐心和理解。了解对方的背景和利益所在非常重要，沉默可以是有利的工具，即使它让你感到不舒服，你也应该懂得欣赏它及其可能带来的力量。"

另一个 Alpha 人的扮演者在练习之后依然觉得 Beta 人的行为不可理喻。他这样写道：

"最令人吃惊的是 Beta 人在整个谈判过程中的绝对的沉默寡言。他们即使在被反复追问的情况下也不立刻答复，令我非常恼火；而且在我看来，这也对他们自身无益。Alpha 人又不是他们肚子里的蛔虫，而且 Alpha 人快速进攻型的行事风格使我们根本没有时间停下来去猜 Beta 人到底在想什么。况且，Beta 人的眼睛又不注视 Alpha 人，使 Alpha 人根本无法知道什么时候应该停下来看他们。"

但他还是觉得这个练习非常有用，他说：

"这个模拟练习对我极有价值，因为我在一家全球性企业工作，经常会参与各种各样的谈判活动，而且谈判越来越有跨国的趋势。在这个练习之前，我的谈判策略都是根据我对谈判目的的认识、谈判空间的大小等来考虑的。这个练习让我清醒地意识到我还有更多工具可以使用。在跨文化谈判之前仔细研究对方的文化，能帮助我在谈判时想出更有创意的解决方案。这个练习清楚地表明，文化障碍的存在就如战略和财政问题一样真实。在这个谈判中，我认识到 Beta 人的价值观和他们认为重要的东西与 Alpha 人大不相同，他们不像Alpha人一样只看重交易，他们不喜欢太过激烈的行为，他们只被动地参与针对某一事项的商议而不主动出击。Alpha人如果不显著改变自己的谈判风格，就很难与Beta人建立良好的合作伙伴关系。"

更妙的是另一个Beta人扮演者的感悟。他在一家跨国公司工作，但以前从未有与日本人谈判的经验。他写道：

"就在我们做完这个模拟练习的第二个星期，我的老板派我和另外一位同事去与一个日本人谈判。我在练习中扮演的是Beta人，所以感受很深，记得他们的举止言行和价值理念，虽然当时觉得很不习惯。所以在谈判的过程中，我时时提醒自己要有耐心，要仔细倾听对方介绍自己的公司背景，不要急于讨论谈判的具体事项。另外，我提醒自己要能够忍受沉默，这并不表示对方不同意。有好几次，我的同事表现出急躁不耐烦的样子，但我一直很沉稳，我注意到他看我时不解的眼光，意思是今天你怎么了，竟会容忍对方无休止地'闲扯'。我心里说，我刚刚'经历'过这样的谈判，已经学会怎么应对这种局面。这次谈判虽然比与其他美国公司谈判花了更多的时间，但效果特别好，那位日本人脸上的笑容表现出对我的喜欢和信任，说明我成功地'学以致用'，我也很得意。"

3. 谈判风格的跨文化差异

在这个模拟练习中，我们通过模拟6个方面的文化差异来体会跨文化谈判的艰难。在现实中，文化差异更是千姿百态，更复杂，更难捉摸。如今，已有越来越多的研究文献描述了在谈判行为上，国家与国家之间、文化与文化之间的不同。比如，珍妮·布雷特在2014年出版的《全球谈判》一书中提出，在谈判时，有些国家注重尊严，有些国家注重面子，还有一些国家则注重荣誉。注重点的不同会影响人们对自我价值、权力地位的看法，也会影响他们对侮辱的敏感度、对别人的信任度及面对冲突时的行事风格和思路，主要差异如表5-1所示。

表5-1 尊严文化、面子文化、荣誉文化的差异

差异方面	不同文化		
	尊严文化	面子文化	荣誉文化
地理位置	西欧、北美	东亚	中东、西非、拉美
自我价值	自我决定；可变	社会承认；稳定	社会决定；动态
权力地位	平等；动态	层级；稳定	层级；动态
对侮辱的敏感度和反应	低敏感度	中等敏感度	高敏感度
面对冲突的处理风格	直接 理性 非情绪化	婉转 控制使用情绪 让级别更高的上司给予惩罚	直接、婉转兼有 表现情绪 自己亲自处理
信任	很快建立信任 (内群体、外群体无差别)	信任内群体 不信任外群体	不信任外群体 也常常不信任内群体
解决问题的思路	分析导向	综合导向	既分析又综合

也有对个别国家的研究，具体阐述某个国家的人在谈判时有哪些特点，比如法国人怎么谈判(Dupont, 1982)，俄国人怎么谈判(Beliaev，Mullen，Punnett，1985)，加拿大人(Adler，Graham，1987)、墨西哥人(Weiss，1996)、巴西人(Graham，1985，1987)怎么谈判，阿拉伯人(Muna，1973；Wright，1981)、中国人(Blackman，1997；Hofstede & Bond，1988；Pye，1982；Tung，1982)、日本人(Graham，1981，1987；Graham & Sano，1984；Tung，1984)怎么谈判，等等。俄国人的谈判风格与阿拉伯人一样吗？当然不一样。那么和美国人一样吗？也不一样。如果比较一下这三个地区的人的谈判风格，就会发现他们在很多方面的区别。表5-2是根据Glenn，Witmeyer，Stevenson(1977)所做的研究的一个总结。

表 5-2　谈判风格的跨文化差异

差异方面	国家或地区		
	北美	阿拉伯	俄国
基本的谈判风格和过程	注重事实：向逻辑让步	注重情感：向情绪让步	注重理念：向理想让步
冲突：如何反驳对方的论点	用客观事实	用主观情感	用理想观念
让步	在谈判开始时就做一些小的让步以建立关系	让步贯穿谈判整个过程，是谈判过程的一个部分	极少或者不做让步
对对方让步的反应	常常做出回报性让步	几乎总是回报对方的让步	将其视为懦弱，几乎从不回报
关系	短期	长期	没有持续关系
初始立场	中等	极端	极端
最终期限	非常重要	随意	忽略

从表5-2中可见，阿拉伯人注重情感，注重人际的长期关系，在谈判时表现得比较夸张，要价高，但乐意让步，而且视谈判让步为必要。相反，俄国人比较教条死板，一切从理念出发，而不是从实际谈判情形出发，不仅要价高，而且不肯让步，视让步为懦弱，同时又对合同的期限不加理会。而北美人与阿拉伯人和俄国人都不同，他们讲求理性，讲求逻辑，只要有道理就愿意改变自己的立场，比较灵活，但不为情所动，愿意建立短暂的商务关系，但不愿建立长久的个人关系，同时视期限为不可更改的承诺，必须遵守。

试想如果一个北美商人与一个阿拉伯商人谈生意，各自从自己的风格出发，用自己认为最有效的方法去说服对方，会有什么样的结果？北美人的逻辑很难打动阿拉伯人，而阿拉伯人的"以情动人"也无法打动北美人，结果只能是谁也不买谁的账，而且彼此会觉得对方很荒唐，不能建立起信任，更不能达成交易。

4. 谈判过程的跨文化差异

除了谈判风格之外，谈判的过程、谈判者如何做决策、谈判者的价值观和行为表现，也有很大的文化差异。前面我们讨论了许多重要的跨文化维度，不同文化在这些维度上的不同表现是直接影响其谈判行为的因素。皮埃尔·卡斯(Pierre Casse，1982)在他的《跨文化经理培训》一书中描述了日本人、北美人和拉美人的谈判过程的跨文化差异(见表5-3)。

从表5-3中的对比可以看出，这三个地区的人在以下几个维度上表现出不同。第一个维度是情绪的表露，也就是强皮纳斯提出的中性文化—情绪文化。如前文所述，日本人含而不露，拉美人热情奔放，北美人则处在两者之间。在谈判时，日本人掩盖情绪，同时对他人的情绪异常敏感；拉美人充分表露情绪，同时也对他人的情绪敏感；而北美人不觉得情绪应该是谈判的一个重要部分，而倾向于忽略情绪这个因素。第二个维度是个体主义—集体主义，决策是由一个人做出还是由集体做出，决策的最终受益者应该是个人还是集体。显然，日本和拉美文化都强调集体主义，但日本人对个体与团体有清楚的区分，拉美人倾向于把个体与群体混为一谈，而北美文化强调个体主义。第三个维度是特定关系—散漫关系，在这一点上，日本人也与拉美人有相似之处，都偏向于散漫关系，讲面子；而北美人则相反，偏重讲理性不讲面子。第四个维度是普遍性原则—特殊性原则，北美人讲求恪守法律规范，不受特殊利益群体的影响；而日本人和拉美人都认为受特殊利益群体的影响是可以接受的。

表 5-3　谈判过程的跨文化差异

日本人	北美人	拉美人
很看重情绪的敏感性	并不很看重情绪的敏感性	看重情绪的敏感性
掩饰情绪	直截了当地处理，不掺杂个人因素	充满激情
微妙的权力斗争，有和解的途径	诉诸法律，没有多少和解	大量权力斗争，利用对方弱点
对老板忠诚，老板关照员工	对老板缺乏忠诚度，雇佣关系极易被破坏	对老板忠诚(通常是家人)
团队达成一致做出决定	团队提供建议给决策者	上层的一个人做决策
留面子至关重要；有的决策就是为挽回某人的面子而做的	在成本收益分析的基础上做决策；面子常常不在考虑范围之内	留面子对维护尊严与荣誉至关重要
决策者公开受到特殊利益群体的影响	决策者可能受到特殊利益群体的影响，但被视为不道德	决策时考虑特殊利益群体是可以期待并宽恕的
不喜欢争辩，正确时保持安静	无论对错都喜欢争辩，但对事不对人	无论对错都喜欢争辩；充满激情
按部就班的决策过程	用方法论指导的决策过程	跟着感觉走的决策过程
对团体有好处是最终目的	追求利润或对个人有好处是最终目的	对团体有好处就是对个人有好处
为决策创立良好的氛围；了解决策者	决策不加个人因素；避免有利益冲突的个人卷入	个人卷入对决策有益无害

格拉姆和林(Graham，Lam，2003)曾经比较美国人与中国人在谈判过程中的差异，指出中国人在谈判时遵循的潜在的8个原则为：利用关系，使用中间人，注重社会等级，追求人际和谐，讲究整体观念，节俭，顾及面子，以及吃苦耐劳。两者在具体的谈判行为表

现上存在4个方面的差异：一是谈判前的准备，二是信息交流方式，三是说服方法，四是合同的目标，具体如表5-4所示。

表 5-4　中美谈判者的差异

差异方面	国家	
	美国	中国
谈判前的准备	快速会议 随意 直接给陌生人打电话	较长的熟识过程 正式 通过中间人介绍
信息交流方式	谈判人有完全的权威 直截了当 先陈述提案	只有有限的权威 含蓄 先给出解释
说服方法	说服对方时用进攻的方式 缺乏耐心	用提问的方式 耐心持久(吃苦耐劳)
合同的目标	达成互利的交易	建立长期的关系

很有意思的是，有时候对他国文化的了解也可能使自己过度改变自己的行为去适应他人。阿黛尔和她的同事(2012)对100名日本和美国的资深谈判者进行了调研，询问他们两个问题：在和异国文化中的人谈判时，什么样的行为被认为是合适的？在和同文化中的人谈判时何种行为合适？他们发现日本人和美国人在对对方行为的猜测上有超过65%的差异。更有意思的是，造成这些差异的原因不是大家以己之心度人之腹，而是他们试图用对方的文化特性来调整自己的认知，结果调整过度。比如，日本人在想象美国人的行为特征时想的是美国人在与其他美国人谈判的时候表现的特征，而不是美国人在与日本人谈判的时候可能表现出来的行为。其实如果是美国人与日本人谈判，美国人会比较收敛去迎合对方。同样，美国人在想象日本人的谈判行为时想的也是日本人与其他日本人谈判的情景，而实际上日本人在与美国人谈判时也会调整自己去适应美国人的谈判风格。结果双方都猜过头了。

5. 谈判中运用语言沟通技巧的文化差异

谈判的过程是双方沟通的过程、信息交流的过程，在前文中讨论文化沟通的时候，我们曾讨论过许多文化差异，包括语言的和非语言的。在谈判会议开始时，德国人可能一上来就会问你很难的问题，必须让他们信服你有高质量的货品、快捷高效的服务才行。他们通常先给你一笔小生意，如果你通过他们的测验，以后大订单就会源源不断。法国人可能会很快给你一笔大生意，但也可能很快与你断绝生意往来。西班牙人似乎并不欣赏你在谈判前做的充分准备，他们不研究生意细节，但会仔细研究你，如果他们不喜欢你，就不会跟你做生意。

路易斯(Lewis，1996，1999)曾经观察总结了在会议开始的半小时内不同国家的人的沟通内容，他发现德国人、美国人和芬兰人大概只花2分钟时间在彼此介绍上，然后就入座讨论正题。但在英国、法国、意大利和西班牙这样做会被认为粗鲁无礼。他们会花10分钟到半个小时的时间寒暄问候，英国人尤其不愿意开口说出进入正题讨论的话。在日本，大家一般花15分钟到20分钟的时间彼此介绍，互道冷暖，直到一位年长者突然发话宣布会议开始，大家才低头准备进入正题。西班牙人和意大利人大概会花30分钟互道冷暖，谈足球，谈家里的事，一边谈一边等待姗姗来迟的参会者，人到齐后再开始会议。

在谈判过程中，有许多语言沟通的技巧有助于谈判的成功。艾德乐(Adler，2002)总结出11项口头谈判技巧。

① 口头承诺：如果你做我让你做的事，我也会做你让我做的事。例如：如果你多买100件，我就会降价5元。

② 威胁：如果你不做我让你做的事，我也不会去做你让我做的事。例如：如果你将此事透露给媒体，我就拒绝跟你谈判。

③ 推荐：如果你做我让你做的事，第三方会去做你要做的事。例如：如果你降价，就会有更多青少年去买你的产品。

④ 警告：如果你去做我不让你做的事，第三方会去做你不想做的事。例如：如果你不和我敲定的话，媒体会把这个故事登在每一张报纸的头版头条。

⑤ 奖励：我会当场给你你要的东西。例如：明天在离你办公室近的地方见面吧，我非常感谢你今天来我办公室与我见面。

⑥ 惩罚：我会当场给你你不要的东西。例如：我不想再听你尖叫，我走了。

⑦ 使用社会规范：我遵循社会规范。例如：我们的产品卖给所有其他人都是每个5元。

⑧ 承诺：我会做你要我做的事。例如：我会在6月15日之前寄100件给你。

⑨ 自我披露：我会对你讲一些我个人的事。例如：这个月我们只能裁员100人。我们实在需要在年底前签到一个大合同。

⑩ 提问：让我问一些关于你个人的问题。例如：能和我讲讲你们在巴西的生意吗？

⑪ 命令：我命令你这么做。例如：赶紧降价吧。

美国跨文化谈判学者格拉姆(Graham，1985)通过研究发现日本人、美国人和巴西人在使用这些口头谈判技巧时有许多的差异，如表5-5所示。

表5-5 口头谈判行为的文化差异

| | 在30分钟的谈判会议中使用该技巧的平均次数 | | |
| 差异方面 | 国家 | | |
	日本	美国	巴西
口头许诺	7	8	3
威胁	4	4	2
推荐	7	4	5
警告	2	1	1
奖励	1	2	2
惩罚	1	3	3
使用社会规范	4	2	1
承诺	15	13	8

差异方面	在 30 分钟的谈判会议中使用该技巧的平均次数		
	国家		
	日本	美国	巴西
自我披露	34	36	39
提问	20	20	22
命令	8	6	14
说"不"	5.7	9.0	83.4
首次出价的利益水平	61.5	57.3	75.2
最初的让步	6.5	7.1	9.4

　　从表5-5中可以看出一个有趣的现象,如果只分析口头行为,日本人与美国人有许多相似之处,而巴西人则在很多方面都与这两个国家的人不同。巴西人不愿意做承诺,更喜欢说"不",喜欢命令,首次出价水平很高,但也愿意更多地让步。日本人与美国人最大的不同只在两个方面:一是说"不"的次数显著要少,二是更多地用社会规范去说服对方。

　　在跨文化谈判中,语言沟通对于成功的重要性不可低估。沟通的质量好坏对双方谈判结果的优劣具有关键作用。 Liu及其合作者(Liu,Chua,Stahl,2010)通过4个研究,发现了衡量谈判中沟通质量体验(QCE:quality of communication experience)的具体指标,这些指标主要包括三方面内容,即清晰度(clarity)、及时度(responsiveness)和舒适度(comfort)。具体的条目如表5-6所示。

表 5-6　衡量谈判中沟通质量体验的具体指标

指标	具体表现
清晰度	① 我理解对方在说什么; ② 我理解对对方来说重要的东西是什么; ③ 在信息交流过程中如果有令人困惑的地方,我们都已加以澄清; ④ 我觉得对方对我了解得很清楚; ⑤ 双方互相交换的信息都很容易理解
及时度	① 在交流的时候,对方对我的问题和请求很快给予答复; ② 对话进行得很顺利,没有任何令人不快的沉默时刻; ③ 我很愿意聆听对方的观点; ④ 如果对方提出问题和疑虑,我立刻给予回复; ⑤ 我们交谈时有时会出现沉默
舒适度	① 和对方交谈时我有点紧张; ② 我能感觉到对方信任我; ③ 我觉得对方值得信任; ④ 与对方互动我觉得很自在; ⑤ 在和我交谈时对方看起来挺自在的

他们既做了同文化谈判(中国人与中国人,美国人与美国人)的研究,也做了不同文化(美国人与中国人)谈判的研究,结果发现两个来自不同文化的谈判者对沟通质量的体验要比两个来自相同文化的谈判者对沟通质量的体验要差;而沟通质量体验越高的谈判双方取得的谈判结果越好。此外,他们还发现,沟通质量的体验对谈判结果的影响在跨文化谈判中效应更强。

除了面对面谈判之外,随着互联网技术的发展,现在通过电子邮件进行谈判也变得越来越普遍。那么在网络上文化冲突是如何表现的?又如何影响人们的谈判行为和结果呢?

以往利用电子邮件的谈判表明,网络上所能容纳和表现的社交信息远远低于面对面交谈,因此人们在用电子邮件进行谈判时,一般都更加具有进攻性,更敢冒险,更不顾及面子,这主要从第一个提案中体现出来。Ashleigh及其同事(Ashleigh,Brett,Barsness,Lytle,2012)研究了中国香港人和美国人在用电子邮件谈判时的行为表现,发现中国香港人在用电子邮件谈判时,比美国人更具有进攻性。从表面上看,这似乎与中国香港人比美国人更重视人际关系的假设不符。但仔细分析,研究者认为中国香港人重视人际关系只针对"自己人"或者所处情景要求他们如此的时候;而在电子邮件沟通的情景中,并不直接面对谈判对方,就没有强烈的人际关系导向的线索呈现,而且对方又是美国人,不算自己人,所以他们就更不讲情面。这和前文讨论过的中国人的竞争性比澳大利亚人更强的研究结果(Chen & Li,2005)有类似的道理。

6. 谈判中非言语沟通行为的文化差异

通常情况下,口头语言交流占谈判过程的80%～90%,而通过这些言词传达的意义恐怕还不及20%,其他意义都是通过非语言媒介传递的。那么构成非语言媒介的要素有哪些呢?在第4章中我们曾经有选择地讨论了一些肢体语言的沟通,这里将详细讨论与谈判相关的非语言媒介。

① 谈判的场所和布置。场所本身就具有正面和负面的效应。是在我们公司谈,还是去对方公司谈?我们的座位是否舒适?据说法国人经常把对手的座位调低以降低其声势;美国人喜欢坐在对手的对面以便保持目光接触;日本人则喜欢挨着坐在一边,注视白墙或地面,即便在说话时眼睛也不直视对方。

② 座位的安排也很重要,座位与座位之间的空间距离应该如何确定也应因文化而异。东方人、欧美人、北欧人和德国人一般认为人与人之间合适的空间距离在1.2米左右,但墨西哥人、南美人和阿拉伯人却认为0.5米左右是合适的距离。如果与一个墨西哥人保持1.2米的距离谈生意,墨西哥人会觉得需要大叫才能让对方听到,这与中国人和站在房间另一头的人谈话的感觉是一样的。

其他非语言媒介还包括着装、手势、沉默和肢体语言(眼、鼻、耳、嘴、肩、臂、手、腿、脚)。

③ 美国人喜欢随意,他们对别人直呼其名,谈着谈着就脱去西装、放松领带,有的人还喜欢嚼口香糖,跷二郎腿,把鞋底对着别人。殊不知其他国家的人并不能完全接受这样随意的行为。日本人喜欢正式,德国人不愿意别人对他们直呼其名,法国人不习惯别人把西装脱去,泰国人认为鞋底不洁,把鞋底对着人是对人的侮辱。

④ 沉默。倾听在谈判过程中的重要性不容忽略。日本人和芬兰人可能是世界上比较善于倾听的，他们认为沉默对谈判做出了巨大的贡献(美国人当然不这么看)。中国有句古话"知者不语，语者不知"，日本人和芬兰人也认同这句话。在日本和芬兰，沉默并不意味着沟通失败，而是社交过程中不可或缺的一部分。沉默意味着你认真倾听和学习；而谈话只能表现你的聪明，甚至自私和傲慢。沉默帮助你保护隐私，也是对他人的尊重。强加自己的观点于他人是不礼貌的，礼貌的行为应该是微微点头，脸上含笑，避免过激言辞。

⑤ 美国人的"大声思维"，法国人的"舞台表演"，意大利人的"推心置腹"，这些用来获取对方欢心和信心的方法，常常会给日本人和芬兰人带来恐惧，因为在这两个国家，说出的话就是泼出的水，不仅收不回来，而且应该像承诺一样严格遵守。话不是用来改变别人的观点或填补谈话间的空隙的，它们有实实在在的意义，即"一言九鼎"。

⑥ 肢体语言。肢体语言曾经是人类之间早期沟通的主要工具，后来由于口头语言的发展，人们依赖肢体语言沟通的程度逐步降低，但无论口头语言如何发达和精确，人类的许多深层情绪似乎还需依赖肢体语言来表达，但这一点也有相当大的文化差异。与日本人、中国人和芬兰人相比，意大利人、南美人、多数拉丁人、非洲人和中东人更多地用肢体语言来传递信息。意大利人在培训谈判者时，总是让他们关注对方的坐姿：如果对方向前倾，那就说明他有兴趣或有诚意；如果向后靠，就说明不感兴趣，或者有自信让局面向他们想要的方向扭转。交叉的双臂或双腿，显露出对方的警惕和防卫，在这种情况下不应该结束交易。如果发现对方的手指在无意地敲击桌子，或脚在无意地抖动，就应该让他们说话。在快要结束谈判时，应该坐得离对方近一些，这样对最后签署合同会更有利。

格拉姆(Graham，1985)通过研究美国人、日本人和巴西人在非口头语言沟通中的行为差异，发现在商业谈判中，日本人的沉默时间远远多于美国人，而巴西人几乎从不保持沉默。另外，巴西人还经常插话，经常触碰对方，并常常凝视对方。日本人和美国人则不触碰对方的身体，日本人更是很少凝视对方。具体的文化差异如表5-7所示。

表 5-7　非口头语言沟通行为的跨文化差异

行为	国家		
	日本	美国	巴西
沉默周期 (每30分钟沉默时间大于10秒的次数)	5.5	3.5	0
会话重叠 (每10分钟重叠次数)	12.6	10.3	28.6
面部凝视 (每10分钟内的凝视时间)	1.3	3.3	5.2
触摸(不包括握手)(每30分钟内的次数)	0	0	4.7

5.3 — 如何取得跨文化谈判的双赢

既然文化差异渗透到谈判的各个方面，那么如何才能取得跨文化谈判的成功呢？

1. 建立共享的谈判心智模式

Liu及其合作者(Adair，Liu，2011；Liu, Friedman, Gelfand, Zhang，2013)的研究发现，两个心智模式(mental model)不同的个体，在谈判过程中通过信息(任务、谈判人)分享，慢慢建立共识，达成相似的心智模式——共享心智模式(shared mental model)，才能取得最优的谈判结果。心智模式受文化因素的影响很大，能否在谈判中调整自己在很大程度上取决于个体的谈判动机：完成任务的动机(epistemic motivation)还是维护关系的动机(social motivation)。完成任务的动机越强，个体越不愿意调整自己的心智模式；相反，维护关系的动机越强，就越愿意调整自己的心智模式。通过对120对美国研究生、186对中国研究生和96对中美研究生在谈判前、谈判中、谈判后的心智模式的观察记录和测量，研究者发现了几个重要的结果。首先，来自相同文化的谈判者与来自不同文化的谈判者相比，其心智模式的接近程度更高。其次，心智模式随着谈判的深入会变得逐渐相似；当然，到最后心智模式越接近，谈判的结果就越好。最后，较强的了解需要会阻碍个体调整自己的心智模式，从而对共享心智模式产生负面影响；相反，对关系和面子的顾虑则会对共享心智模式的出现产生正面影响。

由此可见，如果事先可以了解自己和对方对某一谈判事项的心智模式，并找到核心差异，就可以有的放矢地去思考跨越鸿沟的途径和方法，并在谈判的时候有意往那个方向引导，从而建立双方都可以接受的心智模式，以达成双赢的目标。

2. 建立信任

珍妮·布雷特在她的《全球谈判》一书中强调信任对谈判双方取得良好谈判结果的重要性。她和她的同事(Gunia，Brett，Nandkeolyar，2014)认为，信任在谈判中常常是比较稀有的东西，因为信任指的是一方敢于冒险透露自己的关键信息，而这些信息有可能被对方利用来与自己讨价还价。那么谈判者为什么要信任对方呢？

总结过去15年的研究成果，他们发现谈判其实包括两个过程：一个是价值创造(value creation)，另一个是价值分配(value claiming)。如果没有价值创造的过程，价值分配就无从谈起；而如果没有信任的话，谈判者常常无法创造价值。原因在于不信任，就不愿意分享信息，而不分享信息，就无法了解对方的利益所在，要产生洞见、互相妥协、寻找到可以满足双方利益诉求的解决方案就会困难重重。选择信任对方的谈判者会敢于分享一些保密信息，并期待对方也做同样的选择。有意思的是，大多数人都会遵循回报原则，当别人对你以诚相待的时候，你也会投桃报李。因此，信任的举动往往会被报之以信任，如此良性循环，彼此的信任就越来越加强，到最后就很容易谈判成功。相反，如果一方以不信任为出发点，经常谎报虚假信息，对方发现之后也会给予同样的回报，不分享真实信息，这样双方在烟幕弹下互相防范，到最后谈判成功的可能性就很小，即使勉强谈成，结果也一定是不甚理想的。

从文化差异来看，不同国家的平均信任程度是不一样的。研究者发现，总体来说，某些西方国家的人比某些东方国家的人更容易信任别人，比如丹麦人的信任程度高于韩国人，瑞典人的普遍信任程度高于坦桑尼亚人，美国人的信任程度高于日本人和印度人，等等。一般而言，西方谈判者的信任程度普遍比东亚和南亚的谈判者要高。具体而言，西方谈判者通常先假设对方是值得信任的，直到发现相反的证据才会怀疑；而东亚和南亚的谈判者常常是先假设对方是不值得信任的，然后经过反复检验之后才放弃怀疑。

那么，来自不同文化的谈判者如何才能建立信任呢？虽然信任是个无形的东西，但它最终会通过谈判者的言行显示出来。因此，仔细观察对方的一言一行、一举一动就是判断是否值得信任的重要渠道。通常情况下，要观察对方是否愿意分享信息，分享的信息的真实程度如何，重要程度如何，以及是否拿自己分享的信息来反击自己，然后决定是否以诚相待，分享更多的信息加以回报。研究发现，使用问答式策略的谈判者一般比较值得信任，而使用逼迫式策略的谈判者不太值得信任。问答式策略的一种方法就是私下进行多次会谈，把彼此的利益所在、目前面临的难处等都搞清楚，然后讨论合适的解决方法。而逼迫式策略的一种表现就是从一开始就借助中间人或者媒体等向公众宣布信息，先发制人，等等。此外，根据对方的言行举止适当调整自己的谈判方式也是确保自己的信任行为不被剥削、确保自己不吃亏的方法。而一旦发现对方是值得信任的谈判者，那么就应该及时给予回报，使双方的信任不断升级，从而达到最优的谈判结果。

3. 成功的跨文化谈判者的个体特征

卡斯(Casse，1982)在他的书中曾详细描述了不同国家的成功谈判者的特征，表5-8为他对美国、印度、阿拉伯国家、瑞典和意大利的成功谈判者的特征描述。

表 5-8　卡斯对美国、印度、阿拉伯国家、瑞典和意大利的成功谈判者的特征描述

谈判者	特征
美国谈判者	① 知道何时让步； ② 谈判开始时立场坚定； ③ 拒绝提前让步； ④ 不摊牌； ⑤ 在谈判陷入僵局时才接受让步； ⑥ 制定大原则，而把细节安排交给下属； ⑦ 谈判前尽量扩大自己可能的选择范围； ⑧ 讲诚信； ⑨ 尊重谈判对手； ⑩ 准确、清晰地陈述自己的立场； ⑪ 知道何时推进谈判； ⑫ 熟知谈判的所有议题； ⑬ 有良好的时间观念并保持一致；

（续表）

谈判者	特征
美国谈判者	⑭ 促使对方透露其立场后却能长久保持自己的立场藏而不露； ⑮ 让对方谈判者先提要求以获得最佳交易
印度谈判者	① 追寻真理； ② 不怕说出自己的要求，无畏无惧； ③ 擅长自我控制； ④ 擅长寻找令所有谈判方都满意的解决方案； ⑤ 尊重对方谈判者； ⑥ 从不使用武力或侮辱； ⑦ 在有可能被别人视为不一致或不可测的情况下，也愿意改变主意； ⑧ 从不同的角度看问题，很容易从小处着眼、从大处着手； ⑨ 谦逊，信任对方； ⑩ 能够以静制动，擅长使用沉默，从内部积蓄力量； ⑪ 靠自己的智慧、资源和力量； ⑫ 擅长唤起对方的精神共鸣以取得认同； ⑬ 耐心、有毅力、不屈不挠； ⑭ 肯于向对方学习； ⑮ 超越逻辑推理，坚信自己的直觉和信仰
阿拉伯国家谈判者	① 维护谈判各方的荣誉、自尊和尊严； ② 避免与对方发生直接冲突； ③ 受所有人的尊敬和信赖； ④ 不将对方置于必须承认失败的窘境； ⑤ 有一定的威望使别人听从； ⑥ 有创新精神，能想出让大家都佩服的解决方案； ⑦ 能够不偏不倚，并了解所有谈判方的立场； ⑧ 能够拒绝对手企图施加的各种压力； ⑨ 能调动让对手佩服的德高望重的人去说服对方； ⑩ 能够保密并以此赢得谈判对方的信赖； ⑪ 能够控制情绪，尤其是愤怒； ⑫ 擅长用会议作为协调的手段； ⑬ 了解对方在执行谈判决定时会遇到的问题； ⑭ 能够容忍其对时间观念的缺乏； ⑮ 理解伊斯兰教对对方的影响，他们相信自己拥有真理，遵循真理，相信自己的正义最后一定会获胜
瑞典谈判者	① 静而好思； ② 守时； ③ 极其礼貌； ④ 直截了当； ⑤ 追求高效、多产；

（续表）

谈判者	特征
瑞典谈判者	⑥ 深沉； ⑦ 没有架子、小心谨慎； ⑧ 相当灵活； ⑨ 不流露情绪和情感； ⑩ 对意料之外的提议反应缓慢； ⑪ 随意、亲切； ⑫ 充满奇想； ⑬ 追求完美； ⑭ 躲避冲突； ⑮ 保护个人隐私
意大利谈判者	① 有较强的戏剧感； ② 从不掩饰情绪； ③ 擅读面部表情和手势； ④ 喜欢历史； ⑤ 不信任任何人； ⑥ 很注重自己在别人眼中留下的"美好形象"； ⑦ 相信个人的主动性和创造性，不看好团队； ⑧ 始终保持尽责、谅解的态度； ⑨ 一直有所防备； ⑩ 从不欣赏绝对的观点； ⑪ 能想出"新招"使对手无反击之力； ⑫ 能用微妙的手段处理权力冲突； ⑬ 喜欢引人入胜； ⑭ 知道如何阿谀奉承； ⑮ 能让其他谈判者陷入复杂的境地

通过上述成功谈判者的不同特征，我们也可以推测这些国家的文化特征。如果用第2章介绍的跨文化理论来分析就会一目了然：印度的谈判者谦逊、有耐心、尊重对方，同时愿意做出让步；而美国的谈判者则强调"立场坚定"。阿拉伯国家的谈判者与其他国家都不同的地方是他们是中间协调人，而非谈判方本身，因此不可能发生直接冲突。瑞典的谈判者小心谨慎，善用事实和细节；而意大利的谈判者恰恰相反，表情丰富但华而不实，远不如瑞典人来得直截了当。

格拉姆(Graham，1983)在研究美国、日本、中国台湾地区和巴西的谈判者时发现，这些国家和地区的成功谈判者具有的个体特征不尽相同，如表5-9所示。

表 5-9　谈判者关键个体特征的文化差异

美国的谈判者	日本的谈判者	中国台湾地区的谈判者	巴西的谈判者
准备和计划能力	对工作的献身精神	毅力和决心	准备和计划能力
压力下思考的能力	感知和利用权力	赢得尊敬和信心	压力下思考的能力

（续表）

美国的谈判者	日本的谈判者	中国台湾地区的谈判者	巴西的谈判者
判断能力和智慧	赢得尊敬和信心	准备和计划能力	判断能力和智慧
口头表达能力	正直可信	产品知识	口头表达能力
产品知识	良好的倾听能力	有趣	产品知识
感知和利用权力	视野广阔	判断能力和智慧	感知和利用权力
正直可靠	口头表达能力		有竞争能力

有趣的是，虽然我们看到巴西人的谈判风格与美国人大相径庭(见表5-5、表5-6)，但他们对成功谈判者的特点的要求几乎完全相同；而日本人和中国台湾同胞列出的特征与另外两个国家的谈判者有较大的区别，反映出自己独特的文化特色。

了解了不同文化对成功谈判者的特点的要求，谈判者就可以突出自己在某方面的特点以取得谈判的成功。记得索尼公司的创立者Morita(盛田)先生曾说自己在美国与美国人谈生意的时候就变成一个"美国人"，而回到日本又变成"日本人"，意思就是要调整自己的行为和特点以适应文化环境的特征，方能取得谈判的成功。

4. 成功的跨文化谈判技巧

前文中讨论整合式谈判和讲原则谈判的时候，我们已经讨论了许多有助于谈判成功的技巧，如滚木技巧、搭桥技术、将事与人分开对待、不向压力屈服等。原则上这些技巧都可以使用，只是到了跨文化的情景中其内涵有了扩展，表现形式有了变化。艾德勒(Adler，2002)曾经在讲原则谈判的基础上提出了"协作谈判"的概念作为跨文化谈判者应该遵循的谈判技巧，包含5个要点。

1) 良好充分的准备

在准备阶段，主要是研究谈判对方的各个方面、他们的立场、他们的根本利益、他们的BATNA等。如果是同一文化内的谈判，一般来说会比较容易做出准确的判断。比如，德国文化特别强调质量，德国的两家公司在谈判时会达成共识；意大利文化追求创意和新颖，彼此也都会意；中国人注重价格，大家不言自明。跨国谈判的准备虽然也是研究谈判对方的各个方面，但因为文化的不同，所做的准备工作就要增加很多，而且在很多时候不能确定你做的研究可不可靠，照本宣科地行事到底可不可行。有许多例子表明，对文化的深刻理解不是一朝一夕可以达到的，需要长期的努力。如果能有处于该文化之内的人相助，也许会达到事半功倍的效果。在这一点上，美国福特汽车公司曾在中国有惨痛的教训，否则今天大量在中国马路上行驶的应该是福特汽车而不是通用汽车公司的别克汽车。

在准备过程中，对以下问题的回答将有助于推动谈判的整个进程(Lewis，1996，1999)。

- 此次谈判会议的主要目的是什么？(收集信息、实际谈判、社交)
- 最理想的举行场所在哪里？
- 谁会参加？(参会者的级别、数量、技术人员)
- 多长时间？(几个小时、几天、几个星期)

- 会议场地的布置如何？(房间大小、座位安排、温度、器械、交通、住宿)
- 有无娱乐活动的安排？
- 对方要求准备的材料和礼仪如何？(着装要求、会议日程)
- 对方可能采用什么样的答辩风格？(演绎、推理、随意、温和、进攻)
- 谁是对方的决策者？(个人、团体)
- 谈判有多少灵活性？(有中间协调人、不成即走)
- 对方的敏感度如何？
- 对方是否会有很多肢体语言？(表情、手势、情绪流露)
- 什么东西对对方而言很重要？(利润、长期关系、胜利、和谐)
- 双方的文化差异究竟有多大？(逻辑、宗教、政治、情绪)
- 我们能接受对方的伦理观吗？(遵守合同、最后期限)
- 会不会有语言问题？(需要翻译)
- 如果出现僵局有没有好方法打破？
- 如何运用幽默、笑话或表露不耐烦的情绪来促进谈判进程？

2) 与谈判对方建立良好的关系

建立关系包括两个部分，先处理与人有关的问题，再处理与谈判事项有关的问题。来自同一文化的人常常对同一事物有相似的感知，有相似的表达情绪的方法，有相近的归因过程，以及类似的待人接物方式。当与来自不同文化的人建立关系时，除了要了解对方的处事方式的表面特征之外，一定要探究背后的原因，了解深层的价值观和信念，搞清为什么该文化中的人会对一些你认为不重要的东西看得那么重要。前文中，我们在做Alpha—Beta模拟练习的时候，之所以不同的角色扮演者能那么快地进入角色(即使他们本身来自不同的文化，有不同的个性特征)，就是因为练习材料详细解释了行为的出处和指导原则，而这些原则听起来是很有道理、很容易被任何人所接受的。只有来自"关系"文化和来自"任务"文化的谈判双方都能适当调整自己的价值取向，认识到"人"和"务"都是谈判取得成功不可或缺的方面，才有可能真正建立良好关系，使谈判顺利进行。

3) 分享交流信息

谈判过程中有相当一部分时间是花在信息交流上的。通常人们会关注与谈判议题直接相关的信息，如产品的款式、用料、价格、送货时间；服务的范围、性质、速度、质量，等等。在这些与"物"有关的信息交流过程中，虽然都是客观的东西，但由于沟通方式上的文化差异(第4章已详细讨论过)，也免不了产生误解，双方必须事先仔细研究另一方的沟通方式。

比如，美国人比较直截了当，想了解什么方面的信息会直说，不会遮遮掩掩；但日本人就不会直接告知对方需要了解什么信息，而是通过不断提问的方式来了解信息。此外，西方人的思维比较线性，喜欢一个一个议题地讨论，讨论一个解决一个，不再回头；而东方人的思维比较回旋，虽然是一个一个问题地讨论，但讨论到后面的问题时仍会不断回头重提前面讨论过的问题，然后不断调整在各项议题上的立场。这在谈判时也常常形成误解，西方人有时会认为东方人说话不算数，怎么前面讨论好了的话题你又重新修改？其实东方人的"一盘棋"思想有时可能给整个谈判带来更好的结果，但西方人的"见树木不见森林"的思维习惯却难以让他们认识到这一点。

所以，在分享信息的时候一定要时刻牢记双方沟通习惯的差异，从而想办法把沟通的鸿沟填补起来。

另外，对"人"的信息的交流分享也很重要。要与对方建立良好的关系，光靠对"物"的信息交流无法达到。花时间了解参与谈判的个体信息，包括每个人在谈判中的角色、在公司里的职位、教育背景、特长、生活背景、家庭情况、好恶等，都对建立良好的关系至关重要。在了解了每个参与谈判个体的个人特征后，就会更容易理解他们的沟通方式，并了解他们的立场背后的根本利益所在，从而更容易从满足对方的根本利益出发去寻找解决方案。

比如，一家美国公司与一家中国公司谈判，各项事宜都谈得差不多了，只是在价格上有一些分歧。中方经理对美方经理说，他已经对自己的员工和老板许诺他肯定能把价格拿下来，如果不成，他就会很丢面子。美方了解到原来价格只是立场，而面子才是利害所在，就想出一个不让他丢面子的方法。他们保持价格不变，但同意送中方的10名技术员去美国培训1个月。于是，双方皆大欢喜。因此，谈判双方信息交流得越充分，达成协议的可能性就越大。

4) 创造/发明适合于双方文化的双赢解决方案

在建立良好关系、充分交流信息的前提下，要创造出适合双方文化习俗的解决方案就应该是水到渠成的事情。事实上，由于文化价值观不同，我看重的东西可能恰恰是你无所谓的东西，而对你来说价值千金的东西可能对我来说一钱不值。比如，你对古董入迷，而我对时尚疯狂，那么你我就很容易协调，我把我的陈年古董给你，你把你的摩登电器给我，我们的交易就达成了。所以，文化价值观的不同在跨国谈判上有时反而是对达成协议有利的方面，它使谈判者更容易找到同时满足双方利益的解决方案。

当然情况并不完全如此简单，有时文化差异导致的冲突也会使双方都陷入困境。比如，美国人对"最后期限"非常看重，希望在合同上写明具体的交货时间和交货地点。但日本人很不愿意这样做，总是想留一点儿余地以免发生不测。这样双方就有了冲突。怎么办呢？在这里当然首先得分析一下原因。美国人愿意写上具体的交货日期，是因为他们要按时间表做事，没有具体的时间，就像没有指南针一样会迷失方向，会不知所措。而有了具体的时间和地点，就有了明确的目标，即便到那天送不出货也没有关系，可以到那时再告诉对方具体情况，再考虑把最后期限往后延几天。但对日本人来说，信守承诺是事关个人品质的事，如果写上了具体的时间和地点，到那天交不出货，那就是打自己的嘴巴，失信于人，从此不得人心。所以如果有不确定性因素存在，就无论如何也不愿意把具体日期和地点写在合同上。在不了解背后原因的时候，美国人常常被日本人的"缺乏承诺"所困惑，而且怀疑日本人究竟是否有能力完成任务；而日本人则感觉美国人过于"逼迫"，一点儿余地都不给。那么，如何创造出双方都能认可的方法来解决"最后期限"这一事项呢？

经过反复讨论之后，最后双方认为给一段"时间区间"是比较理想的解决方案，这样对美国人来说就有了时间参照，对日本人来说也有了时间的灵活性，符合双方的文化特点。

5) 达成协议

谈判的最后阶段是达成协议。对大部分美国人来说，合同签了，事情就结束了，以后一切照着合同做就行了。但对很多亚洲人(日本、中国、韩国和马来西亚人)来说，合同只是一切的开始，在项目进展过程中，还会不断有事冒出来需要再协商谈判，再修正合同。也就是说，不同文化的人对合同的看法不尽相同。美国人倾向于将合同看成法律文件，字字句句不可更改；而亚洲人只把合同看成一纸协议书，随着情况的变化有很多可以修改的空间。因此，谈判双方必须对最后签署的合同达成共识，才不会导致合同执行过程中可能出现的问题。

此外，因为是跨国谈判，最后的合同一定得有两种语言的版本。假如是中美两家企业的谈判，就应该有中英文两个版本的合同。为了保证两个版本的内容完全一致，通常遵循的程序是翻译—再翻译。比如，合同一开始是英文版的，就需要一名精通中英文的人将英文翻译成中文，再让另一名精通中英文的人把翻译过的中文重新翻译成英文，然后比较现在的英文与原来的英文之间有无出入。如果有，就说明中文的翻译不准确，需要修正；如果没有，那么中文的译文就准确地反映了原来英文的意思。这个过程一定不能缺少，否则由于翻译的原因带来的误解可能导致双方关系的破裂和最终生意的失败。

本章小结

本章详细讨论了跨文化谈判的挑战和解决方法。谈判行为的跨文化差异有多方面的表现，如谈判风格、决策风格、口头沟通技巧、非语言沟通技巧等，都在不同的文化中有不同的侧重。不了解这些差异就一头钻进谈判的议题之中，很可能带来无法挽回的恶性后果。但同时也不要因为这些差异而缩手缩脚，不敢展现平常的自我。虽然中国人常说"入乡随俗"，美国人也说"到了罗马就像罗马人一样行事"，但是我们并不提倡完全改变自己的文化特色而一味地顺应对方。应该是知己知彼，同时不卑不亢，尊重对方，也不贬低自己，朝着双赢的方向，把彼此的利益都放在心中，才能真正获得跨文化谈判的成功。著名的中国谈判研究专家柏卢新(Pye, 1992)曾在他的《中国人的商务谈判风格》一书中这样写道：

"在中国经商的外国人应该：培养自己的耐心；适应长时间的静态；抵御不切实际的期望，不把他们对未来的展望过于当真；对于别人用羞耻感来对你加以影响要有所准备；不轻易相信谈判的困境都是由于你的失误造成的；努力理解中国人的文化特质，但绝对不要以为一个外国人可以比一个中国人更像中国人。"

思考题

1. 分布式谈判和整合式谈判的最大区别在哪里？
2. 整合式谈判的成功技巧有哪些？
3. 跨文化谈判的最大障碍是什么？
4. 如果有人请你做顾问，询问你取得跨文化谈判成功的最重要因素是什么，请你用一句话表述出来。
5. 在进行跨文化谈判之前，最重要的准备工作包括哪些方面的内容？如果你曾有过跨文化谈判的实际经历，试回想当时的过程和结果，并运用本章的知识来分析失败和成功的原因。

本章参考文献

[1] Adair W L. Liu L A. Building shared mental models in multicultural multiparty negotiations: The dynamic process. Research on Managing Groups and Teams, 2011, 14: 57-78.

[2] Adair W L, Taylor M S, Tinsley C. U.S. and Japanese schemas for inter-cultural negotiation: A tale of over-adjustment? Negotiation and Conflict Management Research, 2009, 2(2): 138-163.

[3] Adair W L, Weingart L R, Brett J M. The timing of offers and information exchange in U.S. and Japanese negotiations. Journal of Applied Psychology, 2007, 92(4):1056-1068.

[4] Adler N J. International dimensions of organizational behavior. 4th ed. South-Western College Publishing, 2002.

[5] Adler N J, Graham J L. Business negotiations: Canadians are not just like Americans. Canadian Journal of Administrative Sciences, 1987, 4: 211-238.

[6] Beliaev E, Mullen T, Punnett B J. Understanding the cultural environment: USA-USSR trade negotiation. California Management Review, 1985, 27: 100-112.

[7] Blackman C. Negotiating China. New South Wales: Allen & Unwin, 1997.

[8] Casse P. Traning for the Cross-Cultural Mind .2nd ed. Washington D.C.: Society for Intercultural Education, Training, and Research, 1981.

[9] Dupont C La. Negociation: Conduite, theorie, applications. Paris: Dalloz, 1982.

[10] Fisher R, Ury W. Getting to yes: Negotiating agreement without giving in. New York: Penguin Books, 1981, 1991.

[11] Glenn E S, Witmeyer D, Stevenson K A. Cultural styles of persuasion. International Journal of Intercultural Relations, 1977, 1: 52-66.

[12] Graham J L. A hidden cause of America's trade deficit with Japan. Columbia Journal of

World Business, 1981, Fall: 5-15.

[13] Graham J L. Brazilian, Japanese, and American business negotiations. Journal of International Business Studies, 1983, 14: 47-61.

[14] Graham J L. Deference given the buyer: Variations across twelve cultures. In P. Lorange and F. Contractor(eds.), Cooperative Strategies in International Business. Lexington, Mass: Lexington Books, 1987.

[15] Graham J L. An exploratory study of the process of marketing negotiations using a cross-cultural perspective. In R. Scarcella, E. Andersen, and S. Krashen(eds.), Developing Communicative Competence in a Second Language. Rowley, Mass: Newbury House Publishers, 1989.

[16] Graham J L. The influence of culture on the process of business negotiations. Journal of International Business Studies, 1985, 16: 81-96.

[17] Graham J L, Lam N M. The Chinese negotiation. Harvard Business Review, 2003, October: 1-9.

[18] Graham J L, Sano Y. Smart bargaining: Doing business with the Japanese. Cambridge, Mass: Ballinger, 1984.

[19] Gunia B, Brett J, Nandkeolyar A. Trust me, I'm a negotiator: Diagnosing trust to negotiate effectively, globally. Organizational Dynamics. 2014, 43(1): 27-36.

[20] Hofstede G, Bond M H. Confucius and economic growth: New trends into culture's consequences. Organizational Dynamics, 1988, 16: 4-21.

[21] Lewis R D. When cultures collide. London: Nicholas Brealey Publishing, 1996.

[22] Liu L A, Chua C H, Stahl G. Quality of communication experience: Definition, measurement, and implications for intercultural negotiations. Journal of Applied Psychology, 2010, 95(3): 469-487.

[23] Liu L A, Friedman R A, Barry B, Gelfand M J, Zhang Z-X. The dynamics of consensus building in intracultural and intercultural negotiations. Administrative Science Quarterly, 2012, 57(2): 269-304.

[24] Muna F A. The arab mind. New York: Scribners, 1973.

[25] Pruitt D G. Intergrative agreements: nature and antecedents. In Bazerman MH and Lewicki RJ(eds.), Negotiating in Organizations, 35-50. Beverly Hills: Sage, 1983.

[26] Pye L. Chinese commercial negotiating style. Cambridge, Mass: Oelgeschlager, Gunn, and Hain Publishers, 1982.

[27] Rosette A S, Brett J, Barsness Z I. Lytle A L. When cultures clash electronically: The impact of e-mail and social norms on negotiation behavior and outcomes. Journal of Cross-Cultural Psychology. 2012, 5(2): 210-234.

[28] Tung R L. Business negotiations with the Japanese. Lexington, Mass: Lexington Books, 1984.

[29] Tung R L. U.S.-China trade negotiations: Practices, procedures and outcomes. Journal of International Business Studies, 1982, 13: 25-38.

[30] Weiss S E. International negotiations: Bricks, mortar, and pros- pects. In B.J. Punnett and O. Shenkar(eds.), Handbook for International Management Research. Cambridge, Mass: Blackwell, 1996: 209-265.

[31] Wright P. Doing business in Islamic markets. Harvard Business Review, 1981, 59: 34.

[32] Zhang, J-D. Liu, L.A. & Liu, W. Trust and deception in negotiation: Culturally divergent effects. Management and Organization Review, 2015, 11(1): 123-144.

第2部分
文化的融合

第6章

打造优秀的跨文化团队

跨文化团队，尤其是高管团队(top management team，TMT)的建设，对于一个跨国企业和全球企业的运作来说是至关重要的。

我们先来看TCL并购阿尔卡特手机的案例。据2005年4月12日的《中华工商时报》报道：

"TCL跨国并购正面临离职风波的严峻考验。在2004年阿尔卡特手机被TCL收购之后，就陆续有人员离职。到了2004年底和2005年初，情况更严重，如今苏州公司销售市场部门'已经没有几个老员工了'。究其原因，TCL出现目前这种情况，是因为其整合方式的不当，比如阿尔卡特手机并入TCL之后，一些主要职位仍多由TCL人员担任，另外TCL要在阿尔卡特内执行原先自己的薪酬方式与销售模式，许多阿方的管理者和职员难以接受，纷纷离开。"

很明显，由于文化整合的不当，这个跨国并购没有达到原本的期望。TCL采用的是将自己的文化"整进来"，将原来阿尔卡特的文化"整出去"的手段，此手段非但没有达到整合的目的，反而破坏了合作的氛围，失去了很多优秀人才。

我们再来看吉利汽车在2010年3月并购了沃尔沃之后的举动，可以发现他们似乎走向了另一个极端，那就是几乎完全不进行文化整合，把重点只放在技术整合上，让沃尔沃还像并购之前那样运作，用李书福的话说，就是"吉利是吉利，沃尔沃是沃尔沃"。这种并购之后双方在管理上独立的运作方式在短期内没有体现特别的结果，对企业的长远效果我们也拭目以待。

6.1 团队建设中文化的角色

关于团队的研究在社会心理学领域有着悠久的历史。从早年研究个体在群体中的从众(Conformity：Asch，1951)、遵从(Compliance：Cialdini，1987)、服从(Obedience：Milgram，1963)现象，到研究群体的成员组成(Team Composition：Shaw，1981)、发展阶段(Team Development：Tuckman，1965)，到发现群体中成员的社会懈怠即偷懒现象(Social loafing：Latane，Williams & Harkins，1979)，群体决策中出现的风险极化(Group Decision

Polarization：Stoner，1961)、群体盲思(Groupthink：Janis，1972，1982)和公共信息效应(Information Sampling：Stasser & Titus，1985，1987)，再到研究群体的人口学特征多元化(Team Diversity：Van Knippenberg & Schippers，2007)、深层特征如性格、工作态度、价值取向多元化(Harrison, Price & Bell, 1998)，群体的断裂带(Lau & Murningham, 1998)，以及文化背景多元化(Team Cultural Diversity：Earley & Mosakowski, 2000; Ely & Thomas，2001; Stahl, Maznevski, Voigt & Jonsen, 2010)对团队运作和绩效的影响，在过去的半个多世纪中，可以说方兴未艾、硕果累累。

但值得指出的是，关于文化这个元素在团队建设中的角色研究，却是近年来才受到重视的，其原因当然和世界经济一体化的发展紧密相关。

1. 跨文化团队的类型和特征

来自不同文化背景的人在一起为了共同的目标工作，就组成了跨文化团队。跨文化团队的基本类型有三种。

第一种是象征性跨文化团队(token group)，指的是在一个团队中，只有一个或两个队员来自不同的文化，其他队员则全部来自同一种文化。比如，在研发部工作的10个成员，8个来自美国，2个来自中国；或者在销售部工作的5个成员中，4个是中国人，1个是印度人；或者在财务系的教授中，只有1个是意大利人，其他的都是美国人。这些来自少数群体的成员成为代表那个群体的象征性成员，起到点缀的作用。

第二种是双文化团队(bi-cultural group)，指的是一个团队的成员基本来自两种文化，而且来自两种文化的人员数量相当。比如，中美合资企业的高层管理团队中，有4个美国人、4个中国人；中日合资企业的高层管理团队中，有3个日本人、3个中国人。在这类团队中，因为国籍是个显著特征，容易形成两派，产生对垒的局面。

第三种是多文化团队(multicultural group)，在美国企业或全球企业中特别多见。比如，在微软总部西雅图的办公室或项目小组，你很可能看见8个项目小组成员，1个来自日本，2个来自印度，2个来自中国，2个是土生土长的美国人，还有1个来自加拿大。星巴克的全球团队训练小组，也是典型的跨文化团队。他们从世界各国挑选优秀的星巴克员工，将他们组成团队，去世界各地帮助新开张的星巴克做培训。

下面我们来详细讨论在这三种跨文化团队中工作可能遇到的独特挑战、问题和解决方法。

2. 象征性跨文化团队

在象征性跨文化团队中工作的少数成员的遭遇一般比较"惨"。美国著名的哈佛大学教授摩丝·坎特(Kanter，1993)曾经专门就此问题写过一本书，还制作了录像，名为《"O"之寓言》。这里的"O"，就是指那个少数成员，多数成员则用"X"表示。她用风趣的写法描述了O的境遇。

O与X的共同点在于他们在同一地点工作。除此之外，他们扮演的角色与一般人有很大的区别，O看上去是如此不同，只因为与X相比，他们的数量实在太少。

如果你曾经感到自己与周围的人不同，不管出于什么原因——性别、种族、年龄、宗教、语言或职业专长，你就会知道我在说什么。

让我们看一看企业中典型的工作团队——由7个X和一个O组成，在工作中会发生什么情形。

我们首先看见的是O的与众不同，O吸引我们的眼球，O比任何X都要容易引起我们的注意。把探照灯打在O的头上，当团队成员开始移动时，让我们的眼睛跟着转的是O。我们始终注意到O在何处，却很少注意那些不同的X。

O的独特之处引起我们的格外注意，我们能记得许多O的特征，我们的闲言碎语更多地针对那个O，甚至道听途说：

"你听说在达拉斯发生什么事了吗？"

"我听说他们把那个销售部的工作给O了。"

"太可笑了，真不知道还会发生什么？"

"我不知道，不过我肯定希望自己的上司不是一个O。"

O总是在众目睽睽下表演，O做的任何事都会被公众说长道短，O无法像X那样容易掩盖自己的失误，大家都会明确让O知道这一点：

"我们都在考验你呢，我们想通过你看一看O能否胜任这项工作，如果你表现好，那我们就多招一些O。"

"我们部门从没有过像你这样的人，我们实在想知道把你安排在我们部门是否合适。"

有时X也会嫉妒O得到的特殊关注。X当然也想得到关注，否则不公平。但是，O所"享受"到的关注并不会给他们带来权力或晋升，因为我们注意到的不是O的能力和实力，而只是它的O之特性，即O与X的不同之处。

于是O必须用两套标准来要求自己：首先，他们是否能证明自己与X具备一样的能力专长；其次，他们是否符合X心目中对O的看法和期望；与此同时，他们还有另一项额外的责任，那就是成为其他O的代言人。

比如，在会议上，X会问："你觉得其他O会怎么看待此事？"O也会被邀请去做公众演讲，代表所有其他O对重要问题发表看法，参加各种决策委员会，从而使O的负担加重。O如何应对这种压力呢？

不外乎三种选择：

一是变成超人，在任何事情上都要比X表现得出色。但并不是所有的O都能做到，正如并非所有的X都是天才一样。而且有时O也会问自己："为什么我要比X工作更努力、付出更多的代价才能保住我的工作？"

二是尽量使自己像X，把自己淹没在X之中而不受到关注，比如穿X的服装，讲X的语言，像X一样行事，使自己的举手投足都像X。但问题是，这样做常常不被X所接受，他们会问："为什么你们O整天要掩盖你们的O性，你们为什么不能坦然地成为你们自己呢？"

于是就留下第三种选择，退出竞争，藏在X背后，只做幕后工作。比如，写报告但不去演讲，让别人居功领赏；自己躲在背后扶持他人。难怪有人说："每一个伟大的X后面都有一个O。"但是，这个选择却引出了一条结论，那就是"O惧怕成功"。

以上这段话精彩地描述了团队中象征性成员的困境。在现实生活中，这样的情形比比皆是。比如，在你们部门，你是唯一一个会说中文的人，其他外国同事只要碰到与中文有关的问题就来问你，只要是与中国员工有关的问题就找你出主意，销售到中国的产品出了问题也来向你请教。但与此同时，你又感到别人对你在某种意义上的排挤，他们讲的笑话你听不懂，他们在某些场合故意把你晾在一边，显出你与他们的不同。在做重大决策时，他们似乎并不怎么征求你的意见，除非是有关"中国"的问题。你并不与他们平等，你始终感到你的"特殊性"，你感到孤独无援。在象征性文化团队中，你扮演的主要角色是"象征"和"代表"，要实现与多数成员的平等交流是相当困难的事。

3. 双文化团队

当团队中少数成员的数目与原来的主流文化的人员数目接近时，情况就会有相当大的改观。坎特继续写道：

"现在看这个团队，没有人看上去那么不同寻常。我们能看见O和X其实都有不同的形状，O们并不完全相同，X们也并不完全相像，每个X和O都有自己的独特之处。在这种情况下，既能很好地与O合作，也能很好地与X合作。这个团队可以不带自我意识地工作，能用很多不同的方法在一起共同工作。

由此可见，数量的重要性。当然数量不是问题的实质所在，公司如何设置职业的阶梯、权力的结构，都会在很大程度上影响X和O的命运，但是数量确实能产生它独特的影响。

也可以让X来扮演O的角色去体会成为团队少数者的滋味，从而更公正地对待O。随着O找到越来越多的机会及自己过去是少数者的体验，他们会越来越多地意识到自己的行为对X的影响，这样两者都会越来越清晰地看到双方共同的目标，O就会将自己的特殊之处放在一边，而把时间花在本职工作上，发掘完成工作的新方法和新点子。"

在双文化团队中，因为彼此数量相当，双方都不害怕说出自己的观点，也不掩饰自己的文化特色，能够更加正视双方的差别，坦率地讨论问题，只有建立共同的目标，建立信任，才会拥有提出解决方案的潜力和创意。

但是，当双文化团队中的两方势均力敌时，也会产生一种负面效应，就是团队之间可能会存在一条无形的裂痕，有时可能对立。同文化的人更可能互相来往结派，而把不同文化的那一半看成异类。有关团队断裂(Lau & Murningham, 1998)的研究指出，这种潜在的断裂就像地壳存在的地震裂带一样，如果地壳内部运动不激烈，它可能一直处于休眠状态，永远不发生地震。但是一旦被激活的话，就可能产生毁灭性的作用。

在团队中，具有人口学特征的变量比如年龄、性别、种族等很容易成为团队断裂的基础，一旦有外部事件发生，激活某一特征之间的对立，那么这个团队就会分裂。比如，一个团队里有4个18岁的小伙子，还有4个45岁的妇女，这个团队潜在的年龄和性别差异就是休眠的断层线，一遇到与年龄或男女利益的冲突(比如公司规定只有女性可以加工资，或者只有20岁以下的人可以升职)，双方之间的敌对现象可能立刻产生，要在一起协同工作就困难重重。

4. 多文化团队

在多文化团队中，起码会有数量相当的来自三种或三种以上文化背景的成员。如今，虽然多文化团队日益成为全球企业的必要工具，但对这类文化团队的系统研究并不太多。在前文中我们讨论团队的研究结果时，基本上都基于美国的样本，比如社会懈怠现象、群体决策极化、群体盲思现象等。那么在其他文化中这样的现象是否存在呢？研究发现，社会懈怠现象在集体主义社会中，如中国、日本和中东国家，确实有可能不发生。但不发生或少发生的前提条件是群体成员彼此认同，并将自己的群体视为"内群体"，即自己人。而美国人即使在所谓"内群体"的情况下，依然会偷懒，使自己的个人利益最大化(Earley，1989，1993)。

其他有关跨文化团队绩效的研究表明，与单文化团队相比，多文化团队的绩效要么显著更低，要么显著更高，倾向于往两极走，而不是居于中位(Earley & Mosakowski，2000；Kovach，1980；Watson，Kumar，Michaelson，1993)，如图6-1所示。可见，跨文化团队存在超越单文化团队的极大潜力，但如果管理得不好，就存在极大的隐患和危险。

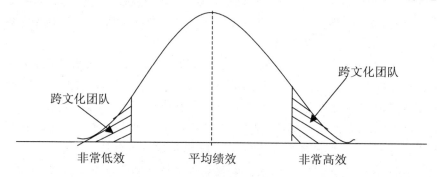

图 6-1　跨文化团队绩效图

在厄雷和莫莎考斯基(Earley & Mosakowski，2000)的研究中，他们通过实地观察和实验研究的方法比较了单文化团队、双文化团队和多文化团队的工作绩效，得到了相当有趣的结果，并且揭示了有的跨文化团队能达到很高的团队工作绩效，而有的跨文化团队却是一塌糊涂的原因。

在实地研究中，他们观察了五个具有不同程度文化异质性的团队：

① 一个主管地区营销的团队，由一名澳大利亚人、一名美国人、一名越南人、一名马来西亚人、一名印度尼西亚人和两名泰国人组成；

② 一个产品开发团队，由三名泰国人、两名澳大利亚人、三名美国人、一名中国香港人、一名马来西亚人和一名印度尼西亚人组成；

③ 一个产品营销团队，由四名泰国人和三名美国人组成；

④ 一个产品销售团队，由五名泰国人、一名英国人和一名美国人组成；

⑤ 一个产品销售团队，由三名泰国人和两名美国人组成。

这五个团队中，①和②属于多文化团队，③和⑤属于双文化团队，而④更像象征性跨文化团队。他们发现，双文化团队的工作绩效显著低于多文化团队和象征性文化团队，曲线呈U形。可能的原因就是团队中无形断裂线的存在。

接着，他们又在MBA的课堂上把学生组成具有不同文化异质性团队特征的项目小组，让这些小组在一起为一个虚构的产品策划一个广告，选择最合适的广告媒体，并阐述做出此选择的原因。他们聘请了专家评价这些学生项目，作为团队绩效的测量指标。在项目小组进行活动的过程中，他们又让团队成员填写了各自对团队的认同感、团队效能感、角色期望和团队内部的沟通过程。结果发现，与单文化团队和多文化团队相比，双文化团队的绩效和满意感最低；团队成员的文化异质性与团队绩效之间的关系是通过成员对团队的认同感、团队效能感、角色期望和团队内部的沟通过程作为中介的。换句话说，团队成员的文化异质性(国籍)本身并不直接影响团队绩效，绩效的直接影响因素其实是团队成员在交往过程中所产生的对团队整体的感知。

这个研究最惊人的结果就是，双文化团队容易产生"两军对垒"的局面，很可能大大降低团队成员沟通互动的质量，结果导致整个团队绩效的下降。这个结果从一个侧面说明了由两家企业组成的合资企业的高管团队很难产生高绩效的原因。

6.2　建设跨文化团队的课堂模拟练习——Ecotonos (群落交错区)

Ecotonos(群落交错区)是一个打造跨文化团队的模拟练习，由Nipporica Associates设计，通过该模拟练习可以了解跨文化团队可能遇到的问题和挑战，同时思考如何建设优秀的跨文化团队。在练习开始之前，需要先把学生分为三组，分别扮演来自不同文化的成员。三种文化的名字分别为阿吉拉文化、戴尔芬尼斯文化和赞德文化。该练习大约共需要一个半小时，主要分三个阶段。

1. 文化创立和神话(传说)编撰 (30分钟)

在这一阶段，每组学生将分别拿到自己的文化规则卡片，卡片是事先做好的，由小组成员随机抽取，一般来说有四五条文化规则。比如，在你们的文化里，大家都尊老爱幼，对年长者的智慧特别尊敬；或者在你们的文化中，人与人之间都需要保持自己的私人空间，所以间距比较大；或者在你们的文化中，人们讲究理性思维，喜欢分析问题，对每件事都能说出一二三四，分析出子丑寅卯，等等。拿到这些文化规则卡片后，小组成员就要讨论这些规则，对规则潜在的意义做出解释并达成一致意见，各人的解释可能不同，但必须达成共识。

共识达成之后，文化成员就要讨论这些规则是怎样形成的，在过去的历史中到底发生了什么重大事件使该文化中的人们如此行事。这就是文化创立和神话编撰的过程。每个文化都必须有自己的神话故事，同时将该文化中的几条行事规则有机地联系起来。创立神话的过程也是实践文化规则的过程，可使小组成员慢慢融入自己新创的文化，对自己的文化产生归属感。

这个过程完成后，每个小组要派一个代表在整个练习结束后到台上来演讲，与大家分享自己的文化。

2. 单文化团队执行任务 (10分钟)

在这个阶段，创新文化中的成员组成一个团队，一起讨论一个案例，并针对案例中的问题提出适合自己文化核心理念的解决方案。在这个过程中，团队成员要按照自己文化的特点，比如价值取向、沟通方式、交往规则等来规范自己的言行举止，同时注意观察其他团队成员之间的沟通方式、讨论问题的方式、解决冲突的方式，等等。

3. 跨文化团队执行任务 (20分钟)

这个阶段触及该练习的核心目的，即跨文化团队的运作和结果。在开始之前，需要进行队员调整，让一个文化团队中的某些成员参加到另一个文化团队中去继续讨论第二阶段的那个案例。移动成员的基本规则是有助于在任务终结时获得三种类型的团队：

① 由三种文化组成的多文化团队；

② 由数量相当的两种文化组成的双文化团队；

③ 象征性文化团队。

在这个阶段，应观察来自不同文化的成员之间如何沟通、有无误解、如何解释整个决策过程及最后能否达成共识。

练习完毕之后，大约需要花30分钟的时间进行回顾和讲解讨论。一般情况下，常常会有一个团队达成共识，选择大家都认为理想的解决方案。这个团队可能是象征性文化团队，也可能是双文化团队，还有可能是多文化团队。但有趣的是，无论是哪种跨文化团队，只要成员最终达成共识，其经历的决策过程是大致相近的。下面我们来看一看参加该模拟练习者的个人感悟。

4. 感悟跨文化团队模拟练习

一位参与者如此说：

"我一开始在阿吉拉文化团队，后来去了戴尔芬尼斯文化团队，团队的其他成员几乎是清一色的戴尔芬尼斯人。所以我就成了一个'象征性'成员。我们立刻开始讨论案例，并给出自己的观点，这使我感到不太舒服，因为我不了解他们文化，而我的观点似乎一上来就是错的。这迫使我开始尝试了解他们的文化特征并使自己渐渐融入他们的文化。在某种意义上我像是一条变色龙，'入乡随俗'，但这样做使他们增加了对我的信任。之后我们又开始讨论案例，却发现其实阿吉拉文化团队的观念与案例中被买去的那个工厂员工的观念完全一致。于是我们投票表决，结果4个戴尔芬尼斯人中有3个同意我的观点。

这个练习让我认识到自己的一个误区。我以前总是认为应该'入乡随俗'，在某种程度上此话不假，但我现在感到不应该丢失自己的文化。其实，我独特的思考方式可以帮助整个团队发现更好地解决问题的方法。"

另一个参加者写道：

"这个模拟练习非常有助于我体验跨文化团队是怎样做决策的。我正好处于成员来自三种文化的多文化团队中，切身体会到要达成共识的艰难。我们团队没有花时间讨论彼此文化的不同，也没有做任何努力去创立一种新的文化。而且当别人听到我发表的意见和与我来自同一种文化的另外一个成员不同时，脸上露出惊奇的表情，好像来自同一种文化的人应该在所有事物上都意见一致似的。我花了不少时间解释即便是同一个国家的人也会对同样的社会规范和行为有不同的理解。这实在太有趣了，看来人们不可避免地用刻板印象去感知来自不同文化的人。"

还有一位参加者如此写道：

"我一开始在赞德文化团队中时，一切都很顺利，我们能很好地沟通，彼此理解。共同的历史和文化把我们紧紧联系在一起，虽然我们的文化强调不同的观点和创意，整个团队做事并不高效，但我们却明显地感觉到彼此之间建立起了信任。

当文化成员开始混合时，情况就变得有趣了。许多我在书上读到过的现象真的就发生了。一方面，我是多文化团队中的一员，我注意到虽然我们马上开始讨论案例，忽视了讨论文化差异，但每个人都意识到文化差异的存在。事后想来，如果我们花一些时间坐下来了解彼此的文化传统，就完全可以避免当时一片混乱的局面。另一方面，我也看到在跨文化团队中工作确实能增进思考问题角度的多元性。很明显，处于另外两种文化中的人注重和谐与共识，而我们三个赞德人则注重个体主义，好争辩。这使我们的讨论充满趣味，但最终也使我们无法取得一致意见。"

有一位参加者体验了很强的情绪反应，她说：

"我的家人和朋友可以作证，我被这个练习所深深地困扰。在整个模拟练习中，我都感觉到被别人歧视，很有挫折感。我一开始想给我们小组提点建议，但别的成员让我等一等，让我们先介绍自己。虽然我觉得自己有点太着急，但我们有时间限制，必须赶紧讨论问题才行。我们花了很多时间阅读文化规则卡片，搞清它们的意义，但当我们开始编撰神话时，我又一次感到我的想法没有得到重视。这种感觉很难用书面语言表达清楚，就让我用事实来说吧。我对编撰神话提了一个想法，但别的成员表示我们应该倾听每个人的意见后再继续讨论，我说行。于是我们就安静地坐了几分钟，完全沉默。我们这个赞德文化团队最终不能完全表现我们的文化特征，只有一个神话的躯壳。当我们要混合小组时，大家都很高兴离开赞德。不必说，整个过程都很令人难过，我也看不出这部分练习有什么意义。

我意识到自己在某些场合比较盛气凌人，所以就格外注意。但要我等待别人说话，别人又不说，而把时间都浪费在沉默中，我还是觉得不可忍受。如果别人有话要说，我会乐意倾听并参与讨论；但当无人开口，却要我一分钟一分钟地等待，我就觉得不能忍耐，这分明是浪费时间，做无用功。如果我们只是谈论应如何做而不去做，怎么可能把事情做出来？总该有人牵头把方向定下来，把程序定下来。我感到在我们的团队里，任何'牵头'的举动都被否定了。

我觉得以后在创造新文化之前，应该首先讨论团队成员之间已然存在的真实个体差异和文化差异，在不解决这些真实差异之前，要去创造一个大家都不熟悉的新文化实在太难了。我们团队本身就是一个多文化团队(来自不同的国家，在修不同的学位，在不同的专业领域学习)，但大家都没有时间先解决彼此的差异。这是不习惯角色扮演的人做模拟练习时会遇到的一个问题，他们不能放开自己原来的个性特点来全身心投入。

因此，以后如果开展跨文化团队活动，我一定会在正式工作之前，想办法花时间去了解其他成员的想法和特点，以免一头栽进工作后，才发现有如此之多的分歧，无法把工作继续下去。"

6.3 跨文化团队的优势和劣势

1. 跨文化团队的潜在优势

由于跨文化团队的成员来自不同的文化，对自己的文化都有根深蒂固的认同，所以一般很难轻易被他人说服或改变自己的观点。正因为如此，他们在陈述自己的观点时，可能更自信，更乐观，更容易与来自不同文化背景的成员发生思想交锋。思想交锋往往会促使整个团队产生更具创意的思想，使信息更加多元，而且更不易产生"群体盲思"。与此同时，经过交锋和争辩的观点一旦被大家接受，承诺的程度就会更深刻、更广泛(Jackson, 1991; McGrath, 1984; Triandis, Hall & Ewen, 1965)。

此外，从公司运营的角度来看，使用跨文化团队还有其他的潜在优势。一个优势是可能获得更多的市场占有率；另一个优势是可能降低费用并提高生产效率。与此同时，还可能改进管理质量并提高公平性。最后，因为公司强调多元文化，雇佣来自各种文化群体的员工，会在很大程度上改变社会文化。

微软公司团队建设的案例就是一个很好的例子。因为团队成员大多来自不同的国家，各自对自己原来的文化非常了解，在设计软件产品的时候就有优势使软件适应不同文化的习惯和价值观。比如，在设计X-Box的时候，因为考虑到玩游戏的人大部分为美国青年或中年男性，针对他们的身体特征，尤其是手的特征，设计了尺寸比较大的游戏控制器。如果按这样的设计将产品销售到亚洲国家，尤其是日本，很多人会觉得控制器不好用。当时在这个项目小组里，正好有几个来自日本的成员，他们看了控制器之后，立刻提出这个问题，于是就在问题出现之前，修正了控制器的设计，避免了一场可能出现的"灾难"。假如所有的成员都是美国人，就不可能发现这个问题，跨文化团队的优势在这里得以充分发挥。

微软在这方面曾经有过惨痛的教训，也许这正是他们越来越重视文化因素的原因所在。30年前，Windows 95刚上市的时候，微软在某国遇到了麻烦：该国政府拒绝Windows 95在当地出售，原因是该软件一开始设定时间时，要求用户在一张世界地图上指出其所在国家，而在那张世界地图上，该国的国界线被绘错了。虽然微软绝非有意，但对该国来说却是事关领土主权的问题。这一拒绝让微软损失惨重。公司从此专门设立了地理政治部(geopolitical department)，对所有新开发的软件进行检查以避免类似的事件再发生。为了最大限度地利用公司的人力资源，公司又设立了多元化部(diversity department)，专门帮助公司搜集员工的各种背景资料，策划如何最有效地整合并利用这些资源。在微软工作的员工来自世界各地，公司就像一个小小的联合国，讲什么语言的都有。这些员工所带来的文化资源为公司带来了很大的价值，不仅在产品设计、产品推销方面，而且在产品的意义、产品的翻译方面都是如此，公司因此受益匪浅。

如今，越来越多的跨国公司、全球公司开始重视建立跨文化团队，正是看中了多元团队的优势，星巴克咖啡也是其中之一。

星巴克的掌门人舒尔茨将公司的愿景目标定义为"用一杯咖啡去激发并呵护全人类的精神良知"(to inspire and nurture the human spirit – one person, one cup and one neighborhood at a time)。既然是试图让全世界的人都能通过星巴克咖啡体验人类的精神，那就得充分了解不同的人群对咖啡口味的不同喜好、饮用习惯等，使所有人都爱上星巴克的咖啡。所以星巴克专门成立了多元化部，招收来自不同文化背景的员工，整合由不同文化带来的额外资源。虽然美国大部分的公司在强调多元化的时候，总是提到要增加女性的比例，但在星巴克，由于女性员工的比例常常高于男性，因此增加男性的比例反而是体现多元化的目标。

此外，在强调多元(diversity)的同时，更关注融合和包容(inclusion)。星巴克从独到的角度来定义文化多元：多元不仅指我们的不同之处，也包含我们的共同之处。要使每个公司员工感到自己是其中一员，受到公平平等的待遇，这样才能真正达到文化的整合，并给公司和社会都带来更大的效益。他们还成立了"城市咖啡机遇"(Urban Coffee Opportunity)项目，走向城市的各个角落，从当地文化出发，为社区居民提供轻松、适合聚集交往的场所，给社区的文化群体提供工作机会，并为合资的双方带来利润。从2017年起，他们开始免费为全体员工提供大学教育，并与亚利桑那州立大学联合，用在线教学的方式鼓励员工在业余时间获得大学教育。另外，还专门招收退伍军人(一万名)及其家属到公司工作。这些都是公司加强员工多元化的实践。从星巴克这些年在全球扩张的速度及经营业绩来看，他们在发挥跨文化团队的优势方面做得非常出色。

如果从经营业绩来看，还有许多公司也得益于对文化多元的关注。比如，美国的快餐连锁店汉堡王(Burger King)在1999年只有 4% 的华裔美国人为其常客，而在关注了这个群体之后，一年之内就上升到14%。又如，麦当劳(McDonald's)，其总销售额中的30%来自少数民族文化群体，它也是最早用西班牙语做广告的公司之一。此外，美国的全州保险公司(Allstate)花了 25年时间打造西班牙裔美国人的市场，现在拥有70%的市场占有率。

2. 跨文化团队的显在劣势

正因为跨文化团队的成员具有不同的文化背景，对自己的文化都有根深蒂固的认同，成员的价值观和行为表现就可能会有相当大的差别。比如，有人来自集体主义文化，愿意舍己为人；而来自个体主义文化的成员就会觉得他们不可理解。再如，有的成员来自权力距离大的文化，他们尊重上级，从不与上级争论，唯命是从；而来自权力距离小的文化的成员可能会认为这些人没有主见，缺乏主动性。这导致团队成员之间难以建立起信任，无法有效沟通，常常处于关系紧张的状态。因此，团队成员彼此的认同感及整个团队的凝聚力都很弱，团队面对分歧时极有可能争吵不休，难以达成共识，难以采取步调一致的行动。

此外，跨文化团队成员长期以来内化的信念和价值观，难以被其他文化中的成员所了解，如果自己又无法清晰地解释或讲解原因(这常常很难，因为那些价值观几乎是与生俱来的)，别人又很难去验证，就很可能无法解决彼此之间的分歧或澄清误解。比如我们在第4章里讨论过的《通向地狱之路》案例中的那个主管，他认为自己表扬雷诺是对他的尊重和赏识，可是他不了解在雷诺的心里，一直觉得英国人自以为高人一等，瞧不起他们本地人，而主管对他的赞赏恰恰是通过对其他族人的贬低来表达的，因此极大地伤害了他的民族自尊心。这岂是主管可以想到的？他自己与生俱来的优越感可能是他自己都不自知的，怎么解释都无济于事。社会心理学的研究表明，共享某种信念或态度的人彼此吸引(所谓"臭味相投")，而对相同问题有不同看法的人就很难彼此产生好感，容易产生"我们"怼"你们"的心态。因此，跨文化团队的成员之间比较难以产生好感，更难以建立信任。

由于这些原因，跨文化团队成员就需要花更长的时间去了解彼此的观点、文化背景和性格特征，就需要花更多的时间去澄清自己的观点，去为自己的观点找论据，去说服他人，这就导致有更多的机会产生误解，更难以取得一致的看法，团队因此变得低效、低产。

正如之前提到的，"团队分裂"的现象也容易在跨文化团队中产生。团队分裂指的是团队中的成员由于显著不同的外在特征而一分为二，具有相似外在特征的成员聚成一团，变成大团队中的小团体。这些外在特征可以是性别、年龄(比如"80后"与50年代生人)、地位(比如公司高管与公司员工)，也可以是国籍和人种，当然也可能是价值观和理念的不同。在跨文化团队中，这种"分裂"现象在双文化团队中表现得最鲜明，前文中提到的双文化团队的工作绩效远远低于单文化团队和多文化团队(Earley & Mosakowski，2000)的研究结果就证明了这一点。

6.4——团队多样性 (group diversity) 的表现形式和功能

自20世纪90年代后期开始，随着商业全球化的深入，以及越来越多的企业以团队的灵活形式运作，企业家和管理学者对工作团队的研究越来越感兴趣，由此积累了大量的研究成果。在这个领域，影响力比较大的一篇论文是由得州大学的赫里森教授和沃顿商学院的科莱恩教授合写的，发表在《管理评论》(Harrison & Klein, 2007 AMR)上。

他们首先对多元化这个名词进行了定义，"团队内部成员在某一特定属性X上所存在的差异分布。这个X可以是年资、人种，也可以是对工作的态度、认真程度，甚至可以是彼此收入的不同程度。因此多元化是一个团队层面的、多属性的概念；它描述整个团队的特征，而非某个成员与其他成员的不同。"正如我们前面所说，团队的多元化可以从众多方面来进行描述，比如年龄多元、种族多元、沟通方式多元、情绪表达方式多元、与领导的亲疏关系多元等，一个团队在不同属性上多元化程度越高，表明这个团队异质性越强。

但异质性强对团队成员的互动和结果会产生多方面的影响，有好有坏，有积极也有消极。关键要看把团队的多元化(异质性)与什么样的结果变量挂钩。社会分类理论、信息加工理论、组织公正理论这三个独立的理论视角更有助于人们分析多元化本身的性质、表现形式和后果。

1. 团队多样性的结果预测

1) 社会分类理论预测

社会分类理论(social categorization theory),其中心意思是"物以类聚、人以群分"。这个理论推测的结果是人与之间的亲密程度。很显然,同质性强的团队,其成员之间的彼此喜欢、信任的程度要远远高于异质性强的团队。从这个角度来看,多元化团队不利于成员的亲密关系形成,容易造成团队成员之间的冲突,包括认知冲突和情感冲突。所以,在这个理论框架下,多元化被看成分离性(separation)。

分开性的大小由群体成员的类别所定,如果大家是同类(比如都是年轻人),分离性最小;如果每个人都属于不同的类型(比如从幼儿到老年人都有),其分离性就处于中等水平;如果只有两类(比如小学生和大学生),这个团队的分离性就最大。

2) 信息加工理论预测

信息加工理论(information processing theory),其中心意思是团队成员的知识、专长、信息来源越不同,加工的程度越深,讨论越充分,就会越有助于团队解决问题、完成任务。这个理论主要预测的是团队完成任务的可能性。由此推导,团队越是多元化,其知识和信息的异质性越高,视角越多,加工的程度越深,其完成任务的能力比同质化团队要更强。因此,在这个理论框架下,多元化被看成是多样性(variety)。

多样性最小的团队就是每个团队的知识结构完全一样,比如都是电脑软件工程师。多样性中等的团队表现为某几个成员具有相同的知识背景,另外几个成员具有相同的专业知识,还有几个成员工作经历相似。而多样性最大的团队就是每个成员的知识、专长、工作经历都不一样。

3) 组织公正理论预测

组织公正理论(organization justice theory),其中心意思是人与人在某个属性上差距越大,越不公平。这个理论预测的是团队的满意度、公平感、工作动机。比如,团队成员之间的收入差异或者权力差距,差异越大,不公平感、不满意感越大,工作动机越低。在这个理论框架下,多元化被看成差距性(disparity)。

差距性的大小由团体成员间在某一属性上的高低水平差异程度决定。差距性最小的团队就是人人相同(比如所有人的工资一样,地位一样);差距性中等的团队中每个人的水平都不一样(比如工资从低到高都有);差距性最大的团队就是其中一个人的水平比所有其他人都要高出一大截(比如CEO的工资是普通员工的几十倍)。

在界定了多元化的理论基础和表现形式以后,我们就可以更加准确地来预测多元化对团队多方面的影响,而不是简单地说多元化好,或者多元化不好,因为其好坏要看多元本身的属性,也要看具体要考虑的团队结果变量而定。

可以想见,团队多样性的研究之所以在美国社会如火如荼,是与其工作场所的人口多样性密切相关的。作为移民社会,其人口组成可能在全世界是异质性最强的。不仅种族多元，而且宗教信仰也林林总总。再加上国家规定的Affirmative Action(平权法案)政策，强调多元化(起码表层特征)已经成为主流社会的共识。如前面坎特指出，当数量不一样的时候，即使是少数族裔，其感觉和行为也会反转。因此，增加团队表层特征的多样性就是第一步。

2. 团队多样性的表层指标：年龄、性别、种族

如果我们去看一看1990年之前和之后的美国电影，就可能发现20世纪90年代之前的电影，其主要的角色基本都是白人，很少有少数族裔的故事和演员。而现在的美国电影，有许多就是以女性(尤其是黑人女性)为主角或者在电影中担任要职的(比如Shonda Rhimes创作的众多影视剧*Grey's Anatomy*、*Scandal*、*All Rise*)。而且一个团队中一般都是男性女性、黑人白人均匀搭档(比如电视连续剧系列讲警察故事的*NCIS*、*FBI*和*Rookies*，或者讲律师故事的*Suit*、*The Good Wife*)，有时也有亚裔女性或男性，而且常常将警察局的领导设定为由女性担任。这是强调在视觉上(表层特征上)就有团队多样性的效果。在美国的大学，这一条常常成为招聘工作的重点，不管是本科生录取，还是MBA学生录取，或者教授聘任，大家先抢合格的少数族裔候选人，主要指黑人、西班牙裔或土著印第安人，亚洲人则不属于需要"照顾"的少数族裔。比如我们每年都追踪少数族裔在各类学生中的比例，因为西雅图地区黑人比例很低，在MBA学生中也反映出很低的比例，让我们愁眉不展。后来经过多年的努力，终于加入了一个名叫"Consortium(联盟)"的组织，才吸引了更多的黑人申请者。记得有一年我们学院的黑人MBA学生比例从2%增加到4%，就算取得了卓越的成就，值得庆贺一番了。

当然，多样性的表层指标只是象征性的，团队成员在一起工作时间长了，可能会发现和自己长相相似的队友并不与自己志趣相投，而那个和自己从外表上看完全不同的家伙倒是一拍即合。渐渐地，表层差异不再鲜明，而是越来越在团队工作中退居二线。相反，深层的差异性反而慢慢凸显从而影响成员的互动和工作态度。

3. 团队多样性的深层指标：性格、专长、态度、情绪导向

深层的差异常常指团队成员性格、专长、工作态度和情绪导向的不同程度。Harrison, Price & Bell(1998)用一个纵向研究，表现出随着时间的进程，团队成员间的表层差异(性别、年龄、种族)被深层差异(工作满意度和组织承诺)取代而影响团队凝聚力。之后，Barsade, Ward, Turner & Sonnenfeld(2000)研究了高管团队成员正面情绪导向(positive affect)的差异程度对人际互动体验满意度的影响、对自己在团队内影响力感知的影响、对团队合作和冲突的影响，以及对领导参与决策行为和对团队绩效的影响。他们对62家美国公司的CEO及239名高管人员进行了问卷调查，发现在所有因变量指标上，都是情绪同质性越强，效果越好。只有在团队合作性和冲突这两项指标上，情绪同质性与正面情绪的总体平均水平共同决定其合作和冲突的程度。具体而言，在情绪同质性高的时候，正面情绪的高低水平不影响团队合作性；但是在情绪异质性高的时候，合作性随着团队正面情绪平均水平的提高而显著增加。此外，在情绪同质性高的时候，团队冲突并不随着正面情绪的平均水平高低而发生变化，但是在情绪异质性高的时候，团队冲突随着正面情绪水平的提高

而显著降低。

最近的研究开始关注团队聚焦于提升(promotion focus)的情绪和聚焦于预防(prevention focus)的情绪之差异程度对团队创造力的影响。聚焦于提升的情绪有激动、愤怒，聚焦于预防的情绪有害怕、放松等。团队的创造力从两个方面表现，一是团队生成创意的点子数量和所花的时间，另一个是团队在选择点子上所花的时间。Emich & Vincent (2020)做了三个实验，都表明团队中的成员如果情绪聚焦于提升的话，该团队在生成创意点子上所花的时间更长；如果团队成员的情绪聚焦于预防的话，该团队在选择点子上所花的时间更长。

4. 团队成员的文化特征多样性

文化特征既可以是表层的，也可以是深层的，因此我把它单独列出来讨论。说它是表层的，因为来自不同文化的人常常长相不同，讲话口音不同；而深层的就更容易理解，因为来自不同文化的人其理念、生活习惯和是非观念常常也不一样。比如，在泰国，年长的人更受尊重；在德国，有博士学位的人更受尊重等高。那么，团队的文化多样性对其成员互动、工作过程和工作结果究竟会发生怎样的影响呢？

Stahl, Maznevski, Voigt & Jonsen (2010)对108个已发表的和未发表的研究做了一个元分析(meta-analysis)。这些研究中所包含的团队数量超过一万个。这个元分析的目的就是检验团队内部文化异质性(表层和深层)是否会影响团队过程和结果。与此同时，也考虑团队的年份、规模、距离和任务复杂程度的调节作用。经过仔细严谨的数据分析，他们发现了如下结果。

① 团队文化异质性与团队的绩效没有关系。

② 团队文化异质性与团队的创造力有显著正向关系：团队文化异质性越高，其创造力越强。

③ 团队文化异质性与团队的任务冲突有显著正向联系。

④ 团队文化异质性与团队的满意感有显著正面关系。

⑤ 团队文化异质性与成员的人际整合程度存在负向关系。

⑥ 团队文化异质性与团队的沟通有效性无显著关系。

⑦ 团队的任务类型调节其文化异质性与团队冲突之间的关系。任务越复杂，二者的关系越强。任务不复杂的时候，关系不显著。

⑧ 团队的规模调节其文化异质性与沟通有效性和满意感之间的关系。随着规模增大，负面关系也增大。

⑨ 团队成员同在一地办公与否也会调节其文化异质性与冲突和整合的关系。团队成员在一起办公会增强二者的关系。也就是说，如果大家不在同一地点办公的话(比如虚拟)，文化异质性反而不太会导致团队冲突。

⑩ 团队的历史会调节其文化异质性与冲突和沟通有效性的关系。团队历史越悠久，冲突程度越高，沟通有效性越低。看来时间并不能解决由文化异质性带来的团队冲突，反而可能加剧它。

综合这些结果来看，文化异质性对团队的结果变量既有正面影响，也有负面影响。

需要团队领导和成员共同努力，事先做全面的分析，才可能真正发挥跨文化团队的优势，实现其巨大的潜力。

6.5——如何打造优秀的跨文化团队

在任何跨文化团队中工作的成员，都会遇到文化适应的问题，在这里，我们先介绍一个文化适应的一般理论模型，然后再具体讨论打造跨文化团队这个大问题。

1. 贝雷的文化适应模型

贝雷 (Berry, 1980)从两个维度来描述文化适应：一个维度是人们是否愿意保持自己原来的文化特色，另一个维度是个体是否愿意接触异族文化。个体在这两个维度上的不同反应就生成4种文化适应方式，如图6-2所示。

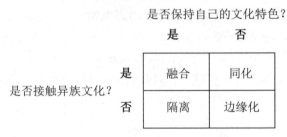

图6-2　文化适应方式示意图

由图6-2可看出，个体在进入新文化时有不同的适应方法，有的人在学习新文化的同时依然不放弃自己原来的文化价值观，从而能有机地把两者结合在一起，指导自己的行为，这样的适应方式被称为"融合"(integration)。融合的发生必须建立在对自己的文化和对异族的文化都有相当深度的了解的基础上，必须在学习新文化时反思自己原来的文化，找出两种文化之间最本质的差异及潜在的相似之处，然后做出调整、妥协，最终在此基础上发展出一套新的、独特的、双方文化都可接受的文化准则。

但有的人接触新文化后，为了使自己完全融入新文化，不惜抛弃原来的价值理念，"脱胎换骨，重新做人"，这样的适应方式被称为"同化"(assimilation)。比如，这些人放弃自己原来的名字，改用英文名字，不再说自己原先的语言，不再愿意与自己的"同胞"交往，而只与身处当地文化的人群来往。与此同时，也有的人坚持自己的传统文化习惯，不愿接触、更不愿意理解和接受当地的新文化，许多"唐人街"的华人或"意大利城"的意大利人就是典型的例子。这样的适应方式被称为"隔离"(separation)。当然也有的人接触新文化之后，不知所措，既不愿接受新文化的价值观，也不完全认同自己原来的文化，变成既不"中"也不"西"的人，这样的适应方式被称为"边缘化"(marginalization)。研究表明，在这4种适应方式中，融合是最健康、理想的方式，而边缘化则是最痛苦、糟糕的适应方式(Berry, Kim, Power, Young, Bujaki, 1989; Berry, Poortinga, Segall, Dasen, 1992)。

2. 建设跨文化团队的桥梁——双重文化认同和高文化智商

双重文化认同(bicultural identity integration，BII)是近年来以Benet-Martinez为代表的一些跨文化学者提出的一个概念(Benet-Martinez，Lee & Leu，2006；Haritatos，Benet-Martinez，2002)。这个概念的针对性很强，专门研究在两种文化环境中生活了多年的个体，他们所经历的文化冲突及对这两种文化的距离感。因为美国是移民国家，所以能说两国语言并在两种文化中生活了多年的人口比例相当高，而且这种趋势越来越强。2002年的美国人口普查表明，在加州有25%的人口在海外出生；而在硅谷，非白人的人口已经占总人口的53.3%。据2009年1月的《新闻周刊》报道，预计到2050年，美国人口的大多数将由非白人组成，其中白人人口将只占总人口的47%，而另外53%的人口将由西班牙裔人、亚洲人和黑人组成。

有关双重文化认同的研究发现，如果双文化个体在两种文化中都如鱼得水，不仅很少感觉到自己被两种文化价值观"撕扯"，而且在合适的场合用合适的语言和行为方式，并且对两种文化都有强烈的认同，那么该个体就具有较高水平的BII，就更有可能在工作中取得成功(不管在哪一种文化中生活)，而且心理更健康，焦虑感更低。相反，如果该个体常常感觉到强烈的文化冲突，在很多场合不能取舍，觉得自己既不属于原来的文化环境，也不属于现在的文化环境，那么这些个体就具有较低水平的BII，他们的文化焦虑感更强，压力更大，更不容易在生活和工作中取得成功(Benet-Martinez，et al.，2006)。

文化智商(cultural intelligence，简称CQ)已在前面提过，它是近年来跨文化心理学领域提出的一个较新的概念(Ang，Van Dyne，Koh，Ng，Templer，Tay & Chandrasekar，2007；Earley & Ang，2003)，描述的是个体在跨文化情景中能够有效地改变自己与环境要求不符的行为举止，从而有效地与他人沟通交往并建立联系的能力。文化智商包括认知和行为两个层面，每一个层面包含两个因素，所以总共有4个部分：元认知CQ、认知CQ、动机CQ和行为CQ。Ang等人经过几年的努力，成功开发了测量CQ的量表。该量表中共有20个条目，其中10个条目测量认知CQ，10个条目测量动机/行为CQ。

强烈不同意1——2——3——4——5——6——7强烈同意

元认知和认知CQ：

① 在与来自不同文化背景的人交往时，我对自己使用的文化知识有意识。

② 在与来自我所不熟悉的文化中的人交往时，我会调整我的文化知识。

③ 我有意识地将我的文化知识应用到跨文化交往中。

④ 在与来自不同文化的人交往时，我会检查自己的文化知识的准确性。

⑤ 我了解其他文化中的经济和法律系统。

⑥ 我了解其他语言中的词汇和语法。

⑦ 我了解其他文化中的文化价值观和宗教信仰。

⑧ 我了解其他文化中的婚姻制度。

⑨ 我了解其他文化中的艺术和工艺品。

⑩ 我了解其他文化中非言语的表达规则。

动机和行为CQ:

⑪ 我喜欢与来自不同文化的人交往。

⑫ 我对自己能够在我不熟悉的文化环境中与当地人相处有充分的自信。

⑬ 我觉得自己完全可以应付在适应新文化过程中的焦虑和压力。

⑭ 我喜欢在自己不熟悉的文化中生活。

⑮ 我觉得自己完全可以适应不同文化中的购物环境。

⑯ 在跨文化交往中如果有必要,我会改变自己的语言沟通行为(如改变语音、语调)。

⑰ 为了适应不同的跨文化情景,我会用不同的方式来使用停顿和沉默。

⑱ 在跨文化情景中,我会调整语速。

⑲ 我会根据跨文化环境的需要改变自己的肢体行为。

⑳ 我会根据跨文化环境的需要改变自己的面部表情。

他们的研究发现,在认知CQ上得分高的个体,其跨文化决策和判断的能力更强;而在行为CQ上得分高的个体,在跨文化情景中的适应能力更强,工作表现更为出色(Ang,Van Dyne & Koh,2006;Ang,et al.,2007)。

我们也曾用CQ做过一个有趣的研究(Chen,Liu & Portnoy,2012)。近些年来华盛顿州的人口越来越多元化,移民越来越多,从事房地产职业的地产中介不仅在工作中要与越来越多的移民同事打交道,同时也要应付越来越多的移民客户。我们认为这些地产中介的CQ水平与他们的房屋成交量可能有密切的关系。通过调查来自26家房地产公司的305个房地产中介的行为CQ水平和跨文化房屋成交量(即房屋成交的客户来自不同文化或地产中介和其客户来自不同文化等),以及搜集这些地产中介的个人资料,如性别、年龄、工作年限、会说的语言种类及人种等,我们对数据进行了分析。结果发现,在个体特征因素中,会说除了英语之外的外语种类与跨文化房屋成交量成正相关,这是意料之中的结果。更令人鼓舞的是,我们在控制了这些变量的影响之后,回归分析的结果显示CQ对跨文化房屋成交量确实有显著影响。

鉴于大部分有关CQ的研究都在研究其可能产生的后果,我们开始研究哪些因素可以提高个体的CQ水平(Adair,et al.,2016;Liu & Chen,2014)。这些研究发现,首先一个人的自我概念会影响其沟通方式,如高语境沟通或低语境沟通,而沟通方式直接与一个人的文化智商相关:沟通语境越高的个体,其CQ也越高(Adair,et al.,2016)。

我们还发现,一个人的CQ变化与他在遇到"文化休克"时所采取的思维方法有关(Liu & Chen,2014)。有的人在经历了文化休克事件后,会这样想:"假如我事先知道的话,就可以避免做出这样的蠢事,就可以达到比现在好几倍的结果,下次一定要牢记不犯同样的错误。"但也有的人在经历了同样的事件后,会这样想:"虽然现在的结果不尽如人意,但是假如我做了更糟的选择的话,不知道结果还要坏多少倍呢?比如我的前任,他到这里之后两个星期中出的错比我在这里两个月加起来的还要多呢!"

我们把采用第一种思考方式的人称为"往上比"(upward counterfactual thinking)型,而把采用第二种思考方式的人叫作"往下比"(downward counterfactual thinking)型。通过对120名在中国工作的外派经理进行连续6个月的调研,我们发现那些采用"往上比"反向思维方式的人，其CQ6个月后有显著提高；而那些采用"往下比"思维方式的外派经理，其CQ没有提高。这一结果说明思维方式也在很大程度上会影响一个人的CQ水平。

3. 如何打造优秀的象征性跨文化团队

正如前文讨论过的，象征性文化团队中的象征性成员(也就是那个O)常常遭到多数成员的打击；人们看待"象征性"成员时，常戴上有色眼镜；"象征性"成员常不被理睬。因此，如果不是出于无奈，在组队时应尽量避免"象征性"跨文化团队。在不得已只能组建象征性文化团队的情况下，作为象征性成员，要做到以下几点。

- 认识到自己需要承受的压力，并想办法不断使自己放松。
- 与其他象征性成员沟通，分享自己的感受，得到他们的支持。
- 发展自己的技术专长，并宣传自己的技术和能力，而不是突出自己与他人不同的文化特征。
- 清楚地让别人知道自己加入团队是为了一起解决问题的，并努力寻找各种机会表现自己的能力。
- 主动与多数成员沟通，向他们请教问题，把他们当成专家和学习资源。
- 学会一些外交手段来处理令人尴尬的象征性成员与多数成员交往的情境。
- 培养自己的幽默感，避免把每件事都看得过于严重。
- 寻找机会与多数成员建立个人联系，以免自己每次都只面对一个群体。
- 强调自己与多数人之间的共同之处，避免总是充当少数人群的代表。

如果你不是那个象征性成员，而是多数成员中的一员，为了使象征性文化团队工作更有效，应该做到以下几点。

- 理解身为象征性成员的难处，并经常检查自己对待他们的行为。比如，什么样的人最适合做什么工作？谁得到培训机会？你是否只和某些人商量某些事？谁应得到特别的关注和照顾？
- 给象征性成员提供与多数成员一起工作的机会。
- 不强迫象征性成员之间必须交往，他们虽来自同一文化，可能并没有完全相同的价值观。
- 敢于面对尴尬处境，指出象征性成员的行为欠妥之处，比如，衣服的式样不太合适(太随便或太正规)，光脚来上班会使其他成员感到不适等。
- 公平分配资源，确信每个人都能得到取得成功所需要的技能和信息。
- 帮助象征性成员与多数成员建立关系。
- 让象征性成员与资历深的多数成员搭档，以便使他们学到发展自己的必要方法。
- 意识到象征性成员之间也是各有不同的，不轻易将他们归为一类。

除此之外，团队应建立公开的程序让象征性成员有与他人一样的发言权，使他们的声音能被所有人听到。尤其当象征性成员来自亚洲文化时，更有必要建立这样的程序。如第4章所讨论的，来自亚洲文化的人的沟通方式有异于来自于其他文化的人，他们习惯于少言寡语，而且习惯于在对话时用一小段沉默来思考对方说的话。因此，如果不建立公开的程序专门给他们留出说话的时间，他们也许永远找不到说话的机会，而只能将自己的满腹经纶"烂"在肚子里，而其他团队成员还会怪他们不愿对团队的讨论做贡献，或者直接判定他们是"愚木"、没有想法。

4. 如何打造优秀的双文化团队

双文化团队与象征性文化团队最大的本质差别就是来自两种文化的成员数目相当。数量的变化导致质量的变化，导致成员心态的截然不同。在这种跨文化团队中，双方完全平等，不存在一方主导、一方被压制的状态。大部分合资企业的高管团队就属于双文化团队，这种团队虽然文化平衡，但可能是产生冲突最多的团队，我们前面已经有过讨论。总结一下，有以下几个原因。

首先，因为长相的不同、语言的不同、生活习惯的不同，来自两个文化群体的成员容易产生明显的鸿沟，并将与自己文化背景相同的成员视为"内群体成员"，而将对方文化的成员视为"外群体成员"。当形成内外群体的认知时，会产生夸大双方文化差异并用成见知觉对方的倾向。美国学者坎博(Campbell，1967)曾发现在这种情况下，对于同样的行为，分别由内群体成员和外群体成员描述原因，会有相当不同的解释。表6-1是他举的一些例子来反映"内外群体"认知差异。

表 6-1 "内外群体"认知对照表

自我描述	对外群体的刻板印象
我们自尊自重，并珍视祖先留下的传统	他们自私自利，爱自己胜过爱别人
我们忠诚	他们拉帮结派，排除异己
我们和自己人在一起时诚实可信，但绝上不外国人的当	他们总是设法欺骗我们，对待我们时他们毫无道德诚信可言
我们勇敢坚强，我们捍卫自己的权利，不被别人牵着鼻子走	他们是进攻型的扩张主义者，他们企图让我们吃亏而走在前面
我们是和平慈爱的民族，只恨我们最可恨的敌人	他们是有敌意的民族，憎恨我们
我们道德高尚，清白无辜	他们道德败坏，肮脏不堪

从这些例子可以看出，人们倾向于把优良特征归于内群体而将不良特征归于外群体，这一现象也被McArthur和Friedman (1980)的研究证实。而且，当同样的恶劣行为发生时，如果是内群体成员所为，人们有将此行为归因于外在因素的倾向；而如果是外群体成员所为，则有归因于内在因素的倾向。相反，如果是值得称赞的行为，内群体成员做了，人们就会把它归因于内在因素；外群体成员做了，则是外在因素所致(Pettigrew，1979)。

其次，两个文化的成员因为外貌不同，价值观念不同，再加上以前见面次数不多，不但不容易产生彼此的人际吸引(Saegert，Swap，Zajonc，1973；Walster，Aronson，Abrahams，Rottmann，1966)，反而容易感觉到"社交距离"(social distance)。例如，许多非洲人认为白人的面孔如此"苍白"，完全是"有病"的表现；而在把白人与"富裕"联系在一起的国家，判断就完全相反。

社会距离有两个基本作用。当两种文化之间有权力差距时，比如一方感到比另一方更高贵或优越，而又要融合在一起工作时，社会距离就变成一种维系原来文化优越性的机制(Triandis & Triandis，1960)。比如，原来南非的白人文化群体与黑人文化群体之间有权力差距，白人在经济上、社会地位上都享受特殊的待遇，当两个文化群体融合时，这些特殊待遇就会取消。这时，社会距离会使他们保持原有的特殊性，至少心态上如此。

社会距离的第二个作用是保护受到威胁的文化，而使该文化中的成员不去与对方文化中的成员建立联系、发展友谊，因为对方被看成是威胁自己的"敌人"。

社会距离的存在，会增加双文化团队融合的困难。那么，如何才能冲破"自己人""外人"的隔阂及社会距离而打造优秀的双文化团队呢？可以从两个方面着手。

第一，增加双方文化群体成员之间的接触，尤其是正面、积极的接触，这对淡化彼此之间的成见很有益处。双方应该主动创造社交机会，让大家在非工作状态，放松自如地与对方交往。大家一起烹饪、吃饭，看电影，去酒吧，在轻松愉快的场合卸除伪装，展露真实的个性特征，最终可能发现事实上彼此并不像想象中那么不同，或者对方文化中的某个成员事实上与我有很多共同的兴趣爱好，甚至相似的个性特征。随着了解的慢慢加深，原来的成见就会越来越淡化，并开始把每一个个体看成独特的个体，而不只是某个群体中的一员。同时，彼此的接触也可能导致文化的渗透而使彼此变得相像，比如美国与加拿大两国文化的相似就可以归因于近距离的不断接触。

第二，让双方关注高于自身文化群体的目标，即所谓的"超常目标"(superordinate goal：Sherif，1965)。在双文化团队中，这个超常目标就是合资企业的成长和发展，而不是我方付出多、你方付出少，或者我方获利少、你方获利多。双方都应明确认识到，整个企业的发展有利于做大利益的整块"大饼"，对双方都有极大的好处。这样大家就会有共同的努力方向，就更可能积极地想办法解决彼此由于文化不同带来的冲突，从而实现文化融合的目标。

5. 如何打造优秀的多文化团队

当团队的成员来自三种或三种以上文化时，团队内部互动的复杂程度就增加了很多，许多问题和现象同时出现，就像我们前文讨论的模拟练习所展现的，常常会出现一团混乱的景象，人与人之间如何相识，如何沟通，从何处着眼分析问题，从何处着手处理问题，都没有统一的规则和大家公认的有效方法。在这种情况下，常常出现两个误区。第一是完全忽视所谓的文化差异，直接进入工作状态，找出解决问题的方案，仿佛这样差异就不存在了。这一误区被艾德乐(2002)称为"文化盲"(cultural blindness)。文化盲容易导致的问题是混淆文化背景不同带来的差异本身及对这些差异的判断。有人说，如果你看不见文化差异，那就很容易与他人工作，因为人都有很多共同之处，有相同的需要和追求。在北美的很多公司，还把认识到文化差异的管理人员贴上标签，称他们为"种族主义者""文化霸权主义者"等。其实，能够认识到并承认文化差异的管理人员并非"种族主义者"或者对文化有偏见的人，相反，承认文化差异不等同于把一种文化看得高于另一种文化，而是在此基础上能够更好地利用文化差异可能带来的创意，从而促使团队更有效地工作。

另一个误区是认为文化多元会带来很多问题，人们常常能够举出许多多文化团队失败的例子，却很少能想出成功的案例(Adler & Laurent，1980—1983)。一个法国经理这样说："这些年来我目睹了许多跨文化团队，但我想不出有一个比单文化团队运作起来更顺利、更有效的。"另一位丹麦经理完全赞同法国经理的话，他说："在我的经历中，我想不出一个例子能表现跨文化团队比单文化团队更有效的。"

要打造优秀的多文化团队，首先要走出这两个误区：要正视团队个体成员间的文化差异，同时用积极的眼光来看待这种差异，多发掘差异带来的好处，而不是问题。在此基础上，要做到以下几点。

(1) 在多文化团队开第一次会议之前，每个人都要积极准备。准备工作包括以下几个方面。

- 了解其他团队成员。对每个成员的文化背景、技术特长、性格特征、兴趣爱好及家庭状况做尽可能全面的了解，而不只是了解与工作有关的层面。
- 对团队成员的民族构成有所认识。参照我们在第2章中介绍的跨文化管理理论，对个体成员的文化导向有一个大致的认识，采取尊重的态度对待不同的文化导向。
- 确定会议的具体目标。明确第一次会议只是用来彼此认识、彼此了解，还是要谈论与工作直接有关的问题。在许多亚洲国家，因为重视人际关系和长期导向，一般第一次会议都不谈具体工作，而是提供机会让大家相识。
- 确定团队具有合适的资源、权威和必要的训练来达到目标：对团队面临的工作任务做较全面的分析，同时分析人员的技能水平，思考可能得到资源的方法。
- 传阅会议材料及议事日程，使所有成员对议事日程提前有思想准备，使大家处在同一条起跑线上。

(2) 多文化团队中应该讨论决定团队是否需要领导。这一条很重要。我们前面讨论过中国文化强调领导对团队的重要作用，而西方文化似乎想越来越淡化领导对团队的作用。我曾经在中国企业做调研，询问员工如何打造优秀团队，结果50%以上的人都把团队领导的关键作用放在首位。在他们眼里，具有以下特征的领导者是优秀的团队领导：

- 身先士卒，有效沟通；
- 目标明确，达成共识；
- 责任分工，又不分家；
- 关心成员，善待下属；
- 为成员的成长着想；
- 严格要求，积极指导；
- 提供支持，不多干预；
- 勇于承担责任，争取上级支持；
- 待人公平；
- 追求创新。

这样的答案很可能已在其他权力距离较大的文化中出现(比如日本、韩国、新加坡)。因此，如果多文化团队中的成员多数来自权力距离大的文化(多数亚洲国家和南美国家)，就应该选一个团队领导以保证团队的有效运作；反之，如果多文化团队中的成员多数来自权力距离低的文化(北美国家和北欧国家)，那就不一定需要设立团队领导。

(3) 开好第一次会议。第一次会议之所以重要在于通过这次会议将定下整个团队未来合作的基调。俗话说，良好的开端是成功的一半。通过对多文化团队多年来的观察，我们发现，出师不利的团队很难扭转局面。在我教授跨文化管理课程时，因为学生来自世界各地，所以就有意识地创立多文化团队，让他们在修课的同时，切身体验在多文化团队中工作的酸甜苦辣。我至今印象深刻的是一个由4个人组成的跨文化团队，这个团队包括1个美国人(女)，1个德国人(女)，2个韩国人(男)。他们的第一次会议是讨论选择哪一部外国电影来进行文化分析。正好那位美国女性和德国女性都是主动性很强、冲劲很足的人，会议开始就试图主导讨论，在对其他组员不甚了解的情况下，就对某些外国电影发表了个人看法。她们如果对韩国文化有一点儿常识的话，就会知道韩国男性对女性的一般行为期待是温良恭俭让。所以从一开始，两位韩国组员就对这两位女性组员产生了很负面的印象，从此争吵不断。直到课程快结束时，他们对彼此有了更深的认识，才采取一些措施增进了解，如共进晚餐，一起出去郊游，才算慢慢消除了误解。假如他们一开始就从了解彼此开始，建立良好的队员关系，彼此建立信任，之后的团队工作体验就会十分不同。

除了在正式工作之前先建立良好的关系外，在第一次会议上还应该讨论未来团队工作的规范，比如大家要准时出席会议，如果不能参加会议应该以什么方式发表自己的意见，团队应该采用什么样的决策程序，沟通时是否可以打断他人等。同时要建立团队成员平等参与的规范，让每个人都有说话和表达思想的机会。因为语言不通，大家都说英语，但对于英语不是母语的成员来说，表达的障碍很大，大家要彼此尊敬并培养耐心。最后，每次会议结束之后，应该为每一个成员提供一份书面的会议纪要，以保证大家对会议内容理解一致。

总而言之，打造优秀的跨文化团队离不开三项关键任务，首先是了解彼此的文化背景，建立良好的人际关系；其次是确定任务结构并建立团队成员交往的行为规范；最后是建设跨文化团队的情商，对成员的情绪有所认识并能加以化解。前文中我们曾分享一个Ecotonos模拟练习参加者的感悟，她深深地被练习中所产生的情绪困扰。如果那是真实的情境，她在练习过程中产生的情绪将阻碍整个团队的工作进程。

本章小结

本章详细讨论了跨文化团队面临的挑战。对于必须组建跨文化团队来运作的企业来说，了解如何发挥跨文化团队的潜在优势，避免跨文化团队的弱点，具有非常实际的意义。TCL与阿尔卡特手机在合作过程中发生的问题，事实上是用文化强势进行文化整合，结果创造了跨文化团队中最糟糕的形式——象征性文化团队，从而"逼迫"弱势文化成员离开公司。假如事先对象征性文化团队的缺陷有较深入的了解，TCL应该从战略上改变这样的组队方式，避免将象征性文化团队的问题扩大化。

如果那些已经或正在建立跨文化高管团队的公司，都能充分研究跨文化团队的特征、问题和优势，就可以提前针对可能出现的问题制定很多预防措施，从而促使整个跨文化团队的运作更顺利、更高效。

1. 跨文化团队主要有哪些种类？各自的优缺点是什么？

2. 什么类型的跨文化团队最可能遭遇"团队分裂"？如何处理才可能避免？

3. 如果你有过在跨文化团队中工作的经历，请列举一两件至今记忆犹新的事件，并结合本章内容对事件进行分析。

4. 如果你不曾有任何在跨文化团队中工作的经历，请思考一下如果公司要你去领导一个跨文化团队，你需要事先做哪些准备工作？

5. 假如你的公司最近刚刚并购了一家外国公司，并准备组建一个跨文化高管团队，你会从哪些方面入手来设计这个高管团队，以达到在较短的时间内使该团队能够高效运作的目标？

本章参考文献

[1] Adair, W., Buchan, N., Chen, X. P. & Liu, D. (2016). A model of communication context and measure of context dependence. Academy of Management Discovery, 2(2), 198-217.

[2] Adler N J. International dimensions of organizational behavior. 4th ed. South-Western College Publishing, 2002.

[3] Ang S, Van Dyne L, Koh C, .et al. Cultural intelligence: Its measurement and effects on cultural judgment and decision making, cultural adaptation and task performance. Management and Organization Review, 2007, 3: 335-371.

[4] Barsade, S. G., Ward, A. J., Turner, J. D. F. & Sonnenfeld, J. A. To your heart's content: A model of affective diversity in top management teams. Administrative Science Quarterly, 2000, 45: 802-836.

[5] Benet-Martinez, V, Lee F, Leu J. Biculturalism and cognitive complexity: Expertise in cultural representations. Journal of Cross-Cultural Psychology, 2006, 37: 386-407.

[6] Berry J W. Social and cultural change. In H.C. Triandis, R. Brislin (Eds.) Handbook of Cross-Cultural Psychology. Boston: Allyn and Bacon, 1980: 211-280.

[7] Berry J W, Kim U, Power S, et al. Acculturation attitudes in plural societies. Applied

Psychology, 1989, 38: 185-206.

[8] Berry J W, Poortinga Y, Segall M, et al. Cross-cultural psychology. New York: Cambridge Press, 1992.

[9] Campbell D T. Stereotypes and the perception of group differences. American Psychologist, 1967, 22: 817-829.

[10] Chen X P, Liu D, Portnoy, R. A multilevel investigation of motivational cultural intelligence, organizational diversity climate, and cultural sales: Evidence from the U.S. real estate firms. Journal of Applied Psychology, 2012, 76 (1): 93-106.

[11] Cialdini, R. B. Influence: The psychology of persuasion. New York: Harper Collins, 1987.

[12] Earley P C. East meets West meets Mideast: Further exploration of collectivistic and individualistic work groups. Academy of Management Journal, 1993, 36: 319-348.

[13] Earley P C. Social loafing and collectivism: A comparison of the United States and the People's Republic of China. Administrative Science Quarterly, 1989, 34:565-581.

[14] Earley P C, Mosakowski, E. Creating Hybrid Team Cultures: An Empirical Test of Transnational Team Functioning. Academy of Management Journal, 2000, 43: 26-49.

[15] Ely R J, Thomas D A. Cultural diversity at work: The effects of diversity perspectives on work group processes and outcomes. Administrative Science Quarterly, 2001, 46: 229-273.

[16] Haritatos J, Benet-Martinez V. Bicultural identities: The interface of cultural, personality, and socio-cognitive processes. Journal of Research in Personality, 2002, 36: 598-606.

[17] Harrison, D. A., Price, K. H., Bell, M. P. Beyond relationship demography: Time and the effects of surface- and deep-level diversity on work group cohesion. Academy of Management Journal, 1998, 41: 96-107.

[18] Harrison, D. A., Klein, K. J. 2007. What's the difference? Diversity constructs as separation, variety, or disparity in organizations. Academy of Management Review, 32: 1199-1228.

[19] Jackson S E. Team composition in organizational settings: Issues in managing an increasingly diverse work force. In S. Warchel, W. Wood. & J. Simpson (Eds.), Group Process and Productivity. Newbury Park, CA: Sage, 1991: 138-171.

[20] Janice I L. Groupthink. New York: Houghton Mifflin Company, 1972, 1982.

[21] Kanter R M. A tale of "O": On being different. [videorecording], Cambridge, MA: Goodmeasure, 1993.

[22] Knox R E, Stafford R K. Group causation at the racetrack. Journal of Experimental Social Psychology, 1976, 12:317-324.

[23] Kovach C. Based on observation of 800 second-year MBAs in field study teams at UCLA, 1977—1980. Original model based on Kovach's paper, "some notes for observing group process in small task-oriented groups", Graduate School of Management, University of California at Los Angeles, 1976.

[24] Latane B, Williams K, Harkins S. Many hands make light the work: The causes and

consequences of social loafing. Journal of Personality and Social Psychology, 1979, 64: 317-326.

[25] Lau, D. C., Murnighan, J. K. Demographic diversity and faultlines: The compositional dynamics of organizational groups. Academy of Management Review, 1998, 23: 325-340.

[26] Liu, D., Chen, X. P. Learning from failures: A longitudinal investigation of the joint influence of cultural shocks and counterfactual thinking on expatriates' cultural intelligence and job creativity. Annual conference of Academy of Management, Philadelphia, 2014.

[27] McArthur L, Friedman S A. Illusory correlation in impression formation: Variations in the shared distinctiveness effect as a function of distinctive person's age, race，and sex. Journal of Personality and Social Psychology, 1980, 39: 615-624.

[28] McGrath, J. E. Groups: Interaction and Performance. Englewood Cliffs, NJ: Prentice Hall. 1984.

[29] Milgram S. Behavioral study of obedience. The Journal of Abnormal and Social Psychology, 1963, 67: 371-378.

[30] Moss Kanter, Pettigrew T. The ultimate attribution error: Extending Allport's cognitive analysis of prejudice. Personality and Social Psychology Bulletin，1979, 5: 461-476.

[31] Shaw M E. Group dynamics: The psychology of small group behavior. New York: McGraw-Hill, 1981.

[32] Sherif, M. Superordinate goals in the reduction of intergroup conflict: An experimental evaluation. In M. Schwebel(Ed.)Behavior, Science，and Human Survival. Palo Alto, CA: Science and Behavior Books, 1965.

[33] Stahl, G K, Maznevski, M L, Voigt A, & Jonsen, K. Unraveling the effects of cultural diversity in teams: A meta-analysis of research on multicultural work groups. Journal of International Business Studies, 2010, 41: 690-769.

[34] Stasser G, Titus W. Pooling of unshared information in group decision making: Biased information sampling during discussion. Journal of Personality and Social Psychology, 1985, 48: 1467-1478.

[35] Stasser G, Titus W. Effects of information load and perentage of shared information on the dissemination of unshared information during group discussion. Journal of Personality and Social Psychology, 1987, 53: 81-93.

[36] Stoner J A F. A comparison of individual and group decisions involving risk. Unpublished master's thesis. School of Industrial Management, MIT, Camridge, MA, 1961.

[37] Triandis H C, Hall E R, Ewen R B. Some cognitive factors affecting group creativity. Human Relations, 1965, 18: 33-35.

[38] Triandis H C, Triandis L M. A cross-cultural study of social distance. Psychological monographs, 1962, 76 (21): 540.

[39] Tuckman B. Developmental sequence in small groups. Psychological Bulletin, 1965, 63:

384-399.

[40] Watson W E，Kumar K, Michaelson I K. Cultural diversity's impact on interaction process and performance: Comparing homogeneous and diverse task groups. Academy of Management Journal, 1993, 36: 590-602.

[41] Van Knippenberg, D, & Schippers, M C. Work group diversity. Annual Review of Psychology, 2007, 58: 515-541.

第7章

人力资源管理的全球化

据Finaccord报告，2017年全世界在母国之外居住一年和五年之间的学习者和工作者(外派者，英文为expatriate)已经达到了6600万人，并预计到2021年这个数字会增加到8750万人。有意思的是，全世界移居者人数最多的是沙特阿拉伯，其次是阿联酋和德国。在阿联酋，总人口中将近88%是外派者，居全世界之最。报告也指出，在英国和美国，大量的外派人员是国际学生，尤其是从中国出来的留学生。出外学习和工作人数最多的国家是印度，其次是中国和加拿大。

在人力资源越来越走向国际化的今天，如何有效地针对不同的文化特点采用合适的人力资源管理方式，以激发不同文化背景下企业员工的工作主动性和积极性，就成为摆在跨国和全球企业面前的严峻课题。

7.1 人力资源管理对企业成功的重要性

美国著名的管理学者、斯坦福大学教授杰夫·费福(Pfeffer, 1995；Pfeffer & Veiga, 1999)在大量案例调查的基础上深入研究了美国企业的成功之道，并以书面的形式发表了他的研究结果，这就是曾经轰动一时的《人力方程》(The Human Equation)一书。在该书中，他详细讨论了美国企业成功的七大法宝，每一条都与人力资源管理有关。也就是说，一个企业成功与否，人力资源管理虽不是充分条件，但肯定是必要条件。在这个章节，将介绍一下这七大法宝的内容，并且围绕这些内容来集中讨论两个问题：①为什么这些人力资源管理实践对美国企业来说堪称"成功法宝"？②同样的人力资源管理实践放到美国以外的文化环境中是否依然有效？

1. 美国企业成功的法宝之一：就业保障

费福研究总结出来的第一条法宝居然是就业保障(job security)，这无疑有点让人吃惊。就业保障的意思是公司对员工做口头承诺，保证不会在经济环境不景气的情况下大规模裁员。费福列举了西南航空公司和通用汽车公司的土星工厂作为佐证。美国的西南航空公司是一家非常有意思的公司，自开业以来没有亏过一分钱，没有出过一次事故，没有裁过一个员工；在航空公司里绝对是一朵奇葩。通用汽车公司的土星工厂也没有裁员的历史，而且不像通用的母公司，经常面临员工罢工的威胁，那儿的员工没有成立工会，工作积极性还比较高。索尼公司的Morita先生曾经嘲笑美国公司的管理人员，说他们"将员工看成赚钱的工具，经济景气时就大量招人，不景气时就大量裁人，而经济不景气又不是员工造成的"。显然，美国大多数公司在裁员这一点上口碑都不算好，所以不裁员的公司就成了万众瞩目的公司，就成了许多人向往的公司。于是，就业保障成了激励员工的一个重要因素。像西南航空公司这样一个自成立之日起从来没有裁过员的公司，每有一个岗位空缺，就有上千人应聘，这与其就业保障有一定的关系。

但是，这一法宝在多大程度上适用于其他文化环境呢？大多数企业都不愿意对员工做这样的承诺，因为在充分的就业保障前提下，人们已经目睹了太多的懒散懈怠，太多的出工不出力。研究表明(Brockner，Grover，Reed，Dewitt，1992)，人的工作动机与就业保障并不是递增的线性关系，而是呈倒"U"型曲线，如图7-1所示。

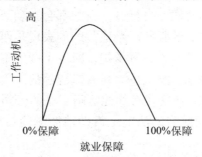

图 7-1　工作动机与就业保障关系示意图

也就是说，在任何就业保障也没有的时候，员工时时担心自己会丢掉饭碗，工作积极性就很低；在就业保障慢慢增加的时候，员工的积极性也增加，但到了高峰之后，随着就业保障不再成为一个不稳定因素，而发展到员工完全不用担心的时候，工作积极性又会降到低谷。

有一点要说明的是，就业保障指的是不裁员，但并不是不解聘人。批量裁员与开除员工是两个概念，因为前者由经济大环境引起，而后者是与员工个体的工作表现恶劣有关。

以上讨论说明，就业保障在美国企业中能够激发员工积极性的原因可能部分来自文化中的"反差"效应，因为只有少量的公司做如此的承诺。而在几乎所有公司都实行"终身雇佣制"的日本，就业保障便成为一个"保健因素" (Herzberg，1966)，非但起不到激励作用，可能还会起反激励的作用。

2. 美国企业成功的法宝之二：选择性聘用

选择性聘用(selective hiring)是指企业在招聘员工时应该十分谨慎挑剔，如果没有合适的人，即使让位置空着也不滥招。选择性聘用背后的基本逻辑为：招进来的员工是公司的巨大投资，是公司希望长期保留的人才，必须慎之又慎。至于什么样的人是适合自己公司的员工，有两个基本衡量标准：一是所谓的"人岗匹配"(person-job fit)，即招来的人的知识背景、技能和能力符合工作岗位的需求，也就是说该人能够胜任工作；二是所谓的"人企匹配"(person-organization fit)，即应聘者个人的价值理念与公司的文化理念相一致，彼此有认同感(Kristof，1996)。

比方说西南航空公司招人就十分谨慎。前面提过西南航空公司每一个空缺位置都有上千人来应聘，挑选余地自然就大，但也增加了很大的工作难度。在航空公司，除了飞行员有较高的技术、体能要求之外，其他的岗位都不需要特别的技能，也就是说从表面上看，"人岗匹配"的要求相对较低，应该人人都能胜任。那么什么样的人才适合做空乘工作呢？ 西南航空注重的是人企匹配，即他们要招与自己公司的文化理念相匹配的人。西南航空是一家有很强、很独特的企业文化的公司。他们的文化可以用16个字来描述：热情友好，幽默诙谐，勤俭节约，互助合作。

乘务组是一个比较特殊的团队，团队成员的角色相对固定。大部分航空公司只要求员工做本职范围内的工作，比如飞行员负责飞行，行李员装卸行李，空乘端茶、倒水、送饭等。但西南航空强调互助合作的团队精神，要求乘务组的成员超越本职岗位的要求共同工作。所以当行李来不及搬运的时候，飞行员、空乘都会主动帮忙，这样就大大提高了整体运作的效率，为顾客提供了更好的服务。勤俭节约的表现是西南航空不像其他的航空公司那样将清扫业务外包，而由自己的乘务员承担，减少了费用不说，还缩短了飞机的周转时间。此外，西南航空的热情服务、幽默搞笑是有口皆碑的。飞机上没有电视，所有的娱乐节目都由空乘负责。在一个对企业文化有如此清晰定义的公司中，招聘就是要寻找有如此个性特征的人选。因此，西南航空的法宝是借助情商测验帮助他们鉴别合适的候选人，而几乎不用智商测验。

与西南航空性质很不相同的林肯电气公司是一家电器零件制造厂家，这家公司也不曾裁员，1995年该公司的CEO还受到总统克林顿的表扬，并受到《60分钟》电视节目的采访。他们对流水线员工的招聘也十分谨慎。人们在招聘时常出现两个误区：一是选择应聘者中最优秀的(如学位最高、智商最高、工作经验最丰富)，认为最优秀的就应该是最合适的；二是既然招聘就一定要招到，招不到就是失败。其结果是招来的人可能能力过强，超过工作的职责要求，干了不久就觉得该工作没意思，跳槽走人，或者是把并不完全胜任的人招进来填补空缺，但最后由于过于牵强只能要求此人离职。林肯电气公司招聘流水线工人要求有较好的体能和手眼协调能力，并对重复性劳动不知厌倦。这是他们定义的"合适"。

由此可见，所谓精选人才，所谓合适，与每一个公司自己的企业文化有关，与公司中每一个岗位的具体要求有关。在这个意义上，"选择性聘用"应该适合于不同民族文化之下的企业，具有普遍的实践指导意义。

当然要实行这一条的前提是，公司必须非常清楚自己的愿景和核心价值观，知道自己想要的是什么样的人。如果公司的领导自己也不清楚其愿景、使命、价值观的话，就根本无法实现选择性聘用的方法。

3. 美国企业成功的法宝之三：自我管理团队

自我管理团队(self-management team)是过去二十多年来美国企业中发展得最快、最流行的管理方式之一。它是指公司根据自身产品和服务的特点，设置以团队为单位的组织结构，并给予团队足够的自主权去管理。比如微软和其他许多高科技公司内部的项目小组，或者零售超市中的各个部门，等等。这些小组和部门根据公司下达的目标指数，自己筹集资源，设计生产/服务流程，实行人员调配，协调生产/服务进度，保证产品/服务准时并保质保量地完成。在这样的团队结构中，成员之间的地位平等，大家共同参与决策，共同为目标的实现负责。团队中的领导常常只扮演一个资源分配和协调员的角色，没有高于他人的特殊权力。在第6章中讨论团队时我们已经对自我管理小组有所描述，如宜家家居的部门团队、微软的项目小组、星巴克的零售咖啡小店都属于这样的团队。

自我管理小组之所以在美国发展得如此迅速与其文化背景有关。美国社会强调平等，权力距离较低，因此平等管理这一条很适合美国文化的根本理念，很容易推行。此外，美国人的个体主义倾向很强，大家都认为自己与众不同，有"非凡独特"的能力和见解，因此，要大家各抒己见、共同参与决策就充分体现了对每一个人独特价值的认可，也很容易被接受。同时，自我管理强调自己的责任及自主权，与美国人强调"人掌握命运，人主导环境"的理念相通。

但是，就美国社会强调个人英雄主义的个体主义文化特征而言，任何与"团队"有关的概念都不应该受到他们的青睐。但为什么这些年"团队"理念被美国企业广泛使用呢？

从历史的角度分析，美国的经济自第二次世界大战以后一直发展很快，走在世界前列。但是到20世纪80年代中期，日本经济崛起，日本公司开始吞并美国公司，日本买走了美国最大的传媒公司之一——哥伦比亚广播公司；甚至还把当时美国最高的建筑物，位于芝加哥市中心的西尔斯大楼(Sears Tower)买了下来。这当然大大伤害了美国人的自尊心。于是，他们开始研究日本，如日本的文化、日本的企业，研究他们能赶超美国的原因，许多关于日本研究的书籍论文在那时出版，在管理领域，有著名的《Z理论》(Ouchi, 1981)。

《Z理论》中有一个很重要的结论，就是日本人有很强的团队合作精神，正是这种精诚合作成为日本企业成功的秘密，而这一点又恰恰是美国人最缺乏的。从那时开始，"团队"一词就被引进了管理领域，引进了教学领域，甚至引进了美国的整个文化系统，特别是职场文化。现在你去看美国的幼儿园、小学，就会发现他们的课程设计中强调的"团队"因素，更别提大学和形形色色的MBA课程了。从表面上看，团队文化似乎已成为美国文化的一个重要组成部分，已经被全民接受。

正是在这样的历史背景之下，在团队已成为整个社会司空见惯的现象的条件之下，自我管理团队这种经过美国文化润色的团队构成才得到美国员工的认同。

然而，自我管理团队又在多大程度上适用于权力距离高的文化呢？比如星巴克的平等团队文化，能不能被强调等级秩序的韩国文化接受；微软的项目小组经理没有特殊领导权力的团队方式，能不能在强调领导作用的中国文化中达到同样的效果，就成为值得讨论的问题。

4. 美国企业成功的法宝之四：与企业业绩挂钩的、相对较高的报酬

工作中的报酬常常可分为三个部分：工资、奖金和福利。让员工的工资、奖金和福利与企业整体的业绩挂钩是另一个激励员工努力工作的重要手段，因为这样做将员工个体与企业整体绑在一起形成了利益共同体。

在费弗的书中举了家得宝(Home Depot)公司的例子。该公司在美国家喻户晓，而且是组成S&P指标的公司之一。这家公司销售美国人美化家居需要的所有物品和工具，包括木材、地毯、地砖、浴缸、水池、榔头、螺丝钉、油漆、割草机、植物、化肥、吊灯、家具等，不一而足。这家公司开设的商店店面很大，而且在美国的每一个城市都有好几家。这家公司的股市业绩常常作为判断美国国民经济好坏的一个重要指标。它用报酬与公司业绩挂钩的方法把员工的积极性调动起来，取得了相当好的效果。

一般，美国人家里有修理、美化的需要，都会去Home Depot。比如要换地毯，就会去店里选购，地毯种类不下一百种，不知从哪里看起，只能去问地毯销售人员。他们总是面带笑容，耐心地解答问题，并同时提供很多有关地毯的专业知识，然后推荐合适的地毯种类，直到顾客满意为止。特别是，该店还提供免费的培训课程，以满足那些愿意自己动手美化家居的人的愿望。比如你想自己装饰地毯或者装修洗手间，贴墙纸，铺地砖，店里都设有专门的课程，任何人都可以免费注册。在课上，老师(店里的工作人员)会现场一步一步演示给你看，并告诉你应该买什么样的材料，用什么样的工具，如果有些工具太大或太昂贵，你就可以向商店租。老师非常有耐心，也允许你当场试一试，这样半个小时到一个小时听下来，你就觉得自己颇有把握了。除此之外，商店还保证自己的低价政策，任何同样的货品，只要你能在其他商店找到更优惠的价格，Home Depot都会给你补差价，甚至还多退你10%。

如此物美价廉的优质服务，当然与公司的高工资福利政策有直接的关系。当员工感到自己对公司的贡献能够增加公司的业绩，而公司业绩的增长又与自己的切身利益密切相关的时候，工作干劲自然就大了。采用如此实践的公司在美国比比皆是，特别是高科技和互联网公司，几乎都是员工人人持股，把个人利益与公司利益直接挂钩。这一条法宝应该不受文化价值观的直接影响，触及的是人类的共性。

5. 美国企业成功的法宝之五：广泛的培训

Home Depot的工作人员除了工作积极性高之外，专业知识也非常到位，这一条并不是靠高工资就能达到的，广泛的培训(extensive training)才是提高员工专业水平的利器。费福书中提到的大多数成功的美国公司都设有广泛的培训项目，许多还有自己的大学。比如"男士西服店"(Men's Wearhouse)、摩托罗拉、迪士尼、"完整食品市场"(Whole Foods Market)、西南航空及通用电气等。关于培训的跨文化差异我们在第7.3节会进行专题讨论。

6. 美国企业成功的法宝之六：缩小地位差别

缩小地位差别(reducing status difference)这条法宝与平等文化、透明管理有关。缩小地位差别是指公司中的员工应该人人平等，不论资排辈，不以势压人。

比如沃尔玛公司(Wal-Mart)就很强调这一点，把所有的员工称为"合作伙伴"，而不是雇员。在沃尔玛的销售广告上，用的所有模特儿都是公司员工，而且在每个模特儿的照片边上，都标上此人的姓名、工作职务；如果是儿童用品，则用员工的子女做模特儿，并写上孩子及父母的姓名。这样做的效果是大家有"一家亲"的感觉，地位差异消失。

缩小地位差别也可以通过改变管理语言实现。

比如说闻名世界的迪士尼乐园，它不把自己的乐园称为员工的"工作场所"(working place)，而是称其"为大众提供娱乐的大舞台"(stage)。它将所有的员工称为"演员"(casting member)，而非雇员；把员工从事的职务称为"角色"(role)，而非岗位。这样一来，每一个员工，无论你是米老鼠、唐老鸭的扮演者，还是一名普通的清洁工，大家都是在迪士尼这个大舞台上扮演一个角色。此外，他们把所有来乐园玩的人称为"客人"(guest)，而非"顾客"(customer)，在乐园工作的人员则全都是"主人"(host or hostess)。工作人员每天上班都要换上自己所扮角色的服装，这些服装被称为"戏服"(costume)，而非"制服"或"工作服"(uniform)。

公司不设"人事部"(personnel office)，而只设一个"角色分派中心"(central casting)。另外，开设迪士尼乐园不是为了赚钱赢利(make money)，而是为大众制造欢乐(make people happy)。这些词汇的使用完全颠覆了原来人们对公司、员工和顾客之间关系的假设，从而改变了员工、管理人员和企业拥有者对自己角色的定位，使其对自己工作的性质和意义有了全新的理解，极大地增强了员工对工作的主动性，激发了他们的创造性，使他们愿意付出额外的努力去为客人制造快乐。

管理语言的改变反映的是管理理念的改变。迪士尼使用的管理语言反映出来的管理理念是管理者与被管理者之间的平等，员工是工作的主人，管理者提供指导、帮助和服务，让员工能够扮演好主人的角色去赢得客人的欢心。"开心的客人"才是迪士尼制造的终极产品，而在达到这个目标的过程中可以让员工发挥创意(Peters & Waterman, 1982)。

再比如星巴克咖啡 (Starbucks Coffee) 这家全球公司，也在用管理语言改变管理理念和实践上下了很大的工夫。一般的跨国公司都用总部、分部这样的词汇来描述并区分何处为公司的决策指挥中心，何处为执行部门。为了强调和推行公司的平等管理理念，星巴克创造了"国际服务中心"(international service center) 一词以取代"总部"(headquarter)，并确定了三个服务中心：一个在公司的原创地西雅图，一个在阿姆斯特丹，另一个在中国香港。通过这样的语言，将全世界的星巴克都摆在平等的位置上，而这三个中心则成为为大家提供服务的场所，而非发号施令的地方。同时他们将所有的公司员工称为"合作伙伴"(partner)，而不是雇员，从根本上重建员工与企业的关系。

7. 美国企业成功的法宝之七：共享信息

共享信息(information sharing)是七大法宝中的最后一条，也与平等文化、透明管理有关。与员工分享信息是在行动上平等对待员工的体现，是真正将员工看成企业的主人的行为。美国的完整食品市场和Springfield再制造公司就是两个很好的例子。

完整食品市场将公司的季度报表、收支情况、经营情况和赢利情况都向员工公开，所以大家对公司的经营状况一清二楚。Springfield再制造公司实行的"开卷管理"(open book management)更是令人刮目相看。它不仅将重要的财务信息全部向公司员工公开，而且还专门培训员工，教他们怎样阅读财务报表，如何理解每个栏目的意思，确信员工真正了解公司的进展情况。

与员工分享信息表现出对员工的信任，同时让员工产生自己"拥有"企业的感觉。拥有者才会真正关心公司的发展，想公司所想，急公司所急；才会从内心深处思考自己如何为公司做贡献的问题。一个公司如果有许多这样的员工，发展和成功应该指日可待。

然而，这样的管理实践在不同特征的文化中又会有什么样的效果呢？一方面，在多大程度上企业的高级管理层认同这样的实践？另一方面，在多大程度上企业的员工认同并接受这样的实践？在权力集中、社会等级分明的国家，对这两个问题的回答可能都是否定的。

从以上七大法宝的讨论中，我们可以得出两个结论：一是企业成功的要素在于人，七大法宝中几乎每一条都与人力资源管理有关；二是美国成功公司的管理方式日趋民主平等，越来越强调员工的参与和投入，强调授权和分权。

如果说第一个结论与文化因素没有直接关联，具有普遍意义的话；那么第二个结论可能就与文化因素密切相关。令人乐观的是，虽然民族文化很难改变，但公司文化常常受创始人的个人经历、性格和价值理念的影响，不一定与民族文化特征完全对应。所以，如果公司文化中具备这七大法宝所包含的重要元素的话，也可能取得非常正面的效果。下面我们通过案例来加以说明。

7.2 — 用七大法宝解读案例

开市客的全球化模式——有机生长

开市客(Costco)美国的一家跨国公司，总部位于美国华盛顿州西雅图附近的伊瑟阔，是全球第三大零售商，在《财富》500强排名十四。该公司于1983年成立，之后十年一直只在北美开店(美国、加拿大、墨西哥)，到1993年才进入欧洲(英国)、亚洲(日本、韩国)，国际化进程缓慢稳健。2020年，开市客在全球共有810个卖场，美国以外的有250个。其销售额达到1 630亿美元，市值1 690亿美元，纯利润40亿美元。开市客在全球拥有273 000名优秀员工。2019年，它在中国大陆市场的第一个卖场——上海闵行店终于开张了。

首先，开市客在商品上，以优质和低价为消费者带来了实实在在的好处。其次，在营销理念上，开市客把顾客满意度放在第一位，千方百计为顾客省钱，不管从供应商那里拿到多么便宜的价格，它都把自己的溢价设在不超过14%，让顾客得到最大的好处。这样的经营之道能让消费者放心，知道它不会盘剥自己的利益。最后，在企业文化上，开市客不但给员工高工资、高福利，而且85%的管理者都是通过内部培训培养的，员工有充分的职业发展机会。正因如此，在开市客工作的员工总是充满了快乐和激情，这种情绪能够直接让顾客感染到。因此，开市客曾经在2013年登上《商业周刊》的封面，被称为是"世界上最便宜、最快乐的公司"(the cheapest and happiest company in the world)。

2019年，开市客在上海的闵行开出了其在中国大陆地区的第一家卖场，距其于1983年开市客在西雅图建立第一个卖场，整整相隔了36年！

到底是什么原因让开市客不急不躁地等了36年才进军中国大陆市场呢？在此之前，它已在日本、韩国、澳大利亚、新西兰、中国台湾地区、英国、法国、西班牙甚至冰岛等国家及地区总共开了115个卖场，更别提在加拿大和墨西哥的141家卖场了。开市客的国际化战略究竟是如何形成的？它又是通过什么具体操作以确保每一个卖场都可以持续发展呢？带着这些问题，作者对开市客的执行副总裁兼国际业务总裁吉姆·墨菲(Jim Murphy)先生进行了访谈。

访谈摘要(陈晓萍，2021)：

陈晓萍：吉姆，你好！作为开市客的国际化掌门人，在过去的二十多年中，你参与了每一个美洲(加拿大、墨西哥)以外的海外卖场的开业，积累了公司全球化的许多经验。我记得你曾提到1999年开市客在日本开设第一个卖场的时候，用了好几年时间才盈利。我觉得在一个新的市场里，有这样的耐心等待扭亏为盈是很不容易的。你们当时是如何适应日本这个新消费群体和文化的？

Jim Murphy：我们虽然意识到日本是一个人均收入很高的大市场，但在早期却没有提供能够达到市场需求水平的商品和服务。我们认识到，日本人想要的是美国品牌，而不只是美国商品的集合。因为开市客是以产品质量和美国产的商品出名的，具有其独特性，所以我们认为需要更好地利用这一点，来吸引大家。

我们认识到在进入一个新市场的时候，前期的准备工作很重要。要让当地人适应我们的风格也需要一段时间，例如大尺寸的包装。说实话，我们出售的商品在数量上并不适用于小家庭或小空间的住房，所以当地人在我们这里购物也需要发挥一定的创造性。在日本，你经常会看到三个女性推着一辆购物车，身边还带着三个打扮得漂漂亮亮的孩子，他们会一起购物，然后在停车处再摊分买到的东西。比如我们的麦芬蛋糕就是个很好的例子，一大盒有十二个，她们每家分到四个。所以即便是在这种情况下，他们仍会主动思考怎么样从我们这里买东西。另外，一些小公司、托儿所、餐厅通常会大批量购物，一次性买大量的米、油等一切他们用于经营的必需品。像这些用户他们经常会购买大件商品，也就特别适合我们的经营模式。但要真正理解怎么在这里做生意，需要几年的时间的试验、观察和反思。

陈晓萍：你说得很对，试验、观察和反思很重要。我在想，其实你刚才说的情况，反映的是日本人在了解开市客的经销模式后主动适应了开市客的模式，而不是开市客去迎合日本人的消费习惯，这是很有趣的现象。

Jim Murphy：是的，我们在决定进入某个海外市场的时候，会尽力寻找那些能够和我们的模式契合度高的市场，然后在实施过程中，持续做出一些改变。尤其是针对生鲜食品的供应，例如加入更多鱼类和寿司产品，因为这一类商品在日本更受欢迎。这样一来，我们就慢慢总结出一套实用的操作方式。另外在早期我们遇到的一个障碍是，日本普通商店的经销模式与我们极不相同，中间商有好几道，从商品产地到货架上要经过层层"盘剥"，而我们的模式是直接连接客户和产品供应商(就像今天的平台企业)，因此遇到了中间商的抵制，使我们不能直接从产地拿到货品。经过我们坚持不懈地努力，才算克服了这个障碍。

陈晓萍：你曾经提到过一个"有机生长"的国际化扩张模式，这也是开市客非常独特的发展模式,因为很多跨国公司用合资、独资、连锁、入股等方式进入海外市场,而且用外派经理担任多个要职。相反,你们只外派三四位专家到每个新的市场(国家),其他工作人员都是本地的。你们怎么确保这个本地化的团队能够遵从开市客的核心价值观,包括在人力资源、选品、维护供应商关系等方面?

Jim Murphy: 对,有机生长的模式,其中最重要的工作就是组建当地团队,这个做法在过去的很多年里对我们都行之有效。当然,关键是我们的外派经理都非常优秀。无论他们是从美国、加拿大、英国或其他国家被外派去新市场,这些人都对我们公司,尤其是我们的文化和经营模式有着深刻的了解。他们明确地知道自己要做什么、怎么做,这样在招聘当地员工的时候,才能在新市场共同塑造开市客的文化。随着时间推移,团队中的文化氛围不断充实。与此同时我们也积极学习当地文化。在和当地员工一起工作的过程中,我们也学到了一些经营方法,知道什么是有效的,吸取建议。这些本地的新员工学习我们的公司文化,而我们则学习这个新市场的文化。互相学习对我们公司的发展来说是非常重要的。

我们选择'有机生长'的模式,是因为我们不急着扩张,我们想稳扎稳打,保证有足够的时间共同带动企业和文化成长。

陈晓萍: 非常独特。那你们是怎样选择出这三四位开拓新市场的专家的?他们是固定的几个人,还是在不同新市场用不同的人?你们的选人标准是什么?

Jim Murphy: 我们会先确定一个目标国家的总外派经理,这个人通常来自公司的运营部门,受过良好的训练,对于在不同地点开展业务积累了丰富的成功经验。这个人的运营经验非常重要,他/她需要懂一点市场、懂一点采购、懂一点人力资源,还要知道如何高标准地管理公司。高质量、高标准地落实开市客的运营模式对我们来说至关重要。

然后我们会选出某个商业部门负责人,比如采购,他/她一般就是来自公司的采购部门,可能是在北美、英国或其他国家工作的员工。这个人懂采购哲学,也就是质量优先,还有对包装的要求、与供应商如何高效沟通、如何提高供应链效率,等等。这个人能够把采购哲学传达给整个新建团队。

第三个人通常来自财务部门,他/她知道如何计算和运输商品,知道我们希望从差距报告中获得什么信息,还有其他所有跟财务有关的事情,包括当地的审计标准、合规标准。

有时候我们还会派出另一个运营负责人协助国家或市场经理。这个人需要有丰富的运营卖场的经历,虽然在级别上达不到国家经理的水平,但他深耕于公司的经营工作,知道如何招聘和训练员工等。这三四位专家可能来自不同国家。

陈晓萍: 一般来说,这些专家都在开市客工作了10年以上?

Jim Murphy: 对,至少10年。我们公司有很多老员工,他们可以在开市客看到自己的职业发展路径。实际上外派的机会比在美国或者他们自己所在的国家更好。

陈晓萍: 那么这三四位外派专家到了新市场,在当地招聘员工的时候,他们用什么标准呢?

Jim Murphy: 我们喜欢能够自我激励的人。我们认为如果一个人要激励其他人,首先要激励自己。所以我们喜欢开心、友善、外向的人。我们喜欢那些能跟别人友好相处的人,因为零售生意就是人的生意。当然,个人的经历和背景也很重要,但有很多东西都可以进入公司以后再学的。前提是候选人的心态、态度端正，而且具有自我驱动力。我们也看其教育背景和文化背景，比如在美国就读MBA中的外籍学生如中国、韩国、日本籍学生，他们愿意进入我们公司工作，而且希望回到母国或亚洲市场工作。我们在这些人身上花了很多时间进行招聘，还在华盛顿大学招了不少优秀毕业生呢！

开市客每天实践的使命：为会员持续不断地提供物美价廉的货品和服务

陈晓萍：我记得你曾经说开市客赋予了不同地方的卖场充分的自主权。你们是如何确保这些卖场在运营上既有充分的自主权，又能始终贯穿开市客的核心价值观的？

Jim Murphy：在回答这个问题之前，我先谈一谈我们的基本使命和原则，我们是如何运营公司的。我们的外派专家就位的时候，已经吃透了公司的使命和原则，以及日常运营模式。所以当我们开拓一个新市场时，他们的责任是要把这些内容言传身教给当地员工，然后在日常运营中不断强化这些信息。

我们的使命很简单，就是为我们的会员持续不断地提供物美价廉的货品和服务。我们也做正式的入职培训，而且每过几年，我们会一起重新讨论运营策略和使命陈述，通过加强这些信息来传递我们的文化。虽然我们有一个正式的培训机制，但更重要的是在非正式层面上，如何把这些信念转化成行动，渗透进每天的工作中。尤其当出现道德冲突事件时，我们知道该如何处理，知道做事的底线在哪里。

现在说说自主权的问题。在给定的大框架下，我们会给地方团队充分的自由：包括招聘新员工、采购商品、做商业决策等。当然难点在于保持总部和地方控制权的平衡。我们希望任何市场的员工都拥有企业家精神，把公司的发展和个人荣誉与责任结合起来。如果所有事情都要由总部指挥，这个责任就太重了。但如果什么事情都交给地方决定，这就不是同一家公司了。所以如何保持好这个平衡可能就是我们的秘诀，也是我的主要任务之一。

陈晓萍：你曾提到过你们每个月会召集来自全球各地的主管经理在开市客总部伊瑟阔开会，这也是一个非同寻常的做法。我觉得这个会议能够让人们互相学习，交换来自不同卖场的工作方式、商品、成功或不成功的经验，这对于他们做决策都是很有帮助的。但这对于公司也是一笔巨大的开销。你们为什么会做这件事？你们又是如何组织这些会议的？

Jim Murphy：我知道对于全球企业来说组织这样的月度"预算会议"是很不寻常的，我们会互相交流经营经验，什么有效，什么无效。比如茅台酒在上海卖场销路极好，但后来我们发现茅台在洛杉矶和悉尼也卖得很好。还有就是西班牙的伊比利亚火腿还有柯克兰品牌的韩国紫菜，在全球的开市客卖场都很受欢迎。让我们的商品更丰富有趣有助于我们增加额外销售。

虽然举办这样的月度会议的好处很多，如你刚才所言，但真正这样做的公司还是很少的。我们认为，把所有人集合在一起还有另一个特别的好处，就是可以培养大家的主人翁和集体精神，还有竞争精神。因为我们不仅仅是相互交流，还要求大家把自己市场的各项数字呈现在CEO面前，开支和收益数字、计划完成情况等，都会一览无余地在所有人面前公开。这时大家都会产生一种责任感，谁都不想成为表现差的那个卖场。

所以，虽然从成本上看这是很昂贵的做法，但我们认为面对面的交流是不可替代的。在会上我们彼此相见，会随机进行很多非正式的谈话、聊天，从中生出友情和共同的文化。我们不仅在总部开，还把它推广到了每个国家。英国公司每个月也会召开预算会议，澳大利亚公司也会。这个模式在总部和在地方公司都会推行。

开市客在中国：学好走路再跑步

陈晓萍：我知道你们在决定是否开设新卖场的时候通常有20个判断标准，而迄今开市客也一直没有在德国开店。那么在对中国市场进行了十多年的评估后，你们最终是怎么做出在上海开设卖场的决策的？

Jim Murphy：虽然我们很乐意进入德国市场，但情况比较复杂。它是继俄罗斯以外第二大欧洲国家，可支配收入很高，符合所有条件。但要进入德国市场，要先拿到食品和非食品的经营规划许可。同时德国市场的竞争也很激烈，尤其是在食品方面。他们本国就有运营精良的大型超市，还有一些小型折扣超市，依靠有限的SKU(库存量单位)也做出了很好的成绩，价格很有竞争力，而且推出了高质量的自营品牌。

至于上海，我们拿到中国的营业执照其实已经有好多年了，只是决定先开发其他的市场。不过，我们对中国零售业密切关注了20年，发现有很多外国公司充满希望地进场，但大部分已经退场。比如家乐福被苏宁收购，德国的麦德龙最近也被收购了，还有乐购，名单很长很长。我们是一家很谨慎的公司，当我们进入一个市场的时候会深思熟虑，反复比较。

对于中国这个大市场，我们决定先聚焦在我们认为会成功的区域。中国地域辽阔，我们在北京、广州、深圳都花了很多时间做评估，最后选定上海作为首次进入中国市场的最佳地点。我们想要先在一个国家的其中一个区域扎根，所以选择了上海及周边区域，闵行、浦东和苏州是我们首先选择的三个地点。把先开设的几个卖场集合在同一个地区更易于管理。在发展阶段，我们的策略是集中选址，便于各个地方之间可以相互学习，共同培训新员工。当然我们对北京、深圳和广州等其他主要市场也很感兴趣，但如果一开始我们就把卖场分散到全国各个地方，那会很难管理，而且物流也是个问题。我们想在上海及周边区域建立集群以便商品配送。

陈晓萍：我在上海的同事跟我分享了三个有关开市客在中国的问题，第一个是大包装的形式可能不适用于中国的小家庭，家里通常只有一个孩子。第二点是开市客的商品大部分是标准化产品，没有太多新产品。第三点是他们不能在网上购买开市客的商品，而山姆会员店已经采用了线上线下结合的模式，消费者可以在网上买到任何东西，这更符合中国消费者现在的消费习惯，因为所有人都在网上购物。你们是否考虑过调整一些经营模式来迎合当地消费者的需求？

Jim Murphy：是的，但我们更倾向于在学跑步之前先学好走路。我们希望能在多个地方开店，升级我们的采购团队。你说得很对，我们需要更多特别的商品，但问题在于如何让这些商品进入中国市场，因为在进口商品的时候会碰到原料、包装、商标等问题。我们一直强调自己经营模式的独特性，尤其是一些大受欢迎的美国食品。为了保证独特性我们做了很多工作，像你之前提到的自有品牌柯克兰就接受度很广，我们可以通过这个品牌把很多产品带进来。但也会受到一些限制，例如我之前提到的维生素和保健品之类的。这个问题很复杂，需要花费一些时间，但最终我们会解决的。

开拓新市场是一个学习的过程。我们的大包装实际上接受度很高，像12个装的可颂基本上是供不应求。大包装的饼干和牛肉也很受欢迎。我们的牛肉来自美国，都是经过USDA(美国农业部)认证的。我们也出售高质量的澳大利亚商品，全部都是大包装形式。所以大包装不是问题。我们刚刚推出了24个装的奇异果，比美国超市分量还要大。不管是华盛顿的车厘子还是其他商品，全部都采用大包装的形式，目前看来都卖得很好。其中一个原因是我们选择了正确的市场，所以商品的接受度很高。

另一个问题有关电子商务，在这方面中国已经远超美国。我们在中国也推出了电子会员卡，还有相关的App支持手机付款。我们一共有三种移动支付方式，微信、支付宝和易付宝。但我们的物流系统无法支持电商业务。我们的采购团队是全新的，他们还在学习如何为线下商店采购商品。当我们开出更多卖场，建立更完善的物流机制和采购团队之后，自然会开启电商业务。这是一个大趋势，只是需要一些时间来实现。其实有些人可能喜欢到卖场购物，喜欢来这里感受这个宽阔漂亮的地方，我们采用平层设计让消费者不用跑上跑下。

你提到的山姆会员店采用了沃尔玛的电商模式，最开始他们是自己做，后来就转到了京东的平台上。我想这对沃尔玛和京东来说都是好事。但你要知道，山姆进入中国市场已经有25年了，而开市客只有一年。最终我们一定会开启电商业务的。

开市客的成功：秘诀简单复制很难

陈晓萍：最后，你能不能总结一下开市客在全球范围内成功的秘诀，以及你会给国际化企业的经理人的一些建议。

Jim Murphy：对于我们在美国国内和其他市场的业务，我想重点是运营模式本身，它对传达我们的价值观起到独特的作用。物美价廉的商品是我们的立身之本，缺了任何一样都无法发挥作用。所以我们的运营模式在设置上是简单明了的，价值取向很明确，即使只有一家卖场，我们也可以通过它来传达我们的价值观。这很重要。当然，会员费能够帮我们持续弥补低价带来的成本，但我们还有很多降低成本的策略。

第二点同样重要的，就是公司文化，首先为会员提供贴心的服务，关注他们的兴趣点。他们付费来我们这里购物，理应得到物美价廉的商品和高标准的服务。所以关注消费者的购物体验，保证他们留下个好印象，最终才能保证他们愿意缴纳会员费。同时我们也保证员工的满意度，让他们学会如何完成好工作，并愿意和我们一起继续他们的职业生涯，愿意和公司一起成长，甚至带动家里人来这里工作。还有一个，就是关注供应商的需求，和他们建立长期联系，而不是一次性的交易，而且每次都要按时付款。

由此可见，开市客企业运营的基本原则，就是和我们的员工、会员和供应商坚定地站在一起。这些运营原则构成了我们公司文化的基础，帮助我们走向成功。有机生长是一个有效的决策，这是使我们在新市场也能保证公司文化不走样的重要举措。

开市客作为一家实体零售商，国际化的过程比较缓慢，但是很成功。公司对自己的使命、愿景和价值观是非常清晰的，而且几十年不变。在这个框架的指导下，公司在招聘、培训、绩效考核上也都制定了相应的措施来落地公司文化，不仅在美国本部，而且在海外的卖场，非常有耐心地把文化塑造起来。与此同时，他们又给本地的管理层和员工很大的经营自主权，不是强迫而是调动积极性，让大家从内心热爱自己的工作。

结合七大法宝，开市客在就业保障上基本也做到了，而在选择性聘用、自我管理团队、与公司业绩挂钩的报酬体系、广泛培训、平等低调透明的管理上也做得十分到位。又一次体现了这七大法宝的有效性。

7.3 跨文化人力资源管理的模式

Tarique、Brisco和Schuler在他们2015年出版的《跨文化人力资源管理》一书中，对跨文化人力资源管理(IHRM)进行了如下定义：

跨文化人力资源管理是关于研究和应用所有人力资源活动的学科，这些活动会影响全球化环境下企业的人力资源管理的过程。

这个定义范围极广，但归根结底，跨文化人力资源管理是一门关于人的管理如何适应文化特征的学科。对于跨国公司来说，人力资源管理究竟如何进行，是一个关系到企业战略和效率的大问题。在讲述跨文化人力资源管理之前，我们先描述一下跨文化人力资源管理与普通人力资源管理之间的主要区别。我们知道，人力资源管理的主要活动包括人力资源规划、岗位描述、员工招聘、培训、发展、绩效管理、薪酬管理、员工激励、团队管理、劳资关系等。跨文化人力资源管理除了上述活动之外，还包括以下内容。

- 更多的HR功能和活动：比如需要管理员工外派，就必须了解国外的所得税、社会安全税收制度、国外的工作签证规定，以及如何安排员工的搬家、安置等活动；
- 具有更广阔的专长和视野：比如了解国外的知识、国外的劳工法、文化差异；
- 更多介入员工的生活：因为公司在外派员工时也需要考虑如何安置其家属；
- 管理更加多元化的员工：来自不同国家的员工可能需要不同的培训、安置项目及薪酬和福利安排；
- 外在因素的影响更多：可能需要处理由于政府、法律、文化、货币和语言所引起的问题；
- 风险更大：因为遇到的问题更多、更复杂，做错误决策的可能性也会相应增大。

根据帕尔默特和其同事的研究(Perlmutter，1969；Heenan & Perlmutter，1979)，跨国公司对其国外的人力资源管理，主要采用以下4种模式。

1. 民族中心法

在民族中心法(ethnocentric)模式下，公司总部做战略决策，国外的分支机构基本没有自主权。国内和国外机构的关键位置都由总部的人员担任。换句话说，分支机构由总部的外派人员管理。采用民族中心法的主要原因有两个方面：

- 当地缺乏合格的人才；

- 更容易进行沟通、协调和控制。

2. 多元中心法

在多元中心法(polycentric)模式下，跨国公司将每个分支机构看成具有某些决策自主权的独立个体。这些分部通常由当地人主管，但他们一般不会被提拔晋升到总部的位置。相应地，总部的管理人员也很少被派到国外的分支机构去工作。采用多元中心法的主要原因有以下几个方面：

- 消除语言障碍，避免了外派经理人员及其家属的文化适应问题，也没有必要举办昂贵的文化意识培训课程；
- 在政治敏感地区能使公司保持低调，不被关注；
- 能为公司节省大量开支；
- 能使当地的公司在管理上有延续性。

3. 全球中心法

在全球中心法(geocentric)模式下，跨国公司采取全球化方法进行管理，并认识到每一个部分(分部和总部)都对公司整体以其独特的优势做出独特的贡献。公司有全球整合的商业模式，不注重个体的国籍但重视个体的能力。比如，瑞典的全球公司Electrolux就是如此(Appliance，1995)。公司没有从瑞典招聘管理人员的传统，也不一定招聘当地人做管理人员，而是寻找最合适的人员去任职。也就是说，一个人护照的颜色在他的奖励、晋升和发展上都不起作用。在公司的每一个层面的重要位置上都可以看见来自总部、当地或外地的管理人员，甚至在总部的高管层和董事会都是如此。采用全球中心法的主要原因如下：

- 有才华的管理人员不只集中在总部，分支机构中也不乏人才；
- 跨国经历是高管人员成功的重要条件；
- 具备高管潜力的管理人员时时都为从一个国家调任到另一个国家做好了准备；
- 他们具有非常开放的心态并能适应诸多不同的职务；
- 通过海外岗位的锻炼，可以培养管理人员的开放心态和文化适应能力。

4. 地域中心法

地域中心法(regiocentric)反映跨国公司的组织结构和地区战略。它采用有局限性的手段雇用大量的管理人员。管理人员被允许可以离开自己的母国工作，但必须留在某一特定的地域之内。地区的管理人员虽然不可能被提升到总部的位置，但却能享有一定程度的地区决策的自主权。比如，一家美国公司可以把市场划分成三大区域：欧洲、美洲和亚太地区。欧洲的工作人员可以在欧洲区里彼此调换(英国人去德国，法国人去比利时，德国人去西班牙)。但将工作人员从欧洲派去亚太地区则罕见，同样，也不可能将地区的管理人员派到美国总部工作。我们可以把这种方法看成全球中心法的前奏。

使用地域中心法的主要原因有以下几个方面：

- 促进区域总部的管理人员与分部人员进行较好的交流，促进公司总部与区域总部的管理人员的交流；

- 体现对地区文化的敏感度，大多数管理人员由该区域内的员工担任；
- 该法能帮助公司从民族中心、多元中心过渡到全球中心模式。

那么，到底哪一种方法/模式应该被跨国/全球公司所采纳呢？从新型互联网企业如优步(Uber)的发展来看，从国内开始运作，成熟了再逐渐走向海外的传统模式正在被从一开始设计就是全球化企业的趋势所取代。Uber从2009年成立开始，不到6年，就已经在全球67个国家运营，其人力资源管理模式基本以多元中心法为主，兼具全球中心法的某些特征。这样的混合模式也许会成为未来公司主要的人力资源管理模式。

7.4 员工和管理人员的绩效考核和发展评估

绩效考核是人力资源管理中十分重要的一环，关系到工作目标的制定和实施，行为的规范，员工的培养和成长，最终会影响企业的文化和绩效。在美国，大部分公司都实行一年一度的绩效考核，以此作为加薪、升迁、解聘的依据。考核的项目和指标大多可以量化，考核的参与者从以管理者为主到涵盖同事和下属等，不一而足。很显然，实施360度的考核需要公司和领导有相当的开放和民主心态，也需要员工有指出领导或同事缺点的勇气。而在集体主义社会里，不仅权力距离较大，而且维护人际和谐和面子更是渗透到民众的骨子里。在这种情况下，美国企业的绩效考核制度能否为美国之外的员工所接受，或者如何让美国之外的员工所接受就是两个值得思考的问题了。下面这个真实的案例——Black & Decker的东半球全面发展评价计划(ADP) (Morrison & Black, 1998)可以帮助我们比较深刻地理解其中的挑战和解决方法。

1. 案例简介

Black & Decker公司是世界上生产草坪和园林电动工具及相关配件的最大厂商。到20世纪90年代初期，公司逐渐把注意力集中到亚洲新市场上。1993年公司业务结构调整，东半球公司总部迁往新加坡。Black & Decker决定投资近8 000万美元来开办新加坡总部，在新加坡、印度和中国建立工厂。1995年10月，比尔·兰开斯特 (Bill Lancaster)出任东半球公司总裁。

当时该公司产品的市场占有率在美国居于首位，而在亚洲屈居第五。亚洲市场竞争激烈，大家把亚洲市场作为最后的防线，公司在亚洲面临许多竞争对手。兰开斯特分析了现状之后，得出几条主要结论：第一，公司战略的实现、市场的竞争归根结底是人才的竞争。第二，他发现在1996年初，东半球分部已拥有1 000名雇员，但管理人员缺乏并且很多人是不合格的；公司计划2001年以前增加员工人数，否则缺口更大。第三，人才来源问题很大，市场上几乎没有现成的资源，只能内部培养。因此，归根结底，人才问题是公司实现目标的瓶颈。

公司目前使用的绩效考核和管理人员培养方式是传统的目标管理(MBO)。目标管理主要包括如下几个关键步骤。

- 上下级一起讨论下级的工作绩效，可以是中层管理人员与员工讨论员工绩效，或者是高级管理人员与中级管理人员讨论中级经理的绩效。

- 找出目标与绩效之间的差距，建立明确具体的奋斗目标。
- 建立评估计划。
- 设定行动跟踪计划。

但这套系统存在许多问题：①目前管理人员参差不齐的状态；②主管并不能给出实质性的改进建议，因为他们实际与被评人接触的时间只有10%，不是很了解具体情况；③因为评价只来自一人，很难做到客观准确。

因为这些问题，总公司从前些年开始已经不再用目标管理方式，而采用ADP评价发展计划。ADP的主要特点是采用 360度评价意见反馈，通过自评、下属评价、同事评价和上级评价来获取全面的信息，然后上下级在一起讨论绩效标准和职业发展的计划，并将目标和计划提交人力资源部，并进行跟踪反馈。ADP在美国使用后效果很好，对全面准确地评价管理人员的作风、处理人际关系的能力和领导的有效性起到非常积极的作用。更重要的是，因为信息来自不同层面的人，大大促进了员工之间的沟通，而且反映的问题更加细致、全面，对提高和发展管理人员的全方位的管理能力有实质性的帮助。

兰开斯特很想将ADP推广到东半球，但当他与不同层面的员工沟通之后，发现ADP存在许多隐藏的问题。首先是与反馈行为有关的文化差异，比如亚洲人很难给出坦白的反馈，不愿得罪上级或同事；保密性比较差，"世上没有不透风的墙"，如果被发现有可能招致"穿小鞋"的命运。此外，如果一下从目标管理转换到360度ADP，变化太快，难以被员工接受。其他的困难还有语言的障碍，并非所有员工都精通英语。同时，他通过观察发现个人的职业发展似乎并不总是东半球经理们最看重的事。

与此同时，在Black & Decker东半球工作了5年的人力资源部主管Anita Lim提出了分步走的混合计划。她认为，循序渐进才是最有效的方法。因此，第一年仍然使用180度目标管理，但把它做得更加完善。第二年将考评范围扩大到270度，同事参与进来；经过两年的过渡使大家渐渐习惯之后，第三年再全面推行ADP。

于是兰开斯特面临了上任以来最棘手的问题，即决定"东半球"究竟应采用哪种管理开发和考绩系统：是原地不动，还是采用混合计划，还是360度ADP一步到位？

2. 案例分析

兰开斯特的决策必须基于几个方面的考虑，一是采用ADP一步到位可能产生的问题；二是不采用ADP一步到位会带来的问题；三是决策的实施方法。

1) 采用ADP一步到位可能产生的问题

- 很多亚洲人都不愿意批评他人，尤其是主管不赞同的时候。
- 很多亚洲人都觉得绝对保密不太可能。
- 下属要有自己的职业规划，但其中无取代上司的意思。
- 很难准确地把英语翻译成其他文字。
- 中国香港地区的管理人员更关注销售而不是职业发展。

- 职务的晋升空间有限,如果满了,对那些发展成熟的管理人员怎么安置?
- 需要花费大量的人力、物力和时间。
- 亚洲人不喜欢公开批评或表扬的文化可能削弱结果的有效性。
- 同事评价可能出现问题,因为同事之间的竞争关系很明显,尤其在印度,一个职位往往有几百人竞争,同事之间的客观评价几乎不可能。

2) 不采用ADP一步到位会带来的问题

- 导致东半球管理开发政策与总部的不一致。
- 导致公司内部人事发展决策流程的不畅通。
- 东半球的团队建设和沟通会跟不上公司其他地区的发展。
- 如果维持原样不采用ADP,东半球的年终业绩会继续下滑。

因此,理想的做法是实行ADP,但要做好充分的防范措施以适应东半球特殊的文化环境。因为东半球包括中东地区、非洲地区、印度、巴基斯坦、韩国、菲律宾、马来西亚、泰国、新加坡、澳大利亚、南非和新西兰等,应该对这些国家或地区的文化特征做详尽的分析再确定如何实施决策。

图7-2是这些国家在霍夫斯泰德四大跨文化维度上的得分。

国家		个体主义	权力距离	事业成功	不确定性规避
美国(对比数据)		91	40	62	46
东半球部分国家	印度	48	77	56	40
	巴基斯坦	14	55	50	70
	韩国	18	60	39	85
	菲律宾	32	94	64	44
	马来西亚	26	100	50	36
	泰国	20	64	34	64
	新加坡	20	74	48	8
	澳大利亚	90	38	61	51
	南非	65	49	63	49
	新西兰	79	22	58	49

图 7-2　东半球部分国家在霍夫斯泰德四大跨文化维度上的得分

从图7-2中可以看出,这些国家在事业成功导向上的得分比较一致,而在权力距离和个体主义—集体主义两个维度上,中东国家和亚洲国家比较相似(高权力距离+集体主义),澳大利亚、新西兰则很不相同(低权力距离+个体主义)。如果不加分析而用相同的实施方法可能会带来参差不齐的效果。

3) 实施方法

兰开斯特先要把自己的愿望表达清楚,即使用ADP是为了更快、更好地培养管理人员，而不是其他的目的。应该不断进行这样的沟通，让公司员工从上到下都了解ADP的用途，并告诉员工公司高管层已经反复考虑了文化因素可能的影响，才做出推行的决定。因为ADP对公司长期的全球竞争力有益，而且与公司对股东的主要责任相一致，更与公司提倡的民主管理理念和文化相一致，ADP对建立公司的团队精神、合作精神、放权及公司的灵活性和持续发展大有益处。

在取得员工认同的基础上，对ADP进行谨慎仔细地实施。在实施过程中，预测可能阻碍成功的因素，强调文化的融合；在不同地区试点之后再推向全体，并对试点的结果进行仔细地分析；在不违背原则的情况下，允许在不同的国家对ADP进行调整；不断地与员工沟通进展情况并分析结果，让大家充分参与到决策过程中来。

4. 案例延伸

一年之后，写案例的学者又回到了Black & Decker东半球总部去了解兰开斯特的最后决定及实施效果。结果了解到以下情况。

兰开斯特在反复权衡了利弊之后，最后决定采用ADP一步到位的方法。人力资源部主管Anita Lim立刻辞职，去了一家日本公司工作。于是兰开斯特招聘了一名新的人力资源部经理，并对她说，如果你来上任，就要全力支持ADP的实施，如果你不尽全力就作罢。新经理表态坚决支持。决定做出之后，兰开斯特就开始在所有公开场合，在任何大会、小会上宣传ADP的好处，使用ADP可能带来的崭新的公司文化及解决燃眉之急的管理人才培养问题。在考虑Anita Lim意见的基础上，他决定对ADP做一些修正，但不变的部分是360度全方位评价。修正的主要地方在于对不同层级的员工分步实施，先从高管做起，然后是中层管理人员，再往下推，而不是全体员工一蹴而就、一步到位。所以一步到位的是360度，因为这是ADP的精髓所在。

为了推行ADP，兰开斯特下了破釜沉舟的决心。他对中高层管理人员说，如果他们之中有任何人反对ADP，他将不勉强挽留。在这样强势宣传的攻势下，人力资源部积极配合制订了详细的培训计划，所有的英文材料都被翻译成了当地语言，但形式和内容没有根据文化的不同做调整。所有的中高层管理人员随后都参加了为期两天的培训项目，以保证实施的顺利进行。如此准备之后，在1996年底，ADP就正式实施了。那么实施效果如何呢？

出人意料的是，参与的人几乎都对ADP抱有非常积极的态度。他们说ADP使公司内部的沟通渠道畅通，原来不能对管理人员说的话，现在可以通过正规的途径说出来，感觉爽快。有的人填满了表格还不够，还另加了很多页纸以充分表达自己的想法。还有的人说原来以为会有很多问题，结果实行了之后，反而觉得事实上原来把问题想得过于严重了。当然也有人反映在如何给出反馈上花的时间过多，尤其是在亚洲国家，要指出别人的缺点要动不少脑筋，既不能伤了面子，又要能让对方明确意识到自己的短处，不是一件容易的事。当然，这是第一次，以后会越做越有经验，花的时间就不会那么长了。也有人担心是不是正因为是第一次效果才好，以后做多了，就疲惫了，效率会下降。但总而言之，ADP的实际效果比想象的要好得多，实施过程也比想象的要顺利得多。

本章讨论了跨文化人力资源管理的特点和挑战。回顾跨国公司在跨文化情景中的一般对策：民族中心法、多元中心法、全球中心法和地域中心法，越来越多的公司开始使用多元中心法和全球中心法的管理模式，成功的例子也日趋普遍。

比如星巴克，我们知道所有在星巴克工作的核心员工，无论来自哪个国家，在商店开张之前，都要集体到西雅图(星巴克总部)接受三个月的培训。学习研磨制作咖啡的技巧当然用不着三个月，培训大部分的时间主要用于磨合员工，让员工接受并实践平等、快乐的团队工作文化。由于各个国家之间的民族文化差异，有的时候在实施之中会遇到很大的阻碍。比如日本、韩国的文化讲求等级，很难打破等级让大家平等相待。最简单的例子就是彼此之间直呼其名，因为习惯了加上头衔的称呼，不加头衔称呼对方，对上下两级都是挑战。为了实践平等的公司文化，同时又尊重当地的民族文化习惯，结果就想出给每个员工起一个英文名字的方式来解决这个矛盾。这是文化融合的一个例子。

人力资源管理的实践有效与否，在很大程度上取决于文化的配套。文化的配套有两层意思：一是与民族文化的一致，二是与公司文化的一致。对许多跨国公司来说，其管理模式基本上是总部所在的地方民族文化的产物，在移植其人力资源管理实践到其他文化时，必须仔细谨慎地思考可能出现的障碍，可能产生的结果，以及核心价值观的取舍和具体推行的措施。只有把方方面面都考虑周全了，才可能在公司走向国际化的过程中避免水土不服，日益健康成长。

 思考题

1. 企业成功的七大法宝是什么？以此为框架判断一下你所在公司的人力资源管理实践，有多少条与它们一致，有哪些不一致？

2. 回顾你所在公司的人力资源管理哲学和政策，举例说明这些政策的哪些方面突出体现了公司的文化价值取向或民族文化价值取向？哪些方面与文化价值取向无关？

3. 在多大程度上你觉得你所在公司的人力资源管理实践(如招聘标准和程序、培训投入、绩效考核和薪酬制度)取得了期望的效果？请分析具体原因。

4. 如果你想在公司里创造一种开明、平等、充满创新的氛围，你应该如何设计公司的人力资源管理政策？

本章参考文献

[1] Appliance. Electrolux In-house Magazine, E-26, 1995.

[2] Brockner J, Grover S, Reed T F, et al. Layoffs, job insecurity, and survivors work effort: Evidence of an inverted-U relationship. Academy of Management Journal, 1992, 35: 413-442.

[3] Chen, X. P. The cheapest and happiest company in the world and its internationalization – An interview with Mr. James Murphy, Executive Vice President and COO, International Division of Costco. Management Insights. 2021.

[4] Chen, X. P. Company Culture and Values Are the Lifelines of Alibaba — An interview with Jack Ma, Founder and Executive Chairman of Alibaba Group. Chinese Management Insights, 2013, 2 (3): 117-140.

[5] Davis, N. US MNCs continue to set up shop in China despite rivalry. Investment Monitor, 2021.https://www.investmentmonitor.ai/analysis/us-mncs-continue-to-set-up-shop-in-china-despite-rivalry#:~:text=Of%20the%202%2C190%20MNCs%2C%20719,%25)%20and%20construction%20(9.3%25).

[6] Finaccord. Global Expatriates: Size, Segmentation and Forecast for the Worldwide Market. 2018. https://www.finaccord.com/Home/About-Us/Press-Releases/Global-Expatriates-Size,-Segmentation-and-Forecas

[7] Heenan D A, Perlmutter H V. Multinational organization development. Reading, MA: Addison-Wesley, 1979.

[8] Kristof A L. Person-organization fit: An integrative review of its conceptualizations, measurement, and implications. Personnel Psychology, 1996, 49: 1-49.

[9] Morrison, A. & Black, S. Black & Decker Eastern Hemisphere ADP Initiative. IVEY case, 9A98G005. University of Western Ontario, 1998.

[10] Oichi W G. Theory Z. Reading, Mass.: Addison-Wesley, 1981.

[11] Perlmutter H V. The tortuous evolution of the multinational corporation. Columbia Journal of World Business, 1969, 4: 9-18.

[12] Peters, T. & Waterman, R. In Search of Excellence. New York: Harper and Row, 1982.

[13] Pfeffer J. The human equation. Boston, MA: Harvard Business School Press, 1998.

[14] Pfeffer J, Veiga, J F. Putting people first for organizational success. Academy of Management Executive, 1999, 13(2): 37-49.

[15] Randolph W A, Sashkin M. Can organizational empowerment work in multinational settings? Academy of Management Executive, 2002, 16: 102-115.

[16] Tarique I, Briscoe D R, Schuler R S. International human resource management: Policies and practices for multinational enterprises (Global HRM). 5th Edition. New York: Routledge, 2015.

第3部分
培养全球化
经理人

第8章

全球化经理人是如何炼成的

"领导力"这三个字恐怕是当今管理学里最热门的词汇了。无论是在中国还是在美国,历史上恐怕没有一个时代像今天这样把企业家、企业领导者和高管当明星一样来敬仰、追捧和崇拜的。他们的名字和头像出现在各种媒体上,包括报纸、杂志、电视、互联网商业网站和社交网站。对企业家的关注似乎已经渐渐成为大众的习惯。在中国尤其有趣的现象是,这些被关注的企业领导者不仅来自中国,还来自美国、日本和西欧。有几个中国人不知道美国的比尔·盖茨、逸蓝·马斯克、马克·扎克伯格?又有几个中国人不知道日本的稻盛和夫?当然更多的人知道任正非、马化腾、张一鸣、俞敏洪。越来越多的外国企业领导者跨过太平洋或者大西洋走进中国人的家庭,走进中国人的生活,他们是否就是我们所讨论的全球化企业领导者呢?中国的企业是否需要全球化经理人呢?在本章中我们将对全球化经理人做全方位的讨论。

8.1 领导风格有效性的文化差异

我们先从几个真实的小案例着手来看一看全球化经历这个概念的内涵和外延。

① 李先生是一家合资企业的领导,这家合资企业是由一家中国大陆原先的国有企业和两家新合并的西方国家的公司组成的。李先生本人曾在一家全球性制造厂家工作过20年,先后在美国、欧洲和中国台湾地区任职。他目前正在寻找有效管理合资企业的良方。

② 史密斯先生是一家全球性制造公司的运营总监,该公司总部设在美国。他最近越来越为总部人员的来访及他们与南亚地区人员的沟通感到担忧,因为他发现那些人几乎没有文化敏感性,他们的造访只会使他建设跨文化团队和"第三文化"的努力毁于一旦。

③ 库柏女士是一家全球金融服务公司亚太地区的人力资源总监,她发现公司有许多有特殊专业才能的员工跳槽,加盟刚刚成立的新公司,因为这些公司提供更优厚的股票期权,工作具有灵活性和责任感。本公司的人才储备危在旦夕。

这三个案例中的主角李先生、史密斯先生和库柏女士的共同特点就是他们服务的公司都不在单一文化情景,而是在两个或两个以上的文化情景中运作。而且他们自己都有过在自己母文化之外的国家工作的经历。这两个特征在很大程度上反映了全球化经理人的本质特性。

根据每个国家历史的不同，经济发达程度的不同及文化价值观的不同，人们对领导候选人的品质、教育背景、领导风格、领导与下属的交往方式、领导的决策方式都有相当不同的要求。总结所有现有的领导理论，其精髓是领导行为应该适应情景的特点，而不是一成不变地用同一种方式。由此引申到跨文化情景，我们可以把文化看作情景变量中的另一个重要元素。

1. 全球领导风格研究

自1995年以来，沃顿商学院的罗伯特·豪斯教授组织了170个来自世界62个国家和地区的管理学者，开始研究全球领导风格的异同，简称GLOBE项目(Hartog, House, et al., 1999)。通过对18 000名管理人员的调研，他们发现有些领导特质被大家公认为是优秀、积极的，比如可信赖、善于鼓励、有良好的沟通技巧和行政能力、善于团队建设等；另有一些则被公认为是消极的，比如自我中心、不合作、无情、专制。与此同时，还有一些对领导风格的评价与文化因素有关，比如领导魅力、团队导向、自我保护、参与管理、人性化管理及自主管理。不同国家对领导风格的不同评价(1为不认可，7为非常认可)，如表8-1所示。

表 8-1　对领导风格评价的文化差异

国家	人数	领导魅力	团队导向	自我保护	参与管理	人性化管理	自主管理
阿根廷	154	5.98	5.99	3.46	5.89	4.70	4.55
澳大利亚	345	6.09	5.81	3.05	5.71	5.09	3.95
奥地利	169	6.03	5.74	3.07	6.00	4.93	4.47
巴西	264	6.01	6.17	3.50	6.06	4.84	2.27
加拿大	257	6.16	5.84	2.92	6.09	5.20	3.65
中国	160	5.57	5.57	3.80	5.05	5.18	4.07
丹麦	327	6.01	5.70	2.82	5.80	4.23	3.79
埃及	201	5.57	5.55	4.21	4.69	5.14	4.49
英国	168	6.01	5.71	3.04	5.57	4.90	3.92
希腊	234	6.02	6.12	3.49	5.81	5.16	3.98
匈牙利	186	5.91	5.91	3.24	5.23	4.73	3.23
印度	231	5.85	5.72	3.78	4.99	5.26	3.85
以色列	543	6.23	5.91	3.64	4.96	4.68	3.67
意大利	269	5.99	5.87	3.26	5.47	4.37	3.62
日本	197	5.49	5.56	3.61	5.08	4.68	3.67
马来西亚	125	5.89	5.80	3.50	5.12	5.24	4.03
墨西哥	327	5.66	5.75	3.86	4.64	4.71	3.86

(续表)

国家	人数	领导魅力	团队导向	自我保护	参与管理	人性化管理	自主管理
荷兰	289	5.98	5.75	2.87	5.75	4.81	3.53
菲律宾	287	6.33	6.06	3.33	5.40	5.53	3.75
波兰	283	5.67	5.98	3.53	5.05	4.56	4.34
新加坡	224	5.95	5.77	3.32	5.30	5.24	3.87
韩国	233	5.53	5.53	3.68	4.93	4.87	4.21
西班牙	370	5.90	5.93	3.39	5.11	4.66	3.54
瑞典	1 790	5.84	5.75	2.82	5.54	4.73	3.97
瑞士	321	5.93	5.61	2.93	5.94	4.76	4.13
泰国	449	5.78	5.76	3.91	5.30	5.09	4.28
土耳其	301	5.96	6.01	3.58	5.09	4.90	3.83
美国	399	6.12	5.80	3.16	5.93	5.21	3.75

领导风格评价指数 (7 为最高，1 为最低)

从表8-1中可见，这些国家对领导风格有不同偏好，比如巴西人喜欢有个人魅力、鼓励参与和团队合作的领导风格，但不喜欢领导下放权力让员工自主管理；美国人和加拿大人特别看重领导魅力，强调参与和人性化管理；而阿根廷人和埃及人把自主管理看得非常重要。从整体来看，有些国家的人民美化领导(如美国人、阿拉伯人、亚洲人、英国人、东欧人、拉美人等)，而有些国家的人民对领导这个概念不以为然(如荷兰人等)。

参与这个全球领导风格研究的学者还对研究对象进行了深度采访，以提供数据背后的具体意义和图景。以下是几个讲话摘录。

美国人喜欢两种领导风格：一种是民主放权、强调自主管理的领导风格；另一种是强硬、自信、敢冒风险的领导风格，就像西部牛仔片里的英雄一样。

荷兰人强调平等，对领导的价值表示怀疑。人们甚至不喜欢"领导""管理人员"这种字眼。如果谁的父亲在公司当管理者，他的孩子会羞于向同伴承认。

阿拉伯人崇拜他们的领导——只要他们一招手就有权！

马来西亚人期待他们的领导谦逊、和气，又有尊严。

2. 霍夫斯泰德的研究

霍夫斯泰德从自己的跨文化维度理论出发，研究了不同国家的领导风格。可以想象，权力距离高的(如印度、墨西哥等国家)的人可能会更喜欢专制的领导风格或者家长制的领导风格，而权力距离低的(如瑞典、以色列等国家)的人则会更喜欢参与型的领导风格。霍夫斯泰德认为，盲目地推销美国研究者提倡的参与管理，在某些国家可能会取得适得其反的效果(Hofstede，1980)。他指出，最重要的决定领导有效性的因素在于下属对领导或管理人员的态度，而文化的权力距离维度就能帮助我们对此进行判断。表8-2是他关于权力距离与领导有效性方面的研究结果。

表 8-2 权力距离与领导有效性

低权力距离	中权力距离	高权力距离
下属的依赖性很弱	下属的依赖性中等	下属的依赖性很强
主管对自己的上司没什么依赖性	主管对自己的上司依赖性中等	主管对自己的上司依赖性很强
下属期待主管询问他们的意见，如果主管不如此行事会引起下属的反叛	下属期待主管询问他们的意见，但同时也接受主管的专制行为	下属期待主管行为专制
理想的主管应该是一个忠诚的民主派	理想的主管应该是一个有充分资源的民主派	理想的主管应该是一个仁慈的专制者(或家长制领导)
法规应该适用于每一个人，对主管优待是不能接受的	法规应该适用于每一个人，但对主管的适度优待是正常的	法规不应该适用于每一个人，主管享受优待是理所当然的
象征地位的标志会受到下属的攻击	象征地位的标志有益于维护权威，能被下属接受	象征地位的标志对维护领导对下属的权威是十分重要的

我们曾经就参与管理的有效性做过跨文化研究(Lam，Chen， Schaubroeck，2002)，发现了相当有意思的结果。我们的研究是在一家跨国银行做的，同时针对该银行的288名美国职员和265名中国香港职员进行了调研。我们发现，虽然该银行采取了相当程度的参与管理方式，但影响其有效程度的具体过程和机制在中美两种文化之下是不同的。具体而言，对于那些具有"独立自我"概念的职员(大部分是美国职员)，只有在他们感觉到自己有能力和水平参与管理时，参与管理才会对他们的个体工作绩效产生非常积极的影响；而对于那些具有"互赖自我"概念的职员(大部分是中国香港职员)，只有当他们感觉到他们所在的团队有能力和水平参与管理时，参与管理才对他们的团队绩效产生非常积极的影响。否则，参与管理反而会对他们的工作业绩产生负面影响。这个研究的结果说明，不仅权力距离这个维度可能影响一种管理方式的有效性，个体主义—集体主义这个维度也会对管理实践的有效性产生影响。

3. 与中国企业领导风格有关的研究

与中国企业领导风格有关的研究主要有两组。一组是中国科学院心理学研究所以徐联仓、林文泉为代表的管理心理学家在20世纪80年代对日本学者三隅二不二"关系导向，绩效导向"领导模型(Masumi，1985)的实证研究(Ling，Chen，Wang，1987；Xu，1989)。在大量对中国企业领导问卷测验的基础上，他们发现在中国人的心目中，一个优秀的领导不仅需要有对关系或任务两方面的关注，自身还必须有较高尚的道德品质，"德"的要求在中国文化中浮现出来。另一组是以"台湾大学"心理学家郑伯埙和香港科技大学管理学教授樊景立为代表的管理学者对中国传统领导行为的研究(Cheng，1995；Farh，Cheng，1999)。他们的研究主要关注"家长制"领导风格的特征和效应。他们发现，家长制领导作风主要包括三个维度：一是仁爱，二是权威，三是品德。他们由此提出了三足鼎立的中国式家长制领导风格模型及其历史文化渊源，如图8-1所示。

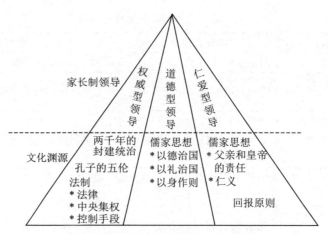

图 8-1　家长制领导的文化渊源

他们发现，家长制领导风格的三个要素激起了员工不同的反应。总的来说，权威型领导只有在尊重等级、依赖性强的员工身上才起作用；仁爱型领导只有在那些知恩图报的员工身上才起作用；而道德型领导只有在对领导者认同并愿意模仿的员工身上才起作用。当领导和员工各就其位、各司其职时，两者之间的和谐关系才得以维持。

在《中国人的领导和管理》(Chen，Lee，2008)一书中，有大量关于中国古典哲学如道家、儒家、法家哲学思想对中国人的领导行为产生影响的论述，同时也阐述了近些年来西方文化对传统领导行为的冲击。比如，在张志学、陈昭全(Zhang，Chen，Liu，Liu，2008)等人的研究中就发现现代中国企业的领导在思维方式上似乎是从中国古典哲学中汲取精华，但在具体管理实践上又在很大程度上使用西方的管理工具，是一种十分值得关注的现象。

在2014年发表的论文中，我们(Chen，Eberly，Chiang，Farh，Cheng，2014)对家长制领导行为的效果做了进一步的研究。我们在中国台湾的一家大型企业搜集了200多组"主管—下属"的数据，试图测验家长制领导风格的三个不同要素对员工绩效(包括任务绩效和组织公民行为)的影响及其影响发生的心理机制。我们发现，仁爱型和道德型领导风格对员工绩效有正面的影响，而权威型领导风格却对员工的绩效没有显著影响。之所以仁爱型和道德型领导风格能产生正面的影响，是因为这两种风格使员工对领导产生了情感性信任。换言之，当员工对领导有情感性信任时，他们工作更努力，而且更愿意主动加班，帮助他人，共同实现团队的共同目标。

作者对不同领导理论在中国企业中的效应进行过若干实证研究。其关注的主要是两类领导风格。一类是交换型领导行为(transactional leader behavior)，其目的是通过奖励与惩罚的手段以保证员工能够高质高产地完成任务。这些行为有4种表现：根据绩效奖励，根据绩效惩罚，不根据绩效奖励，不根据绩效惩罚。另一类是变革型领导行为(transformational leader behavior)，其目的是激发员工对企业的认同和感情，使他们愿意超越自己的本职工作范围为企业做出自己最大的贡献。这些行为有6种表现：愿景描述，挑战思维，期望高绩效，鼓励合作，以身作则，对员工的个人化关怀。

虽然西方尤其是美国的研究发现，在领导的奖惩行为中，根据绩效奖励的行为通常会唤起员工的工作满意度和对组织的承诺，根据绩效惩罚的行为则并不会对员工的工作满意度和组织承诺产生负面影响，与不根据绩效奖励行为产生的效应相似。只有在领导不根据绩效惩罚员工时，员工才会降低工作满意度和组织承诺(Padsakoff，McKenzie，Moorman，Fetter，1990)。作者和樊景立(Chen，Farh，1999)通过对中国台湾电信287组主管—下属的研究发现，两种惩罚行为均对员工产生了负面影响，使他们更不愿意主动为企业承担责任。

　　与此同时，我们发现领导的6种变革型行为对员工产生的效应也并不完全相似，不像在美国所做的研究显示的那样。这6种行为本身可以被划归为两类：一类是以工作任务为导向的变革型行为，如描述愿景、挑战思维、期望高绩效；另一类是以人员关系为导向的变革型行为，如鼓励合作、以身作则、对员工的个人化关怀。我们发现，以工作任务为导向的变革型行为对员工的态度和绩效都没有显著影响；只有以人员关系为导向的变革型行为才对中国员工的工作满意度、组织承诺、本职工作绩效和企业公民行为产生积极的影响。

　　我们的研究结果充分说明了在人际关系极其重要的中国台湾的企业环境中，人员导向的领导行为取得的效应远远胜过工作导向的领导行为。

　　此后，作者又在中国的杭州和宁波的企业中研究了交换型和变革型领导行为对企业员工离职行为的影响(Chen，2003)。从178组主管—下属的数据中，发现只有一种行为对员工离职有相当显著的推进作用，那就是领导不根据绩效的惩罚行为。这些行为包括：“常要我对不在我控制范围内的工作承担责任”“常要我对不是我犯错误的事情负责”“即使我表现不错，也对我的工作非常挑剔”“常常不明原因地贬低我”。与此同时，也发现，人员关系导向的变革型行为能够抑制或减少员工的自愿离职行为。

　　人员关系导向的变革型领导行为如表8-3所示。

表8-3　人员关系导向的变革型领导行为

行为类型	行为表现
鼓励合作	在团队成员之间营造信任的气氛 培养团队之间的互相合作 努力使团队成员为一个共同的目标工作 在下属之间建立团队态度和团队精神
个人化关怀	尊重我个人的感情 考虑个人需求 以完全不顾我个人感受的方式对待我(反)
以身作则	身教重于言教 给我提供学习的榜样 以身作则 要求我做到的事，他/她自己一定做到

　　在西方几乎没有关于领导行为对员工离职的影响的研究，所以我们无法对比结果。但

从文化因素来考虑，因为西方文化的权力距离低于中国文化，而个体主义倾向又强于中国文化。可见，领导行为对员工离职的影响较小，也许这正是这类研究缺乏的原因所在。

8.2 全球化经理人应具备的素养

1.优秀企业领导者的必备素质

20世纪80年代，美国管理学者麦考尔和他的同事采访调研了200名美国企业的管理人员，询问他们工作中曾经的刻骨铭心的经历，以及通过这些经历学到的经验教训。在其后发表的研究报告中(Lindsey，Holmes & McCall，1987)，他们总结了作为一个优秀经理人需要具备的知识和能力，如表8-4所示。

表8-4　优秀经理人需要具备的知识和能力

1. 学习如何运作企业——战略，结构，过程；全球还是地方；专业知识
将企业视为多维系统
掌握具体的技术知识
如何将企业运作成功
如何建设并使用结构和控制系统

2. 学习如何领导管理他人——选拔、培养、激励、团队建设、解聘
具备基本的管理价值理念
用权的技术
不能事无巨细地全部都管
学会变得坚强
需要对员工的绩效问题采取措施
直截了当的激励方式
培养下属

3. 学习如何处理关系中的问题——总部、上司、工会、政府、媒体、政治
如何与高管人员相处
学习高管人员的基本特征
谈判的策略和技巧
政治是企业生活中的一个部分

4. 学习当领导需要的个人品质
与人相处的能力
管理工作不同于技术工作
人的基本价值观
坦然面对压力和不确定性
寻找不同的方法来定义和解决问题
随时抓住机会

（续表）

目标专一，在恶劣环境下能镇定自若

应付不在自己掌控情形中的策略

自信

自立

处理冲突的能力

5. 了解个人的兴趣爱好和职业导向

认识自己的弱点和局限

发现自己的深层志趣

看待工作和生活的平衡眼光

掌握自己的职业道路

2. 应对文化挑战对全球化经理人的重要性

麦考尔和他的同事豪伦拜克自2000年开始把目光转向全球化经理人。他们采访了101位目前在世界各地16家全球公司担任管理职位的全球化经理人，并将采访结果发表在他们2002年出版的《培养全球化高管》一书中(McCall & Hollenbeck，2002)。这101名全球化经理人中有92位男性，9位女性，共来自36个国家，许多人有双重国籍。他们所在的16家全球公司包括丰田汽车、壳牌石油、爱立信、施乐、惠普以及IBM等。在整个采访过程中，他们一共问了11个大问题，其中有一个问题是：

"什么是管理全球性工作与管理国内任务之间最重要的差别？在选择全球化经理人时你最看重的特殊品质是什么？有哪些陷阱需要避免？"

在回答这个问题时，许多人讲述了自己的全球化工作经历及从这些经历中总结出来的经验教训。作者对这些答案进行整理，发现全球化经理人的经验教训总共有952条，而15%以上的答案都与文化的学习有关。其余的则是运作企业的能力，与国内经理人的那个访谈结果没有太大的差异。

他们因此指出，应对文化挑战这一条才是区分一个经理人全球化与否的最重要指标，因为文化因素可能覆盖其余所有因素，而使一个极为成功的国内经理人在外国舞台上一败涂地。这甚至对身经百战的全球化经理人也会应验，如果他们以为自己无所不晓而开始忽视文化因素的话。

那么，对于一个全球化经理人来说，对文化的了解应该注重哪几个方面呢？首先是语言，因为语言里渗透了文化的各种要素，而且懂得语言对准确沟通有极大的帮助。学会一门外语对许多管理人员来说都是一种挑战，因为这不仅要花大量的时间和心血，还涉及一个人语言才能的问题，这不是任何人都能熟练掌握的。但是，对全球化经理人来说，学习外语的目的不是要变成语言学家，而是借助学习语言的机会更深刻地了解文化。除了了解文化有利于沟通之外，在当地人眼里，他们会感觉到你对他们语言的尊重、文化的尊重和人的尊重，对你的好感倍增。即使你开口发音不准，语法有错，也没有关系，你的学习态度本身就能帮你赢得许多朋友。

文化学习的第二个方面是对文化主要维度和文化差异的了解，这部分的知识在本书前几章中已有详尽的讨论，在此不再赘述。把这些理论牢记在心，或者放在工具箱里随身携带，对理解文化深层的价值信念、应对文化差异会有极大的帮助。

文化学习的第三个方面是在国外生活和工作的一般技能。一个人不可能去所有国家生活很久，但如果有过在一个国家(母国之外)生活6个月以上的经历，从中学到的生活和工作技能就能够被抽象出来用于其他陌生国度或环境。他们通过访谈得到的、在国外生活的经验主要有以下几条。

- 不要事先做任何假设。千万别认为在一个地方行得通的方法在另一个地方同样有用。
- 不要低估国家之间的不信任程度，它可以大得超出你的想象。
- 对个别国家中的管理人员和人民表现出来的民族主义不要太过吃惊。
- 不同民族的人生价值观可以南辕北辙。
- 尊重当地文化习俗。接受当地人的生活方式，不管它与你习惯的方式有多么不同，甚至可能是你认为不好的。
- 适应环境，你无法改变当地的社会结构，而且一个社会中总有积极的东西，找到它们。
- 学习如何妥协，比如公司文化与当地文化的冲突，找到平衡点。
- 保证你能够理解他人并被他人理解，耐心包容、谦虚谨慎。
- 与他人建立关系，了解你在他人眼中的形象。
- 清楚知道自己的道德底线和价值观。

对全球化经理人同样重要的商业技能大体与国内经理人相似，但具体内容却有很大不同，如表8-5所示。

表8-5　全球化经理人需要具备的知识和能力

1. 学习如何运作企业——战略，结构，过程；全球还是地方；专业知识
学习经营企业的战略
学习运作企业的细节
2. 学习如何领导管理他人——选拔、培养、激励、团队建设、解聘
学习如何建立自己的信誉
学习如何选拔合适的人才
学习建设并维持有效的团队
学习处理与人有关的难题
学会静心专注——目标明确、简单明了
学会激励员工，使员工对组织有承诺；同时知道哪些地方该放权，哪些地方不该放权
学习如何培养人及培养人的重要性

通过比较表8-4与表8-5，我们可以看到全球化经理人需要有更开阔的视野，对公司的整体规划和战略要有更全面的了解，对他人、对自我有更多的认识，并在不确定环境下更有勇气和决断能力。与此同时，他们不仅需要处理公司内部的人际关系，更需要学会与

外部关系打交道。从这些数据也可以看出全球化经理人与国内管理人员的显著区别，以及培养全球化经理人的任重道远。

8.3──如何培养全球化经理人

在前面几节我们讨论了全球化经理人需要具备的素质及经历的磨难，但尚未给出全球化经理人的明确定义。事实上，理论界对此尚无统一的定论。麦考尔和豪伦拜克在采访101名全球化经理人时，每个经理人都给出了不同的定义，以至于他们不得不放弃对定义的追踪而只描述全球化经理人做的事、有过的经历和必备的素质。他们在书中这样写道：

"简单而言，全球化经理人就是那些做全球化工作的人。因为有如此之多种类的全球化工作，有如此之多不同的业务领域与文化跨越的组合，所以不存在一种类型的全球化经理人。"

但是，也有的学者试图从全球化领导力的定义着手来对全球化经理人加以定义。比如格雷和许俊(Graen，Hui，1999)就做了这样的努力。他们认为，全球化领导力可以用领导者与下属之间的跨文化关系来界定。全球化领导是指那些能与他们的下属保持超越文化的、专业的、相互信任尊敬的并承担责任的工作关系的人。这样的全球化领导者可以运用其个人影响而对下属产生超过正式权力可能产生的影响力。

显然，这个定义与前面讨论的领导概念相似，主要用影响力来定义。全球化领导的影响力大于一般的领导，因为他们不仅能够对同一文化情景内的下属施加影响，而且因为他们熟谙文化理论和文化差异，更能够有效地与各种文化情景中的人共事，与他们建立超越文化的工作关系。从这个定义出发，下面从两个方面来讨论全球化经理的培养：一是从经理人的角度，另一个是从全球化企业的角度。

1. 经理人自身准备的历程

任何一个想成为全球化经理人的个体都应该把培养自身的全球化管理能力体现在个人的职业生涯设计之中，这是一个长期的培养和实践过程，越早列入职业生涯设计，越能早日达到目标。格雷和他的同事(Graen，Associates，1997)曾经描述了从普通经理人发展成全球化经理人的过程，并建立了理论模型，如图8-2所示，主要包括以下5个步骤。

第一步是成为文化探险者。在这个阶段，培养自己对自身文化环境以外的文化的兴趣，愿意去国外旅行，尝试异国的食物，了解异国的风土人情。

第二步是成为文化敏觉者，能够尝试从不同的角度去观察事物，戴上其他文化的眼镜去看待和评价事物。

第三步是成为文化知情者，即自己不仅熟知自己土生土长的文化环境和价值体系，而且对一个异国文化了如指掌，能够在那个文化中如鱼得水地生活，对那个文化中潜在的社会规范和文化细节非常熟悉。

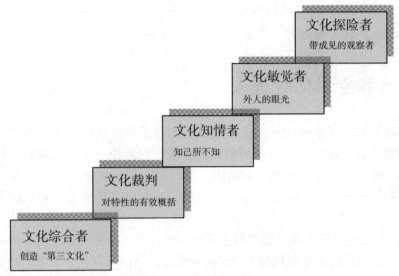

图 8-2　培养全球化经理人的过程模型

　　第四步是成为文化裁判的角色，能够同时对两种文化进行有效的比较，并总结出最具实质性的差异和相似之处。在这个基础上，他/她便能够融合两种或多种文化，并创造出被不同文化中的大多数人都能接受的"第三文化"，推动所有文化的发展，有效地解决跨文化问题。

　　在这个基础上，他/她便能够达到第五步，成为"文化综合者"，即能够融合两种或多种文化，并创造出被不同文化中的大多数人都能接受的"第三文化"，推动所有文化的发展，有效地解决跨文化问题。

2. 企业的准备模型

　　麦考尔在他1998年出版的《高空飞行者：培养新时代的领导人》一书中，曾经提出了开发领导才能的一般模型 (Mc Call，1998)。这个模型从企业的角度出发，提出了培养管理人员的几个关键要素：被培养者的自身素质和过往的经历，企业的战略和内部管理机制，以及最后想得到的理想管理人员具有的品质和才能。图8-3展现了培养领导才能的理论模型。

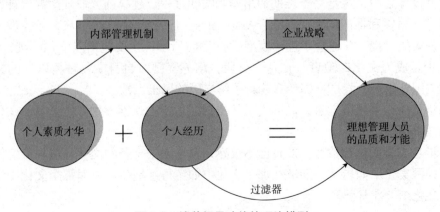

图 8-3　培养领导才能的理论模型

这个模型同样适用于讨论如何培养全球化经理人。与解读一般的模型不同的是，这个模型的起点应该是最后的圆圈，即理想管理人员的品质和才能，但这里的理想管理人员应该是全球化经理人。企业根据自身的发展战略，决定需要什么样的全球化经理，然后反推回去，决定企业应该挑选具有什么素质的员工来进行培养，以及企业应该为该员工提供什么样的经历去补足他目前缺乏的才能，这个过程则由企业的内部管理机制去实现。这样双方配合之后，就应该能够培养出企业需要的、理想的全球化经理人。

需要指出的是，虽然不存在一套适合于所有企业所有全球化管理工作的理想品质和才能的清单，但还是有一些才能是作为全球化经理人所必须具备的，他们跨越企业性质、行业性质及工作本身的性质而存在。麦考尔和豪伦拜克在他们采访了101名从事全球化管理工作的人士后，总结出了7个素质。

① 开放的心态和思维的灵活性。其包括：能够在多种不同的情境下生活和工作，能与不同类型的人和睦相处，并乐意倾听别人的观点和建议。

② 对文化本身的兴趣和敏感。其包括：尊重其他文化、民族和不同观点；不傲慢，不刚愎自用；对其他文化中的人民的生活与工作方式感到好奇；对差异感兴趣；喜欢社交；具有同理心。

③ 能够处理复杂事物。其包括：考虑问题十分周到；能够容忍不确定性并有耐心对待不断出现的新问题；面对模糊情景能够做决策；能够抓住事物的规律和关联；敢于承担风险。

④ 充满活力、乐观向上、不屈不挠。其包括：敢于面对挑战；遇到挫折不气馁；自立有创意；总是看到事物积极的一面；浑身充满活力；能够应对压力。

⑤ 诚实正直。其包括：具有真性情、一致性(不反复无常)，容易赢得别人的信任。

⑥ 稳定的个人生活。其包括：建立了能够抵御压力的生活习惯，建立了稳定的家庭，能够支持他/她对工作的承诺。

⑦ 有价值的技术和经商技能。其包括：有足够的技术、管理或其他技能以获得信誉。

从这7个素质来看，虽然有几条是与个人原先具有的个性特征和知识背景紧密相关的，但更多的却是可以从成长过程中习得的。因此，企业对这个过程负有重大的责任。从上述模型出发，企业可以从以下方面着手培养全球化经理人。

首先，从制定企业战略开始，把培养全球化经理人作为一个重要目标来抓。全球化经理人和普通经理人的最重要差别在于公司的战略和结构，这两个因素会影响全球化的管理岗位的数量，他们所在的地区，需要了解的文化，经理人需要具备的知识，以及什么样的经历能帮助他们学到这些知识。如果公司本身还对这些问题有困惑的话，那就很难设计一套培养全球化经理人的合理规划。

其次，培养全球化经理人主要就是培养他们适应文化的能力，公司应针对每个经理人的特点和经历，设计相应的"文化体验"。从伦敦搬到上海给一个人的体验不同于从荷兰搬到美国，也不同于从巴黎搬到波士顿，一个人可以从中学到的经验教训也会很不相同。只有针对个体特点精心设计的"体验项目"才能达到所需的要求。

下面这个故事是一个名叫吉姆的全球化经理人被采访时讲述的(Hollenbeck & Mc

Call，2001)。吉姆在巴黎长大，父亲是匈牙利人，母亲是波兰人，年幼时保姆跟他讲西班牙语。他有一个工程学学位，一个工商管理硕士学位，在巴黎为一家大型的美国公司工作。他在销售市场部做得非常出色，后来被提拔为法国的CEO助理，再后来被提拔为欧洲分部的主管，坐镇巴黎。然后，他又被提拔去波士顿总部工作。对于具有多年全球工作经历的吉姆来说，谁也不会想到他的反应竟是如此:

"我抵达波士顿后开头就很糟。无论是在法国还是在美国，都没有人告诉我应该怎么办，我们犯了许多愚蠢的错误。我在周五离开巴黎，周一去波士顿上班，没有时间调整自己，而且我完全低估了这个变化可能带来的影响—— 这不仅仅是从一个城市搬到另一个城市。我对工作环境之外的变化大为震惊，像去哪儿买东西，给孩子找学校等。我同样感到自己在工作上面临巨大压力，这是我第一次在矩阵式世界里工作—— 感到自己对别人没有直接的权威，我从来没有意识到美国办公室的工作方式与别处如此不同。"

从这个例子中可以看出一个人"经历"的先后顺序对这个人的成长过程会有显著的影响，同时也说明每个人可以从"经历"中学习的东西与"经历"本身有关，同时更与这个人本身曾经有过的"经历"有关。这个部分实际上涉及模型中的"过滤器"的概念，也就是说"经历"通过个人这个过滤器而沉淀下来，转变成个人素质才能中的一个部分。从企业的角度，选拔合适的人员，提供合适的经历，便是达到培养全球化经理人的有效途径。

8.4 案例分析

案例一 SSA Mexicana

1) 案例简介

SSA Mexicana 是一家韩国人在墨西哥开的电子装配工厂。墨西哥政府鼓励外商投资并提供优惠的墨西哥和美国关税，建立了所谓的"马奎拉"工业园，用作外商企业的生产基地。"马奎拉"的意思是"双胞胎工厂"或者"有血缘关系的公司"。在蒂华纳一带，共有2 000家"马奎拉"，占墨西哥工厂总数的65%，总共雇用65 000余名员工。

大部分马奎拉工厂设在蒂华纳的主要原因是其地理位置。蒂华纳距离美国的圣地亚哥和洛杉矶两个城市很近，到美国的货运费用较低。而且，该地区人口众多，劳动力比较廉价，因此成为许多外商的理想投资地点。图8-4显示的是SSA Mexicana的高管团队，由7个韩国人和5个墨西哥人组成。

公司共雇用员工398名，其中65%以上是15～20 岁的女性。朴先生于1990年接管该厂，当时整个工厂情况一团糟。在具体运作方面，与韩国总公司沟通不畅，经常会用错材料，生产错误部件，而且产品质量极低。在人事管理方面，员工的月离职率为13%～15%，远远高于市场平均水平(9.8%)，日缺勤率则达4%～5%，员工不负责任，对公司没有忠诚度。在培训方面，对员工总共只有半天的培训，而且对前来应聘的员工不加选择，更没有考虑"能力—岗位"的匹配。在生产控制方面，当时的产量只达到潜在总产量的 40%，次品率极高，人员过剩，而且没有工作岗位说明。

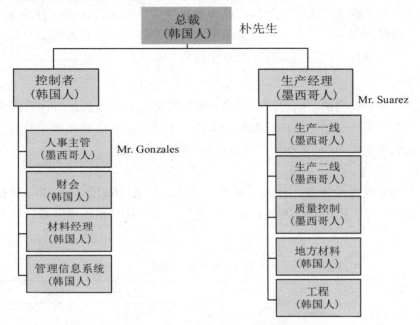

图 8-4　SSA Mexicana 高管团队组成

面对如此的烂摊子，朴先生进行了观察和思考，两个月之后，他就问题的原因得出了几个结论。首先，墨西哥工人的工作态度很有问题，他们只知道遵循指令，思想单纯，有孩子气；懒散，没有责任感，不能专心做事，毫无创意，对公司没有忠诚可言，缺乏纪律性。其次，管理一塌糊涂，表现在缺少培训，人员过剩，次品率高，效率低。

根据对问题的分析，朴先生提出了几个解决方案。

第一，将原先的半天培训增加到3天；同时，对所有新员工实行30天的试用期。此外，设立奖励制度、例会制度、工作服制度，以及半个月一次的生日庆典。

第二，对管理"开刀"，实行目标管理制度和质量控制小组。

两年半下来，情况有了极大的改观，表现在以下几个方面：

① 生产产量大大增加，从过去的倒数第二名飙升为正数第一名，装配时间缩短，剔除过剩人员；

② 次品率下降到2%；

③ 缺勤率下降，月离职率下降到4.2%；

④ 员工更愿意承担责任，更有纪律性，而且开始提建议来改进产品流程。

为此，公司专门表扬了朴先生，要他去总部领奖。然而，朴先生心里却有些惴惴不安。他隐约感觉到工人们似乎并不是从心底认同他的管理方式。实际上，工人们确实很不满意。他们认为，为SSA Mexicana干活是一件很辛苦的事，他们每周工作47.5小时，每天工作9.5个小时，每2.5个小时才能休息10分钟，午饭只有半个小时，而且每次上厕所都得征求主管的同意。他们之所以还留在这里，主要是因为公司的培训项目和高工资。他们把韩国管理人员称为"奴隶主"，并对朴先生的激励措施不以为然。他们认为管理人员把目标定得高不可攀，他们根本不可能得到奖金；同时，工作服制度也遭到他们的不满，因为大家穿同样的衣服扼杀了他们的个性；此外，生日庆典对他们近乎折磨，因为庆典在下班时间举行，而且在此过程中，还得对公司的管理提建议，一点儿乐趣都没有。因此，工人的整个工作士气很低。朴先生应该怎么办呢？

2) 案例分析

这个案例是一个相当典型的跨国公司第一次在国外办厂的经历。对该案例的分析可以从两个角度入手。第一是如何评价朴先生的工作：他成功了，还是失败了？为什么？第二是对他今后工作的建议，如何才能使已经取得的业绩保持下去？

(1) 成功还是失败。

如果从业绩硬性指标来看，朴先生是相当成功的。表8-6的公司业绩一览表一目了然地展现了这两年半来工厂在各个方面的成就，不容辩驳。从公司的角度看，朴先生简直是创造了奇迹。

表8-6　公司业绩一览表

业绩指标	1990 年	1992 年
产量 / 生产总量	40%	80%以上
质量（次品率）	很高	2%
月离职率	13%～15%	4.2%
日缺勤率	4%～5%	<4%
培训	0.5天	3天
生产率	倒数第二	正数第一
销售	倒数第一	正数第一

然而，站在墨西哥工人的角度看，情况就完全不同了。他们内心不接受朴先生的管理方式，也不认同朴先生的管理理念。如果用霍夫斯泰德的文化维度来分析韩国文化与墨西哥文化价值观的不同之处，我们可以看到这两个国家除了在容忍不确定性这一维度上得分相似之外，在其他维度上都有较大的差别，如表8-7所示。

表8-7　韩国、墨西哥文化维度对比

文化维度	韩国	墨西哥
个体主义	18	30
权力距离	60	81
容忍不确定性	85	82
生活质量导向	39	69
长期导向	75	—

注：表中的数字是两国分别在这些跨文化维度上的得分，100为最高，依次递减。

首先，墨西哥人比韩国人个体主义倾向要更强一些，所以要接受千篇一律的工作服对他们很困难。其次，墨西哥人的权力距离很大，所以他们会接受来自上级的命令，即使内心深处不认同。第三，在生活质量导向上，墨西哥人显然得分更高，而韩国人比墨西哥人要更加强调事业成功，他们拼命工作，不惜牺牲与家人在一起的时间，是所谓"生活为了工作"的典范。墨西哥人正好相反，更愿意享受生活，对物质金钱没有那么强烈的追求，信奉的是"工作为了生活"。最后，在尊重传统长期导向这一维度上，虽然我们没有墨西哥的分数，但可以想象，墨西哥的得分一定低于韩国。

朴先生观察了墨西哥工人的行为，感觉到这些地方的不同，但他始终没有用积极的眼光来看墨西哥人，他对墨西哥人的判断是完全负面的，从他的用词就可以看出：懒散，无纪律，没有创造力，对公司没有忠诚感。他甚至没有用中性的眼光来看待文化，而在下意识中把韩国文化看得优越于墨西哥文化，在这样的基础上，他想到的只是如何改变墨西哥人的行为，使他们更像"韩国工人"，而不是如何针对当地的文化，拟定出一套容易被当地人所接受的方法去进行改革。这种文化优越感导致他对墨西哥文化的偏见。同时，在组建高管团队时，他也没有考虑两种文化的平衡，而是韩国成员占了多数。更为有趣的是，那几个墨西哥高管成员，不仅不是工人的代言人，还恰恰是自己对墨西哥文化缺乏好感的人，是工人心目中"墨奸"的角色，常被工人在背地里"吐槽"。因此，SSA Mexicana虽然表面上绩效优良，暗中却危机四伏，隐藏着一个个随时可能爆发的定时炸弹，将朴先生所有的努力毁于一旦。因此，朴先生的成功只能是强加韩国标准于墨西哥工人的成功，这种"成功"到底能够维持多久非常值得怀疑。

(2) 对今后工作的建议。

从案例的描述来看，朴先生是一个有能力、有魄力、心地善良并有敏锐直觉的人，他的文化优越感是存在于下意识中的，而且他真心希望能够把已经取得的成就保持下去。有意思的是，他对墨西哥工人的种种猜测均来自自己的观察和想象，他从来没有走到工人中间去向他们了解情况，倾听他们的真实声音。也许与他自己的文化背景有关，韩国也是一个相对高权力距离的国家，管理者高高在上，没有与工人打成一片的习惯。但他起码可以通过人力资源部或者其他主管经理去搜集信息，以确定自己判断的准确性。在这个基础上才能有针对性地去沟通、去解决劳资双方可能存在的误解，从而纠正以前的举措。

从现有资料来看，我们可以建议朴先生做以下几件事。

首先，鼓励员工积极提建议，给提建议的人以精神和物质的奖励，并将这一条列入目标管理要评价的项目之中，同时可以设立意见箱，鼓励员工与管理层的沟通。其次，把目标管理定的标准降低，因为高不可攀的目标不仅不能激励人，反而让人泄气。第三，改变有关纪律规定，使之更人性化，比如上厕所要请示这一项，就表现出对员工极大的不信任，而且有生理的折磨之嫌。第四，允许工人在自己的工作服上做文章，以表现自己的个性。最后，把生日庆典改成每月一次，并放在上班时间(以顾及工人希望与家人、朋友共度下班时间的愿望)，让他们自由发挥，完全放松，而且把"寿星"作为庆祝的对象，让他们充分表现，显示自己的个性。

此外，在做这些改变之前，最好征求工人们的意见，以得到他们的支持和认可。管理层采取这样的姿态也许就能改变墨西哥工人对朴先生的认识。从那时开始，韩墨两国文化的融合才可能真正开始，原来的绩效才可能真正得到巩固。

3) 案例延伸

有几个题目可以从这个案例引申出来加以讨论。首先，全球化经理人与全球化领导是否有区别。在本章中，我们几乎将两个词汇交替使用，不加区别，事实上，经理和领导可以是两个不同的概念。经理指的是具有专业管理能力的人，这些人具备4种基本能力：计划、控制、组织和引导。而领导除了这些基本能力外，更需要有影响力，有魅力，能够使员工心甘情愿地做他们本职工作以外的事，主动为公司承担责任。经理靠的是权威，而领导靠的是威信(有权威更有信任)去影响、打动、激励人。这样区别之后再来评价朴先生，那么朴先生可以说是一个优秀的经理，但并不是一个优秀的领导。

朴先生在墨西哥工厂做总裁，是在一个跨文化的情景中工作，那么他究竟是不是一个优秀的全球化经理人呢？这是另一个值得讨论的问题。依照麦考尔和豪伦拜克的调研结果，全球化经理人与普通经理人最重要的区别在于他们应对文化挑战的能力，而朴先生去墨西哥之前，基本没有对墨西哥的文化有比较深入的学习，更没有学西班牙语以加强与当地人的沟通，甚至没有请西班牙语翻译，而是用对两方面来说都是外语的英语来进行沟通，显然是低估了文化的影响。同时，在制订任何改革方案时，都没有将文化的因素考虑进去，只是完全照搬了在韩国时的做法，认为在韩国成功的就是放之四海而皆准的东西。虽然朴先生对于管理人员的本职工作熟能生巧，是一个称职的经理人，但因为文化知识的缺乏和忽略，他甚至还不能称得上是一个全球化经理人，更称不上是一个全球化领导。

全球化经理人如何平衡业绩导向与文化导向是另一个可以从此案例中引申出来的题目。追求业绩是每一个全球化经理人必做的事，因为这是衡量其个人绩效表现的重要方面。但重要的一点是，追求短期业绩还是长期业绩会决定一个经理人的具体做法及对当地文化关注的程度。从朴先生的做法来看，他取得的业绩更像是短期的，虽然他心里期望能够有长期的效果。他不知道关注文化因素事实上可能会使他得不到长期的良好绩效。我们对案例的分析也许会给他较好的启示，使他通过对文化因素的重视而达到长期优良业绩的结果。

公司文化与地方文化的协调是全球化经理人面对的永恒主题。在朴先生的案例里只有强加，没有协调；在兰开斯特的案例中，有了少许的协调；在现实的星巴克案例中，则有了许多的协调和融合。没有协调和融合的公司不能成为真正意义上的全球公司，不能结合当地文化特色改变自己管理风格的领导不能成为真正的全球化经理人。

对经济相对不发达地区的文化偏见是朴先生在对SSA Mexicana处理方法中表现出来的心态。而正是这种心态影响了他对待墨西哥工人的态度和做法，使他把自己认为良好的管理方式强加于墨西哥人头上，结果引起工人的极大不满和愤怒，埋下了隐患。在本书中，我们反复强调文化的中立性，没有先进和落后之分。只有从内心深处认同这种理念的人，才可能真正对不同的文化给予足够的尊敬，消除文化的偏见。如果大家还记得"走向地狱之路"的案例，贝克先生之所以冒犯了雷诺也恰恰是他无意中流露出来的民族优越感。

案例二　米其林在美国

米其林是法国的一家汽车轮胎公司，享誉世界。该公司创建于19世纪初，已经有200多年的历史，在2004年在全球的轮胎制造市场占有率达到19.2%，销售于全球的170个国家和地区。公司的员工数量达到12万人，在美国有2万多名员工。公司的愿景清晰："给我们的客户以最优的价格提供最高质量的轮胎，并且成为轮胎服务行业的标兵。"

1) 案例简介

案例的主人公名叫奥利维尔·薛隆。他毕业于法国名校，主修工程。在加入米其林之前，曾在别的公司做得非常出色。2002年他跳槽到巴黎的一家汽车配件公司，主管其国际业务。他能说4种语言(包括英语)，在18年的职场生涯中，曾经在欧洲6个国家工作过。2004年，米其林把他"挖"了过来，让他去美国，负责位于南卡罗来纳州格林维尔的一个分厂。这个分厂总共有4 000名员工，近年来面临许多问题：市场占有率下滑，有些过去的客户现在视米其林为竞争对手，营销团队士气低落，等等。薛隆凭借自己多年的经验，觉得很有信心做出一番成绩来。他一向以结果为导向，对所有人严格要求，责任到人。他认为，设立高标准是让团队做出成就的最好办法。

没想到的是，薛隆的上司有一天把他叫到办公室，跟他说很多员工都在抱怨他的领导风格，说他冷酷，拒人以千里之外，不讲情面，不适合领导岗位。薛隆听了，整个人都呆住了。怎么可能呢？他在以前的工作岗位上，一直是被别人认为特别有领导能力的人，而且大家都喜欢他直来直去的沟通风格，喜欢他每月一次与销售团队坐下来开总结会。现在他的美国同事怎么会对他产生这种印象呢？上司建议薛隆去做一下跨文化咨询，看看如何才能适应这个新的文化环境，以矫正自己的领导风格。

2) 案例分析

学生们可扮演咨询者的角色，回答下面这些问题。

(1) 在薛隆同意接管美国分厂的时候，他犯了什么错误？

从案例的描述中可以看出，他对自己的全球化管理能力(主要从欧洲获得)是十分自信的，而且有点过度自信。同时，因为他能说英语，而且他的嫂子是美国人，他和她比较熟悉，所以他认为美国与欧洲在文化上差异不大，低估了适应的难度。另外，基于以前的成功经验，他到了美国后完全没有改变领导风格，认为有效的领导风格是普适的，到哪里都一样。还有，他以任务为导向，不觉得有必要与员工和同事先建立人际关系。最后，他自我感觉良好，以为一切都如他所料进展顺利，并不主动去找别人询问或沟通。

(2) 案例中的沟通语境是如何表达的？

我们在第3章讨论过沟通的语境。在此案例中，我们可以借用一些知识来分析美国和法国在信息语境、关系语境、冲突管理风格等方面的区别，如表8-8所示。

表 8-8　美国和法国在信息语境、关系语境、冲突管理风格等方面的区别

	法国	美国
信息语境	正面反馈—高语境、不直说； 负面反馈—低语境、直截了当	高语境，不确定性强
关系语境	高权力距离； 工作和生活截然分开； 长时间交往后关系才亲近	权力距离偏低； 工作和生活界限不那么清晰； 陌生人和朋友没有什么不同
冲突管理风格	鼓励冲突和辩论； 冲突有助于加强关系	偏向避免冲突； 表达不同意见被视为不必要

(3) 法国和美国在价值取向上的差异有哪些？

我们使用霍夫斯泰德的跨文化维度理论来分析，可以看到以下差异，如图8-5所示。

法国人在权力距离、不确定性规避和长期导向上得分比美国人要高，但美国人在个体主义、追求事业成功和享乐主义上得分比法国人要高。这些分数是就两国的总体样本建立的，放在这个具体案例中，其实我们发现薛隆先生的事业成功(完成任务)导向其实比南卡罗来纳州的员工更强，而南卡罗来纳州的员工的权力距离不那么低、个体主义导向也没有那么强，相反，他们不敢直接与领导顶嘴，也很看重人与人之间的关系。

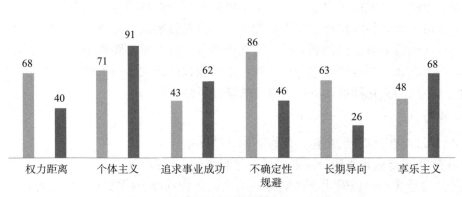

图 8-5　法国和美国在价值取向上的差异

3) 案例延伸

薛隆听了上司的反馈之后，决定去找咨询公司，帮助他分析出现问题的原因。这些原因和上面的分析非常相似，尤其重要的一点是有关绩效反馈的。在法国，经理一般都不会先表扬再批评，而是单刀直入指出问题所在。如果员工不服，就会立刻与主管争辩，问出个青红皂白。而在美国，反馈一般采取"三明治"策略，就是先表扬，再指出问题，最后安慰鼓励。在薛隆看来，出色完成任务是理所应当的，不值得表扬。而指出问题帮你改进，才是使你进步的重要举措，是值得花时间的。而且，他认为，在他指出问题时，员工没有争辩，说明他说得都对，大家都服气，根本没想到人家不敢顶嘴。

此外，薛隆认为，工作和生活是两个截然不同的领域，不能混淆。比如在办公室里放上家人的照片，看上去就不专业不合适。但南卡罗来纳州的员工认为，认识同事的家人，了解一个人工作以外的方面，会增强人情味，有助于同事之间建立关系。

问题的原因分析清楚后，就需要讨论应该如何解决问题。摆在薛隆面前有几条路：

① 改变自己，适应环境；

② 利用自己的权威，让别人适应自己的风格；

③ 邀请专家或文化教练作为桥梁，连接两边。

接着我们分析上述三条路各自的优缺点，具体如表8-9所示。

表 8-9　三条路的优缺点

	优点	缺点
改变自己	能够锻炼自己的灵活性，提高文化智商，增加成为全球化经理的成功率	非常困难，因为积习难改，很难做出改变，会让别人觉得虚假
改变别人	有机会让别人了解自己的角度和文化，促进开诚布公的讨论	没有灵活性，让别人感觉到以自我为中心的取向
桥梁	教练比较专业，更少偏见，容易赢得双方的信任	教练自己非当事者，介入性不强，而且会产生一定的费用

那么，到底选择什么样的方法才能解决问题呢？

让我们把时间快进到2008年。此时，薛隆已经站在全公司大会的讲台上领奖，因为他负责的南卡罗来纳州分厂在过去4年中取得了长足的进步，绩效卓著。在他充满感情色彩的获奖感言里，他提到了当年的窘迫和困扰，对自己如何走出困境进行了回顾。他其实采用了"多路并走"的方法。对4000名员工，他用了"改变自己"法，因为他觉得不可能让这么多人来适应他一个人。他改变了自己给予反馈的方法，特别在表扬上下功夫，适应美国人的习惯。不过对大家的高标准严要求他还是继续坚持。同时他也慢慢地在办公桌上放了家人的照片，让别人看见他生活中的一面。他甚至还把妻子和初生婴儿带到办公室和大家见面，建立工作之外的连接。

但是对于他的高管团队，总共十几个人，他决定和他们频繁沟通，让他们了解法国文化，了解他个人的管理风格和背后的逻辑，以便让他们逐渐接受他的领导风格。此外，他发现公司里有好几个人既能说英语，又能说法语，对两种文化和语言都颇为精通，所以他就请他们当他的文化教练，有不理解的地方就向他们请教。这样几年下来，大家越来越喜欢他，认同他，再也没有人因为他的"冷酷"要跳槽了。

案例三　爱伦·摩尔 (Ellen Moore) 在中东的巴林岛

1) 案例简介

爱伦·摩尔是加拿大人，她从大学毕业后就进了加拿大最大的一家银行工作，4年后升职，主管两个大公司的账户。与此同时，她自己进修，拿到了银行研究所的奖学金，并开始就读MBA学位。读书期间，她的丈夫得到了一个去巴林岛工作的机会，所以她MBA

一毕业就去了巴林岛与老公团聚。

来到中东之后,爱伦也找到了工作。作为一个外国女性,她经历了严重的文化休克。相对其他中东国家而言,巴林岛是比较开放的国家,国内人口多元,有很多外国人或外派经理在此培训当地员工,也有很多来自第三世界国家的人在这里打工。大部分的巴林人信仰伊斯兰教,因此宗教对人们的日常生活影响巨大。比如在回教历的9月,法律规定下午2点以后不准工作,而上班时做祷告活动是常态。在案例中可以看到,美国公司在Ramadan(伊斯兰斋月)那个月,下午2点以后继续工作,这样非伊斯兰教徒的工作时间就比伊斯兰教徒要长。此外,虽然当地的女性都不在外工作,但西方女性是可以工作的。在巴林,男性比女性要高人一等,一般询问一个已婚妇女有无孩子的时候,都会问有没有儿子,如果听说没有儿子,人们就会表现出惋惜的神态。

爱伦在工作场所也遇到了不少挑战。比如,很多男同事都对她视而不见。在工作之余聚会时,男同事认为她应该和"太太们"坐在一起聊女人话题,而不是在男人圈子里讨论管理问题。同时,政府也限制公司要求女性加班。爱伦应对这些挑战的方法总是很积极主动。在男同事不把她放在眼里的时候,她会更努力地工作提高自己的能力,然后让别人看到,就是他们解决不了的问题,她也可以解决,以此获得大家的尊敬。因为她确实对"女人话题"不感兴趣,她就不勉强自己,而是坦然地挤到男人的圈子里聊天。当她发现有些女员工害怕与男性主管沟通时,她会主动帮助她们传递信息。她也主动担任某些女同事的教练,给她们职业上的指导等,深受同事的尊敬和爱戴。而针对政府对妇女的特别优待,她用匿名的方式直接给报社写信发表自己的观点。

由于爱伦的出色工作表现,总经理(来自欧洲的外派经理)准备提拔她到高管岗位,给了她两个选择:一个是客户主管,需要出差到中东其他国家(如沙特阿拉伯),另一个是客服主管,不需要出差。爱伦考虑之后决定选择客户主管的职位,没想到总经理忽然变卦,说那个职位不适合她,因为女性一个人去沙特阿拉伯出差特别不方便,可能签证也拿不到。爱伦自然很生气,不知道到底应该怎么办。

2) 案例分析

这个案例的讨论可以围绕以下问题。

(1) 爱伦应该怎么办?

现在爱伦面临的选择有4个:一个就是听从总经理的安排,选择客服主管的位置;第二个是留在原位继续工作;第三个是离职;第四是与总经理论理,让他改变主意,重新给他客户主管的选择。当然每一个选择都有利有弊,看从什么角度来分析。

从案例中我们了解到爱伦是一个非常有志向有闯劲的女性,职业成功对她来说意义重大。她也已经积累了很多管理经验,善于把握自己的角色和方向。同时,她确实乐意与当地人一起工作,有相当强的沟通能力,而且善于让对她有敌意或不友善的男性同事转变观点,对她起敬。她对文化障碍也心如明镜,并且愿意花时间去了解别人,也让别人了解自己。从这个角度来看,客服主管的位置其实对她很合适,而且她可以借此职位来改变别人对她的公司及巴林岛商业大环境的看法。

留在原来的岗位相对而言是个较次的选择，因为职位要低一些，而且公司里其他人已经知道她要被提拔了，如果还是留在原位，那么一定会引起很多的负面猜疑。

离职显然也不是一个好的选择，因为她老公还有两年的外派时间，她主动离职的话会影响她在其他公司找工作的机会。

若与总经理论理，有可能会获得成功。但是，艾伦需要做很多的准备工作(包括办签证的问题、女性单独出差的安全问题)，拿出足够充分的证据来说明这些问题都可以轻易解决，而这牵涉整个中东地区的传统文化、习俗、政府的管理制度等，难度是比较大的。

(2) 男性管理人员有没有责任帮助女性取得成功？

在许多中东国家，对于女性角色的定义是局限于家庭的。在工作场所，男性对女性通常视而不见。从这个案例可以看到，虽然本地女性很少在职场中工作，即使有，也是处于比较低的位置。但是西方，女性在职场工作是可以的，当经理也没有问题。也就是说，西方职场女性更被视为职场人士而非女性，即女性的特征相较于职业特征更弱。既然如此，男性同事就有责任对女性同事给予支持，最起码也要给予尊重。比较理想的是加以提携，鼓励她们参与决策制定，倾听她们的观点，帮助她们打破玻璃天花板。

案例中的爱伦是一个非常有潜力的职业经理。她聪明、刻苦、责任心强、心态开放、适应能力强，有非常友好、乐于助人，具备所有当领导的品质。对于这样的女同事，男性管理人员更有责任相帮，不仅只是为了同事的职业前途，更是为了公司更好地发展。

3) 案例延伸

爱伦思前想后，最终决定接受客服主管的职务。她说，虽然这个职位不如客户主管理想，但也算升职，而且能学习一些新的技能。再者，公司里其他人并不知道原先总经理给了她客户主管的选择，所以也不存在丢面子的问题。

但是，三个月后，爱伦提出了辞职。没有特别的原因，只是她觉得对这个工作不再有激情。有一天早上醒来，她突然不想去上班，感到没有干劲。她想起自己曾经对别的同事的教导，就是如果有一天你不想去上班的时候，就说明你应该离开了。她践行了自己的忠告。

之后，她老公的外派期满，他们一起回到了加拿大，在多伦多定居。奇怪的是，她回到祖国却没有产生特别的亲切感，反而想念在巴林岛的日子。他们俩都感到自己更像世界公民了。而且爱伦发现，在加拿大同样存在对女性的才华视而不见的现象，她必须随时随地地证明自己，把自己的履历挂在嘴边，把自己的职务告诉别人，才能赢得客户的尊重。女性的职业玻璃天花板并非在北美就不存在，而对女性才华的忽略最终也对企业本身的发展造成损失。

案例四 英特尔在中国

1) 案例简介

英特尔从1985年开始在中国设立办事处。1993年起，开始全面进入中国市场，成立了IADL和"英特尔技术"两家有限公司。公司的组织架构如图8-8所示。

组织架构

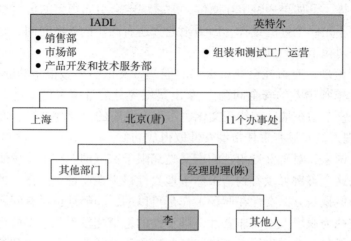

图 8-8　英特尔公司组织架构图

【查尔斯·唐的背景】

唐出生于中国，后去美国留学，毕业后在英特尔工作，已经在美国生活了8年。1993年，他被公司派回中国，在上海办公室工作了一段时间，后返美工作，现在被派到北京担任市场主管，直接向英特尔中国的总裁报告。显然，在他身上存在着几个矛盾：西方管理风格与传统中国管理方式并存；根据绩效奖励与以年资为依据奖励并存；既是外派经理又是当地人。他到了北京后，对办事处的整个工作流程和工作任务进行了分析，发现有些任务不是公司的主要方向，比如一位姓李的客户经理正在做的一本客户手册就与公司的战略没有关联。因此，他决定"砍"掉这个项目。

【李勇的背景】

李勇是客户经理，工作非常高效，关心客户的满意度，与许多大客户发展了相当良好的关系。为了满足客户的需求，他开始编写客户手册，本来打算写薄薄几页，没想到一发而不可收，结果快要写成一本MBA教科书了，占去了很多工作时间。唐上任后，没多久就通过其助理陈通知他立刻停止这个项目。李勇火冒三丈，拒绝接受这个决定。

面对如此棘手的情形，唐需要决定如何应对。一方面，他不希望失去李，因为他对公司的未来发展很重要；另一方面，他需要维护自己的权威，而这是自己新官上任后做的第一个重要决策。怎么办呢？

2) 案例分析

我们可以从以下几个角度入手分析这个案例。

(1) 中美文化的主要区别和中国文化的特色。

在第2章和第3章中，我们曾详细讨论文化差异的主要维度。如果用霍夫斯泰德的维度来分析(见图8-9)，我们可以看出，中美文化在权力距离、个体主义、不确定性规避和长期导向上都有显著性差异，因此表现在管理上：

- 美国人更强调参与，中国人更倾向命令；
- 美国人强调个人成功，中国人更看重集体；
- 美国人更容忍不确定性，中国人更希望得到明确指令；
- 美国人更注重短期的工作任务，中国人更关注长期的人员关系。

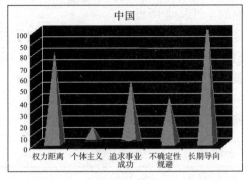
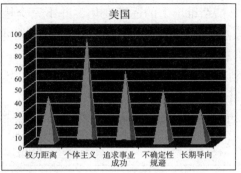

图 8-9　中美文化维度差异对比

中国的人情观念有：讲面子；讲关系。

一个人的面子就是一个人的尊严，而与中国人的面子有关的因素可以包括与工作有关或与工作无关的各个方面。唐把李的项目砍掉，就会让李觉得丢面子，虽然唐在做决定的时候，纯粹是从公司战略的角度出发，与李的实际工作表现没有关系。

中国人讲关系是另一个文化特点，关系是一切事物的润滑剂。李与客户的良好关系会给他以后的工作带来相当大的便利，失去李就会失去这些客户。从另一方面来看，管理层与员工的关系也很重要，如果唐现在与李关系搞僵，以后要顺利合作和沟通就会很困难。

(2) 英特尔的公司文化。

英特尔的核心公司文化只有一句话："可以发表不同意见，但一旦决定的事就要全心承诺(disagree and commit)。"发表不同意见指的是所有员工都可以在决策过程中进行参与，表达自己的真实想法，提出自己的意见和建议，供管理层做决策之用。全心承诺指的是对于已经做出的决策，即使你原先有不同意见，现在也要全力执行。从这个角度来分析，唐做得很不到位。因为在做决策之前，他根本没有倾听别人，甚至当事者的意见，完全是凭自己的主观判断决定的。这是他自身的问题，虽然代表了英特尔，却是中国式管理风格的体现。我们认为这是所有问题产生的关键导火索。

(3) 李勇为何反应如此强烈。

如果按照文化维度中的"中性—情绪"来看，中国人的"中性"得分很高，也就是说，中国人的情绪一般不太外露，尤其在工作场合和公众场合。这也是为什么李的反应让唐大吃一惊的缘故。那么李的强烈情绪反应到底说明了什么，应该如何来解读呢？

- 【可能一】李很愤怒，觉得自己的面子被唐撕尽，而且唐还派了陈来说，陈是刚刚上任的，资格还没有自己老，当着陈发火没有心理障碍。
- 【可能二】对陈发火，让陈去转告唐自己是不好惹的，"新官刚上任就来得罪我，给你点儿颜色看看"。

- **【可能三】**李的性格与普通中国人很不相同，就是"直筒子"，喜怒形于色，气愤的时候马上表现。
- **【可能四】**随着这些年中国的对外开放，年轻人接受西方文化越来越多，在情绪的表达上也发生改变，更敢于直接表露情绪了。所以李的反应代表了中国文化在情绪维度上的逐渐变化，并不完全是他的个性特点所致。

虽然这4种解释都可能合理，作者更偏向于第3种可能性，也就是说，李的性格如此，不能抑制愤怒，有气就要出。如果用正态分布曲线来表示的话，李在脾气暴躁上的得分很可能在中国人平均得分的3个标准差之外。也就是说，在情绪控制上，李是个异数。

(4) 唐应该怎么办？

【办法一】维持原来的决定，要求李全心承诺。好处和坏处如表8-10所示。

表8-10　办法一

好处	坏处
与英特尔公司文化相符：全心承诺	让李继续丢面子
能让李有更多时间与客户打交道	李不再信任唐
树立唐的权威	降低李的工作积极性
	李可能辞职，去竞争对手那里工作
	对其他员工可能产生负面效应

【办法二】撤销决定，继续李的项目。好处和坏处如表8-11所示。

表8-11　办法二

好处	坏处
给李面子	唐丢面子
维持李与客户的良好关系	质疑唐的权威
	在有疑问的项目上继续花钱
	对员工行为开启坏的先例
	李的任务过分繁重

【办法三】做出少许让步，给李派一个助手完成手册。好处和坏处如表8-12所示。

表8-12　办法三

好处	坏处
挽回了李的面子	开启先例——挑战领导反而得到提升
维持李与客户的良好关系	在有疑问的项目上继续花钱
	低效决策，权限不清

【办法四】唐直接与李沟通，道歉，征求李的意见，再重新做决定。好处和坏处如表8-13所示。

表 8-13　办法四

好处	坏处
与英特尔公司文化相符：倾听意见 给李面子 了解李生气的真正原因 显示出领导的真诚、大度 重建唐与李的信任	唐可能丢面子(暂时) 降低唐的权威

从这几种方法的利弊分析来看，我们建议唐采取第4种方法，与李坦诚沟通，承认自己的错误(即自己没有事先征求他的意见)，同时向他解释自己为什么做这个决定，一定要强调此决定与李的工作业绩无关。既然李是直来直去的人，唐也不妨直来直去，承认自己的错误可能使唐暂时丢面子，但从长远来说，反而容易赢得他人的尊敬，而树立起别人对他的信心。以诚待人者得人心，只要李还没有对唐产生根深蒂固的成见，要扭转他的看法、赢得他的信任是完全可能的。

3) 案例延伸

这个案例中发生的事几乎每天都在中国的外资企业或合资企业上演。从英特尔的角度，派遣会讲中文、熟知中国文化又受过美国教育的唐回国是再合适不过的了，但是事实到底是否如此呢？我们仔细分析一下就可以看出，唐虽然在美国生活8年，但骨子里对管理风格的理解还是中国式的家长制领导，然而他年纪又不够大，不像"家长"，所以中国员工包括管理人员对他的尊敬就难以建立。唐不得不靠耍小聪明的方式(假装向上级请示，上级每次都与他的意见一致，下属渐渐就服气了)树立自己的权威。虽然他理解英特尔的公司文化，却不是身体力行者，表明他还没有从内心深处"西化"或者"英特尔化"，而他又认为自己是个"外派经理"，不是中国人中的一员。

从中国员工的角度会认为，唐的长相是中国人的样子，讲的是中国话，只是出去了8年，他当然是个中国人。中国人应该懂中国的文化，应该与员工搞好关系，他怎么好像自己已经是外国人似的，对这一切都麻木不仁？其次，他凭什么就拿那么高的工资？他做的工作我们也能做，就因为他英文说得好，就这么有价值？员工心里很不服气，于是就称他为"假洋鬼子"或者"买办"。

很显然，英特尔没有建立像吉列那样完善的全球化经理人培训项目，因此在挑选人的时候可选之人很有限，找到唐，已经不容易。如果他们有良好培训的话，唐应该在去中国之前去其他国家锻炼几年，然后从基层职位做起，经过考验，再升到主管的位置。现在唐突然上任，不仅文化环境发生变化(非美国文化，也非他离开中国前的中国文化)，而且工作性质也发生了变化(在美国他只做技术工作，而在中国他做管理工作)，犯错当然难免，只要他能在这个过程中学习成长，可能变成栋梁之材。

由此引申出来的一个问题是，在外派经理人时，是派总公司所在国家的人合适，还是派来自分公司所在国家的人合适，还是不派，在当地直接培养人才合适？这是许多中国公司当前和未来要遇到的急迫的问题。建议：在公司刚刚开始扩张到国外的时候，先派总公司所在国家的人，而且是对公司文化有全面认同和理解的人，他是能够将公司文化传播到异国他乡的实践者，同时这个人又对当地文化有浓厚的兴趣，欣赏当地文化中的许多要素，愿意融合当地文化；在公司慢慢建立起自己的形象，运作进入正轨，人员齐备，产品服务得到当地认可的时候，可有意培养当地的管理人员，手把手地教他们，一步一步让他们成长成熟，然后把重要的管理工作全面移交给当地管理人员，从根本上消除"英特尔在中国"中出现的大部分问题。当然这个过程可能会很漫长，但是这是公司必须努力的方向。管理人员本地化是全球公司的终极目标，在这一点上，开市客的做法特别值得借鉴。

本章节所描述的4个案例中的主人公：朴先生、薛隆、爱伦和查尔斯·唐，都是外派经理，都经历了文化休克和挣扎。他们中，有的应对文化挑战采取积极的态度，有的比较被动，最后的结果自然也不一样。但我们必须认识到，这是每一个全球化经理必经的过程，没有这个历练，就无法成就。可是从公司的角度，是不是可以尽量提供足够的培训和准备，让这些外派经理可以减少磨难，而快速适应新文化呢？

案例五：科纳 (KONE) 电梯公司的全球化管理人才培养项目

科纳是一家芬兰公司，总部在赫尔辛基。该公司于1910年成立，主要产品是箱式电梯、手扶电梯，用于办公楼、大型商场、机场等公共场所。公司在全球60多个国家都有业务，员工总数超过6万人。其产品的46%销往欧洲、中东和非洲，38%销往亚太地区，16%销往美洲。公司在2020年的销售额达到100亿欧元。

科纳公司的业务主要有两大块，一块是服务(维修、升级)，另一块是新产品。随着亚洲国家尤其是中国经济的发展，对电梯的需求越来越旺，公司越来越强调亚洲市场的重要性。公司在1998年进入中国市场，2005在中国建合资企业(占股40%，在2011年增至80%)。从历史的角度来看，公司长期以来就重视培养人才，特别是跨国人才。公司的全球化管理人才培养项目(global talent management program，简称GTMP)就是一个典型，该项目在整个公司发展中不断与时俱进、修改完善，是值得众多跨国公司学习的一个榜样。

1) 案例简介

CEO Alahuhta(阿拉霍达)先生在2006年上任时，对公司各方面的发展做了一个评估。他认为公司在业界的名声很好，国际化的步伐也迈得较早，而且很早就建立了有效的全球导向的管理风格。公司的文化健康，员工的忠诚度很高。但他也看到，公司发展稳健，但是近年来增长缓慢，似乎未能实现公司具备的发展潜力。

他认为，人才的培养和发展是关键，因此立刻决定重启GTMP，并把它作为公司的重点来抓。根据公司的发展进程，每三年会更新一个主题。比如，2005—2008年，主题是变化管理；2008—2011年，在世界金融危机的情况下，强调的是自我反思、团队精神；2011—2013年，全球市场开拓速度加快，主题就是"三速世界"，即欧洲下行，美洲恢复，亚洲速行(特别是中国)。这个项目每年培养3 000名优秀的管理人员，得到大家的好评。2007年之后，公司的业务重心从以产品为主转移到"产品—服务"兼顾的战略上，因此关注用户体验和客户服务变得日益重要。

GTMP的核心就是人才管理，目的是吸引、留住人才，同时引领和开发人才，培养他们的胜任力和良好工作态度，以确保公司拥有合适的人才库，为未来的长期发展打好基础。这个项目的内容包括人才识别(强调成长潜力、全面评估)、继任计划(维持目前的绩效、持续考核和发展)、核心人才的培养计划(因人而异、现任领导有责任培养继任者、强调轮岗)。GTMP在过去的成功归功于几个特点：

- 全球标准化、和谐统一，即它与绩效考核并行使用，而且因人而异；
- 全面，即评价和发展既有自下而上的元素(参与者必须自己有动机)，也有自上而下的元素(上级判断你有潜力)，而且测量的主要是影响力，不是特别具体的数字；
- 持续培养，即为参与者寻找轮岗机会，开设工作坊提升参与者的技能。

但是，这个项目面临着诸多挑战。第一是项目对参与者有一个统一的语言要求，就是英语必须过关。而这一条就难倒了在中国市场工作的员工，因为很难找到英语合格又有管理能力的人。在中国市场迅速扩张的情况下，如何应对这个问题成为难题。除此之外，中国市场还面临其他的挑战，比如人才稀缺，各个跨国公司都在争抢人才(尤其是英文能力强的)。第二是越来越多的年轻人愿意去国企而不是外企工作。第三是大学毕业生期待的工作是能够迅速升职而且报酬丰厚的工作。而科纳这么一个有百年历史的老牌公司，经营高度中心化、标准化，升迁也是按部就班，要吸引人才就更难了。怎么办呢？

2) 案例分析

主管中国市场的是比尔·约翰逊先生，虽然他是美国人，但对中国文化十分感兴趣。他早在1981年在读研期间就到中国学习中文。1993年，他决定定居中国，一待就是二十多年，比科纳中国分公司在中国的历史还要长。根据他的观察，语言问题是人才管理在中国最大的问题。首先，员工都认为说中文更舒服流畅；其次，大家对英语好的人似乎缺少尊重。鉴于人才稀缺的问题，他向总部陈词要求在中国工作的科纳员工可以使用中文沟通，取消英语的要求。结果总部同意了他的要求。可是这又造成了新的问题，包括：

① 这与总部识别具有高潜力(HIPO)的人才的标准不一致；
② 在中国分公司工作的员工与在其他国家分公司的员工产生沟通障碍；
③ 中国分公司的员工不愿意到国外的办公地点工作，无法积累全球化管理的经验。

于是，CEO决定与约翰逊先生好好面谈一次，来商讨处理这些问题的方法。我们可以就以下问题进行思考来帮助他们解决问题。

(1) 要不要继续在科纳中国公司使用中文？

这个问题对于大多数跨国企业来说是一个崭新的问题，因为就我所知，尚未有一家全球化公司允许自己的分公司使用当地语言的。所以科纳绝对算是一朵奇葩。而这也可能是它从2012年起在中国成为电梯行业第一名的原因。因为允许用中文，所有的会议都用中文举行，使所有员工都能参与讨论、提出意见和建议，没有使用英语的心理障碍，沟通更加顺畅。而且正因如此，中国分公司的自主权也更大了，大大提高了决策速度，有效应对随时出现的问题，使公司的运营更加灵活。同时，绩效考核的标准和方式也更加本土化，更接地气。这样一来，中国员工的士气高涨，而且感觉到发展空间很大、机会很多。但前面的问题(无法与中国之外的员工沟通，与公司标准化要求不一致)又怎么解决？

我们可以从两个视角来讨论。

一个是全球视角，要点如下。

- 要使一个全球化项目产生积极效果，应该在全球所有的地方实施，这样才能对人才的概念形成共识，促进人才的流动。
- 如果中国员工继续说中文，会大大增加他们的疏离感；必须提供更有吸引力的激励措施促进人才流动。比如，只有具有海外工作经历的人才能提拔到更高职位，提高外派的待遇，公司提供更多的支持。
- 语言能力对人才未来的职业发展会有巨大的帮助，因为科纳是一个国际化公司，中国分公司的业务只是其中一部分，有大量去国外工作和成长的空间。所以公司应该聘用英语水平合格的人，提供更多的语言培训机会，并且告诉员工英语水平提高与职业提升密切挂钩。

另一个是本土视角，要点如下。

- 先关注本土的销售增长(主要是新产品)，再考虑未来融入总公司的事("产品+服务")。
- 目前的GTMP与中国的实际状况不太符合。鉴于中国市场的独特性和重要性，应该对中国有点额外的政策，让GTMP适应中国的环境，而不是相反，具体如下。
  - 是否可以考虑只对那些具有高潜力(HIPO)的管理者和继任者候选人有英语水平的要求，并非所有的岗位都需要英语。把这一条强加到中国市场会大大缩小人才库。
  - 是否应该在中国市场比别的市场更强调以绩效为导向的工资奖金制度。
  - 是否可以考虑在中国把工资和职务的信息公开，让大家产生更强的竞争意识。

(2) 是否要告诉具有高潜力(HIPO)的培养对象，他们被培养了？

这也是一个比较复杂的问题。在阿里巴巴的案例里，做法是不把这个信息告诉对方的，目的是培养他们的胸怀。在科纳公司，目前的做法也是无明确沟通。我们可以分析一下沟通的优缺点，再决定怎么做合适。

沟通的优点是：让员工了解自己在公司有向上发展的前途，这样能增加他们对公司的忠诚度，减少跳槽的可能性。他们也会更清楚自己应该如何努力，才能达到晋升的标准，行动更有目标。

沟通的缺点是：一旦公司因为不可知原因无法如期提供更好的职业机会，员工可能会失望沮丧，因此离开公司。此外，对那些没有被列为"培养对象"的员工，会有挫折感。这种情况在该项目越公开越瞩目的情况下伤害越大。

(3) 海外轮岗多长时间比较合适？

科纳公司目前的做法是三年，大多数其他跨国公司的做法也是三年。这个时间段合适吗？这三年是应该在同一个地方还是不同的地方？是否应该只专注于同一个领域(比如生产或是销售)还是不同的领域(生产和销售)？是不是可以在某些国家只工作几个月的时间(短期外派)而在另一些国家工作几年(长期外派)？当然，这些问题都没有标准答案，每个公司根据自己的特殊情况选择最合适的方法。

关于科纳所采取的具体措施，案例原文中有详尽的描述。这个案例曾经获得2017年案例中心公司的最佳案例奖，值得借鉴。

3) 案例延伸

关于科纳中国分公司是否继续使用中文来促进中国市场发展的讨论，有一个十分有意思的案例，是一家日本公司的做法。这个公司的中文名字叫"乐天"，是一家日本的互联网公司，其在日本的地位与阿里巴巴在中国的地位相似。该公司的创始人兼CEO三木谷浩史先生在2010年3月1日宣布：乐天的全体员工，无论是在日本工作，还是在美国、澳大利亚、巴西、还是法国工作，必去全部用英语交流沟通，书面、口头，统统如此。大家必须在两年之内通过类似TOEFL的标准英语考试，达到650分以上(满分800)才行。否则，全部降级处理。

这个决定对于日本员工简直就是晴天霹雳！而且此决定在宣布之前，三木先生既没有与高管团队商量，也没有听取任何人的意见，只是凭着自己对公司未来发展走向的判断，以及自己对语言之强大力量的认知做出的决定。他认为，互联网公司的全球化是旦夕之事，乐天已经在日本有超过50%的市场占有率，而且其业务已从B2B2C销售平台拓展到互联网金融、旅行订票订酒店、在线股票交易、信用卡和人寿保险等领域，必须走向全球才能进一步发展。

他认为，英语是世界通用语言。而且，英语常常与平等、民主、自由等文化价值观相联系，改变日本人的语言习惯也可以改变他们的思维习惯，有益于创新。一旦日本员工可以熟练使用英语，就可以更好地输出日本文化，让世界各地的员工和消费者都爱上日本文化。

当然，三木先生自己的英语是非常好的。他父亲是大学教授，在他幼年的时候，就带着他在耶鲁大学、哈佛大学讲学，所以他从小就能说英语。后来回到日本，不太用英语，就生疏了。大学毕业之后，他去美国读书，在哈佛大学拿了MBA学位。他创业的念头就是那时候萌生的。三木先生对日、美两国文化的深刻体验，使他做出了这个"英语化"公司的念头。

决定宣布之后，他在公司的各个场合都开始用英语沟通。可是在日本总部，大部分人都不会说英语。以前与海外沟通，都是通过翻译进行的。现在没有翻译，简直手足无措。因为英语的发音与日语大相径庭，学起来很难，员工忧心忡忡，牢骚满腹，但因为惧怕上级，权力距离大，谁也不敢违抗。为了保住饭碗，大家只能采取行动，去报英语培训班、夜校，努力学习，迎头赶上。

与日本员工的反应相反，在美国办公室的乐天员工一听这个决定都精神大振。公司终于采纳了我们的语言，表明他们有明显的语言优势，未来的职业发展道路也会更加顺畅。

还有一些员工则处于积极的麻木状态。这些员工既不在日本工作，也不在以英语为母语的国家工作，所以影响没那么大。

采戴尔·尼利是哈佛商学院的教授，她对乐天公司做了5年的追踪研究，访谈了公司的650个员工，发现了几个特别有意思的现象。

其一，由于公司英语化，所有员工一夜之间变成了"外派人员"。在日本的员工虽然在本土，但必须用外语交流，成为"语言外派者"。在美国的乐天员工虽然用英语，但是对于日本文化是外人，所以是"文化外派者"，而那些在其他非英语国家工作的员工，则是"语言和文化双重外派者"。

其二，功夫不负有心人，日本的员工在两年之后通过英语考试的人占了90%，大大提高了与海外员工的沟通有效性，并且主动输出日本文化，让日本之外的员工遵守执行。这个过程使海外员工经历了相当的文化休克，也引起了很多冲突，但最后都基本妥善解决了。可以说，在英语化的过程中，公司非但没有失去日本属性，反而使整个公司更像日本公司了，虽然语言发生了变化。

更重要的是，由于公司的语言同意，所有员工对公司的认同程度提高了很多。无论在哪个角落工作，大家都感觉到自己是"乐天人"，以此为荣。公司在全球招聘人才更加容易，而且员工也期盼自己可以到公司的海外办公室工作，锻炼自己的能力。人才真正流动了起来。员工之间分享知识也变得更容易，打破了原先因为语言障碍无法沟通的壁垒。

乐天的成功，对于科纳是否也有启发呢？

本章小结

本章详细讨论了全球化经理人的基本特征和面临的严峻挑战，以及培养全球化经理人的理论模型、方法和具体案例。我们承认，培养全球化经理人是任重道远的工作，不是一蹴而就的。但是，当我们明确了领导概念的真正含义后，也许会发生视角的改变。领导的影响力最终是通过被领导者态度和行为的改变来体现的，一个领导或管理者不管自己认为自己多么有能力、多么有影响力，如果对领导者无动于衷的话，那么其领导的有效性就很低，影响力就无法得到施展。这样来认识领导的含义之后，领导就不会只关注自己，而会关注被领导的对象，了解他们的个人特点，了解他们的喜怒哀乐，了解他们的长处弱项，了解什么使他们充满激情，什么使他们萎靡不振。这个从关注"自我"到关注"他人"的视角转换将对一个人的领导风格产生革命性的影响。而正是这个视角的转换，会使一个人从普通经理人变成全球化经理人，进而使一个全球化经理人成为全球化商业领袖。

几乎所有的领导理论都支持以上的说法，强调领导风格与情景的匹配。当情景是文化环境的时候，对文化理解的透彻程度就决定了一个领导可能具有的有效性。

因为领导的影响力是最后落实在个体层面的，而要了解每一个个体，没有对他们生活的文化环境有深刻认识是不可能实现的，所以要成为全球化经理人，必须成为对文化价值有深刻洞见的人，并且懂得改变自己的风格去适应和引导下属，懂得妥协，懂得融合，把不同文化中最闪光的部分激发出来，把不同个体身上最闪光的东西激发出来，共同完成企业追求的目标和使命。

？思考题

1. 回顾一下本章的5个案例，哪一个对你最有启发，为什么？

2. 访谈一位曾经有过跨文化经历的企业管理者，请他/她讲述自己切身经历过的一两个故事，并总结作为一个成功的全球化经理人所需要具备的基本素质和必须积累的经历。

3. 请你做一个自我分析，谈一谈为什么你可能在将来成为一个优秀的全球化经理人，或者为什么你不可能成为一个优秀的全球化经理人。分析你的优势和劣势，并且针对自己的劣势制订改进行动计划。

本章参考文献

[1] Bass B M. Leadership and performance beyond expectations. New York: Free Press, 1985.

[2] Chen C C, Lee Y T. Leadership and management in China. Cambridge: Cambridge University Press, 2008.

[3] Chen X P. Leader behaviors and employee turnover. In A. S. Tsui & CM Lau (Eds.) The Management of enterprises in the People's Republic of China. Boston: Kluwer Academic Publishers, 2002: 325~346.

[4] Chen X P, Eberly, M, Chiang, T-J, Farh, J L, & Cheng, B S. Affective trust in Chinese leaders: Linking paternalistic leadership to employee performance. Journal of Management, 2014,40 (3): 796-819.

[5] Chen X P, Farh J L. The effectiveness of transactional and transformational leader behaviors in Chinese organizations: Evidence from Taiwan. Advances in global leadership. Stamford, Connecticut: JAI Press, Inc., 2001, Vol. II, 101-126.

[6] Everatt D., Slaughter, K. & Qian, X. Intel in China. University of Western Ontario, IVEY 9A99C007. 1999.

[7] Farh J L, Cheng B-S. A cultural analysis of paternalistic leadership in Chinese organizations. In J T Li, A S Tsui, & E. Weldon (Eds.), Management and organizations in China: Current issues and future research directions. London: MacMillan, 1999.

[8] Graen G B, Hui C. Transcultural global leadership in the 21st century. In W H Mobley, M J Gessner, & V Arnold (Eds.), Advances in global leadership. Stamford, Connecticut: JAI Press Inc., 1999:Vol.1, 9-26.

[9] Graen G B, Hui C, Wakabayashi M, & Wang Z M. Cross- cultural research alliances in organizational research: Cross-cultural partnership- making in action. In C. Earley & M. Erez (eds.), New perspectives on international industrial/organizational psychology. San Francisco: Jossey-Bass, 1997: 160-189.

[10] Hartog D, Deanne N, House R J, Hanges P J, Dorfman P W, Ruiz-Quintanna S A, et al. Culture specific and cross-culturally generalizable implicit leadership theories: Are attributes of charismatic/transformational leadership universally endorsed? Leadership Quarterly, 1999, 10: 219-256.

[11] Hofstede G. Motivation, leadership and organization: Do American theories apply abroad? Organizational Dynamics, 1980, summer: 42-63.

[12] Hollenbeck G, McCall M. What makes a successful global executive?. Business Strategy Review, 2001, 12: 49-56.

[13] Lam S K, Chen X P, Schaubroeck J. Participative decision making and employee performance: The moderating effects of allocentrism and efficacy. Academy of Management Journal, 2002, 45(5): 905-915.

[14] Lane, H W., Ellement, G. & Maznevski, M L. Ellen Moore (A): Living and Working in Bahrain. University of Western Ontario, IVEY 9A90C020. 1990.

[15] Lewis R. The cultural imperative. Yarmouth, Maine: Intercultural Press Inc., 2003.

[16] Lindsey E H, Holmes V, McCall M W. Key events in executives' lives. Technical report no.32. Greensboro, NC: Center for Creative Leadership, 1987.

[17] Ling W Q, Chen L, Wang D. The construction of the CPM scale for leadership behavior assessment. Acta Psychologica Sinica, 1987, 19: 199-207 (in Chinese).

[18] McCall M W, Hollenbeck G P. Developing global executives. Boston, Massachusetts: Harvard Business School Press, 2002.

[19] Meyer E. Leading across cultures at Michelin (A) (B). INSEAD 04/2013-5538. 2009.

[20] Misumi J. The behavioral science of leadership. Ann Arbor, MI: University of Michigan Press, 1985.

[21] Moran R T, Braaten D, Walsh J. SSA Mexicana: A Korean prescription for success in Mexico. Houston, TX: International Business Case Studies, Gulf Publishing Company, 1994.

[22] Neeley, T. The language of global success: How a common tongue transforms multinational organizations. Princeton University Press. 2017.

[23] Smale, A, Bjorkman, I. & Saarinen, J. Pushing the right buttons: Global Talent Management at KONE Corporation. University of Vaasa & Aalto University Business School. 2015. Case Center 415-111-8.

[24] Xu L C. Comparative study of leadership between Chinese and Japanese managers based upon PM theory. In B. J. Fallon, H. P. Pfister, and J. Brebner (Eds.), Advances in organizational psychology. Amsterdam: Elsevier, 1989, 42-49.

第9章

全球化经理人的职业旅程

有人说，走向全球化经理人的道路是一条"不归路"，走上这条路的人很少有愿意回头的。如果说30年之前全球化经理人还是极少数人的职业，那么在整个商业日趋国际化的今天，在这个越来越平的世界里，几乎每个企业的管理人员都开始或多或少地做起全球化经理人的工作。即使他们不需要常驻国外，也需要与世界各地的供货商、制造商、经销商、外包服务商等不断地进行沟通、谈判、解决疑难问题。在第8章中我们讨论了培养全球化经理人的不易，本章将详细讨论全球化经理人的职业旅程和成长道路，包括他们在从普通经理人蜕变成全球化经理人的过程中需要体验的酸甜苦辣，可能会引起他们偏离正轨的各种原因，以及练就全球化经理人需要的多方配合和支持。

9.1 — 全球化管理职业小测验

成为全球化经理人的第一步是经理人自己具有"走向世界"的意向。下面这个小测验可以帮助你判断你是否已经做好了走向世界的准备。

全球化管理职业小测验

第一部分：有关背景—— 你准备好了吗

(1) 包括你的母语，你能够流利地讲几种语言？ _____

(2) 你在国外学习过多长时间？

总年数： _____， 在哪些国家学习： _____

(3) 你的父母曾经因为工作需要经常去国外出差吗？ _____

(4) 你有多少朋友是其他国家的公民？ (他们既不来自你的母国也不来自你的居住国)

①没有 ②有几个 ③大概有一半 ④大部分 ⑤全部

第二部分：你的职业生涯规划是什么

请指出你对以下句子的赞同程度(非常不赞同1—5非常赞同)

1. 我认真地考虑过从事全球化职业　　　　　　　　　　　　　1 2 3 4 5
2. 我希望自己毕业后的第一个工作是在外企　　　　　　　　　1 2 3 4 5
3. 如果有两个性质相同的工作任我挑选，一个在国外，一个在国内，我情愿留在国内
　　　　　　　　　　　　　　　　　　　　　　　　　　　　1 2 3 4 5
4. 即使我在国内工作，我也希望自己能够有40%的时间去国外出差
　　　　　　　　　　　　　　　　　　　　　　　　　　　　1 2 3 4 5
5. 我希望在我事业的某一个阶段有去国外工作的机会　　　　　1 2 3 4 5
6. 我希望自己能走全球化的职业道路——不断有去国外工作的机会
　　　　　　　　　　　　　　　　　　　　　　　　　　　　1 2 3 4 5
7. 在看到这个问卷之前，我从未想过自己去国外工作　　　　　1 2 3 4 5
8. 我喜欢在国内生活　　　　　　　　　　　　　　　　　　　1 2 3 4 5
9. 我不想学外语　　　　　　　　　　　　　　　　　　　　　1 2 3 4 5
10. 我不想去适应另外一种文化　　　　　　　　　　　　　　　1 2 3 4 5
11. 我的配偶不愿意移居国外　　　　　　　　　　　　　　　　1 2 3 4 5
12. 搬家对孩子不利　　　　　　　　　　　　　　　　　　　　1 2 3 4 5
13. 我希望我的孩子受国内的教育　　　　　　　　　　　　　　1 2 3 4 5
14. 从事全球化职业出差太多　　　　　　　　　　　　　　　　1 2 3 4 5
15. 如果我住在国外的话，我的孩子将没有"祖国"的概念　　　1 2 3 4 5
16. 我的配偶不希望她/他的事业被中断　　　　　　　　　　　1 2 3 4 5
17. 我会失去自己的根　　　　　　　　　　　　　　　　　　　1 2 3 4 5
18. 去国外工作对婚姻的影响太大　　　　　　　　　　　　　　1 2 3 4 5
19. 我去国外工作的时候，我会被公司"遗忘"而失去晋升的机会 1 2 3 4 5
20. 如果在国外工作太久，回来时就很难适应　　　　　　　　　1 2 3 4 5
21. 我不愿意去政治不稳定的国家　　　　　　　　　　　　　　1 2 3 4 5
22. 在国外生活会太过孤独　　　　　　　　　　　　　　　　　1 2 3 4 5
23. 全球化职业会使我更快成功　　　　　　　　　　　　　　　1 2 3 4 5
24. 全球化职业会使我地位更高　　　　　　　　　　　　　　　1 2 3 4 5
25. 全球化职业会使我的事业发展更有意思　　　　　　　　　　1 2 3 4 5
26. 全球化职业会使我的个人生活更有意思　　　　　　　　　　1 2 3 4 5

9.2——全球化职业旅程的里程碑：文化休克

　　全球化经理人的职业旅程主要由三部分组成。第一部分是做好出国的准备；第二部分是在国外工作生活的过程；第三部分是回国或者去第三国工作的历程，可以用图9-1的模型表示(Asheghian & Ebrahimi，1990)。

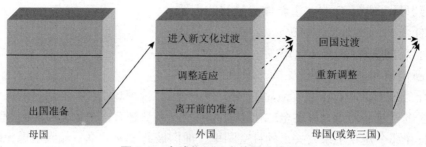

图 9-1　全球化经理人的职业旅程

1. 旅程的开始：出国准备

这个过程中包含以下几个重要因素。

① 你填写问卷之后，开始考虑去国外工作；

② 对其他文化开始感兴趣，逐渐增加对文化的敏感度；

③ 接受文化训练，发展自己的国际商务技能；

④ 被公司考虑外派；

⑤ 对所要去的那个国家的文化传统、习俗增加敏感性；

⑥ 出国前的培训；

⑦ 被公司选中，准备远行。

2. 旅程之中：进入新文化

这个过程有三个阶段：过渡阶段、适应阶段和离开阶段。

(1) 在过渡阶段，全球化经理人要经历的主要事件包括：

① 远途旅行；

② 到达异国，发生最初的冲突；

③ 开始就职，熟悉工作情况和环境；

④ 开始体验文化休克。

(2) 在适应阶段，影响其成功的因素包括：

① 是否得到公司的有效监控和支持；

② 自身的文化适应方式，是隔离还是融入，是拒绝改变还是调整适应。

安然度过这两个阶段的人才能完成公司的任务，然后做离开的准备。模型中的虚线箭头表示失败的历程，而实线箭头表示的才是成功的历程，如图9-1所示。

(3) 在离开阶段，成功的全球化经理人被公司考虑去第三国工作或者回国担任其他职务，他们就开始重新从两个方面准备自己：一是逐渐从目前的工作中脱离出来，办好交接班工作；另一方面是对自己的职业生涯进行咨询定位，准备再次远行。

3. 旅程的继续：面对回国（或去第三国）的挑战

这个过程又可分为归国过渡和重新适应两个阶段，其中的经历包括：

① 远途旅行；

② 回到母国(或第三国)，重新体验最初的不适；

③ 就任新职，熟悉工作情况；

④ 体验反向文化(或新文化)休克；

⑤ 重新调整和适应，寻找支持，以顺利过渡。

全球化经理人的职业旅程看似简单，但个中的酸甜苦辣却是没有经历过的人无法想象和体会的。这也可能是为什么许多全球化经理人的朋友大都是有过全球化经历的职业经理人的缘故。只有在那个建立了亲密关系的社交圈里，他们彼此才能分享一般人永远无法理解的复杂感受。下面我们会详细描述成为全球化经理人不可或缺的"炼狱"历程：文化休克。

4. 文化休克

用"脱胎换骨"这个词来形容从普通经理人转变成全球化经理人的过程恐怕并不夸张。而"脱胎换骨"的开始就是经历文化休克(culture shock)。文化震荡指的是一个人初到外国文化环境中所经历的强烈的不适应和失控感。他们无法理解新文化中人们的行为，对周边环境感到困惑，同时产生生理的(如头痛、气喘)和心理的(如压抑、沮丧)的症状(Oberg，1954)。

1) 作者的文化休克体验

回想自己在美国学习、工作和生活的经历，文化休克绝对是其中重要的一个部分。虽然刚来美国的时候从来不曾听说过"文化休克"这个词，也不知道它可能产生的意义，20世纪80年代后期，中国和美国在许多方面都有巨大的不同。回想起来，所经历的文化休克可以从以下几个方面来概括。

首先是语言。怎么坐了十几个小时的飞机，下来的时候人人都讲英语了？虽然在国内时自己从初中开始就学习英语，而且英语成绩一直优秀，但是从来不曾与外国人说过话、聊过天，不知如何说出完整的英语句子。现在周围的每一个人都说英语，而且说得那么快，自己几乎听不懂一句话。上课的时候，因为事先预习，所以能够知道内容，但具体的讨论和细节也通常无法准确把握，只能录音回家再听，做笔记。更糟糕的是，竟不知道美国学校的课程如此之重，每门课都有大量的阅读材料，字迹微小，美国人花一个小时可以读完的文章，自己起码要读3个小时，因为一边读一边查字典，而且常常读一遍不能全懂，读上两三遍才能搞清楚。另外，美国人上课常常不是老师一个人讲，而是大家一起讨论，自己想参加讨论，但是因为无法快速准确地将个人想表达的意思翻译成英文，所以上课几乎从来没有发过言。这样的情形差不多维持了两年之久。

其次是铺天盖地的信息。在国内的时候，信箱里放的只有朋友或家人的来信，从来没有"垃圾邮件"。而在美国，信箱里每天都有一大堆东西，因为英文不熟练，又不知道"垃圾邮件"这个概念，所以总是会花很多时间去阅读那些邮件，试图不错过任何重要的信息，结果把自己搞得头昏脑涨。

再次是每天需要面对各种陌生情景，需要做出大量决策。从日常生活来说，决定找什么样的公寓，花多少钱，如何与房东谈判、交涉，如何签约，防止被骗、被剥削，对自己全是一门崭新的学问。因为在国内上大学从来都是免费住学生宿舍，学校安排的，自己只要把东西搬进去就行了。去商店买东西，发现美国的商店那么大，几乎买任何一样东西都得动不少脑筋，因为同一样东西总有许多的选择。比如冰淇淋，不下几十种，洗衣粉也有几十种，牌子都没听说过，也不知道不同种类之间的差别是什么，唯一可以看出差别的是商品的价格。

从学习生活来看，在国内的时候，每个学期修什么课，做什么事，安排什么活动都是由学校决定的，从来不用自己动什么脑筋，而在美国，只给你一个总体要求，具体每个学期学什么，都得自己决定。在对美国整个大环境的背景缺乏了解的情况下，常常不知道自己应该怎么办，手足无措。

最困难的是到了夏天，学校放假，没有奖学金，我不知道该如何挣钱养活自己。在国内时，自己从来都是一帆风顺，从小学到大学，从大学到研究生，从研究生毕业到工作，从来没想过哪一天还得为生计发愁！再加上当时国内把受过高等教育的群体称为特殊的群体，是"天之骄子"，所以一直自我感觉良好，觉得自己与众不同，应该做与众不同的事。现在居然要面对暑期失业，这种休克是刻骨铭心的。想起在中国时常常对自己没有选择的自由表示不满，而现在面对如此之多要自己决定的事，又发现太多的自由给自己带来的挑战和负担。

然后是空间和人与人之间的距离。到达美国的第一个感觉是美国的空间巨大，马路上几乎看不到行人，到处是大片的草坪，广阔的天空。对于从小在中国城市(杭州、北京)长大、一直习惯于行走在熙熙攘攘的人群之中，突然发现自己走在空旷的街道上，孤零零的，偶尔遇见一两个行人，也没有人对你多看一眼，心中的失落感不言而喻。

不久还发现，美国的商店街角都有很多的机器，如果你不愿意与人交往，所有的生活需求都可以通过机器满足。你可以通过机器取钱，换零钱，从机器里买饮料咖啡、小吃食品，从机器里买邮票。在超市买东西，也可以不与一个人交谈，就是到最后付款，也可以自己使用付款机完成。当时觉得这是一个如此鼓励自己的事情自己做、鼓励个体独立的国家，与在中国时每天陷于人海中无法逃脱的情况完全相反。人的绝对孤独和浪迹天涯的感觉在那种时候便油然而生。

最后是自身的生理和心理反应。因为各个方面的不适应，在第一次期中考试时，得了有生以来最差的一次成绩，在一门专业课上得了一个C，对自己的打击之沉重至今不堪回首。那时自己考得好的科目都是与数字有关的，比如数理统计课等，而与文字有关的科目就不那么理想。自己从来都以为自己是个优秀的学生，常常不费太多力气就能得到优秀的成绩，而到美国的第一次考试结果竟然如此差，仿佛能听到来自自己体内自信崩溃的声音，甚至开始质问自己为何要来美国学习。如果当时有钱买回国的机票，说不定就回国了。

更糟的是，身体还出现了一些生理症状：一向认为自己是个健康的人，不轻易感冒发烧，更没有肠胃的疾病，可是，在到美国后的两三个月期间，竟经常无缘无故地呕吐，并且伤风感冒。那时的思乡情绪之重和心理沮丧之深至今无法言表。这恐怕就是所谓的"炼狱"体验吧。

2) 文化休克/文化适应的周期

一个人进入新文化之后所经历的文化适应/文化休克一般可以用5个阶段来进行描述。

【第一阶段】兴奋、激动的阶段。异国他乡的一切都是那么不同，那么新奇，太有趣了。美国人说话时总是表情夸张，热情友好；他们喜欢喝咖啡，喜欢吃汉堡包；他们喜欢说笑话，喜欢晒太阳。他们的建筑风格各异，居民区的房屋别致，院子里总是花团锦簇，芳草碧绿；他们的小孩看上去像洋娃娃，一开口就是英语；他们的公共图书馆里总有很多读者，安安静静，而且录像带、DVD全部免费租借；他们的公车上没有售票员，座位通常也坐不满；他们的汽车在路口会停下来，等行人过去后再往前开……实在太有意思了！旅行者的异国经历通常都止于此。

【第二阶段】降温阶段。对新奇的东西开始见怪不怪，而语言的障碍开始突显，对周边环境不熟悉而引起的生活不方便的感觉开始加剧，对各方面的不习惯开始露出苗头：孩子的学校有问题，住房条件不理想，交通过分拥挤，购物场所混乱。对中国人来说，在美国除了语言问题，还有一项特别不习惯的是食物。汉堡包吃一顿还行，顿顿都吃的话胃实在受不了；而要买到可口的中国饭菜还真不容易。在这个阶段，许多人开始找自己的同胞以求证自己的感受，并产生同病相怜的感觉，一起发牢骚，"美国人太冷漠了""美国人太没历史感了""美国的食品实在倒胃口"。讲多了之后，就感觉到越来越难忍受。

【第三阶段】"走向深渊"阶段。文化休克在此阶段达到顶点，使一个人的身心状态陷入低谷，难以自拔。于是，不能走出这个状态的人成为"逃兵"，在没有完成学业或工作时提前回国。能够走出这个状态的人则会像"浴火凤凰"一样再生，在更深刻了解文化的同时，了解自己，"脱胎换骨，重新做人"。

【第四阶段】"涅槃重生"阶段习得应对文化休克的技能，使自己在最难过的时候能够振作起来，学习重整旗鼓，具备迎接挑战的能力。这时，沮丧感慢慢消退，乐观积极的人生态度重新回到个体身上。

【第五阶段】游刃有余阶段。经历过前4个阶段的人，这时基本可以"笑傲江湖"，应付多种文化挑战。他们不仅可以在他乡文化中如鱼得水地生活，也可以回到母国怡然自得地生活，还可以去新的文化中探险，并缩短整个文化休克的周期。

这5个阶段的文化震荡周期如图9-2所示。

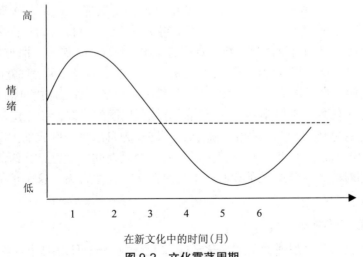

图9-2　文化震荡周期

在国内的企业中，华为在走向世界的过程中起步较早，在2015年产值中已经有超过65%来自海外，近年来遭到美国打压，比例缩减，到2020年海外收入下降到总收入的35%。开辟海外市场的不易，尤其是那些去新兴市场的员工所经历过的文化休克，真可以用"血泪"二字来形容。在小说《无以言退》(零因子，2007)的第5章《狼的故事》中，作者描写了自己和同事在俄罗斯所遭遇的"文化休克"，读后让人感觉到触及身体极限和灵魂极限的痛不欲生。

第8章中所讨论的5个案例，也都描述了主人公经历的文化休克。韩国的朴先生在墨西哥，法国的薛隆先生在美国南部，加拿大的爱伦·摩尔在中东的巴林岛，甚至讲一口流利中文的美国人威廉·约翰逊先生代表科纳公司在中国遭遇人才短缺的经历，他们都体验了严重的文化休克。而英特尔的唐先生旅居美国八年后回到中国所经历的"逆向文化休克"，也是另一种文化不适反应。

3) 影响文化休克体验的因素

许多心理学家对文化休克现象进行过深入研究，并得出一些具体的结论(Furnham & Bochner，1986；Oberg，1954)。文化休克的产生主要是由人们的"失控感"导致。在身处不熟悉的环境之中的时候，当周围的人行事奇怪甚至诡异的时候，当一个人随时随刻都要担心自己会不会犯错误，会不会被别人当成怪物，会不会被别人所接受的时候，自然会产生失控的感觉，而失控会导致沮丧和无助感；常常处于这种感觉之中的人与那些对自己的生活有控制的人相比，甚至死亡的可能性都更大一些(Langer，1983)。

一系列对文化休克原因探索的研究结果表明，影响文化震荡的主要因素包括以下几个(Furnham & Bochner，1986)。

① 失控感——自己无法驾驭环境，无法驾驭自己的行为，无法预测他人的行为和反应。

② 期望悬殊——自己原来对某一文化的认识和期待与经历到的真实文化之间的距离很大，难以消化。

③ 缺乏社会支持(举目无亲)——没有亲朋好友在身边，无法倾吐自己的感情，没有人对自己加以安慰。

④ 社交技能不足——不知道如何与陌生人交朋友，不知道如何应对突如其来的压力，不知道积累了负面情绪时如何排解。

这几个因素会直接影响一个人应对文化休克的能力。

除此之外，其他研究发现(Gao & Gudykunst，1990)在多大程度上新文化不同于母文化，即文化距离(可以通过两个文化在霍夫斯泰德四大维度上得分的差异来计算)，也是影响文化震荡大小的一个重要因素。

一般来说，文化距离越大，可能经历的文化震荡越大。比如，美国文化与日本文化之间的距离就要远远大于美国与加拿大之间的文化距离，因此从日本去美国工作所经历的文化休克就要比从加拿大去美国工作所经历的文化休克更激烈。

对全球化经理来说，在新文化中从事的工作与在母文化中从事的工作岗位的异同，即岗位距离(可以通过两个工作职责之间相差的距离来计算)也是决定文化休克强弱的一个重要因素。一般来说，新文化中的岗位职责都会比原文化中的更复杂，更广泛，更全面。岗位距离越大，文化休克越强。比如，一个技术员到新文化中依然只做原来的技术工作，只需要在当地培养两个徒弟，那么他所经历的文化休克就比一个原来的部门经理到新文化中担任地区总管要小得多。

此外，在新文化中生活的那个人本身对新文化了解得多少，文化知识的充足与否(即认知CQ)也是影响他个人经历文化休克大小的一个因素。

与此同时，研究又发现在这三个因素与文化休克体验之间，还有一个重要的中介变量，那就是我们对自己的焦虑和丧失自信的归因。归因是指一个人对自己行为起因的探索过程，即对为什么自己会焦虑的原因探讨。归因一般有两种可能，一种是做内归因，即焦虑是因为自己内在的原因导致的，比如，自己不是一个坚强的人，或者自己是一个很难适应新环境的人。另一种是做外归因，即焦虑是因为外界环境的因素导致的，与自己无关。比如，新的文化环境太奇葩了，新环境中的不确定因素太复杂了，等等。做内归因的人更容易经历较强的文化休克，而做外归因的人则可能经历不太强的文化休克。

4) 减小文化休克体验的理论

文化休克无疑是人身心的痛苦经历，因此如何减小文化休克就受到许多学者的关注。因为文化休克的根本导火索来自两个文化之间的差异，而文化差异是客观存在的，不能改变，能改变的只能是人自身对文化的认识、适应，从而改变对其差异严重程度的认知。蔡安迪斯于1992年提出了他的文化休克理论，主要阐述了减轻文化休克的要素和过程，如图9-3所示。

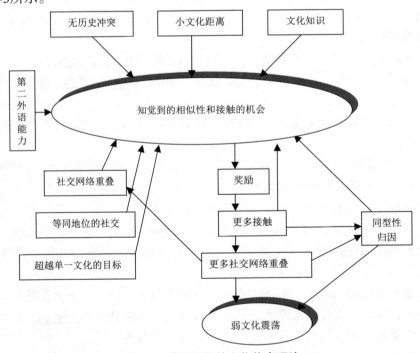

图 9-3　蔡安迪斯的文化休克理论

从图9-3可以看出，有许多因素交织在一起影响文化休克的体验，而其中一个特别重要的因素就是个体知觉到的两种文化的相似性和与新文化中的人们交往接触的机会。

该理论的几个主要论点如下：

- 对新文化中的语言越熟悉的个体，越可能知觉到文化的相似性。显然，我们也会对那些会说我们的语言的人觉得更相似。
- 与他人的社交网络重叠越多，越可能知觉到相似性，因为两个人共享的东西越多(包括朋友和熟人)，就越可能觉得彼此相似。
- 两个人之间的平等交往和接触越多，越可能知觉到相似性。
- 超越单一文化的目标越多，两种文化越可能被知觉到相似性。
- 感觉越相似，接触机会越多，越可能产生对彼此都有益的交往情景。从交往的过程中受益越多，就越希望有更多的交往，而更多的交往就会更强化知觉到的相似性。更多的交往也会导致更多的社交网络重叠(即有共同的朋友)。网络重叠和频繁交往导致更多的同型性归因。最后，越来越多的网络重叠和同型性归因就会将文化休克减到最弱。

事实上，减轻文化休克的方法可以有很多种，上述理论中阐述的是一种积极的融合式的方法，最终会帮助一个人彻底走出文化休克的阴影，而成为能够应对多种文化冲突的全球化经理人。

但我们也注意到，有些人选择更容易方法减少文化休克，比如躲避陌生环境，回归到自己熟悉的同胞圈子中，尽量避免与当地人打交道。这样的方法可取吗?

5) 文化休克的效应

虽然文化休克给人带来身心的痛苦，但是有研究表明，最有效的、最成功的全球化经理人恰恰是那些经历了最严重的文化休克的人。而那些被别人评价为不太成功的全球化经理人在描述其文化经历时常常没有多少强烈的文化休克体验(Ratiu，1983)。这个结果听起来反常识，但仔细深究却极有道理。

文化震荡并不是一种疾病，相反，它是一个人面临应激状态的自然反应，是一个人想融入某一新文化环境过程中必然要经历的。体验严重的文化休克其实是一种信号，表明一个人开始对文化差异有所思考和体会，并开始在认知和情感层面经历文化的冲突。这种冲突导致焦虑，促使人考虑是否应该放弃原有的文化而开始真正卷入当地的文化。因此，文化震荡现象的出现并不表明那个人什么地方做错了，而是表明他们做对了。

如前所述，文化休克还可能带来生理上的反应。比如，研究发现在英国居住的美国妇女、德国妇女和波兰妇女的自杀倾向比英国妇女要高2倍，虽然在男子身上没有同样的发现(Furnham & Bochner，1986)。另外，有的人会害怕与他人产生身体的接触，会不断洗手，会感觉疲劳，会出现健忘现象，过度惧怕被骗、被抢，一有身体不适就小题大做，甚至出现皮肤瘙痒、手指颤抖等症状。我当年出现的呕吐现象就是一种由于体验到文化休克而出现的生理反应。

与此同时，虽然蔡安迪斯的理论认为文化相似性在很大程度上会决定文化震荡的体验，但实际上，即使是两个文化距离相当近的国家，比如美国和加拿大，或者韩国和中国，也可能使一个人产生强烈的文化休克，关键在于一个人的心理准备与预期如何。有时越是去遥远的地方，越知道要产生很强烈的文化休克，就越加强心理准备，结果发现休克程度比想象的反而要小。而去一个距离越近的地方，又说同一种语言，以为不会有问题，结果发现问题反而比想象的多，休克也就比想象的更强烈，比如米其林的薛隆先生。

文化休克出现之后的另一个效应是需要发泄，通常的发泄对象有几个：一个当然是当地文化，另一个是自己的公司，还有一个就是自己的配偶或家属。常常听到如下抱怨。

- 对当地文化："这些外国人(其实他们自己是外国人)实在太傻了，任何一个有智慧的人都不会这样来设计建造城市！这些地址就像是随便编撰的，一点儿逻辑都没有！"

- 对公司："为什么公司不告诉我东京的地址不是按顺序排的？他们怎么还期望我能找到客户？更别提卖给他们东西了！公司至少可以给我一张地图，给我找个向导。"

- 对家属："我已经东奔西跑了两个礼拜了，每天吃奇怪的食物，试图让这些外国人签署我们公司有史以来最大的合同，没想到回到家还要听你抱怨，说什么孩子不肯洗澡，因为修水管的工人不会讲英语。你也太帮忙了！"

这样的发泄当然不会解决问题，而且更不可能通过发泄而真正发展自己应对文化冲击的能力，从休克的体验中学到有益的东西。优秀的全球化经理人知道自己的不足，会想办法去学习自己不知道的东西，反思自己的言行，或向他人请教。寻找一个文化导师是一个比较好的方法(薛隆就是这么做的)，向过去曾经在这个文化中生活过的全球化经理人(自己公司的或其他公司的)请教是另外一个常用的方法。除此之外，还可以通过自己的尝试错误(trial and error)来学习。比如，西雅图地区的宜家家居(IKEA)的创办人安德斯·博戈兰先生就谈过自己在不同国家的经历。

"那是我在加拿大当IKEA加拿大主席的时候，因为瑞典文化谦和，大家平等，所以在让秘书工作时常常不会用命令的口气说自己需要她什么时候交活儿。有一天，我拿了一叠文件请秘书打印，我用很谦和的口气说请她把这些文件打印一份，她说行，就接过去把它压在了一叠纸的下面，我没有在意。一天过去了，她没有把打印好的文件送来，两天过去了，还是没有……五天过去了，仍没有动静。我忍不住去问她，她说她还记得，不过还没有打印，因为从我当时的口气，她以为这份文件并非十万火急，可以等待。我这才了解到其中的误解，是因为我不了解加拿大文化与瑞典文化的区别造成的。因为在瑞典，即使我这么说，秘书仍会知道这是应该立刻完成的工作，因为我是公司的老总，老总的事情当然应该放在前面。但在加拿大就不是如此，于是我学会了以后清楚地告诉她我需要她什么时候把事情做完，以后就再没有误解了。"

"还有一件事是我到了美国之后，有一天我在面试一个来应聘计算机工作的年轻人，那天我特别忙，而且正好是中午，所以我就一边吃三明治一边向他提问。我平时穿着比较随便，只穿了T恤和牛仔裤，还有拖鞋。小伙子是从马来西亚移民美国的，我们聊了一会儿，我对他印象不错。最后我们决定录取他。他上班之后，过了一段时间，对我说：'安德斯，你知道你当时面试我的时候我心里的感受吗？'我说不知道。他说：'你当时穿着拖鞋，吃着三明治，一点儿都不重视的样子，我心里很难受。我以为我肯定没戏了，回家后十分沮丧。没想到最后还被录用了，我不清楚是怎么回事。'他这么一说，我才醒悟到自己无意识的不拘小节的行为冒犯了他，使他感觉到我对他的不尊重。想起他当时西装革履的样子，我意识到自己的错误，就立刻向他道歉。在以后的面试中，我就开始注意自己的穿着和举止。"

尝试错误的学习法也许是记忆最深刻的，也是最有效的。安德斯在以后的实践中越做越顺利，员工对公司的忠诚度越来越高，商店生意越来越火，盈利越来越多，在商店开张第8年(2005年)的时候，他经营的宜家家居就成为全世界7家最成功的商店之一。这家宜家的经营之旺已经迫使它在原来的店址(占地39.8万平方英尺)隔壁再开张一家新店(占地40.6万平方英尺)，并将原先单层的庞大停车场修建成双层，可以容纳1 600个停车位。

9.3 全球化经理人的故事——国外工作历险记

1. 伴随全球化职业的主题

奥斯兰博士曾经在她的《国外工作历险记》(Osland，1995)一书中，将全球化经理人比作"英雄"。她采访了35名已经归国的美国外派经理，详细分析了采访记录，发现在采访过程中出现最多的词汇是"学习""历险"和"挑战"。因为历险和挑战常常伴随神话中英雄的成长，所以全球化经理人就有与"英雄"相通之处。她的研究发现，外派经理(全球化经理人)的故事中通常包括7个主题。

【主题一】在一项艰巨的工作任务中取得成功。他们把艰巨的、缺乏头绪的任务看成神话中的恶魔，使出浑身解数将其一一攻克。

【主题二】在十分恶劣的条件下完成工作目标。国外的情况常常比较复杂，物价上涨、政治局势不稳定或者物流难控等。外派经理一般比国内的经理工作权限范围要广，责任要重，自由度要高，所以他们常常觉得自己在国外对工作的影响很大，国外机构运作成功与否与自己的能力有千丝万缕的联系。他们为自己能够在有许多不确定因素的环境下完成组织目标感到自豪。

【主题三】只能依靠自己。对许多外派经理来说，离家一个人在国外工作是人生的第一次，这给他们重新带来挑战和机会，使他们更想证明自己。在某种意义上，去国外工作就像是冲向最后的前沿阵地，在那儿获得成功是对自身能力的最佳证明。

【主题四】感觉到自己的"特殊"。在国外，别人总是对你充满好奇，喜欢看你，问你问题，了解你对当时政治经济情况的看法，了解你来自的那个国家的文化。他们因此感受到自己的与众不同。

【主题五】为自己的文化适应能力感到自豪。不管他们融入程度如何，会不会说当地语言，这些被采访的外派经理都为自己能在异国文化中生存感到自豪。

【主题六】与其他外派经理相比更能感到自己的成功。尤其是看到其他外派经理提前回国，或不能完成公司委派的任务时，生存下来并完成任务能够带给外派经理极大的成就感。

【主题七】体会到强烈的自信。他们感觉到自己在历险途中通过了每一项大大小小的测试，就像唐僧取经一样历经八十一难最后胜利返回大唐的感觉，自信心油然而生。

与奥斯兰的研究相似，麦考尔和豪伦拜克(McCall & Hollenbeck, 2002)在采访了101名全球化经理人之后，总结出以下与全球化职业有关的发现。

- 通向全球化职业的道路有很多。有的人事先对自己的职业生涯做出了如此设计，有的人则是公司外派之后才走上这条"不归路"，更有的人是不知不觉地就上了"贼船"。现在随着中国企业越来越多地向国外拓展，这种机会会越来越多，通向全球化职业的道路也就越来越广。
- 全球化领导力的培养只能在全球化领域中发生，没有在国外工作的经历要成为全球化经理人是不可能的，所以越早开始越好。
- 文化休克是不可或缺的全球化经历。
- 从跨文化中学到的经验教训是不可或缺的全球化大课。其余的能力包括沟通的能力、倾听的能力、团队建设的能力、树立威信的能力、处理人际关系的能力等，都可以从国内的岗位上学到，但跨文化课必须在国外学。
- 跨文化课不一定只能在长期的外派工作中学，也可以通过短期的外派经历学到同样多的全球化工作的知识与技能。
- 全球化职业中的陷阱比国内的要多。许多人中途退却就是因为这个原因。全球化工作的危险多，诱惑也多。远离总部，手中有充分的自主决策权，全球化工作有时可以激动人心，让人心醉神迷；有时也可以让人胆战心惊，不知所措。只有做好充分思想准备的人，才有可能克服这重重障碍，进而取得成功。

2. 全球化经理人安迪的故事

他们还讲述了几个全球化经理人的故事，其中一个是出生于上海、入籍加拿大的华人安迪的故事。采访时他在中国香港工作，是一家美日合资企业的副总，主管市场部的工作。他在这家公司已经工作了5年。他的主要工作职责是为这两家产品相似、管理人员风格不同的企业搭建桥梁。

安迪说他出生在中国，高中时移民加拿大，因此，身上有很多的"中国特性"。高中毕业后他在加拿大攻读了工程学的学士和硕士学位，同时拓展了自己的经历。他说他利用这些年了解了加拿大人和加拿大文化。他说："我本来也可以选择只与亚洲人交往，但我决定走出圈外与其他人来往。我的朋友圈子里的人很平衡，各国的人都有，当然我还是倾向于中国人。"安迪毕业后去读MBA，才发现他变成唯一的中国人："所以我不得不与他国人交朋友。这个经历使我与加拿大人的交往越来越顺当。我学会了完全用英语表达自己的想法，就像用中文一样。我完全成为加拿大文化的一员而不再是一个旁观者，我也交了很多非常好的朋友。这样的朋友让我不再对异国文化有偏见，并让我更具有文化的敏感性。这不仅是了解文化，而是用你的知识去理解他们的感受。"

安迪的第一个全球化工作是美国公司的一个市场部职位，这成为他以后成长的关键经历。这个职位使他跳出原来的工程背景，更具商业嗅觉和敏感性。他的工作是驻中国香港开拓中国内地市场。虽然他的公司一向以优秀文化著称，强调自强、信任和尊重，安迪还是觉得自己一下被抛到了池底，沉没还是游上来全凭自己。他发现该工作充满了挑战，很难对付，但也由此学到了对一个人充分信任，让他放手大干可能达到的效果，那就是大大提高这个人的自信心。他说："第一次去中国是和我的老板一起去的，我们所有的东西就是几个潜在客户的电话号码。到了之后我就开始打电话，但没有一个人接电话。我们当时不知道那是'十一'国庆节，全国人民都放假了。我感到很窘迫，因为我应该知道。从此我学会了不打无准备之仗的道理。"

安迪还说他在中国香港学到的另外的重要一课是对文化的敏感度，因为在中国香港的工作中，他第一次必须同时与10种文化打交道。他后来又在一家三资企业(中国、英国、美国)中工作，也学到了很多东西，比如如何应对压力，如何招聘，如何相信别人的判断，如何指导一支跨文化的团队，等等。同时，他也感觉到这家企业战略的失误，所以只做了一年，就主动辞职了。

目前的工作是安迪的第三个全球化经理人职务。同样具有挑战性，因为没有人告诉他应该怎么做或做什么，完全是白纸一张。上任6个月之后，他就得写出一份到底是扩大合资还是走自营之路的报告请总部批准。

"这是我第一次在紧张的时间表压力下与日本人打交道。我得快速学习，然后在曝光度很大的情况下交卷。这件事本来没有一致意见，众说纷纭，而且含有许多文化问题——我是一个为美国公司工作的'中国人'。这里关键的就是得学会倾听、理解，放下个人的偏见，这样才能在美式和日式管理风格之间搭起桥梁。日本文化你能想到有多不同就有多不同，与他们打交道很难。我必须学习他们的文化才能扮演好自己的角色。这是我第一次扮演文化桥梁的角色，这应该是一个永久性的技能。"

安迪也谈到自己在此过程中思路的开阔。他说："我学到很多不同的方法去达到目标。有时候你原来的方法一点儿都不管用，你就得尝试新方法。美国人直来直去，在某种程度上这是好的，但当对方不是这样时，这个方法就会出现问题。直来直去的风格对日本文化不管用，你必须灵活，必须想办法了解对方才能让别人心服口服。日本文化非常含蓄，日本人很顾及面子。场面上的东西都很重要，疏忽不得，日本人很正规，很礼貌，但'是'并不一定意味着'是'。他们不喜欢含糊不清的指令，喜欢用线性的方式来呈现复杂的信息。他们非常强调承诺并信守诺言；他们尊敬长辈，所以在管理中也得考虑年龄差异。"

当问及这些全球职业经历给他自身带来的变化时，安迪说："我个人的核心特征虽然没有改变，但是许多方面被放大了。比如我现在心胸更开阔，更愿意抛开自己的成见，去仔细倾听和欣赏别人的意见，并理解他们为什么会如此想，也就是说，我对文化更加敏感了。在中国和加拿大的生活经历为我在不同的文化中工作做好准备，而我个人的广泛经历则给了我自己更多的信心。"

安迪的经历代表了许多全球化经理人的职业生涯和成长历程。几乎所有被采访的全球化经理人都认为走这条布满荆棘的全球化道路非常值得，因为从这条道上走出来的人"更全球化，视野更宽，更加平衡，更有忍耐力，更善于交际，知识更丰富，更加坚强，更能聚焦，更多智慧，更自信，更了解自己"，这是一个"涅槃重生"的过程。

3. 全球化经理人的历险

奥斯兰的研究发现全球化经理人常常面对许多矛盾的现象，并要在矛盾的世界里求生存。奥斯兰自己曾在国外生活多年，对此也有深切体会。她在书中总结了四大类这样的矛盾，所谓历险 (Osland，1995)。

1) 社交历险

(1) 在拥有大量权力的同时，又要不加张扬、低调行事，以便取得他人的参与、配合与合作。所谓"既有权又无权"的感觉。

【格兰的故事】格兰是美国一家公司派去欧洲的经理，任欧洲部副总。他四十来岁，已在公司工作了二十多年，但是第一次去国外工作。他立刻就注意到文化差异。

"在美国，你如果想完成一件工作的话，你总是开始想具体的程序和步骤。嗯，如果我这样做，就会得到这个结果。在欧洲，你想的第一件事是，'这样做会产生什么影响……'这个问题比你采取什么具体措施去执行要重要得多。因为如果当地人不接受，我不在乎你是不是上帝，你可能没法顺利地把任务完成。我在欧洲发现他们几乎没有不同意我的意见的时候。即使他们不同意，他们也会说，'我们会再看一看、想一想，然后向你报告我们应该怎么办。'当然，你永远也不会拿到这份报告。在美国，他们会或多或少地表示不同意，所以你就知道何时某人有不同的想法。但在那儿(欧洲)你得自己琢磨，如果你一点儿经验都没有，你会想，'啊，我干得不错，大家都同意，太棒了！'但事实上，你走出那个会议室，事情就到此结束了。什么都不会发生！"

(2) 在认识到跨文化理论对解释当地文化有指导作用的同时，也要意识到这些"成见"并不适用于解释当地文化中每一个人的态度和行为。

【比尔的故事】比尔为一家跨国银行工作，26岁时就被派去国外工作，遇到的许多挑战使他更加成熟。他刚刚被提升为副总裁。他在英国时感受到英国人对美国人的成见及夹在其中的矛盾。

"我在英国想表现的价值观是我在芝加哥的许多朋友所分享的。但我也知道有许多关于美国人的成见是准确的。比如那个住在印第安纳钢铁城里的约翰肯定不关心英国发生了什么事。而且在他看报纸时，他肯定只读体育版或幽默版。而我则对此特别敏感，我想告诉英国人，'看，并非每个美国人都是那样的'，但与此同时，我也意识到其实有很多成见是真实的。"

2) 边缘化历险

去哪儿都感到自在，同时又觉得自己哪儿都不属于。

【艾略特的故事】艾略特二十几岁时就被一家大型咨询公司外派到法国，现已四十岁出头。他和他的太太都很喜欢巴黎，已经融入法国文化。第一次回美国时，反而感到适应的困难。

"我记得第一次回国时体会到'不美不法'的矛盾。我们觉得自己很不入流，与其他人的想法和做法都不一样……我们是美国人，在这里工作生活，也像美国人一样说话，但却与他们的感受很不一样，不像是社区中的一员……我们与旧日的好友一起过了一个周末，但感觉很古怪，可能是我们变了很多的缘故。在对越南问题的看法有了不同的视角之后，我很难再理解一般美国人对越南的看法……这不是关于谁是好人、谁是坏人的问题，一开始就不该去那儿……对水门事件也是如此……可能是因为我们看这些问题时保持了距离，不像那些一直生活在其中的人了。这样的经历使你感到，我能理解，我可以讨论这些问题，但我不再属于这个特定的环境了。"

3) 夹心饼干的风险

(1) 感到自己困于总部命令与依据当地实情应该做的事情之间。

【卡尔的故事】卡尔是公司派到德国一所大学去研究新技术的人员。他就体验了这样的角色冲突。

"不同的文化做事方式不同，因此会产生冲突。有一次我的公司想寻找一些信息，他们对我说，'你为什么不试一下。给别人一部分信息，然后再想办法从他们那儿得到另外一些信息。'我说，'他们不是这样做事的。他们直截了当，而且十分诚实，方就是方，圆就是圆。'公司并没有教我做任何有欺骗性的事，只是做事方式不同而已。我觉得有的人可能会想，'你知道这是我们的做事方式，那去做就是了！'但他们不知道在德国没有人会这么做的。"

(2) 为取得成功尽量以最好的姿态代表公司，但同时也认识到自己在国外所表现的"理想价值观"在总部可能并不存在。

【瑞克的故事】瑞克是一个地理学家，从二十多岁开始就被公司派到伦敦工作，现在是公司在欧洲的总代表。他在对待客户的时候感觉到这个矛盾。

"我们想使每一个客户都感到他们是你最重要的客人，他们是排在你的名单上第一位的……但事实上总有客户排在前，也有客户排在后。我们公司是美国公司的一部分，他们出钱让我们把他们排在前面。因此，我的所有欧洲客户都只能被排在后面……"

(3) 不被自己原有的文化理念束缚，也不被当地的文化理念束缚的同时，又必须充分考虑当地的习俗以取得有效的结果。

【马克的故事】马克是管理培训团队的一员，常年在伦敦居住，但经常在全世界旅行。

他说："有一个外派经理对我说的话让我不能忘怀，他说，'我再也不想回美国停留4天以上，那儿竞争太激烈了。如果我不穿鳄鱼T恤、不戴劳力士，人家可能就会觉得我没钱，而在这儿我爱穿什么就穿什么。'在伦敦，你再怎么样也没有人会说你过时，或者疯狂，你不用从众，而在美国不管你喜不喜欢，你还是得关注这些潜在的规则。我无法用一个准确的词来描绘，但是在这里可以完全'匿名'的生活对我很有吸引力……有可能是因为伦敦太大的缘故，也可能我在纽约会发现同样的情景……但是，对我来说不用贴着标签生活实在是很有吸引力。"

4) 失去个人身份价值观的风险

(1) 为了在他国文化中被接受或取得成功而放弃某些美国人的价值理念和行为的同时，发现自己对美国核心价值观的认同更加强烈。

【罗纳德的故事】

"我是负责公司管理人员跨国移动工作的。有一个经理从荷兰外派到法国，他有一个3岁的小孩，在法国学校上学。他的太太想与孩子同学的父母交往。她给大家打电话邀请他们来家里做客。大家问的第一个问题就是，'你先生是做什么工作的？'结果没有一个人接受邀请，因为她丈夫不在石油公司工作，而且他的职位也不够高。他是我们公司的部门经理，已经算是高职位了，但这个地位不足以使别人接受他们。在美国从来不会听说这种事，所以他太太非常生气。这与美国人的思维方式太不相同了……你可以接受它，但这并不意味着你就必须喜欢它。我觉得这是欧洲不好的地方，大家对社会地位和社会阶层太看重了。"

(2) 因为自己接触大量的异国文化而变得日益具有"全球化心态"的同时，发现自己的价值体系和人生观变得越来越有"个人特色"。

【哈里的故事】哈里为一家大型审计咨询公司工作，曾在委内瑞拉做过两年外派经理。在那两年里，他去许多国家旅行，体验了许多文化。他这样描述自己的"宏观心态与个人特色"矛盾。

"我变了很多，我现在能更好地了解各种各样的人……而且更喜欢体验不同的情景和文化，更喜欢走出去做事见人而不是躲在家里……我比以前更加独立，更有自己的主见和特点，我觉得自己在朝那个'个人特色'方向发展，好像我'创造'了一个新人。我不觉得这是刻意的，但就是这样自然地发生了。"

对这4种风险的妥善处理在很大程度上能决定全球化经理人在工作上的成功。显然不是所有的外派经理人都能够处理好这些矛盾。下面我们讨论一下全球化经理人的脱轨问题。

9.4——全球化经理人的脱轨是怎么发生的

脱轨被定义为有能力的并且过去成功的外派经理人不能达到公司期望(McCall & Hollenbeck，2002)。比如，那些提前回国的外派经理，或者那些不能完成公司所交给的任务而遭到解职的人，都是脱轨之人。那么，造成脱轨的原因有哪些呢？麦考尔和豪伦拜克提出了一个三因素模型来解释脱轨现象，如图9-4所示。

图 9-4　脱轨的三因素模型

1. 造成脱轨的三大因素

(1) 造成脱轨的个人因素主要有：

- 不能学习或适应变化；
- 和关键人物关系搞砸；
- 不能采取必要的行动或许诺，以及不能寻求帮助；
- 视野狭窄；
- 缺乏人际技能；
- 缺少与总公司的联系及与当地同行的联系；
- 不能识人，挑选了不合适的员工从事重要工作。

(2) 当地环境因素过于复杂，主要表现在：

- 复杂的国际环境；
- 与日俱增的全球工作压力；
- 由于语言、价值观、社会规范、信仰、宗教的不同所引起的误解；
- 当地政府权力过大；
- 第三国公民回国，因为其身份的复杂性而带来的混淆和问题。

(3) 组织所犯的错误，包括：

- 选人错误；
- 不给外派人员以充分的准备和培训；
- 缺乏与外派人员的沟通；
- 不了解当地情况，只凭总部意见下达指令；
- 不能给予及时的反馈，对外派经理的行为没有监控；
- 容忍现存的错误，结果"小洞不补变大洞"；
- 外派期间不提供必要的支持。

2. 如何消除脱轨现象

事实上公司可以做许多事来避免脱轨现象的发生。现在越来越多的全球公司吸取了以往的经验教训，把自己的外派管理工作做得越来越完善。比如，芬兰的诺基亚、日本的本田、美国的GE和韩国的LG集团就是很好的例子。总结他们的经验，Black 和Gregersen写了《管理外派经理人员的正确方法》一文，主要强调了以下三件事。

1) 以适当的理由外派经理

许多公司外派经理不外乎几个目的：一是传递公司文化；二是控制业务运作的各个方面；三是传授特别技术；四是"救火"，出现险情时派人去解决。很少有公司在外派时以培养全球化经理人为目的，把这个机会看成培养全球化经理人的重要投资。只有全球化公司才把这个目的作为外派经理的最重要理由。而事实上，培养人才应该是外派经理的最适当理由。

2) 委派合适的人员

对外派原因有了正确的认识之后，选拔人的标准才不会走偏。如果是传递文化的目的，那么就应该派对自身公司文化最了解的经理；如果是传授技术，那就应该选技能最强的人才；如果是控制当地的运营情况，那就应该委派善于使用权力的人；如果是培养全球化经理人，那就应该注重跨文化能力、对异国文化的适应能力、外语能力、与人交往沟通的能力等。他们的研究表明，合适的人选应该具有以下特征：

- 善于沟通；
- 社交能力强；
- 有文化柔性，适应性强；
- 性格开放，具有国际导向；
- 有合作性的谈判风格。

3) 以正确的方法完成回国过渡

许多人认为外派经理回国不是问题，回到了祖国应该很容易适应，就像溪流回到了大海的怀抱一样。但事实上，归国经理人常常经历所谓的"反向文化震荡"(reverse cultural shock)，出现强烈的不适应症状。不仅国内的情况已经改变很多，以前工作的同事也有一半不在原位，而且还常常被闲置，无事可做。据调查，有1/3的归国经理人回国后3个月之内没有正式工作，导致许多人离开公司而加盟竞争对手，也导致许多人感到沮丧，失去工作激情。相反，成功的全球化公司的做法则完全不同，他们对待外派经理人回国过渡就像外派准备一样认真，设计各种培训项目以保证归国经理人的顺利再适应。具体的做法有：

- 在外派经理人归国前3至6个月就开始考虑他们回国后的工作岗位。
- 制定"软着陆"项目，告知他们公司这些年的变化，包括战略的、人事的等，同时培训他们如何与目前公司在职人员沟通。
- 要求归国经理人写一份书面报告总结自己在国外学到的技能，并让他们成为未来外派经理人的导师，传授自己的知识。

下面我们详细介绍吉列(Gillette)这家全球公司的全球化经理人培训计划。

3. 小案例：吉列的全球化经理人培训项目

吉列是家喻户晓的公司，其知名产品有男性剃须刀、牙膏、牙刷和办公用品等。其主要品牌包括：Braun，Oral-B，Liquid Paper，Paper Mate。该公司在国际市场上得到的利益占公司总销售额和利润的70%以上，其员工至少有75%在美国以外的国家工作。该公司在200多个国家和地区有业务，因此，对全球化经理人的需求非常强烈。与第8章介绍的科纳电梯KONE公司相似，吉列也在20世纪70年代就制订了全球化经理人的培训计划。

这个培训计划的第一步是招聘合适的候选人。多年来，公司把美国大学的MBA毕业生作为自己的招聘对象，因为这些学生来自世界各地，所以更适合做全球化经理人。到现在为止，参加该培训项目的人来自的国家包括阿根廷、巴西、中国、哥伦比亚、埃及、危地马拉、印度、印度尼西亚、马来西亚、摩洛哥、新西兰、巴基斯坦、秘鲁、波兰、俄罗斯、南非、土耳其和委内瑞拉。招聘的主要条件有：被培训者必须有良好的社交才能；年轻、单身，年龄要求在35岁以下；他们必须有从事全球化职业的职业生涯设计，处事灵活，热情进取；除了母语之外，能够讲流利的英文。

符合这些条件的候选人招进来之后，分四个阶段进行全面培训。第一阶段是将被培训者送回老家，让他们在母国的吉列分公司工作6个月。在这6个月中，他们从初级工作做起，学习与经营业务有关的不同技能，观察年资更长的经理人如何工作，积累经验。6个月之后，进入第二阶段，他们被调到吉列的三个国家总部之一(波士顿、伦敦或新加坡)去工作18个月，充分学习公司运作的文化理念、内部流程、业务关系、部门之间的关系、国家之间的关系，了解公司的总体布局和发展方向，慢慢把自己变成"吉列人"。在第三阶段，他们又回到母国，正式担任一些基层管理职务，在实践中应用自己这些年来学到的知识和技能。如果在这段时间(大约四年)工作出色，则进入第四阶段，公司会派他们去其他国家工作，继续锻炼他们的跨文化管理才能。能够在四个阶段都表现良好的被培训者最后将返回自己的母国担任总经理或者高级执行经理，开始真正独当一面的工作。

如此精密周到的全球化经理人培训计划当然不是为了填补短期空缺而制订的，这是吉列深思熟虑的结果，目的就在于培养那些希望从事全球化职业的员工。公司每年在每位被培训者身上花的钱在20 000~25 000美元。仅在波士顿，每年的培训费用就是100万美元。但公司认为这是值得的，因为100万美元最多只能聘用三个全球化经理人，而能够接受培训的人数则远远多于这个数。此外，这样培养出来的全球化经理人对吉列的忠诚度更高。

吉列在开辟一个新市场时会对管理方面的问题做周密的考虑，比如吉列与中国一家公司的合资就是如此，开业之前经过长达4年的准备。他们很早就开始为此物色合适的人选。吉列知道他们必须找有中国经验的人，而这些人很可能目前在世界各地工作，比如澳大利亚、英国或者法国等，将他们抽调出来后，他们原来的职位就需要有人去填补。所以这个培训和使用过程是一环扣一环的工作，没有事先的周密设计就不可能运作得如此顺利和完美。

吉列的努力没有白费，这些年来，培养了大批全球化经理人。在吉列的高管层中，有80%的人至少曾有过一次外派经历，50%以上的人至少在三个国家工作过。有了这样一支跨文化管理能力极强的队伍，吉列在全球化的道路上可以说是遥遥领先。

9.5 全球公司领袖是怎么炼成的

在讨论全球化领导力的时候，有一个重要的理论可以用来指导我们判断一个领导的有效性，这个理论就是我们之前提过的变革型领导理论(transformational leadership theory, Bass & Bass, 2009)。该理论认为，如果一个领导可以做出以下行为的话，那么他们就可能拯救公司走出危机，使公司起死回生，重振雄风。这一类领导也常常是卓越的全球化领导。

这些行为包含6个方面：
- 为企业树立愿景和目标，并能生动描绘以激励和感召员工；
- 鼓励和促进团队合作，解决冲突；
- 对员工有很高的期望，相信他们可以通过努力实现期望；

- 不断挑战和激发员工的思维，用新眼光看老问题，不断创新；
- 以身作则，起模范带头作用；
- 对员工的职业发展提供个人化的关怀。

下一节我们通过现任微软总裁萨提亚·纳德拉的案例来展现具有变革型领导能力的全球公司领袖。

9.6——案例分析：微软 CEO 萨提亚·纳德拉的成长心态

1. 案例简介

微软(Microsoft)从1975年创立以来，总共经历了三任CEO：比尔·盖茨(Bill Gates)、史蒂夫·鲍尔默(Steve Ballmer)、萨提亚·纳德拉(Satya Nadella)。盖茨是创始人，其性格特征和价值取向奠定了微软的DNA，那就是尊重智商、敢于想象、挑战未知、挑战权威，敢为天下先。微软是最早用校园式建筑来建办公楼，而且把工作场所称为"校园"(campus)的公司(后来谷歌、脸书等都纷纷效仿)。"校园"里，树木、草坪穿插于一座座低矮的办公楼之间，科研人员每人都有一间单独的办公室，和大学的教授一样。公司鼓励的是深度思考、平等、挑战、同事之间唇枪舌剑的头脑风暴。盖茨担任CEO那个时期的微软，员工大多年轻未婚，入职时都给股权，大家对公司充满激情，憋着一股劲，主动加班加点，一周工作60小时是常态。记得有一位在微软工作的MBA学生对我说，她在国内公司上班的时候，常觉得同事之间钩心斗角，不得不把很多时间花在解决冲突上，而且看到人性的丑恶一面，很郁闷。但在微软工作，她能切实感觉到公司的那种追求卓越充满激情的文化把人性中特别优秀闪光的一面发挥出来了，大家开心、积极，对自己潜力的发挥充满信心，心里特别感慨。确实，盖茨指掌的那二十五年(1975-2000)也是微软在高科技软件行业奠定其霸主地位、快速发展的年代，其市值从1986年上市开始的8 900万美元迅速增加到2000年的5 500亿美元，可谓势不可挡。

可是自从鲍尔默担任CEO之后，微软就开始慢慢变味了。鲍尔默是盖茨在哈佛的学友，之后从斯坦福大学商学院毕业，学的是培养职业经理人的工商管理。鲍尔默受到盖茨的召唤来微软工作，与盖茨共事十多年，结下了深厚的友谊。鲍尔默的性格外向激进，与盖茨的内向理性形成互补；盖茨对行业的远见和鲍尔默的执行力也相得益彰，所以共事期间合作愉快。可是鲍尔默独当一面之后，问题就很快出现。当时盖茨还是董事会主席，每次在董事会上讨论公司重大决策的时候，两人常常意见不合，大声争吵，有时甚至到掀桌子的地步。鲍尔默对于盖茨的"不放手"曾颇多微词(他没认识到其实是不放心)，甚至通过媒体"控诉"(见《商业周刊》2008)，盖茨终于全身退出微软，转向基金会的运作。然而，在鲍尔默执掌期间(2000—2014)，整整14年，微软的市值平淡如水，几乎没有一丝增长。

2014年，微软董事会决定让萨提亚·纳德拉指掌公司，成为第三任CEO。纳德拉1992年加入微软，在公司工作二十余年，从编程员开始到后来负责不同的业务板块(云、服务器)，目睹微软这些年来的起伏，对公司制度和文化的变化也有深刻体会。他个人的直觉是微软在过去的十多年中好像把自己的'魂'给弄丢了。但他没有立刻下结论，而是花了整整一年的时间深入到公司的每个角落，认真倾听来自所有部门，包括这些年中被微软陆续并购进来的公司，以及公司的商业客户的感受和想法，然后慢慢形成对公司问题的总体判断。

他在深入群众交谈过程中发现了许多问题，且发现原本生龙活虎的那个初创公司在那个时期变得越来越呆板、层级越来越多、管理越来越细致、会议越开越频繁、考核越来越烦琐。其中有一条把公司文化推向深渊的措施，就是为了鼓励竞争(而不是合作)、激发工作动机而采用的"末位淘汰制"，而意料之外的是该制度对于创意的扼杀。

2. 案例分析

1) 重塑新愿景：让所有员工重新认识微软存在的意义

末位淘汰制曾经是GE制胜的利器，由时任CEO杰克·韦尔奇首创。当时的GE业务多元，为了增加竞争力，韦尔奇砍掉了许多GE在同行业中落后的业务，只保留数一数二的项目，因而裁员无数，被称为"中子弹杰克"。韦尔奇在做普通员工时工作努力、成绩优异，但却因为GE的平均主义分配方式得不到特别的奖励和认可，长期以来耿耿于怀。所以自从他成为CEO后，就开始对整个绩效考核和分配制度进行改革，以配合公司成为不同行业中的第一、二名的战略，强调竞争机制。末位淘汰制主要从两个方面对员工来进行考核，一是对企业价值观的认同，二是实际工作绩效的高低，排在最低的10%员工遭到淘汰。在鲍尔默就读MBA的时候，GE的发展如日中天，末位淘汰制曾得到广泛宣扬，也难怪他"顺手"就把这个制度引进了微软。

制度的实施潜移默化地改变人的行为、心理，然后慢慢形成新的公司文化。末位淘汰制也许对强调执行力的GE有效，但对以创意为核心的微软就另当别论了。末位淘汰制包含两个重要元素：(1) 顶头上司对下属直接进行考核；(2) 淘汰额度。因为评价主要来自上级，原来敢于挑战上级权威、尊重智商的行为慢慢变成了讨好上级，博得领导欢心的小心翼翼。因为淘汰额度，原先习惯与同事分享信息进行头脑风暴的行为慢慢变成了自顾自，千万别让同事听到自己的想法而占了上风的孤岛做法。天长日久，大家的目光变得短视，明哲保身；同事之间的关系也变得紧张，有点"你死我活"的尴尬。更糟糕的是，大家都不愿意冒险去做一些有大胆创意的事情，生怕一出错自己的绩效考核得分降低。那段时间，公司里特别有创意的员工纷纷选择离开微软，加入了在西雅图也有办公楼的竞争对手，如谷歌和脸书。整个公司的文化氛围士气低下、剑拔弩张、内卷严重；公司的创新停滞(基本靠吃微软视窗和办公室工具的老本，搜索和手机业务严重亏本，只有游戏项目有所进展)，前途堪忧。

纳德拉左思右想，做出了对微软当前状态的判断。那就是，公司早年由比尔·盖茨提出的愿景，即"让每张办公桌上都有一台个人电脑"(putting a computer on every desk and in every home)，每一台电脑里运行的都是微软的操作系统，这个愿景其实早已实现，不能再起到鼓舞人心的作用；现在必须重塑新愿景。

重塑新愿景让所有员工重新认识了微软存在的意义。这些年来，微软的所有产品和服务都是围绕着帮助企业和个人提高工作效率的(如：微软的整套办公工具、邮件功能、视频会议软件、云计算服务、翻译器)，因此，新愿景很自然地就形成了，那就是："为全球的组织和个人赋能去取得更大的成就"(to empower every person and every organization on the planet to achieve more)。要实现这个愿景，很显然公司必须持续不断地创新、提供更有效的产品和服务。公司要创新的前提，就是员工愿意不断挑战自己，愿意学习成长、愿意分享自己的想法和创意、与同事进行头脑风暴。而这个状态在内卷严重的环境里是完全不可能实现的。怎么办呢？

"必须改变公司文化才能使微软'还魂'"！纳德拉终于找到了答案。因为公司文化的形成与其人力资源管理制度(招聘、培训、考核、奖励、晋升、淘汰) 密切相关，所以改变制度就是当务之急。那么，一个鼓励创新的公司应该具有什么样的理想文化元素呢？它起码应该是合作的、平等的、自主的、包容的、鼓励试错的，而不是彼此提防、看领导脸色、不敢暴露错误、不敢尝试新想法的。顺着这个思路，纳德拉回顾自己的人生历程和在微软的职业生涯，决定提出两条最根本的文化理念，那就是"同理心(empathy) "和"成长心态(growth mindset) "。

2) 构建文化新元素：同理心和成长心态

同理心是指能够与他人感同身受，能设身处地站在对方的角度感受事物。纳德拉对于同理心的深刻理解来自于他儿子的处境。很不幸的是，他的儿子天生残疾，从婴儿到成人，每一天的生活都不能自理。一开始他觉得儿子的残疾给他的生活带来了太多烦恼和不便，感觉十分痛苦。可是他妻子却说，"其实真正痛苦的人是儿子本人，因为残疾，他一辈子不能过正常人的生活；而我们只是需要照顾他而已。"这句话一下点醒了他，从此换位看问题，不再抱怨。他觉得把同理心注入微软的文化中应该起到同样的作用。

"成长心态—固定心态"是心理学家卡罗·德韦克(Carol Dweck) 提出的概念，是指人对智力发展的隐性认知。持成长心态的人认为一个人的智力水平可以通过学习不断提高，因此把试错和挑战看成是有利于自我成长的机会；相反，持固定心态的人认为智力水平是固定不变的，因此需要表现自己、让别人看到自己的成功和成就，而不能暴露自己的缺点和错误。纳德拉断定，公司当时所推行的末位淘汰制，其实助推和强化了固定心态，与应该鼓励的学习、试错、合作、交流、包容的创新文化背道而驰，应该立刻废除。

为了使同理心这个概念变得具体、变成现实，纳德拉先从高管团队入手，每周召开一次分享会。大家席地而坐，平等放松，有时也打坐片刻，慢慢打开心扉，把自己工作和生活中遇到的问题、困惑、难处坦然地表露出来。虽然一开始大家很不习惯，但随着时间的推移，随着坦诚面对自己的人越来越多，彼此之间的了解越来越深，能够站在他人的角度去体会和感受也就变得越来越自然了。之后同样形式的分享会在公司的每一个部门开展，一年之后，具有同理心的文化就慢慢落地了。

成长心态的建立需要一个漫长的过程。在这个过程中，纳德拉犯错以后的态度和应对方式有助于其建立成长心态。在上任后八个月，他被邀请在某大型论坛上做主旨演讲。在提问环节，被问及"如果女性不好意思去向领导要求加工资"的话，他有什么建议。他脱口回答说，"女性应该有耐心，相信目前的制度是好的，她终究会得到应有的工资水平"。没想到此言一出，立刻在社交媒体炸锅，大家群起而攻之，说他完全不顾美国男女工资不平等的事实，竟然为目前的制度辩护，和他自己提倡的平等、包容的理念相悖。纳德拉意识到自己的隐形偏见，决定公开承认错误，以此事件作为契机来展现一个具有成长心态的人在高压下需要如何行动。他决定自己应该带个好头。

于是他给全体员工发了一封邮件，说自己对那个问题的回答完全错了。他分析了自己的偏差认知，也让高管团队做同样的反省。此事因此成为树立成长心态的一个典型案例，因为CEO敢于认错，其他人便也有了认错的勇气，而且认为能够认错、不找借口、并从错误中学习就是理所应当的事，没有任何值得羞耻的地方。后来高管中果然也出现了好几个严重犯错的事例，但每一个都被主动认领，公开道歉、并积极改正。渐渐地，具有成长心态的公司文化也初具雏形。

快进到八年之后的2022年，微软在诸多领域取得了长足的进步，创新不断，如云计算、机器人小冰、VR/AR、游戏X-Box，最近用687亿美元收购了动视暴雪(Activision Blizzard) 。公司最近还宣布进入元宇宙领域，使Microsoft Teams产生更强的代入性，在虚拟办公室中接近在实体办公室中的会议效果。

现在走进微软，会发现原来那种剑拔弩张又如履薄冰的办公室政治不见了，取而代之的是平和温暖又意气风发的生态气候。今天的微软和2014年的微软截然不同，公司的股价在这七年中也增加了十多倍！

3. 案例总结

从纳德拉成功使微软走出低谷再现辉煌的过程中，我们可以看到他做的每一件事几乎都符合变革型领导的6大行为。首先是重塑愿景，因为创始人立下的愿景已经实现，必须清晰生动地描绘出微软未来的崭新愿景才能鼓舞人心。其次是达成共识的过程，通过深入基层、客户，倾听他们的声音，反复沟通说明愿景的内涵及支撑愿景发展的价值观，使大家对新愿景产生认同。在此基础上，鼓励跨部门、跨领域合作，用同理心作为转变之前"你死我活"的心态，并用"成长心态"作为支撑培养虚心学习、听取别人意见的新习惯。树立了不断创新的目标，挑战固有思维就是理所当然的举动，但此时挑战已不再带有恶意，而是为了互相促进进步。为了使"成长心态"落地，纳德拉以身作则，知错就改，发公开信为自己的不当言辞向大家道歉，也鼓励其他高管做同样的事。纳德拉的谦逊、有同理心的言行举止大家有目共睹，很快成为学习的榜样。而他在公司里提拔女性做高管也大大增加了高管团队的多元化，反映出他对团队成员职业发展的个人化关怀。正因如此，纳德拉是一个变革型领导的典范。

本章讨论了全球化经理人的职业旅程，外派经理人体验的酸甜苦辣，他们在此过程中学到的受用一生的技能，以及一些成功的全球公司培养全球化经理人的做法。那么，什么是"完美的"外派计划呢？

【谨慎选拔】确定明确的标准，选拔合适的人员。

【完善准备】确定准备类型(公司内脱产培训，还是外派培训)和时间长短(3个月、6个月、1年，还是更长时间)，以及培训对象(包括家属培训还是员工单独培训)。

【海外支持】配备专人与外派经理配合，如文化导师、前外派经理；同时经常询问各方面的进展(而不是"眼不见心不烦")。

【回国过渡】事先考虑外派经理人返国后的工作，让外派经理人参与到决策过程中来。设计一套完整的回国过渡培训项目，让家属一起参加。

这4方面的工作都做到位的话，公司就可能将在全球化经理人身上花费的巨大投资转化成对公司未来发展的巨大财富。与此同时，全球化经理人也就可能将自己积累的经验最大限度地发挥出来，为公司做贡献，从而产生巨大的成就感。

此外，我们通过案例分析来看全球化公司的领导者如何行动才能改变公司的不景气状况，使公司走出低谷、摆脱危机。主要要素有以下几条：

- 在接手领导岗位后，深入群众广泛听取意见，了解实际情况；
- 结合各方面的信息和自己的思考，提出公司未来发展的新愿景，并且能够生动细致地描绘出这个新愿景让大家(至少80%的人)都充满向往；
- 在新愿景使命的指导下，提出帮助愿景实现的一系列核心价值观；
- 对大家提出高标准和高绩效的期望，表达对实现高绩效的信心；
- 鼓励不同部门不同领域的人通力合作，并且从制度上支持这样的合作；
- 领导以身作则，知错就改，并且现身说法，巩固核心价值观的落地；
- 关心员工的职业发展，量体裁衣地制订帮助他们实现自己职业理想的具体计划，并提供机会；
- 领导需要不断审视自己、调整自己以确保上述行为的出现。

思考题

1. 全球化领导力的实质是什么？
2. 要成为全球化领导，必须经历什么样的文化考验？
3. 文化休克是什么？它的具体效应有哪些？
4. 思考你所在的公司面临的全球化挑战，你认为公司的新愿景应该是什么？为实现新愿景，公司应该具备什么样的核心价值观？
5. 对应变革型领导理论中的6条，分析你自己的领导力特征，在哪些方面你还需要努力，为什么？

本章参考文献

[1] Abarra, H., Rattan, A., Johnston, A. Satya Nadella: Instilling a growth mindset in Microsoft. London Business School Case Collection, 2018.

[2] Asheghian P, Ebrahimi B. International business. New York: Harper Collins, 1990.

[3] Bass, B M & Bass, R. The Bass handbook of leadership: Theory, research, and managerial applications (4th edition). New York: Free Press. 2009.

[4] Black J S, Gregersen H B. The right way to manage expatriates. Harvard Business Review, 1999, March/April: 52-62.

[5] David, R & Welch, D. Carlos never saw it coming. BusinessWeek, 2019, Feb.4.

[6] Furnham A, Bochner S. Culture shock: Psychological reactions to unfamiliar environments. London: Methuen, 1986.

[7] Gao G, Gudykunst W B. Uncertainty, anxiety, and adaptation. International Journal of Intercultural Relations, 1990, 14: 301-317.

[8] Gayatri, D., Madhav, T P. Carlos Ghosn: Multicultural leader as CEO of Nissan and Renault. Icfai Business School Case Development Center, 2009.

[9] Guth, R. A. (2008). Gates-Ballmer Clash Shaped Microsoft's Coming Handover. BusinessWeek, June 5.

[10] Langer E J. The Psychology of control. Beverly Hills, CA: Sage, 1983.

[11] McCall M W, Hollenbeck G P. Developing global executives. Boston Massachusetts: Harvard Business School Press, 2002.

[12] Nadella, S. Hit Refresh: The quest t rediscover Microsoft's soul and imagine a better future for everyone. New York: HarperCollins. 2017.

[13] Ratiu I. Thinking internationally: A comparison of how international executives learn. International Studies of Management and Organization, 1983, 13: 139-150.

[14] Oberg K. culture shock. The Bobbs-Merrill Reprint Series, 1954, No. A: 329.

[15] Osland J S. The adventure of working abroad. San Francisco, CA: Jossey-Bass Publishers, 1995.

[16] Triandis H C. Cross-cultural research in social psychology. In D. Granberg & G. Sarup (Eds.), Social judgment and intergroup relations: Essays in honor of Muzafer Sherif. New York: Springer Verlag, 1995: 229-244.

[17] 零因子. 无以言退[M]. 北京：清华大学出版社，2007.

[18] 乔健，康友兰. 东方遇到西方：联想国际化之路[M]. 北京：机械工业出版社，2015.